Martin Stingelin (Hrsg.)
„Mir ekelt vor diesem tintenklecksend«

Zur Genealogie des Schreibens

Herausgegeben von Martin Stingelin

Band 1

„Mir ekelt vor diesem tintenklecksenden Säkulum"

Schreibszenen im Zeitalter der Manuskripte

Herausgegeben von Martin Stingelin
in Zusammenarbeit mit Davide Giuriato
und Sandro Zanetti

Wilhelm Fink Verlag

Publiziert mit Unterstützung des Schweizerischen Nationalfonds
zur Förderung der wissenschaftlichen Forschung

Bibliografische Information Der Deutschen Bibliothek

Die Deutsche Bibliothek verzeichnet diese Publikation in der
Deutschen Nationalbibliografie; detaillierte bibliografische Daten sind im Internet über
http //dnb.ddb.de abrufbar.

ISBN 3-7705-3889-7
© 2004 Wilhelm Fink Verlag, München
Herstellung: Ferdinand Schöningh GmbH, Paderborn

Inhalt

MARTIN STINGELIN

,Schreiben'
Einleitung

Was ist ,Schreiben'?

Vier chronologisch geordnete Zitate mögen den historischen und ,systematischen' Leitfaden des einleitenden Versuchs bilden, diese Frage zu beantworten.

Das erste Zitat ist die auf dem Umschlag zu diesem Buch faksimilierte *Sudelbuch*-Notiz von Georg Christoph Lichtenberg vom Dezember 1776: „Diesen mit Caffee geschriebenen Brief wird Ihnen der Johann übergeben. Ich hätte Blut genommen, wenn ich keinen Caffee gehabt hätte."[1]

Das zweite Zitat stammt aus Johann Wolfgang von Goethes *Dichtung und Wahrheit*, geschrieben zwischen 1811 und 1830, ein Buch, das schon im Titel signalisiert, daß dem angeführten Sachverhalt möglicherweise zu mißtrauen ist. „Ich war so gewohnt", schreibt Goethe,

> „mir ein Liedchen vorzusagen, ohne es wieder zusammen finden zu können, daß ich einigemal an den Pult rannte und mir nicht die Zeit nahm, einen quer liegenden Bogen zurecht zu rücken, sondern das Gedicht von Anfang bis zu Ende, ohne mich von der Stelle zu rühren, in der Diagonale herunterschrieb. In eben diesem Sinne griff ich weit lieber zu dem Bleistift, welcher williger die Züge hergab: denn es war mir einigemal begegnet, daß das Schnarren und Spritzen der Feder mich aus meinem nachtwandlerischen Dichten aufweckte, mich zerstreute und ein kleines Produkt in der Geburt erstickte."[2]

Das dritte Zitat ist ein Text, den Friedrich Nietzsche als erster ,mechanisierter Philosoph'[3] im Frühjahr 1882 auf der Schreibkugel des dänischen Taubstummenlehrers Hans Rasmus Johan Malling Hansen festgehalten hat:

---

1 Georg Christoph Lichtenberg, *Aphorismen*, nach den Handschriften herausgegeben von Albert Leitzmann, Drittes Heft: 1775-1779, Berlin: B. Behr's Verlag 1906 (= *Deutsche Literaturdenkmale des 18. und 19. Jahrhunderts* 136), F 280 (Leitzmann-Zählung), S. 183 (F 282 nach der Promies-Zählung); Abbildung mit freundlicher Genehmigung der NsSUB Göttingen, Handschriftenabteilung, Cod. Ms. Licht. IV, 30 = Sudelbuch F, S. 35, Zeile 4-6.
2 Johann Wolfgang von Goethe, *Dichtung und Wahrheit* (1811-1830), in: *Goethes Werke. Hamburger Ausgabe in 14 Bänden*, herausgegeben von Erich Trunz, Band 10, München: C. H. Beck ⁴1966, S. 80-81.
3 Vgl. dazu im besonderen Friedrich Kittler, „Nietzsche, der mechanisierte Philosoph", in: *kulturRevolution* Nr. 9 (Juni 1985), S. 25-29, und ders., *Grammophon – Film – Typewriter*, Berlin: Brinkmann + Bose 1986, S. 299-310; zu einer medienhistorisch informierten Diskursgeschichte des Schreibens im allgemeinen ders., *Aufschreibesysteme 1800/1900* (1985), 3., vollständig überarbeitete Auflage, München: Fink 1995.

„SCHREIBKUGEL IST EIN DING GLEICH MIR: VON
EISEN
UND DOCH LEICHT ZU VERDREHN ZUMAL AUF REISEN.
GEDULD UND TAKT MUSS REICHLICH MAN BESITZEN
UND FEINE FINGERCHEN, UNS ZU BENUETZEN."[4]

Das vierte Zitat schließlich stammt vom Gegenwartsautor Matthias Politycki, und zwar aus seinem Artikel „Der Autor als Zeugwart. Digitale Schriftstellerei – der selbstverschuldete Ausgang des Menschen aus seiner Mündigkeit". Ausdrücklich spricht Politycki im Hinblick auf sein *iBook* vom „Aufbegehren der Dinge". Das ‚Schreiben' mit dem Computer sieht sich durch die technischen Bedingungen seiner Möglichkeit einerseits eingeschränkt: „die tatsächliche Niederschrift regrediert zur mehr oder weniger vertrauensvoll, mehr oder weniger hastig genutzten Pause zwischen zwei Systemabstürzen"; andrerseits beflügelt die Technik das Schreiben:

> „Das gute alte Schreibwerkzeug von einst hat sich zum gleichwertigen Mitarbei-
> ter, ach was: Co-Autor, ach was: Lebenspartner gemausert, und wenn man sich
> nicht ständig mit ihm streitet bzw. regelmäßig auch wieder versöhnt: dann versorgt
> es uns, nach Art der Lebenspartner, sukzessive mit einer neuen Weltsicht, einer
> neuen Ästhetik, einem neuen Vokabular, neuen Stoffen. Und nicht zuletzt auch,
> gespeist aus den Erfahrungen in Chat-Foren, mit neuen Formen: mit neuen Satz-
> rhythmen, stakkatohaft verkürzt aufs Wesentliche, mit neuen Tempi des Erzählens,
> neuen Erzählstrukturen, -strategien."[5]

Die vier Zitate verbindet, daß sie sich jeweils als *Szene* vergegenwärtigen lassen, als Inszenierung, das heißt:

1. das Schreiben hält sich bei und an sich selbst auf, indem es sich selbst thematisiert, reflektiert und problematisiert, und schafft so einen *Rahmen*, durch
   den es aus dem Alltag herausgenommen, gleichsam auf eine Bühne gehoben
   ist, auf der es sich präsentiert und darstellt;
2. dabei stellen sich verschiedene *Rollenzuschreibungen und Rollenverteilun-*
   gen ein; diese wiederum werfen
3. die Frage nach der *Regie* dieser Inszenierungen auf.

Um dies im einzelnen an den vier angeführten Zitaten kurz zu erläutern:
   „Diesen mit Caffee geschriebenen Brief wird Ihnen der Johann übergeben.
Ich hätte Blut genommen, wenn ich keinen Caffee gehabt hätte." Die Körper-
lichkeit dieser Notiz, die wohl im Zusammenhang mit dem ersten satirisch-poe-

---

4 Friedrich Nietzsche, *Schreibmaschinentexte. Vollständige Edition, Faksimiles und kritischer*
   Kommentar, aus dem Nachlaß herausgegeben von Stephan Günzel und Rüdiger Schmidt-
   Grépály, Weimar: Bauhaus-Universitätsverlag 2002, S. 61.
5 Matthias Politycki, „Der Autor als Zeugwart. Digitale Schriftstellerei – der selbstverschuldete
   Ausgang des Menschen aus seiner Mündigkeit", in: *Frankfurter Rundschau* Nr. 130, 8. Juni 2002,
   S. 21 („Zeit und Bild").

tologischen Romanprojekt von Lichtenberg steht, enthüllt erst der lakonische
Kommentar ihres ersten Herausgebers Albert Leitzmann, der gleichzeitig das
Problem aufwirft, ob sie editionstechnisch überhaupt darstellbar ist oder nur
beschrieben werden kann: „Diese Bemerkung ist im Original wirklich mit dün-
nem Kaffee geschrieben."[6] Lichtenbergs Experimentierfreude – die Karl Moors
Titelzitat aus Friedrich Schillers Schauspiel *Die Räuber* entgegensteht: „Mir
ekelt vor diesem tintenklecksenden Säkulum"[7] – erstreckt sich also auch auf
seine Schreibwerkzeuge und ihre Materialität, die er ausdrücklich als Grund-
voraussetzung seines Schreibens thematisiert: „Es klingt lächerlich, aber es ist
wahr: wenn man etwas Gutes schreiben will, so muß man eine gute Feder
haben, hauptsächlich eine, die, ohne daß man viel drückt, leichtweg schreibt."[8]
Eine „gute Feder" gewährleistet, daß der Gedankenfluß mit dem Schreibfluß
nicht ins Stocken gerät, weil der Schreibende sich nicht lange körperlich beim
Drücken aufhalten muß, sondern seinen Einfällen freien Lauf lassen kann.
Damit ist aber ein Teil der poetischen Autonomie an das Schreibwerkzeug ab-
getreten, und zwar ausdrücklich derjenige Teil, der über das Gelingen und die
ästhetische Qualität entscheidet; *ex negativo* thematisiert Lichtenberg in dieser
Notiz also die Abhängigkeit des Schreibenden von der Materialität, der Willigkeit oder dem Eigensinn seines Schreibgeräts, das ihn von der anstrengenden
Körperlichkeit des Schreibakts weitgehend entbindet oder ihn darauf zurück-
wirft. Die Feder scheint – im positiven Sinn – geradezu selbst Regie zu führen.

Dasselbe ist – im negativen Sinn – bei Goethe der Fall, wo die Feder gerade
aus diesem Grund dem Bleistift weichen muß. Goethe präsentiert seine Schreibstube als Guckkastenbühne, die einen Einblick in das Dispositiv, das heißt in
die technischen Voraussetzungen seines Schreibens und ihre möglichst wir-
kungsvolle Anordnung gewährt. Auf dieser Bühne präsentiert er sich selbst sowohl als Akteur, als engagierter Mitspieler wie als Regisseur. Er reißt in dieser
Selbstinszenierung die Rolle der allmächtigen, autonomen, das heißt die Regeln
bestimmenden Instanz an sich, indem er – und schon wird ein Moment der He-
teronomie, der Fremdbestimmung spürbar – die Feder, die seinem Schreiben
offenbar einen unkontrollierbaren Eigenwillen entgegensetzt, umgeht und zum
Bleistift greift, der, ausdrücklich, „williger die Züge hergab". Eigenwille des
Schreibwerkzeugs steht hier also in Form der Feder der größeren ‚Willigkeit‘
in Form des Bleistifts gegenüber. Der „Wille zur Macht" aber liegt, um mit Friedrich Nietzsche zu sprechen, beim Autor, der sein Schreibwerkzeug überwältigt.
Gleichzeitig erweist sich die von Goethe geschilderte Szene als Rollenspiel, in

---

6 Lichtenberg, *Aphorismen* (Anm. 1), S. 457 (Kommentar Leitzmann).
7 Friedrich Schiller, *Die Räuber. Ein Schauspiel* (1781), I/2, in: ders., *Sämtliche Werke*, Erster
 Band: Gedichte, Dramen I, München: Carl Hanser [8]1987, S. 491-618, hier S. 502.
8 Georg Christoph Lichtenberg, *Schriften und Briefe*, herausgegeben von Wolfgang Promies,
 München, Wien: Carl Hanser 1968-1992 (4 Bde. und 2 Kommentarbde.) (= SB, Band, gegebenenfalls Numerierung der ‚Sudelbuch‘-Notizen nach der Promies-Zählung und Seitenzahlen),
 hier SB II, H 129, S. 194.

dem er sich in der Besetzung der verschiedenen Instanzen von Autor, Schriftsteller und Schreiber[9] dem Philosophen René Descartes anverwandelt: „Auch beim nächtlichen Erwachen trat derselbe Fall ein, und ich hatte oft Lust, wie einer meiner Vorgänger, mir ein ledernes Wams machen zu lassen, und mich gewöhnen, im Finstern, durchs Gefühl, das, was unvermutet hervorbrach, zu fixieren".[10] Johann Peter Eckermann, Goethes Sekretär und Schreiber, steht seinerseits ganz im Bann von Goethes Rollenspiel, wenn er 1842 schreibt: „Nachtwandlerisches Produciren, nicht den Muth gehabt, ein schiefliegendes Blatt gerade zu legen aus Furcht, die Geister zu verscheuchen. Schreibe nachts im Dunkeln. Schiefertafel. Ledernes Wams."[11] Schreiben, insbesondere im Schatten vermeintlich übermächtiger Vorgänger wie Goethe, hat also auch etwas Gespenstisches; aus genau diesem Grund wollte Franz Kafka 1912 einen Aufsatz mit dem Titel „Goethes entsetzliches Wesen" schreiben. Goethe vertritt in seinem Selbstverständnis und der damit einhergehenden Selbstinszenierung machtvoll einen Begriff des Schreibens, das glaubt, nahezu gänzlich von seinen materiellen und körperlichen Voraussetzungen absehen zu können. Dieses – nennen wir es ,klassische' – Selbstverständnis Goethes war traditionsbildend.

Nietzsche selbst scheint sich in seinem Rollenspiel gar mit seinem Schreibwerkzeug zu verwechseln: „SCHREIBKUGEL IST EIN DING GLEICH MIR: VON EISEN". Er schreibt, ist auf ein Schreibwerkzeug angewiesen, von dem er in gewisser Weise abhängig ist. Diese Abhängigkeit kann sich durchaus zu einer existentiellen Erfahrung steigern. Nietzsche identifizierte sich in seiner Körperlichkeit und Materialität nicht nur mit seiner Schreibmaschine; er sah sich in seinen Büchern, wenn auch nicht ohne Widerwillen, selbst gänzlich in Schrift aufgehen: „An diesen [Nietzsche meint hier seine eigenen Werke], ist etwas, das immer und immer meine Scham beleidigt: sie sind Abbilder eines leidenden unvollständigen, der nöthigsten Organe kaum mächtigen Geschöpfes – ich selber als Ganzes komme mir so oft wie der Krikelkrakel vor, den eine unbekannte Macht über's Papier zieht, um eine *neue Feder* zu probiren."[12]

---

9 Vgl. dazu auch Verf., „„er war im Grunde der eigentliche Schriftsteller, während ich bloss der Autor war'. Friedrich Nietzsches Poetologie der Autorschaft als Paradigma des französischen Poststrukturalismus (Roland Barthes, Gilles Deleuze, Michel Foucault)", in: Heinrich Detering (Hrsg.), *Autorschaft: Positionen und Revisionen*, DFG-Symposion 2001, Stuttgart, Weimar: Metzler 2002 (= *Germanistische Symposien, Berichtsbände* 24), S. 80-106.

10 Goethe, *Dichtung und Wahrheit* (Anm. 2), S. 81.

11 Vgl. zu diesem Spuk von Descartes' Geist in Goethes Texten und dem Geist von Descartes' Geist in Goethes Texten in Eckermanns Texten Avital Ronell, *Dictations. On Haunted Writing*, Bloomington: Indiana University Press 1986; das Eckermann-Zitat findet sich auf S. 115 und in Avital Ronell, *Der Goethe-Effekt. Goethe – Eckermann – Freud* (1986), herausgegeben von Friedrich A. Kittler, aus dem Englischen übersetzt von Ulrike Dünkelsbühler, München: Wilhelm Fink 1994, auf S. 69.

12 Friedrich Nietzsche an Heinrich Köselitz in Venedig, Sils-Maria Ende August 1881, in: Friedrich Nietzsche, *Sämtliche Briefe. Kritische Studienausgabe in 8 Bänden*, herausgegeben von Giorgio Colli und Mazzino Montinari, München/Berlin, New York: Deutscher Taschenbuch Verlag/Walter de Gruyter 1986 (8 Bde.), Bd. 6, Nr. 143, S. 121-123, hier S. 121-122.

Im besten Fall sind das Schreibwerkzeug und derjenige, der glauben darf, es zu führen, während er gleichzeitig von ihm geführt wird, „Lebenspartner", wie Matthias Politycki schreibt, der im übrigen Nietzsches Diktum ausdrücklich beipflichtet: „UNSER SCHREIBZEUG ARBEITET MIT AN UNSEREN GEDANKEN".[13]

Aus der Perspektive des Schreibprozesses stellt sich (die) Literatur also in einem neuen Licht dar.

Doch wie kann man diese verschiedenen Momente des „Schreibens" – den Rahmen, die Rollenzuschreibungen und -verteilungen, die Regie – in einem Begriff zusammenfassen?[14]

Widerstand – wie in allen angeführten Zitaten im Falle des unwilligen Schreibwerkzeugs – zeichnet nach Friedrich Nietzsches Streitschrift *Zur Genealogie der Moral*, die sich vornehmlich für Listen, Taktiken und Strategien interessiert, eine eigenständige Kraft aus. Die historische Methode der Genealogie interpretiert nicht nur „die ganze Geschichte eines ‚Dings', eines Organs, eines Brauchs", etwa des Schreibens, als „eine fortgesetzte Zeichen-Kette von immer neuen Interpretationen und Zurechtmachungen […], deren Ursachen selbst unter sich nicht im Zusammenhange zu sein brauchen, vielmehr unter Umständen sich bloss zufällig hinter einander folgen und ablösen", sondern rechnet auch die gegen diese Überwältigungsprozesse „jedes Mal aufgewendeten Widerstände" hinzu.[15] Daher der Titel dieser Reihe, die mit dem vorliegenden Sammelband eröffnet wird: *Zur Genealogie des Schreibens*. Der Schauplatz dieser Geschichte ist für die historische Kritik der Genealogie, deren Methode Michel Foucault im Anschluß an Friedrich Nietzsche umrissen hat, der Körper: „Als Analyse der Herkunft steht die Genealogie also dort, wo sich Körper und Geschichte verschränken. Sie muß zeigen, wie der Körper von der Geschichte durchdrungen ist und wie die Geschichte am Körper nagt",[16] so Michel Foucault in seinem Artikel über „Nietzsche, die Genealogie, die Historie" von 1971.

---

13 Friedrich Nietzsche an Heinrich Köselitz in Venedig (Typoskript), [Genua,] Ende Februar 1882, in: Nietzsche, *Schreibmaschinentexte* (Anm. 4), S. 18.

14 Vgl. dazu auch Verf. „Schreiben", in: *Reallexikon der deutschen Literaturwissenschaft. Neubearbeitung des Reallexikons der deutschen Literaturgeschichte*, Bd. III: P–Z, gemeinsam mit Georg Braungart, Harald Fricke, Klaus Grubmüller, Friedrich Vollhardt und Klaus Weimar herausgegeben von Jan-Dirk Müller, Berlin, New York: Walter de Gruyter 2003, S. 387-389.

15 Friedrich Nietzsche, *Sämtliche Werke. Kritische Studienausgabe in 15 Bänden*, herausgegeben von Giorgio Colli und Mazzino Montinari, München, Berlin, New York: Deutscher Taschenbuch Verlag/Walter de Gruyter 1980 (= KSA, Band und Seitenzahl, gegebenenfalls Fragmentgruppe und -nummer), hier: Nietzsche, *Zur Genealogie der Moral. Eine Streitschrift* (1887), Zweite Abhandlung: „Schuld", „schlechtes Gewissen", Verwandtes 12, KSA 5, S. 313-316, hier S. 314.

16 Michel Foucault, „Nietzsche, die Genealogie, die Historie" (1971), in: ders., *Von der Subversion des Wissens*, herausgegeben und aus dem Französischen und Italienischen übertragen von Walter Seitter, Frankfurt am Main: Fischer Taschenbuch Verlag 1987, S. 69-90, hier S. 75; leicht modifizierte Übersetzung, vgl. Michel Foucault, „Nietzsche, la généalogie, l'histoire", in: *Hommage à Jean Hyppolite*, Paris: Presses Universitaires de France 1971, S. 145-172, 154: „La généalogie, comme analyse de la provenance, est donc à l'articulation du corps et de l'histoire. Elle

Tatsächlich ist die Körperlichkeit und die Instrumentalität des Schreibakts als Quelle von Widerständen, die im Schreiben überwunden werden müssen, in der Literaturwissenschaft bislang weitgehend ausgeblendet worden; sie hat sich darauf beschränkt, die Geschichte des Schreibens aus der Perspektive seiner Semantik vorwiegend als Geschichte der Literatur, der Rhetorik und der Poetik zu behandeln.[17] Selbst Roland Barthes verstand den von ihm geprägten Begriff der *écriture*, der noch immer die literaturwissenschaftliche Schreibprozeßforschung mitbestimmt, lange Zeit nur in einem metaphorischen Sinn, das heißt als Ort der „Wahl eines Tones, oder wenn man so will: eines Ethos, und hier individualisiert sich ein Schriftsteller eindeutig, denn hier engagiert er sich".[18] Was aber ist, wenn der Schriftsteller durch die Begleitumstände seines Schreibens, etwa durch das von ihm gewählte Schreibwerkzeug ‚engagiert‘ wird? „Engagiert" in jedem Wortsinn, das heißt nach dem *Fremdwörter-Lexikon* sowohl jemanden ‚anstellen‘ wie jemanden ‚zum Tanz auffordern‘. Schon wieder also eine Szene, die sich diesmal so darstellt, daß das Schreiben im allgemeinen, das Schreibwerkzeug im besonderen einen Schriftsteller in seinen Dienst nimmt, indem es ihn ‚zum Tanz auffordert‘. Goethe jedenfalls wollte bei diesem Tanz die Führung nicht aus den Händen geben, weshalb er zum Bleistift und nicht zur Feder griff, um durch diese Wahl nicht an die unabdingbaren materiellen, instrumentellen und körperlichen Voraussetzungen des Schreibens erinnert zu werden. Barthes seinerseits ging erst zwanzig Jahre, nachdem er den Begriff der *écriture* in seinem Traktat *Am Nullpunkt der Literatur* (1953) geprägt hatte, „in einer Art von Wiederaufstieg zum Körper" dazu über, ihn „im manuellen Sinn des Wortes" zu verstehen. Das folgende Zitat gewinnt seine Kontur vor dem Hintergrund dessen, was sich durch die Mechanisierung und Digitalisierung des Schreibens in der Zwischenzeit verändert hat:

---

doit montrer le corps tout imprimé d'histoire, et l'histoire ruinant le corps." Vgl. dazu methodologisch Verf., „Der Körper als Schauplatz der Historie. Albert Hermann Post, Friedrich Nietzsche, Michel Foucault", in: *FRAGMENTE. Schriftenreihe zur Psychoanalyse* Nr. 31 (Okt. 1989), „Schnittstelle Körper – Versuche über Psyche und Soma", S. 119-131, quellenkritisch Verf., „Zur Genealogie der Genealogie. Josef Kohler, Albert Hermann Post, Friedrich Nietzsche und Michel Foucault: Vergleichend-ethnologische Strafrechtsgeschichte als Paradigma method(olog)ischer Instrumentalisierung", in: Kurt Seelmann (Hrsg.), *Nietzsche und das Recht*, Vorträge der Tagung der Schweizer Sektion der Internationalen Vereinigung für Rechts- und Sozialphilosophie, 9.-12. April 1999 in Basel, Stuttgart: Franz Steiner 2001 (= *Archiv für Rechts- und Sozialphilosophie*, Beiheft Nr. 77), S. 169-179.

17 Das gilt in seiner Anlage noch für den jüngsten Sammelband zu diesem Thema, in dem Schreiben gar als „sinngeschichtliches Absolutum" begriffen werden soll; vgl. Christian Schärf, „Einleitung. Schreiben. Eine Sinngeschichte", in: ders. (Hrsg.), *Schreiben. Szenen einer Sinngeschichte*, unter Mitarbeit von Petra Gropp, Tübingen: Attempto Verlag 2002, S. 7-26, hier S. 14. Zu den bemerkenswerten Ausnahmen unter den einzelnen Beiträgen vgl. die Rezension von Sandro Zanetti, „Auf den Spuren einer Irrfahrt ins Ungewisse" (*Schreiben. Szenen einer Sinngeschichte*, herausgegeben von Christian Schärf unter Mitarbeit von Petra Gropp, Tübingen: Attempto 2002), in: *IASLonline*, <http://iasl.uni-muenchen.de/rezensio/liste/zanetti.html> (ins Netz gestellt am 07.07.2003).

18 Roland Barthes, *Am Nullpunkt der Literatur* (1953), aus dem Französischen übersetzt von Helmut Scheffel, Frankfurt am Main: Suhrkamp 1982, S. 20.

„Es ist die ,Skription' (der muskuläre Akt des Schreibens, des Buchstabenziehens), der mich interessiert: diese Geste, mit der die Hand ein Schreibwerkzeug ergreift (Stichel, Schilfrohr, Feder), es auf eine Oberfläche drückt, darauf vorrückt, indem sie es bedrängt oder umschmeichelt und regelmäßige, wiederkehrende, rhythmisierte Formen zieht […]. Im folgenden wird also von der Geste die Rede sein und nicht von den metaphorischen Bedeutungen des Begriffs ,écriture': wir sprechen nur vom Schreiben mit der Hand, dem Schreiben, welches das Führen der Hand beinhaltet."[19]

Tatsächlich steht in der literaturwissenschaftlichen Schreibprozeßforschung das Problem auf dem Spiel, wie metaphorisch der Begriff der „Schreibweise" und des „Schreibens" verstanden werden darf oder verstanden werden soll, weil davon die Form der Lektüre abhängt. Der Metaphorisierbarkeit des ,Begriffs' „Schreiben" kommt die von Vilém Flusser in seiner Phänomenologie der Schreibgeste problematisierte Heterogenität des Schreibakts entgegen, der sich aus vielen verschiedenen Elementen zusammensetzt:

„Um schreiben zu können, benötigen wir – unter anderen – die folgenden Faktoren: eine Oberfläche (Blatt Papier), ein Werkzeug (Füllfeder), Zeichen (Buchstaben), eine Konvention (Bedeutung der Buchstaben), Regeln (Orthographie), ein System (Grammatik), ein durch das System der Sprache bezeichnetes System (semantische Kenntnis der Sprache), eine zu schreibende Botschaft (Ideen) und das Schreiben. Die Komplexität liegt nicht so sehr in der Vielzahl der unerläßlichen Faktoren als in deren Heterogenität. Die Füllfeder liegt auf einer anderen Wirklichkeitsebene als etwa die Grammatik, die Ideen oder das Motiv zum Schreiben."[20]

Abhängig davon, welches Element aus diesem heterogenen Ensemble man als ,eigentliches' Moment des Schreibens privilegiert, dem alle anderen Elemente als bloße Hilfsfunktionen untergeordnet werden, ergeben sich verschiedene Begriffe des Schreibens, die aus der Perspektive der jeweils anderen Begriffe mehr

---

19 Roland Barthes, „Variations sur l'écriture" (1973, texte non publié), in: ders., Œuvres complètes. Tome II: 1966-1973, édition établie et présentée par Éric Marty, Paris: Éditions du Seuil 1994, S. 1535-1574, hier S. 1535 (meine Übers., M. St.): „Aujourd'hui, vingt ans plus tard, par une sorte de remontée vers le corps, c'est au sens manuel du mot que je voudrais aller, c'est la ,scription' (l'acte musculaire d'écrire, de tracer des lettres) qui m'intéresse: ce geste par lequel la main prend un outil (poinçon, roseau, plume), l'appuie sur une surface, y avance en pesant ou en caressant et trace des formes régulières, récurrentes, rythmées […]. C'est donc du geste qu'il sera question ici, et non des acceptions métaphoriques du mot ,écriture': on ne parlera que de l'écriture manuscrite, celle qui implique le tracé de la main."
20 Vilém Flusser, „Die Geste des Schreibens", in: ders., Gesten. Versuch einer Phänomenologie, Düsseldorf, Bensheim: Bollmann 1991, S. 39-49, hier S. 40. Analog zur Nietzscheschen Methode der Genealogie wird die Berücksichtigung der Widerstände, die beim Schreiben zu überwinden sind, bei Flusser geradezu ein Kriterium zur Unterscheidung von guter und schlechter Literaturwissenschaft im erweiterten Wortsinn der „Kritik" (auch wenn bei ihm letztlich der „Widerstand der Wörter" im Vordergrund steht): „Man kann die Literaturkritik nach diesem Kriterium einteilen. In die dumme, die fragt: ,Was will er sagen?' und die kluge, die fragt: ,Durch welche Hindernisse hindurch hat er gesagt, was er eben gesagt hat?'" (Ebd., S. 44.)

oder weniger metaphorisch anmuten. Wer sich von einer zu schreibenden Botschaft, einer Idee erfüllt sieht, mag sich bei seiner ‚Be-Geisterung‘, diese mitzuteilen, nicht lange beim Automatismus semantischer, grammatischer oder ortographischer Regeln aufhalten, geschweige denn bei der Mechanik, sich eines Werkzeugs im Zusammenspiel mit einer Oberfläche bedienen zu müssen, um überhaupt ein Zeichen zum Ausdruck bringen zu können, zeichnet sich die ‚Idee‘ in ihrem emphatischsten Wortsinn doch gerade dadurch aus, daß sie durch den Umstand unangefochten bleibt, ob sie tatsächlich zu Papier gebracht worden ist oder nicht. Eine ‚Idee‘ ist eine ‚Idee‘, selbst wenn es keinem Schreibwerkzeug gelingt, den Schädel aufzumeißeln, in dem sie geboren worden ist. Wem dagegen gerade in ihrem komplizierten, erhebliche Übung voraussetzenden Zusammenspiel von Oberfläche, Werkzeug und Zeichen – Papier, Füllfeder und Buchstaben – die äußerlichsten Anzeichen des Schreibens den innigsten Wert bedeuten, dem Kalligraphen, mögen der vermeintlich ‚eigentliche‘ Gegenstand des Schreibens, die „zu schreibende Botschaft", also die ‚höheren‘ „Ideen" gestohlen bleiben.[21] Und tatsächlich: Welche Idee könnte in ihrer jämmerlichen Abhängigkeit davon, nur von einem – und sei es auch noch so krakelig hingekritzelten – Buchstaben mitgeteilt zu werden, die formvollendesten unter ihnen auch nur im geringsten anfechten? Beides – die Privilegierung der Ideen als höchster Wert, dem sich die Oberfläche, das Werkzeug, die Zeichen, die Konvention, die Regeln und ihr System als Hilfsfunktionen zu ihrem bloßen Ausdruck zu unterwerfen haben, wie die Privilegierung der durch die mittels eines Werkzeugs möglichst formvollendet geübte Zeichnung eines Buchstabens auf einer Oberfläche, durch die eine Idee sich überhaupt erst aufspielen kann, als würden ihr als zu schreibende Botschaft eine Semantik, ein System, eine Grammatik, eine Orthographie oder wenigstens eine Konvention gehorchen – sind nur Teilantworten auf die Frage: Was ist Schreiben?

Rüdiger Campe hat dagegen gerade für das *Ensemble* dieser heterogenen Faktoren in seiner Unauflösbarkeit als literarisches Schreiben den Begriff der „Schreib-Szene" geprägt: „Auch und gerade wenn ‚die Schreib-Szene‘ keine selbstevidente Rahmung der Szene, sondern ein nicht-stabiles Ensemble von Sprache, Instrumentalität und Geste bezeichnet, kann sie dennoch das Unternehmen der Literatur als dieses problematische Ensemble, diese schwierige Rahmung genau kennzeichnen."[22] Es ist diese Rahmung, die sich während der

---

21 Vgl. dazu das Buch von Sabine Mainberger, *Schriftskepsis. Von Philosophen, Mönchen, Buchhaltern, Kalligraphen*, München: Fink 1995, insbes. S. 132-195, „Kopisten in der Literatur", das in unserem Zusammenhang deshalb von erhöhtem Interesse ist, weil es den Widerstand problematisiert, der aus der Spannung entsteht, daß ‚Ab-schreiben‘ in gewisser Weise die – im emphatischen Wortsinn – *demütigere* Aufgabe ist als ‚Schreiben‘ selbst, wie emphatisch dieses Wort auch immer verstanden werden mag, und Hans-Jost Frey, *Lesen und Schreiben*, Basel, Weil am Rhein, Wien: Urs Engeler Editor 1998, insbes. S. 60-69, „Abschreiben", und S. 77-80, „Kalligraphie".

22 Rüdiger Campe, „Die Schreibszene, Schreiben", in: Hans Ulrich Gumbrecht und K. Ludwig Pfeiffer (Hrsg.), *Paradoxien, Dissonanzen, Zusammenbrüche. Situationen offener Epistemologie*, Frankfurt am Main: Suhrkamp 1991, S. 759-772, hier S. 760.

Literaturgeschichte des Schreibens unablässig verändert. Um hier die Kulisse zu dokumentieren, vor der sich diese Umwälzungen abspielen, zeichnet der vorliegende Sammelband im Zeitalter der Manuskripte eine kleine Galerie verschiedener ,Schreibszenen' beziehungsweise ,Schreib-Szenen' nach, die chronologisch von Wolframs *Parzival* bis zum Widerstreit zwischen antiker Kalligraphie und moderner Typographie führt.

Im Anschluß an die – bei diesem nur implizit getroffene – Unterscheidung von Campe verstehen wir im folgenden unter ,Schreibszene' die historisch und individuell von Autorin und Autor zu Autorin und Autor veränderliche Konstellation des Schreibens, die sich innerhalb des von der Sprache (Semantik des Schreibens), der Instrumentalität (Technologie des Schreibens) und der Geste (Körperlichkeit des Schreibens) gemeinsam gebildeten Rahmens abspielt, ohne daß sich diese Faktoren selbst als Gegen- oder Widerstand problematisch würden; wo sich dieses Ensemble in seiner Heterogenität und Nicht-Stabilität an sich selbst aufzuhalten beginnt, thematisiert, problematisiert und reflektiert, sprechen wir von ,Schreib-Szene'. Die Singularität jeder einzelnen ,Schreibszene' entspringt der Prozessualität des Schreibens; die Singularität jeder einzelnen ,Schreib-Szene' der Problematisierung des Schreibens, die (es) zur (Auto-)Reflexion anhält (ohne daß es sich gerade in seiner Heterogenität und Nicht-Stabilität gänzlich transparent werden könnte). Hier wie dort versuchen die Begriffe der ,Schreibszene' wie der ,Schreib-Szene' jeweils ein (literatur-, medientechnik- und kultur)historisches und ein systematisches Moment in einem integrativen Modell des Schreibens zusammenzufassen.[23]

Die chronologische Anordnung der Beiträge nach den von ihnen behandelten Gegenständen ergibt sich aus folgender Erwägung: Schreiben (und Lesen) lernt heute jeder in der Schule, ohne gleichzeitig darüber unterrichtet zu werden, daß das Schreiben selbst viele Gesichter und eine wechselvolle Geschichte hat. Im engeren Sinn der literarischen Tätigkeit betont der Begriff ,Schreiben' das produktionsästhetische Moment des schöpferischen Arbeitsprozesses, der vom Einfall, der Organisation, der Formulierung, der Aufzeichnung, der Über-

---

23 Die Kartographierung des Schreibens in vier Dimensionen – Schreiben als Handwerk (die technologische Dimension des Schreibens), Schreiben als Zeichenproduktion (die semiotische Dimension des Schreibens), Schreiben als sprachliche Handlung (die linguistische Dimension des Schreibens) und die Integration des Schreibens in einen Handlungszusammenhang (die operative Dimension des Schreibens) – führt Otto Ludwig zur typologischen Unterscheidung zwischen „integriertem" und „nicht-integriertem Schreiben", das sich im Gegensatz zu jenem auf die handwerkliche, technologische Dimension – etwa im Abschreiben und/oder in der Kalligraphie – beschränkt und von der Textproduktion abgetrennt ist. Vgl. Otto Ludwig, „Integriertes und nicht-integriertes Schreiben. Zu einer Theorie des Schreibens: eine Skizze", in: Jürgen Baurmann und Rüdiger Weingarten (Hrsg.), *Schreiben. Prozesse, Prozeduren und Produkte*, Opladen: Westdeutscher Verlag 1995, S. 273-287. Dieser linguistisch fruchtbaren Unterscheidung fällt allerdings der literaturwissenschaftlich bedeutsame Umstand zum Opfer, daß das literarische Schreiben nicht nur seine semiotische, linguistische und operative Dimension, sondern gerade auch seine handwerkliche, technologische Dimension als unabdingbare Voraussetzung thematisieren, problematisieren und reflektieren kann.

arbeitung und der Korrektur bis zur Veröffentlichung verschiedene Phasen umfaßt. Gerade hier, bei der Konzeptualisierung der verschiedenen Phasen des
Schreibens hat die linguistische Schreibprozeßforschung wichtige Arbeit geleistet.[24] Zu den Stiefkindern dieser Schreibprozeßforschung, die methodisch
weitgehend in der kognitionspsychologischen Introspektion befangen ist, die
sie mit dem sogenannten „Problemlösemodell" aus der Schulaufsatzforschung
importiert hat,[25] und die die Ereignishaftigkeit des Schreibakts selbst in seiner
Materialität, Positivität und Kontingenz gerne vernachlässigt, zählen die
Schreibwerkzeuge und ihr Eigensinn, mit dem sie sich gelegentlich dem schriftstellerischen Produktionsprozeß widersetzen.

Der skizzierte Arbeitsprozeß dokumentiert sich in handschriftlichen oder
typographischen Spuren wie Vorarbeiten (Exzerpten, Notizen und Fragmenten, Plänen), Entwürfen, verschiedenen Fassungen, Arbeitshandschriften,
Druckmanuskripten und Korrekturfahnen und kann in den vier rhetorischen
Änderungskategorien des Hinzufügens, Streichens, Ersetzens und Umstellens
systematisiert werden. Von den zu Gebote stehenden Schreibwerkzeugen (in
der Regel Papier, Feder und Tinte, Bleistift, Kugelschreiber, Schreibmaschine
oder Computer), den Schreibgewohnheiten (Anlaß, Ort, Zeitpunkt, Dauer),
den Stimulantien und Surrogaten der Inspiration zur Überwindung der oft be-
klagten Schreibblockaden bis hin zur sozialen Situation, zur biographischen Le-
benslage und zum ästhetischen und politischen Selbstverständnis umfaßt das
Schreiben eine Reihe von *Begleitumständen*, um den gerade in seiner Beiläufig-
keit schönen Titel zu zitieren, unter dem Uwe Johnson als Gastdozent im Mai
1979 die Reihe der Frankfurter Poetik-Vorlesungen wiederaufgenommen hat.

Der vorliegende Sammelband bemüht sich nun um einen Begriff des ‚Schreibens', der sich nicht in der bloßen Aufzählung aller Elemente erschöpft, die im
alltagspraktischen Gebrauch unter diesem Wort zusammengefaßt werden – wie
Vilém Flusser dies tut, weshalb er am Ende seiner Bestimmung, was wir zum
Schreiben brauchen, zur Feststellung kommt: „und das Schreiben"[26] –, sondern
diese Elemente integriert.

Zusammenfassend: Die aufgezählten ‚Begleitumstände' des Schreibens lassen
sich im wesentlichen in drei – untereinander heterogenen, aber sich gegenseitig
bedingenden und in der literarischen Tätigkeit des Schreibens nicht unabhängig

---

24 Zur Kritik und method(olog)isch fruchtbaren Fortführung dieser linguistischen Schreibprozeßforschung vgl. Hanspeter Ortner, *Schreiben und Denken*, Tübingen; Max Niemeyer 2000 (=
   Reihe Germanistische Linguistik 214); vgl. aus literaturwissenschaftlicher Perspektive allerdings
   die Vorbehalte und Einschränkungen in der Rezension von Stephan Kammer, „Jenseits des
   ‚Texts'. Zwei neue Studien zum Schreiben und zur Typographie", in: *Text. Kritische Beiträge* 8
   (2003), „Editionskritik", S. 119-125, bes. S. 119-122.
25 Vgl. im Überblick Arne Wrobel, *Schreiben als Handlung. Überlegungen und Untersuchungen
   zur Theorie der Textproduktion*, Tübingen; Max Niemeyer 1995 (= *Reihe Germanistische Linguistik* 158).
26 In diesem witzigen Nachsatz zu Flussers Bestimmung der Schreibgeste kommt ihr begrifflich
   nur schwer faßbares Moment zum Ausdruck, das sich immer wieder und gerade an dieser Stelle
   der Konzeptualisierung entzieht.

voneinander denkbaren – Faktoren bündeln, aus denen sich bei jedem Autor, Dichter oder Schriftsteller die sowohl historisch wie individuell letztlich singuläre ,Schreibszene' im allgemeinen, ,Schreib-Szene' im besonderen jeweils neu zusammensetzt. Deshalb gewährleistet dieser Begriff des ,Schreibens' auch eine Vergleichbarkeit verschiedener Autorinnen und Autoren gerade in ihrer Unvergleichlichkeit, hält man nur am historischen Kriterium der Chronologie fest, das die durch Erfindungen wie die Schreibmaschine oder den Computer ausgelösten medientechnikhistorischen Umwälzungen im Schreiben und die daraus entspringenden Verwerfungen der Gleichzeitigkeit des Ungleichzeitigkeiten um so deutlicher hervortreten läßt.

Gleichzeitigkeit des Ungleichzeitigen: Während etwa Goethe sich als Meister der Dissimulation erweist, im materiellen, körperlichen Wortsinn ,eigentlich' gar nicht geschrieben zu haben, also auf keine Widerstände gestoßen zu sein – was als Inszenierung seines dichterischen Selbstverständnisses auch Teil der Semantik seines Schreibens ist –, läßt Lichtenberg keine Gelegenheit aus, sich bei eben diesen materiellen und körperlichen Voraussetzungen seines Schreibens aufzuhalten und sie zum Gegenstand dieses Schreibens selbst zu machen. Hier hält der vorliegende Sammelband es mit Goethe, der über Lichtenberg gesagt hat: „Lichtenberg's Schriften können wir uns als der wunderbarsten Wünschelrute bedienen; wo Lichtenberg einen Spaß macht liegt ein Problem verborgen."[27] Tatsächlich beginnen die Widerstände, die das Schreiben im emphatischen Wortsinn überwinden muß, sich bei genauerer Betrachtung auf den verschiedenen Ebenen zu vervielfältigen, aus denen sich der Begriff des ,Schreibens' zusammensetzt. Sie treten nicht nur in den ,Begleitumständen' des Schreibens auf, die einem Autor – vermeintlich – *äußerlich* sind, allen voran in Form der Schreibwerkzeuge. So ringt die Schreibkugel Nietzsche in demselben Brief, in dem er die Feststellung seines Sekretärs Heinrich Köselitz alias Peter Gast pointiert bestätigt: „SIE HABEN RECHT – UNSER SCHREIBZEUG ARBEITET MIT AN UNSEREN GEDANKEN", die verzweifelte Äußerung ab: „WANN WERDE ICH ES UEBER MEINE FINGER BRINGEN, EINEN LANGEN SATZ ZU DRUCKEN!"[28] An diesem Ort des Widerstands überrascht uns die von Friedrich Nietzsche benützte Schreibkugel des Taubstummenlehrers Hans Rasmus Johan Malling Hansen mit einem historisch reizvollen ,Tippfehler', der uns auf den Umstand aufmerksam macht, daß sich die Quelle von Widerständen, die beim Schreiben auftreten, auch im *Innern* des Autors selbst finden kann, in seinem ,Unbewußten':

„LEG ICH MICH AUS SO LEG ICH MICH HINEIN
SO MOEG EIN FREUD MEIN INTERPRETE SEIN.

---

27 Johann Wolfgang Goethe, *Wilhelm Meisters Wanderjahre* (1821, 1829), herausgegeben von Gerhard Neumann und Hans-Georg Dewitz, Frankfurt am Main: Suhrkamp 1989 (= *Bibliothek deutscher Klassiker* 50), S. 761.
28 Nietzsche an Köselitz in Venedig (Typoskript), [Genua,] Ende Februar 1882 (Anm. 4).

UND WENN ER STEIG[T] AUF SEINER EIGNEN BAHN
TREAEGT ER DES FREUNDES BILD MIT SICH HIN[A]N"[29]

Jedenfalls ist dies die Überzeugung nicht nur des Psychiaters Eugen Bleuler, sondern auch seines Korrespondenzpartners Sigmund Freud. So kann es in den Schreibexperimenten, die Eugen Bleuler in seinen Briefen an Sigmund Freud unternimmt, zu einer merkwürdigen Vermählung der äußeren Widerstände in Form des Schreibwerkzeugs und der inneren Widerstände in Form des Unbewußten kommen, die Bleuler die Wahl einer Schreibmaschine nahelegt, um seine Träume niederzuschreiben. Denn: Wie kann man über das Unbewußte schreiben, so daß dieses selbst zum Ausdruck kommt? Bleuler pflegte seine Träume und Traumassoziationen gerade als ungeübter Benützer auf einer Schreibmaschine niederzuschreiben, um die Traumdeutung experimentell gleichzeitig mit den am Burghölzli entwickelten Assoziationstests zu verbinden, da die Häufung der Tippfehler in seinen Augen Komplexe zutage förderte, die auf Widerstände im Unbewußten zurückzuführen sein mußten: „So lange man nicht sehr grosse Übung hat, ist die Schreibmaschine ein sehr gutes Reagens auf Complexe. Es ist aber zum Teufel holen, dass ich die meinen fast nie herausbringe, wenn ich sie nicht schon weiss",[30] schreibt Bleuler am 5. November 1905 an Sigmund Freud, der die Schleusen zu den Quellen dieser Widerstände überhaupt erst geöffnet hatte, sich aber, wohl gerade aus diesem Grund, zeitlebens gegen die Benützung einer Schreibmaschine gesträubt zu haben scheint: Gleichzeitigkeit des Ungleichzeitigen.

Die drei Faktoren: Jedes literarische Schreiben bedient sich einer Semantik (Sprache), die nur durch die Benützung eines Schreibwerkzeugs (Instrumentalität) zeichenhaft zum Ausdruck gebracht werden kann, und zwar durch eine spezifische Körperlichkeit des Schreibakts (Geste), die sich vom eigenhändigen Kratzen mit der Feder über das Hämmern mit der Schreibmaschine bis hin zur Flüchtigkeit der Stimme beim Diktieren erstrecken kann: ‚Schreibszene' beziehungsweise ‚Schreib-Szene'. In diesem Sinn – um es noch einmal nachdrücklich zu wiederholen – kann die Praxis des Schreibens, zumal als literarische Tätigkeit, nicht allgemein definiert, sondern nur historisch und philologisch im Einzelfall nachträglich re-konstruiert werden.

Was die vorliegenden historischen und philologischen Rekonstruktionen im einzelnen betrifft – die darüber hinaus jeweils für sich selbst und die Singularität ihres Gegenstandes sprechen; diese Einleitung will keine Hebammendienste leisten und niemanden von ihrer Lektüre entbinden –, so zeigen sich diese

---

29 Nietzsche, Mp XVIII 3, 45 (Mette-Zählung); zit. nach Nietzsche, *Schreibmaschinentexte* (Anm. 4), S. 89: Tatsächlich „FREUD" – kein Druckfehler!

30 Eugen Bleuler an Sigmund Freud, 5. November 1905; zit. nach Lydia Marinelli und Andreas Mayer, „Vom ersten Methodenbuch zum historischen Dokument. Sigmund Freuds Traumdeutung im Prozeß ihrer Lektüren (1899–1930)", in: dies. (Hrsg.), *Die Lesbarkeit der Träume. Zur Geschichte von Freuds Traumdeutung*, Frankfurt am Main: Fischer Taschenbuch Verlag 2002, S. 37-125, hier S. 53-54.

Verwerfungen besonders deutlich, wenn man sie nach ihrer Chronologie im Fadenkreuz mustert, das Rahmen, Rollenzuschreibungen/-verteilungen und Regie einerseits, Sprache (Semantik), Instrumentalität (Technologie) und Geste (Körperlichkeit) des Schreibens andrerseits bilden.

So muten die „Bedingungen vorneuzeitlichen Schreibens", denen sich *Michael Stolz* ausführlich „am Beispiel der Überlieferung von Wolframs *Parzival*" annimmt, durchaus modern im Sinne von Goethes Dissimulation des Schreibens an, wenn sich dessen Erzähler ausgerechnet eines Badewedels, also einer verdeckten Allegorie seines Schreibgeräts bedient, um sich durch die Offenbarung der Handwerklichkeit seines Tuns keine Blöße zu geben; dieser Dissimulation steht Stolz' Akzentuierung der Kontingenz gegenüber, die der Körperlichkeit, Instrumentalität und Materialität des Überlieferungszusammenhangs entspringt und eine eigene ‚Sinn'-Dimension erschließt, die sich nicht im vermeintlich ‚modernen' Konzept der Autorschaft erschöpft. *Rüdiger Campe* wagt in seiner diskursanalytischen und -historischen Studie über „Gelegenheiten des Schreibens in der Lyrik der Frühmoderne" im Anschluß an seine Bestimmung der „Schreibszene" gar eine Datierung, wann uns die Frage nach dem literarischen Schreiben als komplexer „material-semantisch-symbolischer Akt" unselbstverständlich, ‚Schreiben' also im emphatischen Wortsinn problematisch geworden ist: 1622 mit Camillo Baldis Abhandlung *Wie aus einem Brief Wesen und Charakter seines Schreibers zu erkennen sind*. Als dramatische, in jedem Wortsinn frag-würdige Szene wird das Schreiben auf der Bühne allerdings wohl zum erstenmal in Lessings *Miß Sara Sampson* (1755) ausgestellt, wie *Heinrich Bosse* in seiner Studie über „Lenz, *Die Soldaten* I/1" dokumentiert, die den Zusammenhang zwischen Technik, Pädagogik, Einprägen und Vergessen-Machen des Schreibens erhellt. An literaturhistorisch vergessene Überlieferungszusammenhänge des Schreibens erinnert auch der Beitrag von *Davide Giuriato*, der die Eigendynamik des Schreibens im Spannungsfeld zwischen Mündlichkeit (Diktat) und Schriftlichkeit (Mitschrift) hervorhebt, die im Vergleich von Georg Büchners Erzählung „Lenz" mit ihrer handschriftlichen Quelle offenkundig wird. Auf diesem Spannungsfeld sehen sich insbesondere frühe Volkskundler vor erhebliche Probleme gestellt, wie *Alfred Messerli* in seinem Beitrag über das „Schreiben im Feld" nachweist, wird die Dissimulation des Schreibens hier doch nachgerade zur technischen Voraussetzung, nachträglich verwertbare Forschungsergebnisse aufzeichnen zu können, da die Mitschrift die mündlich Befragten zu beschämen droht; das Problem der simultanen Mitschrift überbordender Reiseeindrücke und Redeflüsse wie im Fall der sogenannten ‚Inspirierten' beflügelt umgekehrt eine Reihe von Erfindungen zur technologischen Erneuerung des Schreibens. Was im Fall des Badewedels, mit dem der Erzähler von Wolframs *Parzival* die Scham seines Schreibens beziehungsweise Geschrieben-Habens bedeckt, noch als historisch singuläre Vorwegnahme erscheinen mag, ist um 1800, wie der Beitrag von *Jürgen Link* dokumentiert, zu einem poet(olog)ischen Topos geworden: Im Symbol des Vorhangs, der in der Goethezeit ebenso oft wie symptomatisch über pointiert thematisierte Schreibszenen fällt, kommt das generativ-poetische Prinzip zum Ausdruck, daß die Produktivität einer schöpferischen Quelle um so größer ist, je sichtbarer sie als verborgene, das heißt als Geheimnis inszeniert wird; selbst Jean Paul kann dieses Räderwerk nur enttarnen, indem er gleichsam den Vorhang der Satire über diesen Vorhang wirft. Wie fruchtbar die Thematisierung von Manuskripten in Jean Pauls gedruckten Texten als Gegenstand für die Analyse der semantischen Aspekte des Schreibens ist, erweist sich auch in den beiden Beiträgen von *Ralf Simon* und *Uwe Wirth*, die sich jeweils in einer erweiternden Reformulierung strukturalistischer Denkanstöße darum bemühen, dem Begriff der „Schreibszene" eine eigene Kontur zu geben: Simon, indem er innerhalb von Roman Jakobsons mehrfach verschachteltem Modell sprachlicher Kommunikation erst die poetische Funktion der Selbstreferenz, dann die phatische Funktion des Kontakts zur Leitfunktion erhebt, in die verdoppelnd jeweils alle anderen fünf Funktionen eingetragen werden, wodurch er ein geschlossenes Universum der Poesie um 1800 als Reflexion ihrer medientheoretischen Voraussetzungen gewinnt; Wirth, indem er durch die Akzentuierung der performativen und parergonalen Rahmenbedingungen aus der „Schreib-Szene" gleichzeitig eine „Druck-" und eine „Editions-Szene" entwickelt. Dagegen stehen in den beiden Beiträgen von *Wolfram Groddeck* und *Cori Mackrodt* Hölderlins Manuskripte als Schriftbilder im Vordergrund, die, wenn auch nur auf dem Umweg nachträglicher Re-Konstruktion, den ‚eigentlichen‘ Schreibprozeß anschaulich vor Augen führen. Frag-würdig wird durch die akribische philologische Lektüre der Spuren dieses Schreibprozesses allerdings der Status der ‚Texte‘, die aus ihm hervorgegangen sind: Bei Groddeck erweist sich als poetisches Prinzip von Hölderlins revidierendem Schreiben der Prozeß der Dekomposition, bei Mackrodt das Spannungsverhältnis zwischen Stillstellung (Konstitution) und Entstellung (Dekonstitution), die jeweils nicht in einem durch die ‚Autorisierung‘ abgeschlossenen Drucktext zum Ausdruck kommen können. Auch in Briefen ist die Schreibsituation jeweils nur als vermittelte zugänglich; indem Heinrich von Kleist diese Vermittlung zusehends mehr als Selbstadressierung inszeniert, gewinnt er, wie *Sandro Zanetti* Schritt für Schritt zeigt, in seinem Briefwechsel mit Wilhelmine von Zenge erst sein literarisches Selbstverständnis als Schriftsteller. Wie unabweislich in der vermeintlichen Idylle des Schreibens ‚nach der Natur‘ der Schrecken haust, dokumentiert der Beitrag von *Reimar Klein* am Beispiel von „Wilhelm Müllers schreibendem Wanderer": Je mehr sich für diesen durch sein Schreiben die Natur mit bedeutungsvollen Zeichen erfüllt, an die sie sich anverwandelt, um so mehr entweicht das Leben aus ihr; als Remedium erweist sich allerdings das „Wunder" der italienischen Improvisatoren, aus dem Stehgreif zu dichten: das Aussetzen der Schrift. Vergleichbar gespenstische Schreibszenen der Einflüsterung entdeckt der Beitrag von *Marianne Schuller* in Bettine von Arnims Briefbuch *Die Günderode*, allerdings unter den umgekehrten Vorzeichen des sokratischen Dämons, in dessen Eingebungen Bettines Schreiben das Sprechen des Anderen als ein ‚uneinholbares fremdes Lebendiges‘ inszeniert. Der Beitrag von *Roland Reuß* schließlich widmet sich dem gespannten Verhältnis von Handschrift und Druck *innerhalb* der Typographie; am Beispiel der Schriften (im eigentlichen wie im übertragenen Wortsinn) von Stanley Morison, Paul Renner und Gerrit Noordzij erörtert Reuß die Extrempositionen in ihrer Bedeutung für das Verständnis von „Schrift".

***

Die folgenden Beiträge sind aus dem Symposium „„Mir ekelt vor diesem tintenklecksenden Säkulum'. Schreiben von der Frühen Neuzeit bis 1850" hervorgegangen, das vom 10. bis 12. April 2003 an der Universität Basel im Rahmen des durch den Schweizerischen Nationalfonds (SNF) geförderten Forschungsprojektes „Zur Genealogie des Schreibens. Die Literaturgeschichte der Schreibszene von der Frühen Neuzeit bis zur Gegenwart" stattgefunden hat. Der Dank des Herausgebers und seiner beiden wissenschaftlichen Mitarbeiter Davide Giuriato und Sandro Zanetti gilt dem SNF für die finanzielle Unterstützung und der Universität Basel für das Gastrecht.

Der vorliegende Sammelband, mit dem die Reihe *Zur Genealogie des Schreibens* eröffnet wird, bildet den Auftakt zu einer chronologisch-historischen Serie von insgesamt drei Bänden (neben denen in zwangloser Folge weitere Monographien und Sammelbände in dieser Reihe erscheinen werden): Jeweils vom 1. bis 3. April 2004 und vom 7. bis 9. April 2005 fanden bzw. finden an der Universität Basel zwei Folge-Symposien statt, aus denen die beiden Dokumentationen *„SCHREIBKUGEL IST EIN DING GLEICH MIR: VON EISEN". Schreibszenen im Zeitalter der Typoskripte* (Arbeitstitel) und *Ein „azentrisches, nicht hierarchisches und asignifikantes System ohne General". Schreibszenen im digitalen Zeitalter* (Arbeitstitel) hervorgehen werden, die den durch die Erfindung der Schreibmaschine und des Computers ausgelösten medientechnikhistorischen Umwälzungen im Schreiben gewidmet sind.

MICHAEL STOLZ

„Ine kan decheinen buochstap"
Bedingungen vorneuzeitlichen Schreibens am Beispiel
der Überlieferung von Wolframs *Parzival*

„ich bin Wolfram von Eschenbach,
unt kan ein teil mit sange" (114,12 f.).

Mit solchem Selbstbewußtsein nennt sich der Erzähler des zwischen 1200 und
1210 verfaßten deutschsprachigen *Parzival*.[1] Er gibt sich dabei als ein Dichter
zu erkennen, der sich neben epischen Texten ein wenig („ein teil") auf Gesang,
genauer auf Minnesang, verstehe. Die für die Zeit durchaus unübliche Namensnennung findet sich in einem Abschnitt, der zwischen der Vorgeschichte,
die von Parzivals Vater Gahmuret handelt, und der Erzählung von Parzivals
Kindheit eingeschoben ist. Die Passage ist als sogenannte ,Selbstverteidigung'
in der Germanistik gut bekannt.[2]

Darin polemisiert der Erzähler (der selbstverständlich nicht mit dem histo-
rischen Autor Wolfram gleichzusetzen ist) gegen eine treulose Dame, die er
auch an anderen Stellen der Dichtung, etwa dem Prolog, im Visier hat. In der
,Selbstverteidigung' wird diese Polemik zu Vorbehalten gegenüber der lyrischen
Gattung des Minnesangs und gegenüber dessen Konventionen ausgebaut. Der
Erzähler stellt das übersteigerte, auf eine einzige Dame gerichtete Lob des Min-
nesangs in Frage und wendet sich implizit gegen das offen zur Schau gestellte
Leiden des Minnesängers. Den lyrischen Gattungstraditionen werden die Mög-

---

1 Zitiert wird hier und im folgenden nach der Ausgabe: Wolfram von Eschenbach, *Parzival. Studienausgabe*, mittelhochdeutscher Text nach der sechsten Ausgabe von Karl Lachmann, Übersetzung von Peter Knecht, Einführung zum Text von Bernd Schirok, Berlin, New York: Walter
de Gruyter 1998. Verwiesen sei ferner auf die kommentierte Ausgabe: Wolfram von Eschenbach, *Parzival*, nach der Ausgabe Karl Lachmanns revidiert und kommentiert von Eberhard Nellmann, übertragen von Dieter Kühn, 2 Bde., Frankfurt am Main: Deutscher Klassiker
Verlag 1994 (= *Bibliothek des Mittelalters* 8,1/2 [Bibliothek deutscher Klassiker 110]), zur Stelle
Bd. 2, S. 515.

2 Grundlegend für die jüngere Forschung sind die Ausführungen von Michael Curschmann, „Das
Abenteuer des Erzählens. Über den Erzähler in Wolframs *Parzival*", in: *Deutsche Vierteljahrs-
schrift für Literaturwissenschaft und Geistesgeschichte* 45 (1971), S. 627-667, hier S. 648-662, und
Walter Haug, *Literaturtheorie im deutschen Mittelalter. Von den Anfängen bis zum Ende des
13. Jahrhunderts*, zweite, überarbeitete und erweiterte Auflage, Darmstadt: Wissenschaftliche
Buchgesellschaft 1992, S. 175-178. Vgl. auch den Kommentar in der Ausgabe von Nellmann
(Anm. 1), Bd. 2, S. 514 f.. und Heiko Hartmann, *Gahmuret und Herzeloyde. Kommentar zum
zweiten Buch des Parzival Wolframs von Eschenbach*, 2 Bde., Herne: Verlag für Wissenschaft
und Kunst 2000, Bd. 2, S. 364-393 (mit weiterer Literatur).

lichkeiten epischer Darstellung entgegengesetzt. So vermag allein die Epik das
Leid nicht etwa eines lyrischen Ich, sondern der handelnden Figuren zur Darstellung zu bringen. Der Erzähler nimmt Anteil an seinen Figuren und betont
in der ‚Selbstverteidigung' (in bezug auf den Typus der „kiuschen" Frauen):
„mir ist von herzen leit ir pîn" – ‚ihr Kummer tut mir herzlich weh' (115,4).[3]
Damit wird auch auf Diskursebene jene Fähigkeit des Mitleidens thematisiert,
die auf Histoireebene in der von Parzival zunächst unterlassenen und schließlich gestellten Mitleidsfrage zum Ausdruck kommt.[4]

Die ‚Selbstverteidigung' reflektiert auf diese Weise als eine Art ‚mise en
abyme'[5] die Vorgänge auf der Histoireebene und überträgt sie auf die Diskursebene. Gezielt werden dabei Fachtermini aus der Welt des Rittertums,
dem der erwachsene Parzival angehören wird, mit der Beschreibung des Er-
zählakts vermengt. In einem irrlichternden Spiel inszeniert sich der Erzähler
als waghalsigen Glücksritter, dem die Welt der Buchstaben und der Schrift
fremd sei.

„schildes ambet ist mîn art" (115,11) heißt es in der ‚Selbstverteidigung' –
‚Ritterdienst ist meinem Wesen gemäß'. Der Erzähler läßt bewußt offen, ob er
sich damit auf einen für sich beanspruchten sozialen Stand oder auf das Objekt
seines Erzählens, das durch Parzival und andere Figuren vertretene Rittertum,
bezieht. Ähnlich doppeldeutig fährt er fort: „mit schilde" und „mit sper" wolle
er die Gunst seiner Dame erringen (115,16). Wer so verfahre, spiele mit hohem
Einsatz und Risiko: „topelspil" (‚Würfelspiel') ist eine Metapher, die das Has-
ardieren zwischen Rittertum und Dichtertum zum Ausdruck bringt („vil hôhes
topels er doch spilt", 115,19; ähnlich 112,9 und 289,24).[6]

In der ‚Selbstverteidigung' mündet das auf solche Weise propagierte Wag-
nis des Erzählens in ein irritierendes Bekenntnis: Wer eine Fortsetzung der
Geschichte wünsche – und wer würde das nicht? – solle nicht erwarten, daß
diese als Buch daherkomme (vgl. 115,21-26). „ine kan decheinen buochstap"
– ‚Ich verstehe mich nicht auf Buchstaben', ‚ich bin nicht schriftgelehrt', ge-
steht der Erzähler freimütig ein (115,27). Denn: „disiu âventiure / vert âne der
buoche stiure" – ‚Diese Geschichte geht ihren Weg ohne die Hilfe der Bücher'
(115,29 f.).

---

3 Vgl. die Deutung bei Curschmann, „Das Abenteuer des Erzählens" (Anm. 2), S. 655; mit etwas
   anderer Akzentuierung Haug, *Literaturtheorie im deutschen Mittelalter* (Anm. 2), S. 178.
4 Begriffe nach Émile Benveniste, *Problèmes de linguistique générale*, 2 Bde., Paris: Gallimard
   1966/1974, Bd. 1, S. 238-242. Auf Phänomene der Narratologie übertragen von Gérard Genette,
   Figures III, Paris: Éditions du Seuil 1972, S. 72, mit der Unterscheidung von „histoire" („le sig-
   nifié du contenu narratif") und „récit" („le signifiant, énoncé, discours ou texte narratif lui-
   même"); vgl. ferner ebd., S. 225.
5 Vgl. zu diesem Phänomen narrativer Spiegelung Lucien Dällenbach, *Le Récit spéculaire. Con-
   tribution à l'étude de la mise en abyme*, Paris: Éditions du Seuil 1977.
6 Vgl. Curschmann, „Das Abenteuer des Erzählens" (Anm. 2), S. 657; mit weiteren Belegstellen
   Mireille Schnyder, „Glücksspiel und Vorsehung. Die Würfelspielmetaphorik im *Parzival* Wolframs von Eschenbach", in: *Zeitschrift für deutsches Altertum und deutsche Literatur* 131 (2002),
   S. 308-325.

Ehe man seine Erzählung als Buch bezeichnen würde, so der Erzähler mit hintergründigem Humor, säße er lieber ohne Handtuch nackt im Bade; nur einen „questen", einen Badewedel, hätte er natürlich als Feigenblatt dabei (116,1-4). Es verwundert nicht, daß der junge Parzival später in genau dieser Situation geschildert wird. Nach seiner Ankunft am Hof des Gurnemanz schämt sich Parzival, als er nur mit einem Badetuch bekleidet in die Wanne steigen soll. Die reizenden Hoffräulein, die sich des Jünglings annehmen, werden hinausgeschickt und hätten doch zu gerne gesehen, „ob im dort unde iht wære geschehn" (167,28) – ob sich unter dem Badetuch etwas geregt hätte.

Der Badewedel („queste"), den der Erzähler in der ‚Selbstverteidigung' nicht missen will, ist in seiner Ambiguität auf verschiedene Weisen deutbar. Er mag für das stehen, was das Handtuch selbst am entblößten Körper des Erzählers nicht zu bedecken vermag. Man mag aber auch eine Homonymie zu dem altfranzösischen Wort „queste" heraushören, das die Gralssuche bezeichnet. Schließlich scheint auch die Anspielung auf ein Schreibgerät, dessen Beherrschung der Erzähler mit der Absage an die Buchkunst gerade leugnet, nicht abwegig. Generell fällt in dem Abschnitt die Häufung von lanzenartigen Gerätschaften auf. So begegnen im Verweis auf das Rittertum der „sper" (115,16), in der Aufkündigung der Buchgelehrsamkeit der „buoch-stap", der ebenfalls als ‚Stab' oder ‚Stütze' – nämlich des Schriftwesens – verstanden werden könnte (115,27).[7] Solche Geräte verkümmern in dem abschließenden Bild zu jenem „questen", jenem Badewedel, mit dem der Erzähler seine eingestandene Blöße nur notdürftig verdeckt. In paradoxer Verzerrung steht das Utensil damit für jenen Gebrauch von Schrift, den sein vom Erzähler requirierter Einsatz gerade negiert – als Feigenblatt in einer Badstube, das nur dann benötigt würde, wenn die Erzählung tatsächlich für ein Buch gehalten würde.

Diese eigenwilligen stilistischen Verdrehungen machen es einem schwer, dem Erzähler Glauben zu schenken, selbst wenn den Lesern und Hörern des *Parzival*-Romans ein solches Mitgehen mit der Erzählung vom Prolog an explizit abverlangt wird. Dem Erzähler zu glauben, fällt umso schwerer angesichts des stupenden Wissens, das ihn an vielen Stellen seines Werks auf den Höhen der zeitgenössischen Buchgelehrsamkeit zeigt. Zahlreich sind die Ausführungen zu theologischen, medizinischen und kosmologisch-geographischen Themen,[8] aber auch zu solchen der zeitgenössischen Wahrnehmungs- und Erkenntnislehre.[9]

Wie also ist die Aussage „ine kan decheinen buochstap" zu deuten? – Man hat an den Psalmvers „non cognovi litteraturam" (Ps 70,15) erinnert und den Vers als Topos der Bescheidenheit aufgefaßt: ‚ich kenne mich in der Welt der

---

7 Dazu ausführlicher Anm. 12.
8 Vgl. die Hinweise bei Joachim Bumke, *Wolfram von Eschenbach*, siebte, völlig neu bearbeitete Auflage, Stuttgart, Weimar: J. B. Metzler 1997 (= *Sammlung Metzler* 36), S. 6 f. und S. 162-164.
9 Vgl. Joachim Bumke, *Die Blutstropfen im Schnee. Über Wahrnehmung und Erkenntnis im ‚Parzival' Wolframs von Eschenbach*, Tübingen: Max Niemeyer 2001 (= *Hermaea* Neue Folge 94).

Buchstaben nicht aus'.[10] Möglicherweise soll mit der zur Schau gestellten Ungelehrtheit und dem vorangehenden Verweis auf das Rittertum auch die Kontaktnahme zu einem volkssprachigen (und d. h.: teilweise illiteraten) Laienpublikum erleichtert werden.[11] Aber mit solchen Erklärungen scheint die hintergründige Dimension des Verses letztlich doch nur unzureichend erfaßt.

Vielleicht könnte man – wie oben bereits angedeutet – das Wort „buochstap" sprachspielerisch und in einer pseudo-etymologischen Weise verstehen. Der aus zwei Substantiven zusammengesetzte Ausdruck evoziert in seinem zweiten Teil das Bild eines ‚Stabs', einer ‚Stütze', deren sich der Erzähler bedient.[12] Auch die Vorstellung des Richterstabs, auf dem nach mittelalterlichem Rechtsbrauch der Eid geleistet wird,[13] ist nicht auszuschließen. Die Formel „ine kan decheinen buochstap" wäre mithin auch so aufzufassen, daß der Erzähler zwar die Buchgelehrsamkeit beherrscht, sich aber auf diese nicht so weit verstehen mag oder kann, daß er ihrer Hilfe bedürfte oder darauf ‚einen Eid leisten' würde. Der Ausdruck „buochstap" wäre dann weitgehend synonym mit dem kurz darauf angeführten Syntagma „der buoche stiure" (115,30).

Wie dem auch sei: der Erzähler inszeniert sich im *Parzival* und besonders in der ‚Selbstverteidigung' als derjenige, der sich der kulturellen Errungenschaften

---

10 So Hans Eggers, „‚Non cognovi litteraturam' (zu *Parzival* 115,27)", in: *Festgabe für Ulrich Pretzel zum 65. Geburtstag dargebracht von Freunden und Schülern*, Berlin: Erich Schmidt 1963, S. 162-172, Nachdruck in: Heinz Rupp (Hrsg.), *Wolfram von Eschenbach*, Darmstadt: Wissenschaftliche Buchgesellschaft 1966 (= *Erträge der Forschung* 57), S. 533-548. Im Zusammenhang mit Wolframs *Willehalm* (vgl. unten, S. 26f.) bereits Friedrich Ohly, „Wolframs Gebet an den Heiligen Geist im Eingang des *Willehalm*", in: *Zeitschrift für deutsches Altertum und deutsche Literatur* 91 (1961/62), S. 1-37, Nachdruck in: Rupp (Hrsg.), *Wolfram von Eschenbach*, S. 455-509 (mit einem „Nachtrag 1965", S. 510-518), bes. S. 462 ff.

11 Bumke, *Wolfram von Eschenbach* (Anm. 8), S. 4-6, geht von einer Abgrenzung Wolframs von den bildungsbewußten Dichtern (wie z.B. Gottfried von Straßburg) aus. Curschmann, „Das Abenteuer des Erzählens" (Anm. 2), S. 659 f., nimmt an, daß „zu der in der ‚Selbstverteidigung' angedeuteten Vortragssituation […] ein Manuskript, d.h. ein für jedermann sichtbares ‚buoch'" gehöre: „der Vorleser hält es hoch und lenkt mit seinem widersinnigen Bekenntnis zum Analphabetentum das Augenmerk auf die Vieldeutigkeit des Begriffs ‚buoch'. ‚buoch' bedeutet mehr als Geschriebenes schlechthin oder bestimmte Quellen". Beide Thesen zielen letztlich auf eine Verstärkung des Kontakts zum volkssprachigen Zielpublikum.

12 Vgl. zu mittelhochdeutsch „stap" Georg Friedrich Bennecke u.a., *Mittelhochdeutsches Wörterbuch*, Band 2/2, Leipzig: S. Hirzel 1866, Nachdruck Stuttgart: S. Hirzel Wissenschaftliche Verlagsgesellschaft 1990, S. 592-595; Matthias Lexer, *Mittelhochdeutsches Handwörterbuch*, Bd. 2: N–U, Leipzig: S. Hirzel 1876, Nachdruck Stuttgart: S. Hirzel Wissenschaftliche Verlagsgesellschaft 1979, Sp. 1138-1140, mit Belegen u. a. als ‚Pilgerstab', ‚Hirtenstab', ‚Bischofsstab', ‚Herrscherstab', ‚Richterstab'.

13 Vgl. Wilhelm Müller, *Fertigung und Gelöbnis mit dem Gerichtsstab nach alemannisch-schweizerischen Quellen. Zugleich ein Beitrag zur Geschichte der Grundstücksübereignung*, Sigmaringen: Jan Thorbecke 1976 (= *Vorträge und Forschungen*, Sonderband 22), zum Stabgelöbnis zusammenfassend S. 104 f.; Ruth Schmidt-Wiegand, „Eid und Gelöbnis, Formel und Formular im mittelalterlichen Recht", in: Peter Classen (Hrsg.), *Recht und Schrift im Mittelalter*, Sigmaringen: Jan Thorbecke 1977 (= *Vorträge und Forschungen* 23), S. 55-90, bes. S. 58, und Ruth Schmidt-Wiegand und Ulrike Schowe (Hrsg.): *Deutsche Rechtsregeln und Rechtssprichwörter. Ein Lexikon*, München: C. H. Beck 1996, Artikel ‚Stab', S. 309.

von Schrift und Buch bedient und sich ihrer zugleich entledigt. Angesichts dieser Pose stellt sich die Frage, welche Textgestalten Wolframs *Parzival* in der handschriftlich faßbaren Rezeption erfährt: Wie positioniert sich Wolframs Roman in der Schriftkultur des Mittelalters? – Diese Frage soll im Rahmen des vorliegenden Bandes zugleich Anlaß geben, Bedingungen vorneuzeitlichen Schreibens aufzuzeigen. Sie sollen in drei Schritten dargelegt werden: Zunächst soll das Bild beschrieben werden, das die mittelalterliche Rezeption von dem angeblich schriftunkundigen Wolfram zeichnet. Hierbei sind literarische und ikonographische Zeugnisse gleichermaßen zu berücksichtigen (I). Anschließend sind einige Elemente jener Schriftkultur zu erläutern, in welche die Überlieferung des *Parzival* eingebettet ist (II). Zuletzt schließlich sollen verschiedene dieser Elemente am Beispiel ausgewählter *Parzival*-Handschriften vorgestellt werden (III).

I

Die zwiespältigen Aussagen zur Schriftkundigkeit setzen sich auch in Wolframs zweitem großen epischen Werk, dem *Willehalm*, fort. Dort sagt der Erzähler von sich:

> „swaz an den buochen stet geschriben
> des bin ich künstelos beliben." (2,19 f.)

> ‚Was in den Büchern auch geschrieben sein mag,
> ich verstehe mich nicht auf diese Kunst.'[14]

In Erwähnungen Wolframs reagieren die mittelalterlichen Rezipienten unterschiedlich auf diese Behauptung. Sie betonen etwa das der Schriftgelehrtheit entgegenstehende Laientum Wolframs oder sie kehren das behauptete „künstelos"-Sein in sein Gegenteil, so daß Wolfram als der „kunsteriche" erscheint. Bereits ein Zeitgenosse rühmt den einzigartigen Rang Wolframs und betont dabei die mündliche Rede des Dichters: „leien munt nie baz gesprach", heißt es im *Wigalois* des Wirnt von Grafenberg (v. 6346).[15] Diese Aussage verdeutlicht unter anderem auch, daß das, was wir ‚mittelalterliche Literatur' nennen, in einem Zwischenbereich von Mündlichkeit und Schriftlichkeit angesiedelt ist.

---

14 Der mittelhochdeutsche Text ist zitiert nach Wolfram von Eschenbach, *Willehalm*. Text der Ausgabe von Werner Schröder. Völlig neu bearbeitete Übersetzung, Vorwort und Register von Dieter Kartschoke, Berlin, New York: Walter de Gruyter 1989, S. 2. Zur Stelle Ohly, „Wolframs Gebet an den Heiligen Geist" (Anm. 10); Bumke, *Wolfram von Eschenbach* (Anm. 8), S. 5 f.

15 Wirnt von Gravenberc, *Wigalois der Ritter mit dem Rade*, herausgegeben von J. M. N. Kapteyn, Bonn: Fritz Klopp 1926 (= *Rheinische Beiträge und Hülfsbücher zur germanischen Philologie und Volkskunde* 9), S. 267. Vgl. auch Bumke, *Wolfram von Eschenbach* (Anm. 8), S. 7.

Das Sprechen und die Stimme haben im Zeitalter vor der Erfindung des Buchdrucks eine größere Bedeutung als in der von zunehmender Verschriftlichung
gekennzeichneten Kommunikationskultur der Neuzeit.[16] – Mündlichkeit artikuliert sich nicht nur in der angeblich schriftlosen Pose des *Parzival*-Dichters,
sie hinterläßt ihre Spuren auch in der handschriftlichen Überlieferung – Spuren, von denen noch zu handeln sein wird.

Ein gezielter Verweis auf die gelehrte Kunstfertigkeit Wolframs begegnet im
Rennewart, einer *Willehalm*-Fortsetzung des Ulrich von Türheim aus der
Mitte des 13. Jahrhunderts, wo der große Vorgänger als „kvnstericher Wolfram" apostrophiert wird (v. 21.711).[17] Dieses Lob belegt, daß Ulrich die Aussage aus dem *Willehalm* entweder nicht ernst genommen hat oder aber, daß er,
wie das auch die gegenwärtige Literaturtheorie tut,[18] zwischen dem historischen Autor und der sich im Text artikulierenden narrativen Instanz zu unterscheiden wußte.

Die bei Wirnt von Grafenberg und Ulrich von Türheim bezeugten Aussagen
ließen sich mehren. Anstelle von weiteren Belegen soll im folgenden gezeigt
werden, welchen Niederschlag die durch den Dichter selbst initiierte Spannung
von Schriftlosigkeit und Schriftkundigkeit in mittelalterlichen Autorbildern[19]
gefunden hat.

Den einen Pol vertritt das Wolfram-Portrait des Codex Manesse, einer berühmten, um 1300 in Zürich entstandenen Lyrik-Sammlung, die einige Minne-
lieder Wolframs enthält (siehe Abb. 1).[20] In einer den Texten vorangestellten

---

16 Aus der nur noch schwer überschaubaren mediävistischen Literatur zu diesem Thema seien
   stellvertretend genannt: Paul Zumthor, *La Poésie et la voix dans la civilisation médiévale*, Paris:
   Presses universitaires de France 1984 (= *Collège de France. Essais et conférences*); ders., *La Lettre
   et la voix. De la „littérature" médiévale*, Paris: Éditions du Seuil 1987, und Jan-Dirk Müller
   (Hrsg.), *‚Aufführung' und ‚Schrift' in Mittelalter und Früher Neuzeit*, Stuttgart, Weimar 1996
   (= *Germanistische Symposien. Berichtsbände 17*).
17 Ulrich von Türheim, *Rennewart*, aus der Berliner und Heidelberger Handschrift herausgegeben
   von Alfred Hübner, Berlin: Weidmannsche Verlagsbuchhandlung 1938 (= *Deutsche Texte des
   Mittelalters 39*), dritter Nachdruck Hildesheim: Weidmann 2000 (= *Deutsche Neudrucke*), S. 318.
18 Vgl. z.B. Gérard Genette, *Figures III* (Anm. 4), S. 225-227 („L'instance narrative"; mit weiterer
   Literatur). Zur jüngeren Diskussion um den Autorbegriff Fotis Jannidis u. a (Hrsg.), *Rückkehr
   des Autors. Zur Erneuerung eines umstrittenen Begriffs*, Tübingen: Max Niemeyer 1999 (= *Studien und Texte zur Sozialgeschichte der Literatur 71*), darin für mediävistische Fragestellungen
   wichtig: Thomas Bein, „Zum ‚Autor' im mittelalterlichen Literaturbetrieb und im Diskurs der
   germanistischen Mediävistik", S. 303-320.
19 Vgl. zum Genre Horst Wenzel, „Autorenbilder. Zur Ausdifferenzierung von Autorenfunktio-
   nen in mittelalterlichen Miniaturen", in: Elizabeth Andersen u. a. (Hrsg.), *Autor und Autorschaft
   im Mittelalter. Kolloquium Meißen 1995*, Tübingen: Max Niemeyer 1998, S. 1-28, und Ursula
   Peters, „Ordnungsfunktion – Textillustration – Autorkonstruktion. Zu den Bildern der romanischen und deutschen Liederhandschriften", in: *Zeitschrift für deutsches Altertum und deutsche
   Literatur 130* (2001), S. 392-430.
20 Heidelberg, Universitätsbibliothek, Cod. pal. germ. 848, Bl. 149v. Vgl. zur Handschrift: Walter
   Koschorreck und Wilfried Werner (Hrsg.), *Codex Manesse. Die Große Heidelberger Liederhandschrift. Kommentar zum Faksimile des Codex Palatinus Germanicus 848 der Universitätsbibliothek Heidelberg*, Kassel: Graphische Anstalt für Kunst und Wissenschaft Ganymed 1981;

Miniatur wird der Dichter gemäß den Aussagen der ‚Selbstverteidigung' gezeigt: Zu sehen ist ein Ritter in Panzerkleid und Waffenrock mit Schwert, Helm, Schild und einer aufragenden Fahnenlanze; ein Knappe führt das zum Ausritt gerüstete Pferd herbei. Die Szene entspricht der Bildformel ‚Aufbruch zur Aventiure-Fahrt'. Damit findet der *Parzival*-Vers „schildes ambet ist mîn art" (115,11) eine programmatische Umsetzung. Wie dort der Erzähler, so erscheint hier der Dichter Wolfram bewaffnet „mit schilde und ouch mit sper" (115,16). Diese einigermaßen naive Überführung der Erzählerpose in ein Autorportrait bleibt freilich nicht die einzige Art, den Dichter abzubilden.

Die Alternative einer bewußt zur Schau gestellten Schriftkundigkeit begegnet in einer für den böhmischen König Wenzel im Jahr 1387 hergestellten Prachthandschrift, die heute in Wien aufbewahrt wird (siehe Abb. 2).[21] Der Codex überliefert Wolframs *Willehalm* zusammen mit dem gleichnamigen Werk Ulrichs von dem Türlin und mit dem bereits erwähnten *Rennewart* Ulrichs von Türheim. Letzterer rühmt den Vorgänger als

„O kvnstericher wolfram
Das nicht den sûzen got geczam
Do du nicht lenger soldest leben
Das mir doch wer dein kvnst gegeben"
(= vv. 21.711 – 21.714)

Elmar Mittler und Wilfried Werner (Hrsg.), *Codex Manesse. Die große Heidelberger Liederhandschrift. Texte, Bilder, Sachen. Katalog zur Ausstellung vom 12. Juni bis 2. Oktober 1988*, Universitätsbibliothek Heidelberg, zweite, verbesserte Auflage, Heidelberg: Braus 1988 (= *Heidelberger Bibliotheksschriften* 30), und Claudia Brinker und Dione Flühler-Kreis (Hrsg.), *Die Manessische Liederhandschrift in Zürich. Ausstellungskatalog Schweizerisches Landesmuseum Zürich, 12. Juni bis 29. Sept. 1991*, Zürich: Schweizerisches Landesmuseum 1991. – Zum Wolfram-Portrait: Karl Clausberg, *Die Manessische Liederhandschrift*, Köln: DuMont 1978 (= *DuMont Taschenbücher* 62), S. 165 f. (Abb. 18); *Minnesänger. Codex Manesse (Palatinatus Germanicus 848). Eine Auswahl aus der Großen Heidelberger Liederhandschrift*, herausgegeben und übersetzt von Peter Wapnewski, kunsthistorische Analyse der Miniaturen von Ewald M. Vetter, Parma: Franco Maria Ricci / Genf: Weber 1982 (= *Die Zeichen des Menschen* 6), S. 185, und *Codex Manesse. Die Miniaturen der Großen Heidelberger Liederhandschrift*, herausgegeben und erläutert von Ingo F. Walther unter Mitarbeit von Gisela Siebert, dritte Auflage, Frankfurt am Main: Insel 1988, S. 96 f.
21 Wien, Österreichische Nationalbibliothek, Cod. Ser. nova 2643, Bl. 313r. Vgl. zur Handschrift: Hermann Menhardt, *Verzeichnis der altdeutschen literarischen Handschriften der österreichischen Nationalbibliothek*, Berlin: Akademie-Verlag 1961 (= *Deutsche Akademie der Wissenschaften zu Berlin. Veröffentlichungen des Instituts für deutsche Sprache und Literatur* 13), Bd. 3, S. 1466-1468; Otto Mazal und Franz Unterkircher, *Katalog der abendländischen Handschriften der österreichischen Nationalbibliothek. ‚Series nova' (Neuerwerbungen), Teil 2/1: Cod. ser. n. 1601-3200. Katalogtext*, Wien: Georg Prachner 1963, S. 308 f.; Josef Krasa, *Die Handschriften König Wenzels IV.*, Wien: Forum 1971, bes. S. 125-142, und ders., *České iluminované rukopisy 13./16. století*, Praha: Odeon 1990, S. 145, S. 148 u. ö. – Zum Wolfram-Portrait: Burghart Wachinger, „Wolfram von Eschenbach am Schreibpult", in: Joachim Heinzle u. a. (Hrsg.), *Probleme der Parzival-Philologie. Marburger Kolloquium 1990*, Berlin: Erich Schmidt Verlag 1992 (Wolfram-Studien 12), S. 9-14, und ders., „Autorschaft und Überlieferung", in: Walter Haug und Burghart Wachinger (Hrsg.), *Autorentypen*, Tübingen: Max Niemeyer 1991 (= *Fortuna Vitrea* 6), S. 1-28, hier S. 7 und S. 12.

,O kunstfertiger Wolfram,
daß es der heilige Gott nicht zuließ,
da du nicht länger leben solltest,
daß mir doch deine Kunst gegeben wäre.'

Die den Passus einleitende O-Initiale zeigt einen bärtigen Mann in der typischen Gelehrtentracht der Zeit am Schreibpult. Vor ihm liegt ein aufgeschlagenes Buch mit offenbar frisch beschriebenen Seiten, worauf das rechts am Pult angebrachte Tintenfaß hindeutet. Feder und Radiermesser in den Händen des Dichters vergegenwärtigen die Dynamik des Schreibprozesses, verweisen auf Vorgänge des Eintrags, des Federspitzens und der Korrektur. Die Miniatur ist nach der Bildformel ,Schreiberbild' gestaltet und zeigt mit Codex, Schreibgerät und Zubehör die für die Zeit typischen Schreibmaterialien.

Ob es sich bei dem Schreiber um Wolfram von Eschenbach oder um seinen Nachfolger Ulrich von Türheim handelt, muß offen bleiben. Da Ulrich in anderen Illustrationen der Handschrift bartlos dargestellt ist,[22] könnte der Maler in der O-Initiale sehr wohl den altehrwürdigen Vorgänger dargestellt haben. Eine neben der Initiale stehende Anweisung (die der Maler möglicherweise nicht beachtet hat), verlangt allerdings, daß der „Dichter oder Verfasser dieses Buches", also Ulrich von Türheim, abgebildet werden solle.[23] Wie immer die Identität des in Schreiberpose dargestellten Dichters intendiert sein mag, sie zielt letztlich auf Wolfram, da dessen Kunstfertigkeit gerühmt wird. Selbst bei einer Darstellung Ulrichs von Türheim wäre die zur Schau gestellte Schriftlichkeit eine von Wolfram abgeleitete. Der Authentizitätsgehalt des Bildes ist freilich wenig sicher – und keinesfalls sicherer als jener des Portraits aus der Manesse-Handschrift. Denn daß Wolfram seine Texte selbst niedergeschrieben habe, läßt sich so wenig nachweisen wie seine Betätigung als Ritter.

---

22 So auf Bl. 161r und 421r; vgl. Wachinger, „Wolfram von Eschenbach am Schreibpult" (Anm. 21), S. 10.

23 Die Anweisung lautet: „Hic in medio capitalis ponas dictatorem seu compositorem istius libri habentem librum ante se in polpitu". Wolfram wird in der unmittelbar unter der Miniatur stehenden Zeile (= v. 21.711) genannt, Ulrich von Türheim im zehnten auf die Miniatur folgenden Vers (= v. 21.720). Gleichwohl muß das von Wachinger, „Wolfram von Eschenbach am Schreibpult" (Anm. 21), S. 10, vorgebrachte Argument, daß „der nächststehende Name wahrscheinlicher sei", nicht ausschlaggebend sein. Naheliegender scheint es, daß die Maler die lateinischen Vorgaben nicht beachteten, weil sie sie nicht verstehen konnten oder wollten. Ein Beispiel aus den für König Wenzel hergestellten Handschriften liefert etwa Wien, Österreichische Nationalbibliothek, Cod. 338, Bl. 53ra (Abschrift der *Goldenen Bulle* vom Jahr 1400). In der H-Initiale ist hier eine männliche Gestalt mit Blattranken abgebildet, während die Anweisung lautet: „Hic equitat imperator cum connubia sua et filio Rege Romanorum" (,Hier reitet der Kaiser [Karl IV.] mit seiner Gemahlin und seinem Sohn, dem König der Römer'). Vgl. zuletzt Ernst Gamillscheg (Hrsg.), *Prag: Wien. Zwei europäische Metropolen im Lauf der Jahrhunderte. Katalog der Ausstellung im Prunksaal der Österreichischen Nationalbibliothek vom 16. Mai bis zum 31. Oktober 2003*, Purkersdorf: Brüder Hollinek 2003, S. 109-111, Abb. S. 110. Die Illustratoren mittelalterlicher Handschriften entwickelten auf diese Weise einen eigenständigen Diskurs, der jenem der schrift- und lateinkundigen Konzeptoren nicht unbedingt entsprechen mußte.

Möglicherweise hat der historische Wolfram einem Schreiber diktiert, der die Rohfassung anschließend ins Reine schrieb. Zumindest ist ein solches Verfahren für andere mittelalterliche Autoren belegt, so etwa in einer südwestdeutschen Handschrift des späteren 13. Jahrhunderts für den Dichter und Chronisten Rudolf von Ems (siehe Abb. 3).[24]

II

Keine dieser Miniaturen liefert ein individuelles Autorportait; gezeigt werden vielmehr Typen mittelalterlicher Autorschaft und mittelalterlichen Schreibens. Diese mögen Anlaß geben, in einem nächsten Schritt einige Besonderheiten mittelalterlicher Schreibpraxis näher zu betrachten.

Dem mittelalterlichen Analogiedenken gemäß konnte der Schreibakt in bezug zum Schöpfungsakt Gottes gesetzt werden, der die Welt mit eigenen Händen ‚geschrieben' hatte: „Universus enim mundus iste sensibilis quasi quidam liber est scriptus digito Dei", lautet ein Satz des Pariser Gelehrten Hugo von St. Victor aus dem frühen 12. Jahrhundert.[25] Im Gegensatz zu dieser originären Schreibgeste Gottes wurde der menschliche Schreibakt als diesseitiger Vorgang angesehen, an dem der ganze irdische Körper beteiligt war.[26] Der Gebrauch der Schrift war eingebettet in kulturelle Kontexte wie jene der christ-

---

24 München, Bayerische Staatsbibliothek, Cgm 8345, Vorsatzblatt. Vgl. zur Handschrift: Danielle Jaurant, *Rudolfs ‚Weltchronik' als offene Form*, Tübingen, Basel: A. Francke 1995 (= *Bibliotheca Germanica* 34), S. 183-186, und Béatrice Hernad, *Die gotischen Handschriften deutscher Herkunft in der Bayerischen Staatsbibliothek, Teil 1: Vom späten 13. bis zur Mitte des 14. Jahrhunderts. Mit Beiträgen von Andreas Weiner*, Textband, Wiesbaden: Reichert 2000 (= *Katalog der illuminierten Handschriften der Bayerischen Staatsbibliothek in München* 5), Kat. 238, S. 161-164. – Zum Autorportrait: Michael Curschmann, „„Pictura laicorum litteratura'? Überlegungen zum Verhältnis von Bild und volkssprachlicher Schriftlichkeit im Hoch- und Spätmittelalter bis zum Codex Manesse", in: Hagen Keller u. a. (Hrsg.), *Pragmatische Schriftlichkeit im Mittelalter. Erscheinungsformen und Entwicklungsstufen*, Akten des Internationalen Kolloquiums 17.-19. Mai 1989, München: Wilhelm Fink 1992 (= *Münstersche Mittelalterschriften* 65), S. 211-229, hier S. 224.

25 Hugo von St. Viktor, *De tribus diebus*, als siebtes Buch des *Didascalicon* gedruckt in: *Migne Patrologia Latina*, Bd. 176, Paris: Garnier 1879, Sp. 811-838, hier Kap. III, Sp. 814 B. Vgl. zu Autorschaft und Überlieferung Rudolf Goy, *Die Überlieferung der Werke Hugos von St. Viktor. Ein Beitrag zur Kommunikationsgeschichte des Mittelalters*, Stuttgart: Anton Hiersemann 1976 (= *Monographien zur Geschichte des Mittelalters* 14), S. 98-115. Zum ideengeschichtlichen Kontext der Stelle Hubert Herkommer, „Buch der Schrift und Buch der Natur. Zur Spiritualität der Welterfahrung im Mittelalter, mit einem Ausblick auf ihren Wandel in der Neuzeit", in: Liselotte E. Stamm u.a. (Hrsg.), *‚Nobile claret opus'. Festgabe für Ellen Judith Beer zu 60. Geburtstag*, Zürich: Karl Schwegler 1986 (= *Zeitschrift für Schweizerische Archäologie und Kunstgeschichte* 43, Heft 1), S. 167-178, bes. S. 168. Zur mittelalterlichen Auffassung, die göttliche Offenbarung könne im ‚Buch der Schrift' (Bibel) und im ‚Buch der Natur' (Schöpfung) gelesen werden, Hans Blumenberg, *Die Lesbarkeit der Welt*, zweite, durchgesehene Auflage, Frankfurt am Main: Suhrkamp 1983, S. 47-57.

26 Belege für diese Auffassung unten, S. 35 f.

lichen Missionierung, der politischen Identitätssicherung und der Wissensvermittlung. Um die Verfügbarkeit von Texten zu gewährleisten, war es notwendig, diese sorgfältig und gemäß professionellen Verfahren abzuschreiben. In Westeuropa diente das lateinische Alphabet als graphisches System – auch für die phonetisch vom Lateinischen abweichenden Volkssprachen.[27]

Es fällt schwer, von dem mittelalterlichen Schreiber generell zu sprechen, da es je nach Zeit und Ort unterschiedliche Konzepte und Verfahren des Schreibens gab. Die Schreibtätigkeit der Mönche und Nonnen in den Klöstern unterschied sich von jener der Kanzleibeamten und Chronisten an den Höfen und diese wiederum von jener der schreibenden Bürger und Kaufleute in den Städten.[28] Gleichwohl standen die in den verschiedenen sozialen Räumen gepflegten Schreibweisen in vielfältigem Austausch. Es gab in unterschiedlichen sozialen Sphären gelehrte Frauen, die sich schreibend und schriftstellerisch betätigten.[29] Es gab den Typus des Scholaren, der Vorlesungsmitschriften verfaßte und sich nebenher seinen Lebensunterhalt in einer städtischen Schreib-

---

27 Die Schwierigkeiten der Adaptation belegt etwa Otfrid von Weißenburg im Widmungsschreiben seines *Liber Evangeliorum* (zwischen 863/871) an Liutbert, den Bischof von Mainz. Vgl. *Otfrids Evangelienbuch*, herausgegeben von Oskar Erdmann, sechste Auflage besorgt von Ludwig Wolff, Tübingen: Max Niemeyer 1973 (= *Altdeutsche Textbibliothek* 49), S. 4-7. Dazu Wolfgang Haubrichs, *Die Anfänge. Versuche volkssprachiger Schriftlichkeit im frühen Mittelalter (ca. 700-1050/60)*, zweite, durchgesehene Auflage, Tübingen: Max Niemeyer 1995 (= *Geschichte der deutschen Literatur von den Anfängen bis zum Beginn der Neuzeit* 1,1), S. 26-29 und S. 262 f.

28 Stellvertretend für die umfängliche Forschungsliteratur zum Thema seien genannt: Brian Stock, *The Implications of Literacy. Written Language and Models of Interpretation in the Eleventh and Twelfth Centuries*, Princeton, N. J.: Princeton University Press 1983, und Christel Meier u. a. (Hrsg.), *Pragmatische Dimensionen mittelalterlicher Schriftkultur*, Akten des Internationalen Kolloquiums 26.-29. Mai 1999, München: Wilhelm Fink 2002 (= *Münstersche Mittelalter-Schriften* 79). Zur Schreibkultur der Klöster Jean Leclercq, *Wissenschaft und Gottverlangen. Zur Mönchstheologie des Mittelalters* (1957), aus dem Französischen übertragen von Johannes und Nicole Stöber, Düsseldorf: Patmos 1963, und Clemens M. Kasper und Klaus Schreiner (Hrsg.), *Viva vox und ratio scripta. Mündliche und schriftliche Kommunikationsformen im Mönchtum des Mittelalters*, Münster: LIT 1997 (= *Vita regularis* 5). Zur höfischen Schreibkultur das Kapitel „Die Ausbildung eines geregelten Schriftbetriebs an den weltlichen Höfen" bei Joachim Bumke, *Höfische Kultur, Literatur und Gesellschaft im hohen Mittelalter*, 2 Bde., München 1986 (= *dtv* 4442), Bd. 2, S. 617-637. Zur Schreibkultur der Städte am Beispiel der Metropole Paris Richard H. Rouse und Mary A. Rouse, *Manuscripts and their makers. Commercial book producers in medieval Paris, 1200-1500*, 2 Bde., Turnhout: Harvey Miller Publishers 2000; am Beispiel Augsburgs Karin Schneider, „Berufs- und Amateurschreiber. Zum Laien-Schreibbetrieb im spätmittelalterlichen Augsburg", in: Johannes Janota und Werner Williams-Krapp (Hrsg.), *Literarisches Leben in Augsburg während des 15. Jahrhunderts*, Tübingen: Max Niemeyer 1995 (= *Studia Augustana* 7), S. 8-26.

29 Überblicksdarstellungen bieten Rosamond McKitterick, „Frauen und Schriftlichkeit im Frühmittelalter", in: Hans-Werner Götz (Hrsg.), *Weibliche Lebensgestaltung im frühen Mittelalter*, Köln, Weimar, Wien: Böhlau 1991, S. 65-118; Margret Bäurle und Luzia Braun, „‚Ich bin heiser in der Kehle meiner Keuschheit'. Über das Schreiben der Mystikerinnen", in: Hiltrud Gnüg und Renate Möhrmann (Hrsg.), *Frauen Literatur Geschichte. Schreibende Frauen vom Mittelalter bis zur Gegenwart*, zweite, vollständig neu bearbeitete und erweiterte Auflage, Stuttgart, Weimar: J. B. Metzler 1999, S. 1-11, und Ursula Liebertz-Grün, „Autorinnen im Umkreis der Höfe", ebd., S. 12-28.

stube verdiente.[30] Es gab den vornehmen Bürger, der sich nach einer erfolgreichen Ämterlaufbahn in ein „otium cum litteris" zurückzog, um sich in einer umfangreichen Klosterbibliothek dem Schreiben und Lesen zu widmen.[31]

Diese wenigen Andeutungen müssen hier genügen. Es würde zu weit führen, im Rahmen dieses Beitrags eine eigentliche Soziologie mittelalterlichen Schreibens zu entwerfen. Stattdessen sollen einige skriptorale Praktiken aus der Zeit vor dem Buchdruck aufgezeigt werden.[32]

Der Schreibakt war Teil eines Arbeitsprozesses, dem weitere Arbeitsschritte vorangingen bzw. folgten. Vor der Tätigkeit des Schreibens mußten die Schreibmaterialien hergestellt werden. Bis ins 14. Jahrhundert war das aus Tierhaut gewonnene Pergament der gängige Beschreibstoff für dauerhafte Aufzeichnungen. Die Herstellung war umständlich und teuer, da die von Kälbern, Schafen und Ziegen stammenden Häute zunächst behandelt und für die Beschriftung vorbereitet werden mußten. Es existierten vielfältige, regional unterschiedliche Verfahren der Reinigung und Veredelung. Erst mit der Einführung des maschinell herstellbaren Papiers ab dem späten 13. Jahrhundert wurde das Pergament allmählich verdrängt. Ein gewaltiger Anstieg der Handschriftenproduktion, die schließlich durch den Buchdruck abgelöst wurde, war die Folge.[33]

Nach der handwerklichen Vorbereitung wurde der Beschreibstoff zugeschnitten, in Lagen gebündelt und für die Beschriftung sorgsam vorliniiert. Zum

---

30 Vgl. zum universitären Schreibbetrieb allgemein Louis J[acques] Bataillon u. a. (Hrsg.), *La Production du livre universitaire au moyen age. Exemplar et pecia*, actes du symposium tenu au Collegio San Bonaventura de Grottaferrata en mai 1983, Paris: Éditions du Centre national de la recherche scientifique 1988.

31 Etwa den vormaligen Augsburger Bürgermeister Sigismund Gossembrot (1417-1493), der ab 1461 in dem Straßburger Kloster St. Johann auf dem Grünenwörth lebte und eine umfangreiche Bibliothek mit zahlreichen persönlich annotierten Bänden hinterließ. Vgl. Schneider, „Berufs- und Amateurschreiber" (Anm. 28), S. 14 und S. 21, und Helmut Gier, „Kirchliche und private Bibliotheken in Augsburg während des 15. Jahrhunderts", in: Johannes Janota und Werner Williams-Krapp (Hrsg.), *Literarisches Leben in Augsburg* (Anm. 28), S. 95-97 (mit weiterer Literatur).

32 Vgl. zum Folgenden W[ilhelm] Wattenbach, *Das Schriftwesen im Mittelalter*, dritte Auflage Leipzig 1896, Nachdruck Graz 1958; Rudolf A. Hofmeister, „In Defense of Medieval Scribes", in: *Colloquia Germanica* 7 (1973), S. 289-300; James Douglas Farquhar, „The Manuscript as a Book", in: Sandra Hindman und James Douglas Farquhar (Hrsg.), *Pen to Press. Illustrated Manuscripts and Printed Books in the First Century of Printing*, College Park, Maryland: University of Maryland Art Department / Baltimore: John Hopkins University Department of History of Art 1977, S. 11-99; Vera Trost, *Skriptorium, Die Buchherstellung im Mittelalter*, Heidelberg: Braus 1988 (= *Heidelberger Bibliotheksschriften* 25); Henri-Jean Martin und Jean Vezin (Hrsg.), *Mise en page et mise en texte du livre manuscrit*, Paris: Éditions du cercle de la librairie-Promodis 1990; M[alcolm] B[eckwith] Parkes, *Scribes, Scripts and Readers. Studies in the Communication, Presentation and Dissemination of Medieval Texts*, London, Rio Grande, Ohio: The Hambledon Press 1991, und Vera Trost, „‚Drei Finger schreiben, aber der ganze Körper arbeitet…'. Zur Buchherstellung im Mittelalter", in: Josef Kirmeier u. a. (Hrsg.), *Schreibkunst. Mittelalterliche Buchmalerei aus dem Kloster Seeon. Katalog zur Ausstellung im Kloster Seeon, 28. Juni bis 3. Oktober 1994*, Augsburg: Haus der Bayerischen Geschichte 1994, S. 111-122.

33 Vgl. hierzu Uwe Neddermeyer, *Von der Handschrift zum gedruckten Buch. Schriftlichkeit und Leseinteresse im Mittelalter und in der frühen Neuzeit. Quantitative und qualitative Aspekte, Bd. 1: Text, Bd. 2: Anlagen*, Wiesbaden: Harrassowitz 1998 (= *Buchwissenschaftliche Beiträge aus dem deutschen Bucharchiv München* 61).

Schreiben dienten Tinten, die u. a. aus Ruß, aus Harz und Rinde gewonnen wurden. In aufwendigeren Herstellungsverfahren wurde ein Gemisch aus metallischen Salzen, Gerbstoffen, Bindemitteln wie Gummi und Lösungsmitteln wie Wein oder Essig verwendet. Für rotfarbige Auszeichnungen, sogenannte ‚Rubrizierungen', gebrauchte man das Pigment „minium", nach dessen Namen die Bezeichnung ‚Miniatur' entstanden ist. Die fertigen Tinten wurden mit kräftigen Vogelfedern, zumeist Gänsefedern, auf dem Beschreibstoff aufgetragen. Messer, wie sie in den mittelalterlichen Schreiberportraits von Wolfram bzw. Ulrich und Rudolf von Ems zu sehen sind, dienten zum Spitzen des Schreibgeräts, aber auch zum Radieren auf dem Pergament oder Papier.

Meist wurden die einzelnen Lagen erst nach der Beschriftung zu einem Codex zusammengebunden. Es gab verschiedene Codex-Formate, die je nach Verwendungszweck vom Großfolioformat (etwa bei Meßbüchern) bis zu kleinformatigen Ausgaben (etwa bei Stunden- oder Gebetsbüchern) reichten.

Eine ebenfalls gebrauchsbezogene Alternative zum Codex waren Schriftrollen und Wachstafeln, wie sie im Portrait des Dichters Reinmar von Zweter im Codex Manesse begegnen (siehe Abb. 4).[34] Rollen fanden unter anderem im Kontext von Aufführungssituationen Verwendung, etwa als Soufflier- oder Dirigierrollen in Schauspielen oder als memorative Stütze für fahrende Sänger und Spruchdichter.[35] Die Rollenform erleichterte die Transportierbarkeit und den praktischen Gebrauch von Texten, was jedoch dazu führte, daß sich nur wenige solcher Schreibzeugnisse erhalten haben. Die meisten wurden aufgrund natürlichen Verschleißes vernichtet oder endeten als Makulatur für neu zu bindende Handschriften.[36] Die in Rollen aufgezeichneten Texte weisen gegenüber der handschriftlichen Parallelüberlieferung häufig eine relativ hohe Varianz auf, was andeutet, daß der Rollenaufzeichnung eine gewisse Experimentierfreude und Vorläufigkeit anhaftete.[37]

Ähnliches gilt für Texteinträge, die auf Wachstafeln mithilfe von Griffeln vorgenommen wurden.[38] So wurde unter anderem vermutet, daß Wolfram die

---

34 Heidelberg, Universitätsbibliothek, Cod. pal. germ. 848, Bl. 323r.

35 Vgl. Franz H. Bäuml und Richard H. Rouse, „Roll and Codex. A new manuscript fragment of Reinmar von Zweter", in: *Beiträge zur Geschichte der deutschen Sprache und Literatur* 105 (1983), S. 192-231, 317-330; Bumke, *Höfische Kultur* (Anm. 28), Bd. 2, S. 773-775.

36 So z. B. das Fragment Basel, Universitätsbibliothek, N I 6 Nr. 50; vgl. Martin Steinmann, „Das Basler Fragment einer Rolle mit mittelhochdeutscher Spruchdichtung", in: *Zeitschrift für deutsches Altertum und deutsche Literatur* 117 (1988), S. 296-310 (= *Handschriftenfunde zur deutschen Literatur des Mittelalters*, 100. Beitrag).

37 Bumke, *Höfische Kultur* (Anm. 28), Bd. 2, S. 775, spricht von „vorläufigen Formen der Niederschrift, die mehr zum Gebrauch als zur Bewahrung bestimmt waren". Belege für Varianzen im Wortlaut der Basler Spruchrolle bietet am Beispiel des Dichters Marner (um 1230/70) Jens Haustein, *Marner-Studien*, Tübingen: Max Niemeyer 1995 (= *Münchener Texte und Untersuchungen zur deutschen Literatur des Mittelalters* 109), S. 66-68, S. 110 und S. 173-176.

38 Vgl. Bumke, *Höfische Kultur* (Anm. 28), Bd. 2, S. 772 f.; Antjekathrin Graßmann, „Das Wachstafel-Notizbuch des mittelalterlichen Menschen", in: Heiko Steuer (Hrsg.), *Zur Lebensweise in der Stadt um 1200. Ergebnisse der Mittelalter-Archäologie*, Bericht über ein Kolloquium in Köln vom 31. Januar bis 2. Februar 1984, Köln: Rheinland-Verlag/Bonn: in Kommission bei

Verse des *Parzival* als Entwurf auf Wachstafeln aufzeichnete, die etwa dreißig Verse faßten.[39] Darauf könnte noch die Einteilung der Dichtung in einigen frühen Handschriften deuten, in denen Gruppen zu dreißig Versen jeweils mit einer Initiale beginnen. Karl Lachmann, der Herausgeber des *Parzival*, legte dieses Strukturprinzip seinerseits der Verszählung seiner Ausgabe zugrunde.[40]

Wie sich die Gliederung nach Dreißigerabschnitten im handschriftlichen Layout ausnehmen kann, zeigt die *Parzival*-Handschrift G aus der Mitte des 13. Jahrhunderts (siehe Abb. 5).[41] Durch die Plazierung der Initialen ist der Text hier deutlich in jeweils dreißig Verse untergliedert. Das Schriftbild wird auf diese Weise von zwei Initial-Diagonalen durchzogen, die neben der textstrukturierenden Funktion auch eine ästhetische Qualität haben. Die diagonale Anordnung wird durch die dreispaltige Beschriftung ermöglicht, ein Novum in den volkssprachigen Handschriften des 13. Jahrhunderts.[42]

Generell ahmt die hier anzutreffende Seitengestaltung rationalisierte Layoutverfahren nach, die im 12. und 13. Jahrhundert im scholastischen Bereich anhand lateinischer Texte entwickelt wurden. Grundanliegen war es dabei, das „statim in-

---

Dr. Rudolf Habelt 1986 (= *Zeitschrift für Archäologie des Mittelalters*, Beiheft 4), S. 223-235, und R[ichard] H. Rouse und M[ary] A. Rouse, „The Vocabulary of Wax Tablets", in: *Harvard Library Bulletin*, N.S. 1 (1990), Nr. 3, S. 12-19.

39 So Dieter Kühn, *Der Parzival des Wolfram von Eschenbach*, Frankfurt am Main: Insel 1986, S. 402 f. mit einer bewußt hypothetisch formulierten Annahme: „Ich entwerfe: Wolfram benutzte Griffel und Wachstafel, um seine oft äußerst komprimierten, im Kopf ausgearbeiteten Texte zu fixieren – die Wachstafel als Vorform des Sudelblatts, Konzeptblatts. […] Man konnte damals erstaunlich viel Text auf einer Wachstafel unterbringen, in der oft winzigen ‚gestochenen' Schrift – durchaus denkbar, daß es jeweils dreißig Zeilen waren…".

40 Vgl. zu dieser nicht unumstrittenen Maßnahme den Überblick von Schirok in der Einführung zur *Studienausgabe* (Anm. 1), S. LXXIII-LXXVI. Ferner ders., *Der Aufbau von Wolframs ,Parzival'. Untersuchungen zur Handschriftengliederung, zur Handlungsführung und Erzähltechnik sowie zur Zahlenkomposition*, Diss. phil. Freiburg im Breisgau 1972, S. 47-58; sowie Bumke, *Wolfram von Eschenbach* (Anm. 8), S. 152-154. Die Einteilungsverfahren volkssprachiger Texte in mittelalterlichen Handschriften sind ausführlich behandelt bei Nigel F. Palmer, „Kapitel und Buch. Zu den Gliederungsprinzipien mittelalterlicher Bücher", in: *Frühmittelalterliche Studien* 23 (1989), S. 43-88, zu Wolframs *Parzival* S. 43 f., S. 65 f. und S. 73 f.

41 München, Bayerische Staatsbibliothek, Cgm 19, Bl. 63v. Vgl. zur Handschrift Karin Schneider, *Gotische Schriften in deutscher Sprache, Bd. 1: Vom späten 12. Jahrhundert bis um 1300*, Textband, Wiesbaden: Reichert 1987, S. 150-154. Ferner die Angaben im Handschriftenverzeichnis von Eduard Hartl, nachgedruckt in Schiroks *Studienausgabe* (Anm. 1), S. XXXII-XXXIV; bei Peter Jörg Becker, *Handschriften und Frühdrucke mittelhochdeutscher Epen. Eneide, Tristrant, Tristan, Erec, Iwein, Parzival, Willehalm, Jüngerer Titurel, Nibelungenlied und ihre Reproduktion und Rezeption im späteren Mittelalter und in der frühen Neuzeit*, Wiesbaden: Reichert 1977, S. 82-85, und bei Bernd Schirok, *Parzivalrezeption im Mittelalter*, Darmstadt: Wissenschaftliche Buchgesellschaft 1982 (= *Erträge der Forschung* 174), S. 35 f. Zum Siglensystem der *Parzival*-Handschriften Joachim Heinzle, „Klassiker-Edition heute", in: Rolf Bergmann u. a. (Hrsg.), *Methoden und Probleme der Edition mittelalterlicher deutscher Texte*, Bamberger Fachtagung 26.-29. Juni 1991, Plenumsreferate, Tübingen: Max Niemeyer 1993 (= *Beihefte zu editio* 4), S. 50-62, hier S. 62.

42 Vgl. hierzu und zum Folgenden Joachim Bumke, *Die vier Fassungen der ,Nibelungenklage'. Untersuchungen zur Überlieferungsgeschichte und Textkritik der höfischen Epik im 13. Jahrhundert*, Berlin, New York: Walter de Gruyter 1996 (= *Quellen und Forschungen zur Literatur- und Kulturgeschichte* 8 [242]), S. 68-75 (mit zahlreichen weiterführenden Literaturangaben).

venire", das sofortige oder zumindest rasche Auffinden bestimmter Textstellen zu ermöglichen.[43] Effiziente Organisationsformen der Textgestaltung sollten das Gedächtnis entlasten; sie verlagerten ältere mnemotechnische Strukturmaßnahmen von der mentalen Sphäre in die Materialität der Manuskriptseite.[44] Die Verwendung von Initialen verschiedener Hierarchiestufen, von rotfarbigen Auszeichnungen (Rubrizierungen), von Punkten, Caputzeichen und weiteren Markierungen diente diesem Zweck.[45] Im Bereich der volkssprachigen Literatur, in dem Texte häufig durch Vorlesen an ein illiterates Publikum vermittelt wurden, erleichterten Gliederungssignale wie die Initialen den Rezitatoren zudem die Strukturierung der Vortragsabschnitte.[46] Die Schriftmarkierungen sind mithin auch im Kontext mündlicher Gebrauchs- und Kommunikationssituationen zu sehen.

Nach diesem Blick auf die Manuskriptseite sollen schließlich auch die Schreiber selbst zu Wort kommen. Ihre Freuden und – mehr noch – ihre Nöte sind in zahlreichen Handschrifteneinträgen bezeugt. Häufig begegnen die Notate an den Enden oder Rändern der aufgezeichneten Texte. So ist etwa in einer St. Galler Handschrift des 9. Jahrhunderts der Vers zu lesen: „Chumo kiscreib / filo chumor kipeit" – ‚mit Mühe habe ich es fertig geschrieben und mit noch größerer Mühe die Fertigstellung erwartet'.[47] Häufig wird der Schreibakt mit jenem der Schiffahrt verglichen: „Sicut qui navigat desiderat portum, ita scriptor novissimum versum" (‚Wie der Seefahrer den Hafen herbeisehnt, so der Schreiber seine letzte Verszeile'), lautet ein lateinischer Spruch.[48] Ähnlich verbreitet ist die folgende Klage: „Quia qui nescit scribere, putat hoc esse nullum laborem. O quam

---

43 Dazu besonders Mary A. Rouse und Richard H. Rouse, „‚Statim invenire'. Schools, Preachers, and New Attitudes to the Page", in: Robert L. Benson und Giles Constable (Hrsg.), *Renaissance and Renewal in the Twelfth Century*, Oxford: Clarendon Press 1982, S. 201-225, Nachdruck in: Mary A. Rouse und Richard H. Rouse (Hrsg.), *Authentic Witnesses. Approaches to Medieval Texts and Manuscripts*, Notre Dame, Indiana: University of Notre Dame Press 1991 (= *Publications in Medieval Studies* 17), S. 191-219; Ivan Illich, *Im Weinberg des Textes. Als das Schriftbild der Moderne entstand. Ein Kommentar zu Hugos ‚Didascalicon'* (1993, sic!), aus dem Englischen übersetzt von Ylva Eriksson-Kuchenbuch, Frankfurt am Main: Luchterhand Literaturverlag 1991 (= *Luchterhand Essay*), S. 107 u. ö., und M[alcolm] B[eckwith] Parkes, *Scribes, Scripts and Readers* (Anm. 32), S. 35-70.
44 Vgl. dazu zuletzt Sabine Heimann-Seelbach, *Ars und scientia. Genese, Überlieferung und Funktionen der mnemotechnischen Traktatliteratur im 15. Jahrhundert. Mit Edition und Untersuchung dreier deutscher Traktate und ihrer lateinischer Vorlagen*, Tübingen: Max Niemeyer 2000 (= *Frühe Neuzeit 58*), S. 390 f. und S. 506 („Das Gedächtnis wird in Schrift ausgelagert").
45 Vgl. Barbara Frank, *Die Textgestalt als Zeichen. Lateinische Handschriftentradition und die Verschriftlichung der romanischen Sprachen*, Tübingen: Gunter Narr 1994 (= *Script-Oralia 67*), zusammenfassend S. 88-94 und S. 186-190.
46 Vgl. ebd., S. 91 und S. 93.
47 St. Gallen, Stiftsbibliothek, Cod. 623, S. 209. Vgl. Wattenbach, *Das Schriftwesen im Mittelalter* (Anm. 32), S. 287; Haubrichs, *Die Anfänge* (Anm. 27), S. 172, und Stefan Sonderegger, „Althochdeutsch in St. Gallen", in: Peter Ochsenbein (Hrsg.), *Das Kloster St. Gallen im Mittelalter. Die kulturelle Blüte vom 8. bis zum 12. Jahrhundert*, Darmstadt: Wissenschaftliche Buchgesellschaft 1999, S. 205-222 und S. 264-271, hier S. 214.
48 Vgl. Wattenbach, *Das Schriftwesen im Mittelalter* (Anm. 32), S. 282. Zur Schiffahrt als Metapher literarischer Tätigkeit allgemein Ernst Robert Curtius, *Europäische Literatur und lateinisches Mittelalter* (1948), zehnte Auflage, Bern, München: Francke 1984, S. 138-141.

gravis est scriptura, oculos gravat, renes frangit, simul et omnia membra contri-
stat. Tria digita scribunt, totus corpus laborat" (‚Denn nur wer nicht zu schreiben weiß, glaubt, daß dies keine Mühsal sei. Oh, wie schwer ist das Schreiben:
es trübt die Augen, zerquetscht die Nieren und schwächt zugleich alle Glieder.
Drei Finger schreiben und der ganze Körper leidet').[49]

Die Körperlichkeit des Schreibens dürfte im Mittelalter angesichts unwirtli-
cher Räumlichkeiten, angesichts kärglicher Lichtquellen und mangelhafter
optischer Hilfen, angesichts schlechter hygienischer und medizinischer Verhältnisse noch stärker zu spüren gewesen sein als in der Neuzeit. Im Rahmen
metaphorisch-metonymischer Austauschverfahren zwischen Subjekt und Objekt, zwischen Schreibendem und Beschreibstoff konnte dabei der menschliche
Leib seinerseits als zu beschriftendes Pergament imaginiert werden. Wiederholt
ergeht etwa an Schüler die Mahnung, sich in der kalligraphischen Kunst zu
üben; andernfalls würde ihr Rücken mit Rutenschlägen beschriftet: „Si bene
non scribis, scribam tua dorsa flagellis".[50]

Als Metapher körperlicher Züchtigung begegnet der Schreibakt auch in Zusammenhang mit der Passion Christi, dessen Wundnarben als Schriftzeichen
vergegenwärtigt werden. So heißt es etwa von Christus im *Dialogus miraculorum* des Zisterziensers Caesarius von Heisterbach um 1222:

> „In pelle siquidem corporis eius scriptae erant litterae minores et nigrae, per livi-
> das plagas flagellorum."[51]

Eine nach 1456 angefertigte Übersetzung von Johannes Hartlieb lautet entsprechend:

> (Christus) „hatt an seiner menschlichen hawt die geschrifft der chlainen swarczen
> půchstaben gehabt durch die gaiselsleg."[52]

Rotfarbige Majuskeln bzw. Initialen („litterae rubeae et capitales"; „die groszen
roten půchstaben") stehen für die Wunden, die Christus mit Nägeln und Speer
zugefügt wurden. Punkte und Virgelstriche („puncta ... et virgulae"; „punckt

---

49 Aus einer Berliner *Papianus*-Handschrift des 9. Jahrhunderts, zitiert in: *Monumenta Germaniae
Historica. Legum Tomus III*, herausgegeben von Georg Heinrich Pertz, Hannover: Hahnsche
Buchhandlung 1863, S. 589 (Schreibweise gegenüber der Ausgabe leicht normalisiert). Vgl. zur
Verbreitung des Spruchs Wattenbach, *Das Schriftwesen im Mittelalter* (Anm. 32), S. 283 f.; ferner
Trost, „Drei Finger schreiben" (Anm. 32), S. 122, und Haubrichs, *Die Anfänge* (Anm. 27), S. 172.
50 Vgl. Wattenbach, *Das Schriftwesen im Mittelalter* (Anm. 32), S. 267.
51 *Caesarii Monachi Dialogus miraculorum*, herausgegeben von Joseph Strange, Köln u. a.: J. M.
Heberle 1851, Bd. 2, Dist. 8, Cap. 35, S. 109.
52 *Johann Hartliebs Übersetzung des Dialogus Miraculorum von Caesarius von Heisterbach. Aus
der einzigen Londoner Handschrift*, herausgegeben von Karl Drescher, Berlin: Weidmannsche
Buchhandlung 1929 (= *Deutsche Texte des Mittelalters* 33), S. 132. Vgl. Urban Küsters, „Narbeninschriften. Zur religiösen Literatur des Spätmittelalters", in: Jan-Dirk Müller und Horst
Wenzel (Hrsg.), *Mittelalter. Neue Wege durch einen alten Kontinent*, Stuttgart, Leipzig: S. Hirzel 1999, S. 81-109, hier S. 82-84.

und stricklein der virgeln") repräsentieren die Narben der Dornenkrone. Christi Haut, so Hartlieb, sei durch Verrat und Schmach „durchpunctirt", mit Stockhieben „durchzeilet und lynirt" worden (Caesarius: „pellis eadem ... pumicata ... arundine liniata"). In dieser dichten Metaphorik der Schriftzeichen entspricht die Markierung der Haut dem in der Scholastik entwickelten Schriftbild. Wie die Schreiber ihre Buchstaben auf Tierhaut eingravieren, so graben sich die Wundmale in die Haut des leidenden Christus.

,Schreiben als Passion' ist man versucht, diese mittelalterlichen Imaginationen zu nennen. Doch blieb es offenbar nicht bei bloßer Metaphorik. Schenkt man der *Vita* des Dominikaners Heinrich Seuse Glauben, so wurde die Passionsbildlichkeit in der Nachfolge Christi konkret umgesetzt. In seiner um 1360 entstandenen Lebensbeschreibung berichtet Seuse, er habe seiner Brust das Christus-Monogramm IHS auftätowiert:

> Er „stach dar mit dem grifel in daz flaisch ob dem herzen die richti, und stach also hin und her und uf und ab, unz er den Namen IHS eben uf sin herz gezeichent."[53]

In den illustrierten Handschriften der *Vita* wird das der Haut eingravierte Monogramm deutlich nachgebildet. Die erste Abbildung aus der ältesten Handschrift des sogenannten *Exemplars* (siehe Abb. 6) zeigt den Mönch Seuse, der sich in seiner Lebensbeschreibung – in der dritten Person – als ,Diener der ewigen Weisheit' (links im Bild) darstellt.[54] Das in die Haut geritzte Zeichen kann als „eine Form der Autopoiesis, der bewußten, gezielten Selbstformung (,self fashioning')" aufgefaßt werden; es fungiert als „ein erster Impuls zur schriftlichen Aufzeichnung", als „die erste Stufe des Schreibprozesses, der in die autobiographische Fixierung einmündet".[55]

---

53 *Seuses Leben*, in: Heinrich Seuse, *Deutsche Schriften*, herausgegeben von Karl Bihlmeyer, Stuttgart: W. Kohlhammer 1907, S. 7-195, hier Kap. 4, S. 16. Vgl. zu Seuses *Vita* Kurt Ruh, *Geschichte der abendländischen Mystik. Dritter Band: Die Mystik des deutschen Predigerordens und ihre Grundlegung durch die Hochscholastik*, München: C. H. Beck 1996, S. 445-468. Zu den in der *Vita* beschriebenen Asketepraktiken Küsters, „Narbeninschriften" (Anm. 52), S. 105-108, und Niklaus Largier, *Lob der Peitsche. Eine Kulturgeschichte der Erregung*, München: C. H. Beck 2001, S. 48-59 u. ö.

54 Strasbourg, Bibliothèque nationale et universitaire, Ms. 2929, Bl. 1v. Zu den Illustrationen und Problemen der autobiographischen Stilisierung zuletzt Jeffrey F. Hamburger, „Medieval Self-Fashioning. Authorship, Authority, and Autobiography in Seuse's *Exemplar*", in: Kent Emery Jr. und Joseph Wawrykow (Hrsg.), *Christ among the Medieval Dominicans. Representations of Christ in the Texts and Images of the Order of Preachers*, Notre Dame, Indiana: University of Notre Dame Press 1998 (= *Notre Dame conferences in medieval studies* 7), S. 430-461, wieder in: ders., *The Visual and the Visionary. Art and Female Spirituality in Late Medieval Germany*, New York: Zone Books 1998, S. 233-278 und S. 534-546, und Stephanie Altrock und Hans-Joachim Ziegeler, „Vom ,diener der ewigen wisheit' zum Autor Heinrich Seuse. Autorschaft und Medienwandel in den illustrierten Handschriften und Drucken von Heinrich Seuses *Exemplar*", in: Ursula Peters (Hrsg.), *Text und Kultur. Mittelalterliche Literatur 1150-1450*, Stuttgart, Weimar 2001 (= *Germanistische Symposien. Berichtsbände* 23), S. 150-181.

55 So Küsters, „Narbeninschriften" (Anm. 52), S. 107, im Anschluß an Überlegungen von Alois

Die Tösser Nonne Elsbeth Stagel, die Seuse in der *Vita* seine ‚geistliche Tochter' nennt, näht das IHS-Monogramm mit roter Seide auf weiße Tücher.[56] Sie berührt damit die Tätowierung des ‚Dieners der ewigen Weisheit', heftet die Stoffmonogramme auf ihre Kleider und verteilt sie unter den Anhängern des ‚Dieners'. In einer weiteren Abbildung des *Exemplars* (siehe Abb. 7)[57] ist diese Szene unter der Schutzmantelschaft der personifizierten Weisheit dargestellt. Die Distribution des Monogramms führt zu einer Imitatio der ihrerseits von dem ‚Diener' praktizierten Imitatio Christi. Auf diese Weise erscheint das Monogramm als Text, der wie in der handschriftlichen Überlieferung weiter tradiert wird. Das Vorgehen entspricht der Teilhabe Elsbeth Stagels am Entstehungsprozeß der *Vita*, den sie – wie an verschiedenen Stellen der Lebensbeschreibung deutlich wird – mitgetragen und mitgeprägt hat.[58] Die Imitatio und Teilhabe der geistlichen Tochter ist hier also, vermittelt durch Metaphern textueller Vorgänge, mit Formen der Autorschaft verwebt.

Bereits im Zusammenhang mit dem Autorbild der Wiener *Willehalm*-Handschrift und nun bei Heinrich Seuse zeigt sich, daß der Begriff des Schreibens mit jenem der Autorschaft konvergiert, ohne doch mit diesem identisch zu sein. Mittelalterliche Klassifizierungen können hier zur Klärung beitragen. So unterscheidet der Franziskaner Bonaventura im Vorwort seines Sentenzenkommentars (um 1250) vier Typen von Textproduzenten: den ‚scriptor', ‚compilator', ‚commentator' und ‚auctor':[59]

- Der ‚scriptor' schreibe die Worte anderer, ohne – so der von Bonaventura behauptete Idealfall – etwas daran zu verändern („Aliquis enim scribit aliena, nihil addendo vel mutando; et iste mere dicitur ‚scriptor'").
- Der ‚compilator' schreibe die Worte anderer, indem er fremdes – nicht eigenes – Material zusammenfüge („Aliquis scribit aliena, addendo, sed non de suo; et iste ‚compilator' dicitur").
- Der ‚commentator' schreibe Fremdes und Eigenes, wobei das Fremde überwiege und das Eigene nur als erläuternder Zusatz hinzutrete („Aliquis scri-

Hahn, „Handschrift und Tätowierung", in: Hans Ulrich Gumbrecht und K. Ludwig Pfeiffer (Hrsg.), *Schrift*, München: Wilhelm Fink 1993, S. 201-217.

56 *Seuses Leben*, herausgegeben von Karl Bihlmeyer (Anm. 53), Kap. 45, S. 154 f.

57 Strasbourg, Bibliothèque nationale et universitaire, Ms. 2929, Bl. 68v.

58 Dazu zuletzt Ursula Peters, *Religiöse Erfahrung als literarisches Faktum. Zur Vorgeschichte und Genese frauenmystischer Texte des 13. und 14. Jahrhunderts*, Tübingen: Max Niemeyer 1988 (= *Hermaea. Neue Folge* 56), S. 135-142, und Susanne Bürkle, *Literatur im Kloster. Historische Funktion und rhetorische Legitimation frauenmystischer Texte des 14. Jahrhunderts*, Tübingen, Basel: A. Francke 1999 (= *Bibliotheca Germanica* 38), S. 233-246.

59 Vgl. *S. Bonaventurae Commentaria in quatuor libros sententiarum magistri Petri Lombardi, Tom. 1: In primum librum sententiarum*, cura P.P. Collegii S. Bonaventurae ad Claras Aquas, Grottaferrata: ex Typographia Collegii S. Bonaventurae 1882, Prooemii Quaestio 4, Conclusio, S. 14 f. Dazu A[lastair] J. Minnis, *Medieval Theory of Authorship. Scholastic literary attitudes in the later Middle Ages*, London: Scolar Press 1984, S. 94 f. und S. 98 f., und ders. u. a. (Hrsg.), *Medieval Literary Theory and Criticism c.1100-c.1375. The Commentary-Tradition*, revised edition, Oxford: Clarendon Press 1988, S. 229.

bit et aliena et sua, sed aliena tamquam principalia, et sua tamquam annexa ad evidentiam; et iste dicitur ,commentator', non auctor").

- Der ,auctor' schließlich schreibe ebenfalls Eigenes und Fremdes, jedoch in der Weise, daß das Eigene überwiege und die Worte der anderen nur dazu dienten, die eigenen Worte zu bekräftigen („Aliquis scribit et sua et aliena, sed sua tanquam principalia, aliena tamquam annexa ad confirmationem; et talis debet dici ,auctor'").

Diese nach dem zunehmenden Eigenanteil strukturierte Typologie[60] kann in gewisser Weise auch auf die volkssprachigen Verhältnisse übertragen werden. Dies gilt in besonderem Maße für die Begriffe des Autors (lat. „auctor") und des Schreibers (lat. „scriptor"). Autoren wie Wolfram von Eschenbach und Heinrich Seuse verfassen eigene Textgewebe, verknüpfen diese aber in vielfältiger Weise mit Anteilen von Zeitgenossen und Vorgängern. Im Überlieferungsprozeß unterliegen diese Textgewebe ihrerseits den Händen von Schreibern, von denen Bonaventura sagt, sie würden die Texte nicht ändern.

III

Die Praxis freilich sah anders aus. In der handschriftlichen Tradierung erfuhren die Texte vielfältige Umgestaltungen. Nur in den seltensten Fällen hat sich ein auf den Autor selbst zurückgehendes Autograph erhalten.[61] Zu diesem Thema seien abschließend einige Beispiele aus der Überlieferung von Wolframs *Parzival* vorgestellt, der mit 16 vollständig erhaltenen Handschriften und 68 Fragmenten zu einem der breitest bezeugten mittelhochdeutschen Texte gehört.[62]

Zeigen läßt sich etwa, wie die Überlieferung reagiert, wenn eine Figur mit höchster moralischer Autorität wie der Einsiedler Trevrizent gegen Ende des

---

60 Vgl. Almut Suerbaum, „,Accessus ad Auctores'. Autorkonzeptionen in mittelalterlichen Kommentartexten", in: Elizabeth Andersen u. a. (Hrsg.), *Autor und Autorschaft im Mittelalter* (Anm. 19), S. 29-37, hier S. 30.

61 Zu den wenigen Ausnahmen gehören: Otfrids *Liber evangeliorum* mit der Handschrift Wien, Österreichische Nationalbibliothek, Cod. 2687, 9. Jh., vgl. oben, S. 31 mit Anm. 27; das Offenbarungsbuch der Züricher Dominikaner-Mystikerin Elsbeth von Oye in der Handschrift Zürich, Zentralbibliothek, Cod. Rh 159, 14. Jh., vgl. Wolfram Schneider-Lastin, „Das Handexemplar einer mittelalterlichen Autorin. Zur Edition der Offenbarungen Elsbeths von Oye", in: *editio* 8 (1994), S. 53-70; die Meisterlieder Michel Beheims, u. a. überliefert in der Handschrift Heidelberg, Universitätsbibliothek, Cod. pal. germ. 312, 15. Jh., vgl. Frieder Schanze, *Meisterliche Liedkunst zwischen Heinrich von Mügeln und Hans Sachs*, 2 Bde., München, Zürich: Artemis 1983/84 (= *Münchener Texte und Untersuchungen* 82/ 83), Bd. 2, S. 191-205, und Wachinger, „Autorschaft und Überlieferung" (Anm. 21), S. 16.

62 Vgl. die Angaben bei Bumke, *Wolfram von Eschenbach* (Anm. 8), S. 169-174, und Verf., „Wolframs Parzival als unfester Text. Möglichkeiten einer überlieferungsgeschichtlichen Edition im Spannungsfeld traditioneller Textkritik und elektronischer Darstellung", in: Wolfgang Haubrichs u. a. (Hrsg.), *Wolfram von Eschenbach – Bilanzen und Perspektiven*, Eichstätter Colloquium 2000, Berlin 2002 (= *Wolfram-Studien* 17), S. 294-321, hier S. 296 mit Anm. 1.

Romans eingesteht, er habe Parzival bei der Aufklärung über die Gralsgeheimnisse belogen (vv. 798,1 ff.).[63] Die Varianzen sind in der von einem Basler Projektteam erarbeiteten elektronischen Editionsprobe dokumentiert (siehe Abb. 8):[64]

In den ältesten Handschriften wird Trevrizents Rede mit der Inquit-Formel „Trevrizent ze Parzivâle sprach" (v. 798,1) eingeleitet.[65] Kernpunkt der Rede ist die Aussage: „ich louc durch ableitens list / vome grâl wie ez umb in stüende" (‚ich log damals vom Gral, um Euch listig davon abzulenken'; v. 798,7 f.).[66] Textzeugen des 15. Jahrhunderts dokumentieren die Irritation, die diese Worte bei den Schreibern ausgelöst haben dürften:

In Handschrift L (bzw. G^σ)[67] ist die gesamte Passage eliminiert, indem genau ein Dreißiger-Abschnitt gestrichen wird.

Der Schreiber von Handschrift R (bzw. G^χ)[68] läßt offen, wer spricht; er leitet die Rede durch die Formel „Treifriczent vnd barczifal sprach" ein.

In den drei Handschriften mno aus der elsässischen Lauberwerkstatt[69] begegnet die Zuschreibung an eine Drittperson. An Stelle von Trevrizent werden

---

63 Vgl. zur Stelle Bumke, *Wolfram von Eschenbach* (Anm. 8), S. 97 f.

64 Das Fenster links oben enthält einen normalisierten Basistext nach der Leithandschrift St. Gallen, Stiftsbibliothek, Cod. 857 (Hs. D), das Fenster links unten einen Variantenapparat. Letzterer verzeichnet neben den Varianten auch materielle Besonderheiten wie Initialen (Anfangsbuchstaben in roter Farbe beim Namen Trevrizent), Cadellen (vergrößerter Buchstaben in oranger Farbe) oder Rasuren (grau unterlegte Buchstaben), was im beigegebenen Schwarz-Weiß-Abdruck leider nur andeutungsweise erkennbar ist. In den Fenstern auf der rechten Seite sind die Transkriptionen (oben) und Faksimiles (unten) der einzelnen Überlieferungszeugen einblendbar. Verfahren und Aufbau des vierteiligen Bildschirms sind erläutert bei Verf., „Wolframs Parzival als unfester Text" (Anm. 62), bes. S. 310-314; vgl. ferner die Internetseite http://www. parzival.unibas.ch.

65 Beispielsweise repräsentiert durch den St. Galler Codex 857 (Hs. D), nach dem der Basistext (Fenster links oben) gestaltet ist. Vgl. zur Handschrift Karin Schneider, *Gotische Schriften in deutscher Sprache* (Anm. 41), S. 133-142; ferner die Angaben im Handschriftenverzeichnis von Eduard Hartl, nachgedruckt in Schiroks *Studienausgabe* (Anm. 1), S. XXVII f., bei Becker, *Handschriften und Frühdrucke mittelhochdeutscher Epen* (Anm. 41), S. 78 f., und bei Schirok, *Parzivalrezeption im Mittelalter* (Anm. 41), S. 30 f.

66 Vgl. wiederum den Basistext.

67 Hamburg, Staats- und Universitätsbibliothek, Cod. germ. 6, S. 352a. Vgl. zur Handschrift Albert van Eerden, *Eine Beschreibung der Parzivalhandschrift G^σ und anderer Stücke des Codex Germanicus 6 der Hamburger Staats- und Universitätsbibliothek*, New York: Edwards Brothers 1938 (= *Ottendorfer Memorial Series of Germanic Monographs* 24). Ferner die Angaben im Handschriftenverzeichnis von Eduard Hartl, nachgedruckt in Schiroks *Studienausgabe* (Anm. 1), S. XXXVI f.; bei Becker, *Handschriften und Frühdrucke mittelhochdeutscher Epen* (Anm. 41), S. 92-94, und bei Schirok, *Parzivalrezeption im Mittelalter* (Anm. 41), S. 39 f. Zum Siglensystem der *Parzival*-Handschriften, das ein älteres (hier zusätzlich in Klammern mitgeteiltes) Siglensystem ersetzt, sei nochmals verwiesen auf Heinzle, „Klassiker-Edition heute" (Anm. 41), S. 62.

68 Bern, Burgerbibliothek, Cod. AA 91, Bl. 169ra. Vgl. zur Handschrift zuletzt Verf., „Wolfram-Lektüre für die spätmittelalterliche Stadt. Erkundung einer literarischen Topographie am Beispiel des Berner *Parzival*", in: *Germanistik in der Schweiz. Online-Zeitschrift der Schweizerischen Akademischen Gesellschaft für Germanistik* 1 (2002), S. 19-56, online unter: http://www.sagg.ch. Ferner die Angaben im Handschriftenverzeichnis von Eduard Hartl, nachgedruckt in Schiroks *Studienausgabe* (Anm. 1), S. XXXVIII; bei Becker, *Handschriften und Frühdrucke mittelhochdeutscher Epen* (Anm. 41), S. 96 f., und bei Schirok, *Parzivalrezeption im Mittelalter* (Anm. 41), S. 44.

69 Vgl. zur Handschriftenproduktion der Lauberwerkstatt zuletzt Lieselotte E. Saurma-Jeltsch, *Spätformen mittelalterlicher Buchherstellung. Bilderhandschriften aus der Werkstatt Diebold*

die Worte hier Feirefiz, dem heidnischen Halbbruder Parzivals, in den Mund gelegt: „Ferrefize zǔ parcifal sprach".[70]

Der Schreiber von Handschrift Q (G[τ])[71] bekundet mit der nur in diesem Vers entstellten Namenform „Preffrizent", daß ihn der Abschnitt offensichtlich verunsichert hat.

Dieses im dritten Viertel des 15. Jahrhunderts in hessischer Mundart abgefaßte Manuskript läßt auch sonst einige Irregularitäten erkennen. Abweichungen gegenüber der älteren Überlieferung treten gehäuft in einer Passage der Vorgeschichte auf, in der erzählt wird, wie Parzivals Vater Gahmuret im Waffendienst für den Herrscher von Bagdad zu Tode kommt. Der Bâruc von Baldac, wie es im Text heißt, läßt für Gahmuret ein prächtiges Grabmal errichten. Die heidnische Bevölkerung verehrt den Bestatteten daraufhin gleich einem Gott.

In der älteren Überlieferung[72] lautet der Abschnitt:

„ez betent heiden sunder spot
an in als an ir werden got,
niht durch des kriuzes êre
noch durch des toufes lêre,
der zem urteillîchen ende
uns lœsen sol der[73] gebende." (107,19-24)

,Die Heiden beten Gahmuret allen Ernstes
an wie die ihnen heiligen Götter,
dies jedoch weder um der Ehre des Kreuzes willen
noch gemäß der christlichen Lehre der Taufe,

Laubers in Hagenau, 2 Bde., Wiesbaden: Reichert 2001. Zu den Parzival-Handschriften ferner die Angaben im Handschriftenverzeichnis von Eduard Hartl, nachgedruckt in Schiroks *Studienausgabe* (Anm. 1), S. XXVIII-XXIX; bei Becker, *Handschriften und Frühdrucke mittelhochdeutscher Epen* (Anm. 41), S. 79-82, und bei Schirok, *Parzivalrezeption im Mittelalter* (Anm. 41), S. 31 f.

70 Zit. nach Hs. n, Heidelberg, Universitätsbibliothek, Cpg 339, Bl. 583r. Das Superscriptum x im Wort „zǔ" entspricht einer Konvention im Basler Projekt, die in Handschriften zur Anwendung kommt, in denen der überschriebene Buchstabe nicht mehr eindeutig (etwa als „e", „o" oder Schrägtrema) identifiziert werden kann. In der Bildschirmversion steht das Superscriptum derzeit noch hochgestellt neben dem zugehörigen Buchstaben.

71 Ehemals Donaueschingen, Fürstlich Fürstenbergische Hofbibliothek, jetzt Karlsruhe, Badische Landesbibliothek, Cod. 70, S. 325b. Vgl. zur Handschrift George Kreye, *Die Parzivalhandschrift G[τ]*, New York: Edwards Brothers 1940 (= *Ottendorfer Memorial Series of Germanic Monographs* 25). Ferner die Angaben im Handschriftenverzeichnis von Eduard Hartl, nachgedruckt in Schiroks *Studienausgabe* (Anm. 1), S. XXXVII; bei Becker, *Handschriften und Frühdrucke mittelhochdeutscher Epen* (Anm. 41), S. 95, und bei Schirok, *Parzivalrezeption im Mittelalter* (Anm. 41), S. 40.

72 Zugrunde gelegt wird – mit einer Ausnahme (vgl. Anm. 73) – der Wortlaut in Schiroks *Studienausgabe* (Anm. 1), S. 109.

73 Der bestimmte Artikel „der" (Genitiv Plural) findet sich in Handschrift G und in Handschriften der G-Klasse; vgl. den Apparat in Schiroks *Studienausgabe* (Anm. 1), S. 109.

die uns am Jüngsten Tag
von allen Banden lösen wird.'[74]

Dieses provozierende Erzählmotiv, das im Kontext der durch die Kreuzzüge
bewirkten Kulturkontakte zu verstehen ist, wirft Licht auf das im Text angelegte religiöse Eigen- und Fremdverständnis.[75] Der Erzähler versucht, die
Gahmuret durch die Heiden entgegengebrachte Verehrung damit zu rechtfer-
tigen, daß er sie von allen christlichen Anteilen – „des kriuzes êre", „des toufes
lêre" – entbindet. Diese Maßnahme führt in Handschrift Q zu folgenden Reaktionen, die entweder vom Schreiber selbst stammen oder auf seine Vorlage
zurückgehen (S. 446, Zeile 14-19; siehe Abb. 9):
  Das Syntagma „des toufes lêre" wird ersetzt durch: „des tewfels lêre". Den
anschließenden Relativsatz, in dem von der durch die Taufe bewirkten Erlösung
die Rede ist, leitet der Schreiber durch das Pronomen „des" ein, das er später –
gemäß der Version der älteren Handschriften – zu „der" korrigiert. In den älteren Versionen bezieht sich das Relativpronomen auf das Wort „touf", das im
Mittelhochdeutschen ein maskulines Genus hat: ,die Taufe', so der Text, ,soll
uns am Jüngsten Tag erlösen'. Mit dem zunächst gewählten Genitivpronomen
„des" scheint der Schreiber dagegen zu suggerieren, daß die Christenheit am
Jüngsten Tag von dem zuvor erwähnten Teufel erlöst werden wird: „Des … unß
loßen sal der gebende" (,von dem uns der gebende, Gnaden spendende Gott erlösen soll'). Die Genitiv-Plural-Form „der gebende" (,von allen Banden') der
älteren Überlieferung wird dabei in ein Subjekt umfunktioniert.
  Die von dem Schreiber gebotene Variante „des tewfels lêre" könnte auf das
Verlesen des Wortes „toufes" in der Vorlage zurückzuführen sein. Sie signalisiert
aber zugleich die Verunsicherung, die von der religionsethnologisch problematischen Passage ausging. Die in der Handschrift begegnende Lesart rechtfertigt
Gahmurets Vergöttlichung auf eine gegenüber den älteren Handschriften verän-
derte Weise. Sie besagt, daß Parzivals verstorbener Vater weder aus christlichen
Motiven (nämlich „durch des kriuzes êre") noch aus dem Christentum feindlichen Beweggründen (nämlich durch „des teufels lêre") verehrt werde. Damit
liegt eine durchaus beachtenswerte Neutralisierung der Motivation für Gahmurets Vergöttlichung vor.
  Die Suche nach Sinn, die der Schreiber hier in Auseinandersetzung mit einem
schwierigen Text und einer wohl ihrerseits schwierigen, weil schwer zu lesenden Vorlage bekundet, zeigt sich auch an benachbarten Stellen. Zweimal ist im
Zusammenhang mit der befremdlichen Verehrung Gahmurets durch die Hei-

---

74 Vgl. zur Stelle den Kommentar in der Ausgabe von Nellmann (Anm. 1), Bd. 2, S. 512, und Hartmann, *Gahmuret und Herzeloyde* (Anm. 2), Bd. 2, S. 318-321.
75 Die den Mohammedanern unterstellten Religionspraktiken (Menschenanbetung, Polytheismus)
   entsprechen nicht den historischen Tatsachen; vgl. dazu auch die Angaben in den Kommenta-
   ren von Nellmann und Hartmann (Anm. 74). Zu den Kulturkontakten der Kreuzzugszeit zuletzt Nikolas Jaspert, *Die Kreuzzüge*, Darmstadt: Wissenschaftliche Buchgesellschaft 2003 (=
   Geschichte kompakt), S. 158-160, mit weiterführender Literatur S. 172.

den davon die Rede, daß sich das christliche Selbstverständnis auf die erlösende Kraft von „Kristes tôt" berufe (107,11 und 107,18). In der vorliegenden Handschrift aber könnte das Syntagma „cristes tot" (Zeile 6 und 13) auch als „tristes tot" gelesen werden, da die Buchstabenform hier eher einem „t" als einem „c" zu entsprechen scheint.

Dies ergibt sich etwa aus dem paläographisch nachweisbaren Unterschied zu Wörtern, die mit dem Buchstaben „c" beginnen: so dem in nächster Nachbarschaft stehenden Wort „creuczes" (Z. 12) oder dem auf der folgenden Seite begegnenden Wort „cristen" (S. 45a, Z. 10; siehe Abb. 10). Offenkundige Unsicherheiten mit der Lesung der Buchstaben „c" und „t" in der Vorlage läßt der Schreiber auch an anderen Stellen erkennen.[76]

Was aber soll „tristes tot" bedeuten? – Die Erlösung von einem ‚traurigen Tod' mag ein Anliegen christlichen Glaubens sein, aber kann „tristes tot", wie die Version von Handschrift Q vorgäbe, eine solche Erlösung auch bewirken?[77] Hier zeigt sich, in welche Fährnisse sich der Schreiber bei seiner tastenden Suche nach Sinn begeben hat. Offensichtlich ist seine Unternehmung, einer schwer zu lesenden Vorlage mit dem eigenen graphischen Inventar beizukommen, gescheitert. Der Kollaps der graphischen Differenz von „c" und „t" bezeugt, daß die Sinnsuche hier offenbar auf der Oberfläche der Signifikanten ins Stocken geriet und nicht mehr in die Tiefen der Signifikate vorzudringen vermochte.

Zwei etwas weniger komplizierte Beispiele mögen die Betrachtungen beschließen. Sie betreffen Marginalien, die in den mittelalterlichen Handschriften sehr häufig begegnen. Die eine steht in Handschrift I (G[m]), einem Textzeugen des 13. Jahrhunderts mit konservativem Layout, in dem die Verse nicht abgesetzt sind.[78] Auf Bl. 113v (siehe Abb. 11) der in bairischer Schreibsprache abgefaßten

---

76 So etwa auf S. 44 mit Interferenzen bei den mittelhochdeutschen Wörtern „kost" (‚Aufwand') und „tjost" (‚Lanzenstoß', ‚ritterlicher Zweikampf'). Den Vers „diu kost den bâruc ringe wac" (106,30; ‚Die Kosten [sc.: für Gahmurets Bestattung] achtete der Baruc gering') gibt der Schreiber wieder mit: „Dy tiost brauc ringe wac" (S. 44a, sechstletzte Zeile), wobei im Wort „tiost" die charakteristische Unsicherheit der „c"/"t"-Schreibung begegnet und das Wort „brauc" (aus „braue"?) korrigiert ist. Im Vers „der bâruc die koste gap" (107,14) erscheint für „kost" dagegen die „k"-Schreibung: „Der brauc die kost gabp" (S. 44b, Z. 9); möglicherweise hat der Schreiber hier ebenfalls zunächst „tiost" geschrieben und das Wort durch eine Verlängerung des ersten Schafts zu „kost" verändert. In den Versen „durch diesen helm ein tjoste sluoc / den werden…" (108,3 f.; Aufschrift auf Gahmurets Helm) hat der Schreiber vor dem (hier eindeutig mit „t" geschriebenen) Wort „tiost" ein „k" eliminiert, was darauf hindeutet, daß er das Wort zunächst wohl als „kost" schreiben wollte (S. 44b, neuntletzte Zeile). Weitere Beobachtungen zu den Unsicherheiten der „c"/"t"-Schreibung bei Kreye, Die Parzivalhandschrift G[τ] (Anm. 71), S. 9.

77 Vgl. Zeile 6: „Als vns tristes tot erloste"; Zeile 13: „Als tristes tot vnß ließ den segen". Abkürzungen werden hier und im folgenden stillschweigend aufgelöst.

78 München, Bayerische Staatsbibliothek, Cgm 61. Vgl. zur Handschrift Rudolf A[nton] Hofmeister, „A New Aspect of the Parzival-Transmission through a Critical Examination of Manuscripts G and G[m], in: Modern Language Notes 87 (1972), S. 701-719, und Schneider, Gotische Schriften in deutscher Sprache (Anm. 41), S. 127-129. Ferner die Angaben im Handschriftenverzeichnis von Eduard Hartl, nachgedruckt in Schiroks Studienausgabe (Anm. 1), S. XXXIV; bei Becker, Handschriften und Frühdrucke mittelhochdeutscher Epen (Anm. 41), S. 86 f., und bei Schirok, Parzivalrezeption im Mittelalter (Anm. 41), S. 36.

Handschrift ist unter anderem von Parzivals schöner Braut Condwiramurs die Rede. Niemals, so der Erzähler, habe Parzival auf seinen langjährigen Irrfahrten einer anderen Dame seine Minne geschenkt:

> „vur war ez wart nie ander wip.
> Gewaltich siner minne.
> niwan diu chunginne.
> Condwiramurs.
> diu Gefloriert beaflurs." (= 732,10-14)[79]

> ,Fürwahr, nie gewann eine andere Frau
> Macht über seine Minne
> außer der Königin
> Condwiramus
> – eine ‚belle fleur' in ihrer Blüte.'

Auf dieses mit französisierten Vokabeln angereichte Lob scheint ein Leser mit einem umgekehrt eingetragenen Notat am unteren Rand der Seite geantwortet zu haben. Die misogynen Anmerkungen sind in ihrer Obszönität kaum zu überbieten. Im ersten der beiden Einträge gibt ein Liebhaber die Bedingung an, unter der seine Geliebte treu wäre – ihr müßte nur die Scham vernäht sein:

> „Mein lieb wâr gernen stât
> wår ÿm nur dÿe fut vernåt."

Der zweite Eintrag imaginiert in derben Worten ein erhofftes Liebesspiel:

> „Lies lieb an ent
> Hiet ich deín fud an meiner hent
> Ich wolt darin greiffen
> als in ein sachkpheiffen."

Die vielleicht mündlich als eine Art Gassenhauer zirkulierenden Verse zeigen, welche Spannungen sich aus der Konfrontation des dichterischen Textes mit Reaktionen der Leser ergeben können.

Eine Diskrepanz anderer Art bekundet sich im Eintrag am Beginn eines Exemplars des von Johann Mentelin 1477 in Straßburg herausgegebenen *Parzival*-Drucks (siehe Abb. 12).[80] Die Seiteneinrichtung des in Antiqua-Schrift gesetzten

---

79 Zit. nach Hs. I, Bl. 113va, Zeile 1-4.
80 Staatsbibliothek zu Berlin, Preußischer Kulturbesitz, 4° Inc. 2085, Bl. 1r. Vgl. zum Mentelin-Druck John L. Flood, „Johann Mentelin und Ruprecht von Pfalz-Simmern. Zur Entstehung der Straßburger *Parzival*-Ausgabe vom Jahre 1477", in: Kurt Gärtner und Joachim Heinzle (Hrsg.), *Studien zu Wolfram von Eschenbach. Festschrift für Werner Schröder zum 75. Geburtstag*, Tübingen: Max Niemeyer 1989, S. 197-209. Ferner die Angaben im Handschriftenverzeichnis von

Textes läßt erkennen, wie sehr die frühen Drucke noch dem Erscheinungsbild der Handschriften verpflichtet waren. Das Layout ist zweispaltig angelegt; für die in Drucktypen vorgegebenen Initialen ist Platz gelassen, damit sie – wie im Berliner Exemplar geschehen – von der Hand eines Rubrikators eingetragen werden können. Das dem Eingang des *Parzival* vorangestellte Notat verdeutlicht, wie schwer der Text am Beginn des Druckzeitalters noch verständlich war. Die zeitliche Distanz zu Wolframs Mittelhochdeutsch und Zersetzungen in einer über 250-jährigen Überlieferung hatten hier das Ihre getan. Der gereimte Text lautet:

> „Meister Wolfram von Eschenbach:
> Bringt hierin für viel seltzam Sach:
> Im 1477. Jhar
> Sein Reimsprüche sind nicht sehr klar."[81]

Erst im Zuge des im 18. Jahrhundert neu erwachten Interesses an mittelalterlicher Literatur kam es wieder zu Druckausgaben des *Parzival*, deren Text nunmehr nur noch den Philologen verständlich war: 1784 erschien die Edition von Christoph Heinrich Myller (basierend auf Abschriften des St. Galler Codex 857),[82] 1833 jene von Karl Lachmann.[83] Letzterer griff dabei in die überlieferten Textgestalten ein und ließ einen Text drucken, der historisch „so nie existiert(e)".[84] In der „einheitlichen Form des gedruckten Buches" versuchte er, „die ästhetische Qualität des Kunstwerkes sichtbar" zu machen.[85]

Eduard Hartl, nachgedruckt in Schiroks *Studienausgabe* (Anm. 1), S. XXXVII; bei Becker, *Handschriften und Frühdrucke mittelhochdeutscher Epen* (Anm. 41), S. 243-259, und bei Schirok, *Parzivalrezeption im Mittelalter* (Anm. 41), S. 41-44.

81 Vgl. Becker, *Handschriften und Frühdrucke mittelhochdeutscher Epen* (Anm. 41), S. 246.

82 Mit einer Bezugnahme auf den Mentelin-Druck im Titel: *Parcival. Ein Ritter-Gedicht aus dem dreizehnten Iahrhundert von Wolfram von Eschilbach. Zum zweiten Male aus der Handschrift abgedruckt, weil der erste 1477 gemachte Abdruck so selten wie Manuscript ist* [herausgegeben von Christoph Heinrich Myller (Müller), Berlin 1784] (= *Sammlung Deutscher Gedichte aus dem XII. XIII. und XIV. Iahrhundert*, Bd. 1, Abt. 4, S. 1-196).

83 *Wolfram von Eschenbach*, herausgegeben von Karl Lachmann, Berlin 1833. Lachmann benutzte ein Exemplar von Myllers Druck und trug in dieses die Varianten der ihm verfügbaren Handschriften in verschiedenfarbigen Tinten ein. Vgl. Friedrich Neumann, „Karl Lachmanns ‚Wolframreise'. Eine Erinnerung an seine Königsberger Zeit", in: *Jahrbuch der Albertus-Universität zu Königsberg/Pr.* 2 (1952), S. 138-158, Nachdruck in: Rupp (Hrsg.), *Wolfram von Eschenbach* (Anm.10), S. 6-31 (mit einem „Nachtrag 1963", S. 31-37); zur Entstehung von Lachmanns *Parzival*-Ausgabe auch die Ausführungen von Schirok in der Einführung zur *Studienausgabe* (Anm. 1), S. LVIII-LXVII.

84 Vgl. Harald Weigel, *‚Nur was du nie gesehn wird ewig dauern'. Carl Lachmann und die Entstehung der wissenschaftlichen Edition*, Freiburg im Breisgau 1989 (= *Rombach Wissenschaft. Reihe Litterae*), S. 216.

85 Vgl. ebd., S. 217. Zu Lachmanns Editionsmethode Sebastiano Timpanaro, *Die Entstehung der Lachmannschen Methode* (1963), aus dem Italienischen übersetzt von Dieter Irmer, zweite, erweiterte und überarbeitete Auflage, Hamburg 1971; Peter F. Ganz, „Lachmann as an Editor of Middle High German Texts", in: Peter F. Ganz und Werner Schröder (Hrsg.), *Probleme mittelalterlicher Überlieferung und Textkritik. Oxforder Colloquium 1966*, Berlin 1968, S. 12-30, Nachdruck in: Thomas Bein (Hrsg.), *Altgermanistische Editionswissenschaft*, Frankfurt am Main

Die heute zur Verfügung stehenden technischen und editorischen Mittel ermöglichen es dagegen, Wolframs *Parzival* mit all den widersprüchlichen Ei-
genheiten darzustellen, in denen er in den mittelalterlichen Codices existierte.
Ein solches Verfahren dürfte Aufschlüsse versprechen über materielle Erschei-
nungsweisen der handschriftlichen Texte, über wechselnde Schreibergewohn-
heiten sowie über verschiedene Textzustände und Textfassungen.[86] Vielleicht
tritt dabei auch ein verschwommen hinter der Überlieferung hervortretendes
Verfasserprofil zutage.

Wenn der Erzähler in der ‚Selbstverteidigung' sagt „ine kan decheinen buochstap", so klingt dies im Horizont mittelalterlicher Schriftkultur wie der Vers
eines erschöpften Schreibers, der sich trotz allen Überdrusses immer wieder neu
auf das Abenteuer des Schreibens einläßt. In der Dialektik von Schriftkundigkeit und Schriftlosigkeit gewinnt der Erzähler seine eigene Gestalt und entblößt
sich als solcher vor seinem Publikum, wie es das eigenwillige Badegleichnis vorgibt. Das stilistische Hasardspiel, dem sich der Erzähler mit kühnen Metaphern
und irritierenden Erzählmotiven aussetzt, scheint jene rätselhafte Unausdeut-
barkeit der Signifikanten vorwegzunehmen, ja erst zu provozieren, die sich in
den graphischen Niederungen der Überlieferung abzeichnet.[87]

---

u. a. 1995 (= *Dokumentation germanistischer Forschung* 1), S. 106-125, und Paul Oskar Kristel-
ler, „The Lachmann Method. Merits and Limitations", in: *Text. Transactions of the Society for
Textual Scholarship* 1 (1981), S. 11-20.

86 Die Bedeutung der mittelalterlichen Schreiber betont Rudolf A. Hofmeister, „In Defense of Medieval Scribes" (Anm. 32), S. 292: „we ought to investigate the scribe's function carefully, since
he is the intermediary between the original work of the author and the text found in the manuscript". Die editorische Berücksichtigung unterschiedlicher Textfassungen fordert Bumke,
Die vier Fassungen der ‚Nibelungenklage' (Anm. 42), zusammenfassend S. 85-87: „Für künftige
Ausgaben höfischer Epen stellt sich die Frage, wie gleichwertige Fassungen editorisch stärker
zur Geltung gebracht werden können, neu. [...] Die beste Lösung dürfte ein Paralleldruck der
Fassungen sein. [...] Eine kritische Ausgabe, in der die Hauptfassungen nebeneinander stehen,
würde schon durch ihr Textbild die Interpreten nötigen, die Gegebenheiten der Textüberlieferung ständig im Auge zu behalten." Stärker auf den „literarisch-kulturellen Kontext" zielt
Joachim Heinzle, „Zur Logik der mediävistischen Editionen. Einige Grundbegriffe", in: *editio*
17 (2003), S. 1-15, in seinem Anspruch, „historisch qualifiziert mit Überlieferungsdivergenzen
umzugehen" und diese „interpretatorisch handhabbar (zu) dokumentieren" (S. 14).

87 Abschließend sei auf einen wichtigen Sammelband zum Thema des vorliegenden Beitrags ver-
wiesen, der leider zu spät erschienen ist, als daß er hätte eingearbeitet werden können: Martin
J. Schubert (Hrsg.), *Der Schreiber im Mittelalter*, Berlin: Akademie Verlag 2002 [recte 2003]
(= Das Mittelalter 7,2).

Abb. 1, Heidelberg,
Universitätsbibliothek,
Cod. pal. germ. 848, Bl. 149v

Abb. 2, Wien, Österreichische
Nationalbibliothek,
Cod. Ser. nova 2643, Bl. 313r

Abb. 3, München, Bayerische Staatsbibliothek, Cgm 8345, Vorsatzblatt

Abb. 4, Heidelberg, Universitätsbibliothek, Cod. pal. germ. 848, Bl. 323r

Abb. 6, Strasbourg,
Bibliothèque nationale
et universitaire, Ms. 2929, Bl. 1v

Abb. 5, München, Bayerische Staatsbibliothek, Cgm 19, Bl. 63v

Abb. 7, Strasbourg,
Bibliothèque nationale
et universitaire, Ms. 2929, Bl. 68v

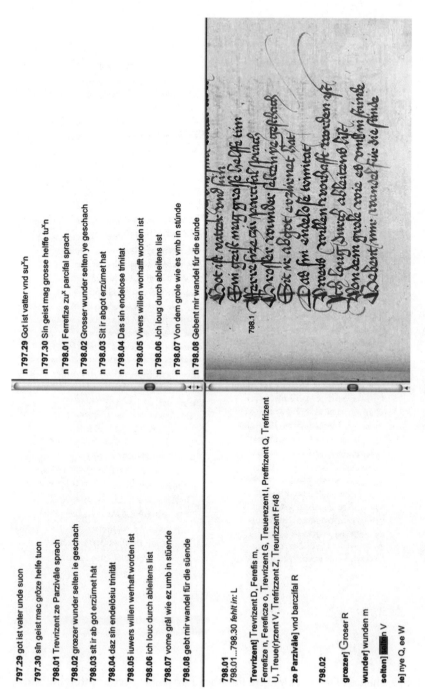

797.29 got ist vater unde suon

797.30 sîn geist mac grôze helfe tuon

798.01 Trevrizent ze Parzivâle sprach

798.02 grœzer wunder selten ie geschach

798.03 sît ir ab got erzürnet hât

798.04 daz sîn endelôsiu trinitât

798.05 iuwers willen werhaft worden ist

798.06 ich louc durch ableitens list

798.07 vorne grâl wie ez umb in stüende

798.08 gebt mir wandel für die sünde

n 797.29 Got ist vatter vnd su^{x}n

n 797.30 Sin geist mag grosse helffe tu^{x}n

n 798.01 Ferrefize zu^x parcifal sprach

n 798.02 Grosser wunder selten ye geschach

n 798.03 Sit ir abgot erzürnet hat

n 798.04 Das sin endelose trinitat

n 798.05 Vwers willen worhafft worden ist

n 798.06 Jch loug durch ableitens list

n 798.07 Von dem grole wie es vmb in stünde

n 798.08 Gebent mir wandel für die sünde

798.01
798.01...798.30 *fehlt in:* L

Trevrizent] Trevrizent D, Ferefis m,
Ferrefize n, Fereficze o, Trevrizent G, Treuerezent I, Preffrizent Q, Trefrizent
U, Treue(r)rzent V, Trefrizzent Z, Treurizzent Fr48

ze Parzivâle] vnd barczifal R

798.02

grœzer] Groser R

wunder] wunden m

selten] ~~selten~~ V

ie] nye Q, ee W

Abb. 8, Parzial-Projekt Basel, Editionsprobe

MICHAEL STOLZ

Abb. 9, ehemals Donaueschingen, Fürstlich Fürstenbergische Hofbibliothek,
jetzt Karlsruhe, Badische Landesbibliothek, Cod. 70, S. 44

Abb. 10, ehemals Donaueschingen, Fürstlich Fürstenbergische Hofbibliothek, jetzt Karlsruhe, Badische Landesbibliothek, Cod. 70, S. 45

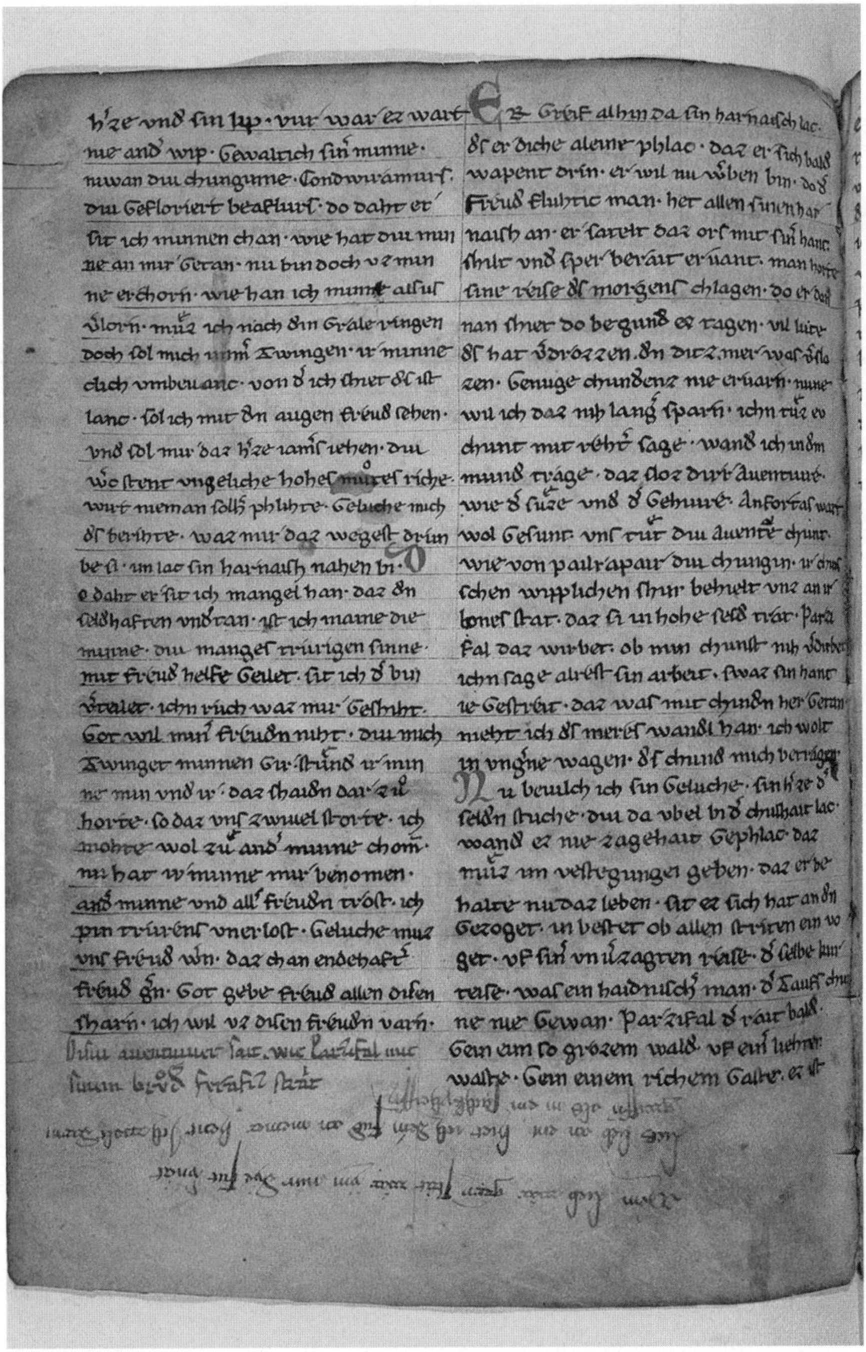

Abb. 11, München, Bayerische Staatsbibliothek, Cgm 61, Bl. 113v

Meister Wolfram
von Eschenbach:
Bringt hierin für viel
seltzam sach:
Im 1477 Jar
Sein Reimsprüche sind
nicht sehr klar

St zweiffel hertzen nachgebur
Das muß der selen werden sur
Geschmehet vnd gezieret
Ist wo sy parieret
In eines verzagten mannes müt
Also agelaster varbe thút
Der mag darnach wesen gail
Wan an im sein baide tail
Des himels vnd der hellen
Der vnstendige gesellen
Het die schwartze varbe gar
Vnd ist nach der vinsteruar
So bebent sich an die blancken
Der mit steten gedancken
Diß fliegende beispel
Ist tummen leüten gar schnel
Die mügen es nit erdencken
Wann es kan vor in wencken
Recht als ein erschelter hase
Zú anderthalb dem glase
Gleichet vnd des blinden trom
Die gebent alle antlütz rom
Doch mag mit stete nit gesein
Diser trübelechte schein

Er machet kurtze fröde alwar
Wer ropffet mich do nie kein har
Gewúchß innen in meiner band
Der het so nahe griff erkand
Sprich ich gegen den fürsten hoch
Das gleichet meiner witze doch
Wil ich trúwe vinden
Also kan sy verschwinden
Als feür in dem bzunnen
Vnd der tauwe von der sunnen
Doch erkant ich nie so weisen man
Er möchte gerne kinde han
Welcher túre die frauwen gerent
Vnd was sy gúter lere werent
Dar an sy nimer des verzagent
Beide sy fliehen vnd iagent
Sy entweichent vnd kerent
Sy lasterent vnd erent
Wer mit disen schantzen allen kan
An dem hat witz wol getan
Der sich nit versinnet vnd verstat
Vnd sich anders nit vergat
Valsch gesellicher müt
Ist zú der hellen gút
Vnd ist hoher wúrdikait ein hagel
Vntreüw hat so kurtzen zagel
Das sy den dritten biß nit galt
Eür sy mit bremen in den wald
Do Ifse manigschlachte vnderbint
Doch nit gar von mannen sint
Voz die weib stoß ich dise zil
Wellich hie mein raten mercke wil
Die sol wissen war sy kere
Ir preiß vnd ir ere
Vnd wem sy noch do sy berait
Mynne vnd wúrdikait
So das sy nit gereüwe
Ir keüsch vnd ir treüwe
Voz got ich gúten weiben bitte
Die in rechter masse volgent mitte

Abb. 12, Staatsbibliothek zu Berlin, Preußischer Kulturbesitz, 4° Inc. 2085, Bl. 1r

RÜDIGER CAMPE

Das datierte Gedicht
Gelegenheiten des Schreibens in der Lyrik der Frühmoderne

In der Gelegenheitsdichtung seit dem 16. Jahrhundert hat sich eine ganze Buch-führung der Orte und Zeiten des Schreibens herausgebildet. Was die Gelegen-heiten der Poesie – die Anlässe, denen die Gedichte sich zuschreiben – für das moderne Verständnis des Lyrischen und seine Herkunft bedeuten,[1] bedarf trotz gründlicher Untersuchungen weiterer Überlegung.[2] Man kann sich das deut-lich machen, wenn man zwischen der Gelegenheit im Sinne des sozialen Anlas-ses und den Gelegenheiten des Schreibens im engeren Sinne unterscheidet. Folgt man nämlich der Logik einer Ausdifferenzierung des Kunstcharakters, dann sieht man unweigerlich das Vorästhetische der soziolyrischen Gelegenheiten. Ist die Kunst der Gesellschaft einmal zum System ausgebildet, dann können so-zialer oder invidueller Anlaß – häusliches Fest und Alltagsritus, Zeremonie oder Staatsakt – nur noch als Ausgeschlossenes im Gedicht zitiert werden. Im Motiv seines Anlasses kann das Gedicht, den Regeln des Lyrischen folgend, dann nur noch auf das deuten, was es nicht ist. Grundsätzlich gilt das sicher auch für die kleinen Züge literarischer Tätigkeit in der Bereitstellung von Gelegenheiten und

---

1 In Deutschland tritt erst in der Ästhetik Baumgartens zu den Gattungen Epik und Dramatik die Lyrik als dritte Gattung hinzu; vgl. Klaus R. Scherpe, *Gattungspoetik im 18. Jahrhundert. Historische Entwicklung von Gottsched bis Herder*, Stuttgart: Metzler 1968, Kap. 3. Und erst um 1800 verbindet sich mit der Dreizahl der Gattungen das Denken des Geschichtsphilosophen; der kanonische Text: Friedrich Schlegel, „Über das Studium der Griechischen Poesie" (1795/96), in: ders., *Werke. Kritische Ausgabe*, herausgegeben von Ernst Behler, Bd. I/1, Paderborn, München, Wien, Zürich: Schöningh 1979, S. 332-351; vgl. Mario Fubini, *Entstehung und Geschichte der literarischen Gattungen*, Tübingen: Niemeyer 1971, und Peter Szondi, *Poetik und Geschichtsphilosophie*, Frankfurt am Main: Suhrkamp 1974. Die Herausbildung der Dreizahl der Gattungen und ihrer spekulativen Interpretation um 1800 müßte genauer als bisher geschehen gegengelesen werden mit der Unifizierung der vielen überlieferten Formen gebundener Rede zur Gattung des Lyrischen, die damit als dritte Gattung – Gattung des Subjektiven – erst zur Verfügung stand.
2 Die umfassendste Information zur Phänomenologie der Okkasionaldichtung und die gründlichste Argumentation zur Geschichte ihrer Poetologie bietet noch immer: Wulf Segebrecht, *Das Gelegenheitsgedicht. Ein Beitrag zur Geschichte und Poetik der deutschen Lyrik*, Stuttgart: Metzler 1977. Dabei bleibt Segebrecht an der traditionellen Entgegensetzung von *Gelegenheitsgedicht* (ein *ex post* geprägter Begriff Gottscheds) und *Erlebnisgedicht* (der ebenso *ex post* bestimmte Begriff Diltheys) haften – auch wenn er sie durch die Differenzierung zwischen Massenkommunikation und elitärer Dichtung neu zu überdenken versucht. Demgegenüber gilt das Interesse hier eher der begründenden Bedeutung der spezifisch frühmodernen – *datierten* – Gelegenheitsdichtung für das Konzept des Lyrischen als dritter Gattung in der Erlebnisdichtung der Goethezeit.

die Gelegenheit des Schreibens selbst. Es gilt also auch für diejenige Gelegenheit, deren sich die mündlich imaginierte Lyrik nicht ohne Nachdruck oder ohne Ironie erinnern kann – für die Gelegenheit, den Text des Gedichts niederzuschreiben.[3] Und es gilt für die Gelegenheiten, ohne die es gar keine (früh)moderne Verwaltung und Beherrschung von Gelegenheiten gäbe – für das Datieren, das Unterschreiben und Zuordnen von Dokumenten zu Anlässen. Aber diese Gelegenheiten des Schreibens und das Schreiben der Gelegenheit sind doch nicht so eindeutig auf der anderen Seite des Gedichts; sie sind nicht so unwiderruflich unterschieden von seiner Form, wie es die Gelegenheiten von sozialem Anlaß und Erlebnis sind. Indem das Gedicht auf die Schreibgelegenheiten zurückkommt, wendet es sich zumindest möglicherweise in den Vorgang der Differenzierung von seinen sozialen und erlebten Gelegenheiten zurück.[4] Der Rückverweis auf das Schreiben der Gelegenheit und die Gelegenheit der Schreibszene ließe dann aber auch die Unterscheidung der lyrischen Form von ihren Anlässen nicht einfach unangetastet. Die Markierungen der Schreibgelegenheit in der frühmodernen Lyrik entzögen sich der glatten Alternative zwischen formimmanenter Poetologie (der Schreibszene) und außerliterarischer Materialität (des Schreibens). Und nur insoweit gehen sie die Form des Lyrischen und ihren Ausbildungsprozeß an.

Das Folgende ist eine Skizze zur Ausführung dieser Überlegungen. Am Anfang steht ein Vorschlag für die Datierung des Konzepts literarischen Schreibens. Man muß nämlich zuerst einsichtig machen, daß sich die viel weiter zurückreichende Tradition der Gelegenheitsdichtung im frühmodernen Am-

---

3 Einigermaßen merkwürdig erscheint heute der Streit der kritischen Dichtungslehrer der Aufklärung um die Frage, ob der Dichter in der Darstellung seines Affekts die fundamentale Tatsache der Schrift – und damit der Nachträglichkeit – überspringen darf oder nicht. Gottsched kritisierte Dichter für Trauergedichte, die den Anschein erwecken, als seien sie während der Trauerzeremonie selbst geschrieben; Bodmer verteidigte das als poetische Konvention. Die Begründungen für Kritik und Verteidigung sind aber letztlich dieselben: Zwischen dem Affekt und seinem Ausdruck muß die fundamentale Zeit eines Schreibens vergangen sein, weil der dargestellte Affekt immer ein fremder ist, auch wenn er im besonderen Fall einmal der eigene war, vgl. Johann Christoph Gottsched, *Critische Dichtkunst*, in: ders., *Ausgewählte Werke*, herausgegeben von Joachim Birke, Berlin: de Gruyter 1968 ff. Bd. VI/1, S. 197 f.; und gerade weil das so ist, kann die Konvention der Poesie die Zeit der Schrift auch überspringen, weil sie ja in der Verfassung von Poesie als Imagination schon mitgegeben ist, vgl. Johann Jakob Bodmer, *Critische Betrachtungen über die Gemälde der Dichter* (1741), Nachdruck Frankfurt am Main: Athenäum 1971, S. 348 f. Man sieht also, daß die Frage der *Gegelegenheit des Schreibens* in dieser Debatte der Sache nach mit der Theorie des Affektausdrucks – und der Selbststaffektion als seiner Bedingung – zusammenhing. – Zur späteren Kontroverse über diese Frage zwischen Gottsched (als Verteidiger der Okkasionaldichtung) und Georg Friedrich Meier (als ihrem Verächter) vgl. Segebrecht, *Gelegenheitsgedicht* (Anm. 2), S. 255-274; siehe auch Hans-Georg Kemper, *Deutsche Lyrik der frühen Neuzeit*, Bd. V/2, Tübingen: Niemeyer 1991, S. 24-32.

4 David E. Wellbery hat in seinem präzisen Kommentar zum poststrukturalistischen Term des *Schreibens* gezeigt, daß in diesem Theoriezusammenhang mit dem Hinweis auf *Schrift* und *Schreiben* wesentlich die Beobachtung von Kontingenz auf dem Schauplatz der Bedeutung gemeint ist; David E. Wellbery, „Die Äußerlichkeit der Schrift", in: Hans-Ulrich Gumbrecht und K. Ludwig Pfeiffer (Hrsg.), *Schrift*, München: Wilhelm Fink 1993, S. 337-348.

biente überhaupt auf die Gelegenheit des Schreibens und die Schriftlichkeit der Gelegenheit im engeren Sinne beziehen kann. Diese Möglichkeit ergibt sich nicht einfach aus der antiken und mittelalterlichen Überlieferung der lyrischen Genres. Sie hat stattdessen zu tun mit der Herausbildung des späteren, klassisch-romantischen Konzepts, das die Lyrik als dritte Gattung der Literatur neben Epik und Dramatik gesetzt hat. Man trifft auf die Diskursivierung des *literarischen Schreibens* – d. h. auf die Frage, wie sich der Text auf den bezieht, der ihn geschrieben hat – im Zusammenhang einer ganz anderen Schreibform: des Briefes (genauer: der *litterae familiares*). In dieser Hinsicht steht der Brief der frühen Moderne dem Lyrischen im Sinne der klassisch-romantischen Gattung der Subjektivität sogar näher als die Tradition der lyrischen Formen. Die Epistolographie richtete ihre Aufmerksamkeit nun gerade zu der Zeit auf das Schreiben des Textes und seinen Schreiber, in der auch die Paratexte der Gelegenheitsdichtung bis in das Schreiben der Gelegenheit und die Gelegenheit des Schreibens hinein vordrangen. Diese diskursive und zeitliche Konstellation ist der Ausgangspunkt der Skizze (I). Daran schließt sich eine kleine Typologie von Elementen frühmoderner Gelegenheitsdichtung an, die auf die Gelegenheiten des Schreibens Bezug nehmen. Okkasionalpoesie interessiert dabei nicht so sehr in ihrem Gegensatz zur goethezeitlichen Vorstellung von Erlebnis und Dichtung. Stattdessen geht es um epistolographische Einschlüsse – Einschlüsse des Datierens – in die lyrischen Formen, die sie auf die Entstehung des Lyrischen als klassisch-romantischer Gattung hin orientieren (II). Schließlich soll an einem Beispiel gezeigt werden, wie die Gelegenheit des Gedichtes bis in die Zone der Schreibgelegenheiten hinein thematisch werden kann. In dieser Zone steht dann die Entscheidung dafür an, ob sich im Rahmen der tradierten lyrischen Formen die Form der Gelegenheit und damit des Lyrischen herausbildet oder nicht (III).

I

Von 1622 datiert das Buch eines Bologneser Medizin-, Philosophie- und Literaturprofessors, das seit seiner Wiederentdeckung im Klages-Kreis als Gründungsurkunde kritischer Schriftforschung gilt. Die Rede ist von Camillo Baldis (1550-1636)[5] Abhandlung *Wie aus einem Brief Wesen und Charakter seines Schreibers zu erkennen sind.*[6] Gegenstand der Untersuchung sind die *Zeichen,*

---

5 Zur Person vgl. M. Tronti, „Camillo Baldi", in: *Dizionario biografico degli Italiani*, Rom: Istituto della Enciclopedia Italiana 1960 ff., 1963.

6 Camillo Baldi, *Trattato come da una lettera missiva si conoscano la natura, e qualità dello scrittore* (1662), herausgegeben von Armando Petrucci, Pordenone: Studi Tesi 1992, hier zitiert nach der am einfachsten zugänglichen französischen Übersetzung: Camillo Baldi, *La lettre déchiffrée*, aus dem Italienischen übersetzt von Anne-Marie Debet und Alessandro Fontana, Nachwort von Alessandro Fontana, Paris: Les Belles Lettres 1993. Den Zusammenhang mit den physiognomischen Interessen Baldis zeigt die spätere lateinische Zusammenstellung: Camillo Baldi, *De humanarum propensionum ex temperamenti praenotionibus; de naturalibus ex*

die auf den unterschiedlichen Ebenen der Konstitution eines Briefs die Eigenart dessen erraten lassen, der ihn geschrieben hat. Man kann den Traktat als spezifisch frühmoderne oder genauer: als eine humanistisch-barocke Zeichenlesekunst verstehen. Angekündigt hatte Baldi den Schrift-Traktat schon in dem, ein Jahr zuvor erschienenen, Kommentar zur Ps.-Aristotelischen *Physiognomik*.[7] Darin nahm er eine wichtige Umstellung vor gegenüber der mittelalterlichen und Renaissance-Physiognomik.[8] Noch della Porta hatte in seiner Summe der physiognomischen Tradition, der *Humana Physiognomonia* von 1586, die *Typologie* der humoralen Komplexionen in den Vordergrund gestellt.[9] Im Gegensatz zu dieser Zeichenkunde fester Merkmale und dauerhafter Qualitäten faßte nun Baldi alle individuellen Eigenschaften eines Körpers und einer Seele als *Akzidentien* auf. *Zufälle* wurden sie damit im frühneuhochdeutschen Doppelsinn des Wortes: des Pathologischen und des Kontingenten.[10] Baldis Physiognomik nimmt sich also einer wesentlich momentanisierten, man kann sogar sagen: lebenszeitlich getakteten Semiotik des Körpers an. In diesem – zur Zeitsemantik des Barock passenden – Zusammenhang bringt er auch das Schreiben im Brief als körperähnliches Feld für das Auftreten momentanisierter Zeichen ins Spiel. Im Brief findet er *Zeichen* der ‚Zufälle' des Schreibenden. Von Merkmalen der Handschrift, der Orthographie und Zeichensetzung, geht er über zum inhaltlich Mitgeteilten, daran schließen sich seine Beobachtungen an über den Gebrauch stilistischer Figuren und Tropen.[11]

Damit konstelliert sich *Schreiben* zum ersten Mal als eigener diskursiver Zusammenhang – als ein Komplex von Momenten, wie ihn beispielsweise Roland Barthes im Konzept der *écriture* als zusammengehörig vorausgesetzt hat:[12] Die Zeichen der Schrift, nach denen Baldi im Brief forscht, umfassen (1) die materialen Spuren auf dem Papier – die Verschreiber und Verbesserungen, die große oder kleine Schrift, die sorgfältige oder flüchtige Zeichensetzung usw.; (2) das Gemeinte der ausgesagten Inhalte – diejenigen Zeichen der Seele, von denen

---

unguium presagiis; & de ratione cognoscendi mores & qualitates scribentis ex ipsius epistola missiva, tractatus tres, Bologna: Buccius 1664.

7 Camillo Baldi, *In physiognomia Aristotelis commentarii*, Bologna: S. Bononius 1621.

8 Vgl. Paolo Getrevi, *La scrittura del volto: fisignomica e modelli culturali dal medioevo ad oggi*, Mailand: Angeli 1991; zu Baldi vgl. auch Verf., „Rhetorik und Physiognomik. Oder: Die Zeichen der Literatur (1680-1730)", in: Rüdiger Campe und Manfred Schneider (Hrsg.), *Geschichten der Physiognomik. Text – Bild – Wissen*, Freiburg im Breisgau: Rombach 1996, S. 283-312.

9 Giambattista della Porta, *De humana physiognomonia libri IV*, Ober-Ursel: Rosa 1601 (zuerst 1586).

10 Dazu und zur These einer barocken Physiognomik, die sich in der Fokussierung auf das Zufällige und Flüchtige von der antiken Tradition der ‚festen Zeichen' unterscheidet, vgl. Verf., „Zufälle im physiognomischen Urteil. Ein Aspekt der ‚Aristoteles'-Lektüre zwischen Della Porta und der Barockphysiognomik", in: Campe und Schneider (Hrsg.), *Geschichten der Physiognomik* (Anm. 8), S. 125-151.

11 Baldi, *La lettre déchiffrée* (Anm. 6), Kap. 6-11.

12 Gemeint ist hier vor allem Barthes' früheste Fassung des Begriffs der *écriture* als einer ethischen Wahl auf dem Feld des Systems von Sprache und Stil in: Roland Barthes, *Am Nullpunkt der Literatur* (1953), aus dem Französischen übersetzt von Helmut Scheffel, Hamburg: Claassen 1959.

Aristoteles in *De interpetatione* bei der logischen Definition der Schrift gesprochen hatte;[13] und (3) die Wahl des Genres, der stilistischen Höhenlage und
der Figuren und Tropen. *Schreiben* wird in dieser Dreizahl von Aspekten[14] diskursiv greifbar als material-semantisch-symbolischer Akt. Dabei nimmt analy-
tisch gesehen der dritte Aspekt – der Aspekt des *Symbolischen* – eine mittlere
und schwierig zu bestimmende Stellung ein: Denn einerseits hinterläßt *Schreiben* (im Brief) nach Baldis Kriterienkatalog in ganz eigener Weise sichtbare und
nachprüfbare – *materiale* – Spuren. Andererseits übernimmt es wie jede Art des
Sprachgebrauchs die Verantwortung für inhaltliches – *semantisch* zu ermitteln-
des – Meinen. Drittens aber verbindet *Schreiben* die physiognomischen Zeichen
der materialen Schrift mit der Semantik des Gemeinten – das nichtintentionale
mit dem intentionalen Zeichenaufkommen –, indem es, dazwischen, Auswah-
len trifft aus paradigmatischen Stil- und Gattungsregistern und sozialen Rol-
lenfächern. In dieser Wahl durch Auswahl vollzieht sich das Schreiben als
symbolischer Akt, als ethisch verbindliche oder sogar quasijuridisch zurechen-
bare *Handlung:* In der Wahl der Stilhöhe legt es seine soziale Geltung fest; in
der Wahl der Gattungen bestimmt es sich als Form der Aufforderung oder des
Danks, des Trosts oder der Klage; in der Wahl der Figuren bestimmt es sich als
Akt des Anredens oder des Selbstgesprächs, des Zustimmens oder Zweifelns.[15]
Zwar ist diese symbolische Selbstbeziehung der Rede, ihre Selbstbestimmung
als soziale Handlung, nicht von vornherein an Schriftlichkeit gebunden. Aber
im Schriftmedium des Briefes erst wird die ethische Verfestigung des Sprachgebrauchs als Sprechakt gebunden an die weitergehende, rechtsverbindliche In-
stitutionalisierung eines Sprechens durch Datierung und Unterschrift im
Schreibakt.[16]

Dieser *symbolische* Aspekt, der Aspekt der Wahl durch Auswahl, macht
Baldi nun die größten Schwierigkeiten. Er läßt sich weder mit dem physiognomischen noch mit dem semantischen Zeichen einfach in Einklang bringen. Und
doch ist er entscheidend, um das Schreiben als einen eigenen *Akt* im ethischen
und im rechtlichen Sinne – als den Vollzug einer Wahl, das Begehen einer Handlung – zu begründen. Dieses Moment im Schreiben des Briefes gleicht darum
auch dem Schreiben, das dem Brief für Baldi am fernsten liegt: Es gleicht dem

---

13 Aristoteles, „Lehre vom Satz (Peri hermeneias)", in: Aristoteles, *Kategorie. Lehre vom Satz*, her-
    ausgegeben und aus dem Griechischen übersetzt von Eugen Rolfes, Hamburg: Meiner 1974,
    Kap. 1, 16a.

14 Vgl. dazu Baldi, *La lettre déchiffrée* (Anm. 6), Kap. 6-11.

15 Der dritte Aspekt, der des Symbolischen, ist also nicht einfach eine weitere, zu den beiden er-
    sten hinzutretende Komponente des *Schreibens*. Wie Derrida gezeigt hat, ist *Schrei-
    ben* ein paradoxer Begriff, insofern man sich auf die zwei Seiten einer Unterscheidung – material
    vs. semantisch – gleichzeitig bezieht. Das *Symbolische* der Schrift, der Sprech- und Schreib*akt*,
    ist dann ein Name für die Paradoxie des zugleich Materialen *und* Semantischen.

16 Zum Zusammenhang von rhetorischer Figuration, Sprechakt und autorschaftlicher Zurechnung
    (Datierung) vgl. Verf., „„Im Reden Handeln: Überreden und Figurenbilden", in: Heinrich Bosse
    und Ursula Renner-Henke (Hrsg.), *Literaturwissenschaft. Einführung in ein Sprachspiel*, Frei-
    burg im Breisgau: Rombach 1999, S. 123-138.

Schreiben im Gedicht.[17] Das Gedicht nämlich ist für ihn – im Einklang mit der frühneuzeitlichen Auffassung allgemein – am wenigsten auf die Definition des Briefes zurückzuführen. Es ist am wenigsten ‚Abdruck' oder ‚Spiegel der Seele' *(imago* oder *speculum animae).*[18] Im Gedicht ist der Schreibende ganz auf die Wahl der artifiziellen Schemata und Gattungen konzentriert: auf die Wahl der Metren, der Strophen, der Figuren und Tropen. Im Gedicht ist das Schreiben am reinsten symbolischer Akt. Aber gerade unter *diesem* Aspekt des Schreibens lassen sich die materialen Spuren am ehesten gemeinsam mit den linguistischen Zeichen der Brief-*Schrift* deuten. Erst hier erscheinen die einander ausschließenden Aspekte des Materialen und des Semantischen zusammen unter der *einen,* wenn auch bis zur Paradoxie spannungsvollen, Einheit der symbolischen Schreibhandlung – unter dem ihnen fremdesten Aspekt also, der vielmehr dem Gedicht eigentümlich ist. Nur dort wo der physiognomisch und semantisch ausgeforschte Brief – die *imago animae* – an die gänzlich unindividuelle Kunstübung der alten *lyrischen Formen* grenzt, nimmt Baldis Traktat Richtung auf das moderne Konzept *Schreiben;* aber nur im Rahmen des *Briefes* investiert die Ethik der Formenwahl, die die lyrischen Gattungen einer Poetologie *vor der Literatur* kennzeichnet,[19] sich ganz im materialen Vorgang und dem linguistischen Medium des Schreibens.

Um den Befund in Baldis Traktat zuzuspitzen, kann man sagen: Materiale Schriftspuren und gemeinte Bedeutung im Brief sind zunächst ganz unterschiedliche Bereiche der Schriftdeutung. Auf ein Mal lassen sich die beiden Seiten des epistolaren Schreibens nur von einer dritten Position aus in Betracht ziehen: vom symbolischen Akt einer Formenwahl aus. Die aber ist eher in den Gattungstraditionen herkömmlicher Poetologie und in den alten lyrischen Formen zumal zu Hause. *Zeichen des Schreibers* liest man demnach nur in einem *Schreiben,* dessen epistolare Deutbarkeit als materialer und semantischer *Spiegel der Seele* auch auf die ganz unpsychologische *Ethik* einer Formenwahl bezogen ist. Insofern kann man das epistolare *Schreiben* mit der ihm sonst ganz fremden Formenwelt der Lyrik in Verbindung bringen. Allerdings ist dann von einem Lyrischen die Rede, das materiale Spur und semantisches Gewebe briefähnlich auf eine Lyrik des *individuellen Schreibens* hin orientiert. Baldis Traktat deutet also auf eine diskursive Konstellation aus Brief und Gedicht; und damit läßt sich ihm eine historische Entstehungsthese *literarischen Schreibens* entnehmen, in der Kontingenz des Entstehungsanlasses und Formkonstitution zusammen gedacht werden können.

---

17 Den Hinweis auf die lyrischen Formen gibt Baldi nicht ausdrücklich. Aber er impliziert ihn, wenn er die Figuren und Tropen fast ausnahmslos an Beispielen aus dem Werk Petrarcas erörtert; Baldi, *La lettre déchiffrée* (Anm. 6), Kap. 11-12.

18 Die Formel vom Brief als dem *eikon tes psyches* geht zurück auf den Exkurs zum Stil des Briefes in: Demetrios von Phaleron, *Du style,* herausgegeben und aus dem Griechischen übersetzt von Pierre Chiron, Paris: Les Belles Lettres 1993, §§ 223-235, hier § 227.

19 Vgl. Ingo Stöckmann, *Vor der Literatur. Eine Evolutionstheorie der Poetik Alteuropas,* Tübingen: Niemeyer 2001.

II

Der Zugang zum Gedicht und seiner Datierung über Camillo Baldis Kunst der Zeichenlektüre im Brief ist zweifellos nicht sehr naheliegend. Es geht auch nicht um Herleitung im Sinne des Einflusses. Im Gegenteil sollte zu Anfang dieser Skizze die Unselbstverständlichkeit der Frage nach dem *Schreiben* und dem *Schreibakt* deutlich werden. Es ging also darum, den (oder zumindest: einen) Kontext zu umschreiben, in dem sich diese Frage frühneuzeitlich konstelliert. Sicher ist es ein ungewohnter und unerwarteter Kontext für das Konzept *Schreiben.* Die Zusammenhänge, an die wir heute zumeist denken, lassen sich rasch mit zwei Stichworten charakterisieren. Der eine Zusammenhang ist die Entgegensetzung der Schrift gegenüber dem gesprochenen Wort und der Stimme. Es ist die linguistische und die logische Weise, von der Schrift zu sprechen. Wir haben es dabei mit den Fragen der Ersetzung und Dauerstellung, der Anwesenheit und Abwesenheit zu tun. Insoweit meint man mit ‚Schrift' das Zeichen des sprachlichen Zeichens.[20] Ist dieser erste Zusammenhang im Aristotelischen Corpus mit der Aussagenlogik verbunden, so geht der zweite Zusammenhang auf die Rhetorik zurück. In der *Rhetorik* kodifiziert Aristoteles die (sicher ältere) Tradition, derzufolge das *genos epideiktikon,* die lobende oder tadelnde Rede, auch *genos graphikon,* Genus des Geschriebenen oder Schriftlichen sei. Das Urteil, das im Agon der Gerichtsrede und der politischen Rede Richter und Stimmberechtigte fällen, wird dabei zum Urteil über die Rede selbst.[21] In den Formen z. B. des Herrscherlobs oder der Beschreibung von Kunstwerken wurde das *genos epideiktikon* Ausgangspunkt für das, was die antike Literaturgeschichte (E. Norden) Kunstprosa nennt. Kunstprosa ist geschriebene Sprache. Ihre Schrift ist Bedingung und Erscheinungsform einer Ästhetik der Sprache. Die Schrift erscheint in diesem Sinne also als das Medium der Sprache. *Schreiben* ist aber nicht nur und nicht einmal zuerst zu einer Kategorie moderner Literaturkritik im philosophisch-linguistischen und auch nicht im rhetorisch-ästhetischen Sinne von Schrift geworden. Dafür verantwortlich ist vielmehr zunächst, was das Schreiben zu einem Akt macht; verantwortlich ist also zum Beispiel der Vollzug einer Wahl im Sinne der physiognomischen Figurendeutung bei Baldi. *Schreiben* in diesem Sinne ist das *institutionelle* Moment im Gebrauch der Sprache. Das institutionelle Moment des Schreibens läßt sich freilich sowenig von Logik und Ästhetik der Schrift trennen, wie die gedichtnahe Wahl der Stilebene und der Figuren bei Baldi von der physiognomischen und semantischen Zeichenlektüre getrennt werden kann.

Diese spezifisch frühmoderne Entwicklung des Schreibens und seines Akts möchte ich im folgenden mit der eher unscheinbaren poetologischen Kategorie der *Gelegenheit* in Verbindung bringen. Damit ist freilich eine ganz eigene

---

20 Aristoteles, „Lehre vom Satz" (Anm. 13), 16a.
21 Aristoteles, *Rhetorik*, aus dem Griechischen übersetzt, mit einer Bibliographie, Erläuterungen und einem Nachwort von Franz G. Sieveke, München: Wilhelm Fink 1980, 1358b-1359a.

Form und Wirklichkeit von Dichtung benannt – eine Form und Wirklichkeit, die vom 16. bis ins frühe 18. Jahrhundert das Dasein der Dichtung bestimmte. Wie man statistisch ermittelt hat,[22] war das Gedicht der Gelegenheit besonders auf die drei Daten des Lebens bezogen, die es zu einem christlich und bürgerlich instituierten Leben machen: auf die Daten der Taufe, der Hochzeit und des Begräbnisses. Das gibt einen ersten Hinweis darauf, daß das institutionelle Moment des Schreibens es mit den Momenten des Institutionellen im Leben der frühen Moderne zu tun hat.

Im ersten Band der Opitzschen Werke kann man zur Veranschaulichung die etwa dreißig bis vierzig Gelegenheitsgedichte betrachten, die aus den Jahren zwischen 1615 und 1619 überliefert sind. Man findet Gedichte, die während der Rezitation handschriftlich überreicht oder in Einzeldrucken an das jeweilige Publikum verteilt wurden. Gewiß geben sie nur einen eingeschränkten Eindruck von der Thematik und Bedeutung der dichterischen Gelegenheitsproduktion. Die Textkonfiguration, um die es hier geht, ist an ihnen aber hinreichend klar zu beschreiben: Die *praefatio* oder, im Fall des Drucks, das Frontispiz nennen die (soziale, rituelle, institutionelle) Gelegenheit, den Adressaten und das Datum, das meistens als Datum des Anlasses erscheint, aber zugleich auch das von Schrift oder Druck ist: „MONIMENTA HUMANITATIS SUPER ... ROSINAE ROBERIAE Immaturo obitu ... Erecta [...] ANNO MD. CXVI." bezeichnet ein Begräbnisgedicht. Im Titel eines Hochzeitsgedichts heißt es: „NOVIS SPONSIS | Dn. SEBASTIANO NAMSLERO [...] URSULAE WEIGELIAE [...] *Ad* XXVI. *Februarij diem, Anni* MDCXVIII."[23] Der Text des Gedichts selbst hat manchmal eine eigene Überschrift, die den dem Anlaß entsprechenden poetologischen Terminus gibt: „Carmen epicedium *stylo qui lachrymas decet*" (d. h. im elegischen Versmaß) lautet es beispielsweise beim Begräbnis.[24] Manchmal findet man auch eine Art Kommentar: Wie z. B. beim Druck des Hochzeitsgedichts für den Magister Namsler. Opitz merkt hier ausdrücklich an, er habe die „versus, tenues illos et inconcinnos, quales ab homine curis distracto proficisci solent" beim Anlaß selbst in deutscher Version vorgetragen.[25] Schließlich gibt es in nicht wenigen Fällen eine eigene Unterschriftszeile für den Namen des Autors (falls er nicht schon in den Titel integriert war): „Martinus Opitius Sil[esius]. L[ibens] M[erito] Q[ue] F[ecit]" oder „MARTINUS OPITIUS *ex tempore lusit*".[26] Kurz: Das Rituelle der Gelegenheit manifestiert sich und wird auch erst möglich in einer Konfiguration von Paratexten, in denen sich das Schreiben als Äußerungsakt, als Vollzug einer Sprech- und (manchmal davon ausdrücklich unterschiedenen) Schreibhandlung kundgibt. Adresse und Unterschrift; Anlaß und poetische Form; Tag, Monat, Jahr von

---

22 Segebrecht, *Gelegenheitsgedicht* (Anm. 2), 79–88.

23 Martin Opitz, *Gesammelte Werke. Kritische Ausgabe*, herausgegeben von George Schulz-Behrend, Stuttgart: Hiersemann 1968, Bd. I, S. 33 und S. 83.

24 Ebd., S. 34.

25 Ebd., S. 84.

26 Ebd., S. 35 und S. 38.

Vortrag, Überreichung und Druck markieren das Gedicht als den Akt einer Äußerung. Es sind, kurz gesagt, die epistolaren Formeln der Datierung und der Unterschrift, die in den Paratexten der frühmodernen Gelegenheitsdichtung Ausgangselemente der lyrischen Formbildung werden. Das verbindet die Geschichte des Lyrischen mit der Geschichte von Registratur- und Authentifizierungstechniken nicht nur im Brief, sondern darüber hinaus in der frühmodernen Buchführung.[27]

Alle diese Elemente gehören zur Datierung im weiteren Sinn. Oder man nennt *Gelegenheit* im engeren Sinn die typologische, wiederkehrende, Art des Anlasses; *Datum* aber das unwiederholbar eine Mal. Jedenfalls wird man sagen können: Die primäre Mündlichkeit der Aufführung des Gedichts, die in sich ganz vom Ritual der Gelegenheit getragen wäre, artikuliert sich in der überreichten Handschrift oder im verteilten Druck als die Handlung selbst, die sie dieses eine Mal auch und wieder ist. Die kategoriale Spannung zwischen der Wiederkehr der Gelegenheit und dem singulären Datum war in der *diskurshistorischen* Sicht auf das frühmoderne Gelegenheitsgedicht eklatant gewesen. Die Verbindung von Gelegenheit und Datum stand hier als das Spannungsverhältnis zwischen Brief und Gedicht, als die Entstehung des Lyrischen und des Schreibakts im modernen Sinne auf dem Spiel. Im *Text* der Okkasionaldichtung wird nun das Datum zum Ausgangspunkt der lyrischen Formbildung der repetitiven Gelegenheit.

Es ist dabei entscheidend, sich in der Analyse des frühmodernen Gelegenheitsgedichts nicht sofort auf die Unterschiede zum Erlebnisgedicht der Goethezeit zu konzentrieren. Diese germanistische Faszination hat es nämlich verhindert, zunächst einmal zu sehen, daß das Gelegenheitsgedicht seinerseits nicht einfach eine Gegebenheit traditionaler Dichtung in Europa ist. Das Gelegenheitsgedicht ist nicht eine antike Form, sondern eine frühmoderne Erfindung im Rahmen dieser Formüberlieferung. Es geht also im Text der Gelegenheitsdichtung um die formtheoretische Ausarbeitung der historischen Konstellation von datiertem Brief und lyrischer Form. Das läßt sich pointiert zeigen an einer lateinischen Ode von Jakob Balde. Ihre Überschrift lautet: „Enthusiasmus. In coemeterio considerantis mortem ac functorum ossa Anno MDCXL."[28] Ein großes und großartiges *memento mori*, Kern einer ganzen Gattung von Friedhofsgedanken, die es im 18. Jahrhundert geben wird. Zitiert seien nur anderthalb resümierende Verse dieser Ode: „Discrimen hoc, quod cernimus, unicum I Est, esse nullum." (V. 65 f.)[29] Max Wehrli hat dazu bemerkt: Es handele sich um ein Stück Dichtung, das „in dieser an schwarzer Literatur reichen Epoche zu den grausamsten Angriffen auf die Selbstherrlichkeit des Menschen und den

---

27 Vgl. dazu Mary Poovey, *A history of the modern fact: problems of knowledge in the sciences of wealth and society*, Chicago: Chicago University Press 1998.
28 Jakob Balde, *Carmina lyrica*, herausgegeben und annotiert von P. Benno Müller (1884), Nachdruck Hildesheim, New York: Olms 1977, 2. Buch, Ode 39, S. 165.
29 Ebd., S. 168.

sogenannten guten Geschmack" gehöre.[30] Hier kommt es aber nur auf die Frage
an, welchen Bezug in diesem Fall Gelegenheit und Datum zueinander haben.
Was, genauer gesagt, hat die spezifisch jesuitische Gelegenheit der Friedhofsvision mit der Jahreszahl 1640 zu tun? Und was hat beides mit der eigentlichen
Überschrift, dem Enthusiasmus zu tun – dessen poetologisches Verständnis der
letzte Vers in einer Parodie der letzten Worte Christi am Kreuz paraphrasiert:
„Musa siles? Ubi me relinquis?" (V. 65) Zunächst muß man sagen, daß Baldes
Ode Gelegenheitsdichtung nur im weiteren Sinne der antiken Tradition, der *Silvae*, zu sein scheint. Das radikal Differenzlose *(discrimen esse nullum)* als Ort
der Begräbnisstätte zu beschreiben, heftet das Gedicht nur im weiteren Sinne
an eine Örtlichkeit, an Dinge und Ereignisse, denen es kommentierend oder
schildernd zugehört. In diesem hellenistisch-spätantiken und dann wieder hu-
manistischen Sinne hat noch Opitz in der *Poetik* unter dem Titel *Silvae* Hoch-
zeits- und Begräbnisgedichte zusammengefaßt mit Gedichten auf Kunstgegen-
stände oder Architektur, zum Lob von Menschen, Tieren und Dingen.[31] Dem
läuft aber die Jahresangabe bei Balde schroff entgegen. Mit dem Heute – 1640
– der Jahresangabe zitiert Balde gleichsam die Aktualität *der* Gelegenheitsdichtung, die sich seit dem 16. Jahrhundert konstelliert und um die Mitte des
17. Jahrhunderts beginnt, poetologisch kodifiziert zu werden: die Gelegenheit
als Selbstrahmung der Rede im Akt des Schreibens. Hier erscheint die Gelegenheit, die in dem erläuterten pointierten Sinne ein Datum hat und ist: das
Datum des Ergehens der Rede anläßlich der Gelegenheit.

In Baldes antikisierender Fassung wird die Spannung zwischen der Gelegenheit und dem Datum ausgestellt. Die Ode hat es geradezu auf die Pathos-
formel der Paradoxie zwischen Moment und Zeitlosigkeit abgesehen. Was nur
als Typus von Ort und Zeit, als rituell wiederkehrendes und im Exerzitium wie-
derholbares Ereignis seinen Sinn hat: ‚memento mori‘, erscheint zugleich als
einzelnes, an ein bestimmtes Datum gebundenes Ereignis: ‚1640‘. Gerade das
‚memento mori‘ läßt sich aber nicht einfach zu einem bestimmten Zeitpunkt
aktualisieren, denn sein Einsatz besteht darin, einzelne Zeitpunkte auszulö-
schen. ‚1640‘ datiert die Wahrnehmung der einen Differenz, daß es – zu diesem
Datum – keine Differenzen gegeben habe, d. h. also auch und gerade keine
Daten. Das jesuitische Exerzitium[32] der Friedhofsvision wäre demnach in un-
vermittelter Verschränkung von Typus und Einmaligkeit der Versuch, das Unmögliche zu tun: die Begeisterung, den *enthusiasmos*, als symbolischen, also
wiederholbaren, Akt auszusagen. Die Ode inszeniert das durch die Travestie
der tradierten Formel des Enthusiasmus: ‚Muse – warum hast Du mich verlas-

30 Max Wehrli, „Nachwort", in: Jakob Balde, *Dichtungen. Lateinisch und deutsch*, ausgewählt, herausgegeben und übersetzt von Max Wehrli, Köln, Olten: Jakob Hegner 1963, S. 113.
31 Diesen Begriff der *Silvae* – wie er vor allem im gleichnamigen Werk des Statius entwickelt worden war – verwendet zum Beispiel noch Opitz in der *Poetik*.
32 Vgl. dazu Eckart Schäfer, „Baldes Exerzitien-Tapisserien *(Silv.* 8, 10)", in: Eckhard Lefèvre
(Hrsg.), *Balde und Horaz*, Tübingen: Narr 2002, S. 319-358.

sen?' Die hybride Formel, die die letzten Worte Christi und den antiken Musenanruf zusammenbringt, macht in äußerstem Pathos darauf aufmerksam, daß die Technik des Exerzitiums und das einmalige Datum der Begeisterung ebenso unvereinbar wie untrennbar sind. Der datierte Enthusiasmus wird zum Sprechakt oder genauer gesagt: zum Schreibakt, der Datum und Unterschrift zum Ausgangspunkt der lyrischen Form der Ode macht.

Das ist nun sicherlich nur eine ganz besondere Inszenierung der Spannung von Datum und Gelegenheit. Die Poetiken des 17. und 18. Jahrhunderts sehen in diesem Verhältnis dagegen keine interne Schwierigkeit, sondern das Ziel, das sie anstreben. Seit den ersten Jahrzehnten des 17. Jahrhunderts – in Deutschland: nach Opitz' *Poetik* – werden die Gelegenheiten als datierte Schreibakte ein selbstständiges Organisationsprinzip in den Poetiken. Ihren Höhepunkt erreicht diese theoretische Praxis etwa um 1700. In der Poetik eines gewissen Johann Samuel Wahll – eines Anhängers der Weiseschen Poetik – von 1715 findet sich zum Beispiel eine einschlägige Einteilung in lyrische Formtypen, *carmina*, und in das, was er *poemata* nennt. Während die *carmina* nur die Differenz der Formen kennen, unternimmt er unter der Überschrift *poemata* den Versuch, die Gelegenheiten des bürgerlichen Lebens als Miniaturinstitutionen von Schreibakten auszudifferenzieren. Wie Wulf Segebrecht in seiner Studie über das Gelegenheitsgedicht angemerkt hat,[33] fällt auf, daß diese offenbar erste vollständige Klassifizierung von Gelegenheiten des Gedichts als Startterme Affektlagen verwendet. ,Traurig – indifferent – freudig' heißt die Trias der Kategorien, unter denen Wahll eine erschöpfende Aufteilung der Gelegenheiten vornimmt. Man sieht, in welche Richtung sich die Selbstrahmung des Schreibakts zu entwickeln beginnt. In Johann Christian Günthers Gedichten, besonders den Leonore-Gedichten, läßt sich das studieren. Datierte Gedichte scheinen sich hier geradezu zum lyrischen Roman zusammen zu fügen.[34] Dabei wird dann zwar das Schreiben im Gedicht thematisch: zahlreich sind die Verweise auf Schreibfeder und Tintenfaß des Dichters. Aber es sind doch nun im Gedicht zitierte Szenen. Es setzt eine innere Poetologie des Schreibakts im Gedicht ein, das seine Form ein für alle Mal vom Außen der Gelegenheiten abgetrennt hat. Um die genetische Spannung zwischen Gelegenheit und Datum als Spannung in der Ausbildung der lyrischen Form selbst zu sehen, tut man gut daran, noch einmal zum barocken Gelegenheitsgedicht zurückzukehren.

---

33 Johann Samuel Wahll, *Kurtze doch gründliche Einleitung zu der rechten, reinen und galanten teutschen Poesie*, Chemnitz: Conrad Stösseln 1715; vgl. dazu Segebrecht, *Gelegenheitsgedicht* (Anm. 2), S. 107-110.

34 Gelegenheiten werden hier narrativ zu Gedichtüberschriften, mit oder ohne Datum. Das gilt beispielhaft von den Leonore-Gedichten Günthers: „Aria. Als er das, was er liebte, entbehren muste.", „Aria. Als er endlich sich wagte Ihr seine Liebe zu entdecken.", „Bey der Wiederkunfft der Nacht auf den 2. Apr[ilis] 1720. In Lauban.", „Auf die Morgen-Zeit. Bey Erinnerung Leonorens. Den 10. Jul[ii] 1720." Johann Christian Günther, *Werke*, herausgegeben von Reiner Bölhoff, Frankfurt am Main: Deutscher Klassiker Verlag 1998, S. 841, S. 845, S. 894 und S. 897.

III

Mit der Richtungnahme auf das später so genannte Erlebnis werden die philo-sophisch-linguistische Frage der Schrift – Schrift vs. Stimme – und die rheto-risch-ästhetische Sicht auf das Geschriebene – der zu genießende Text vs. die agonale Mündlichkeit – für das Datum des Schreibakts bedeutsam werden. Aber nicht darum soll es hier mehr gehen. Zum Abschluß interessiert die Zwei-poligkeit von Typik und Einmaligkeit, die im Gedicht der Gelegenheit angelegt ist und die sich in den Gelegenheiten des Schreibens und dem Schreiben des Da-tums der Gelegenheit konzentriert. Zugespitzt gesagt: Es geht um den Text der Gelegenheit selbst als zugleich kontingente und konstitutive Form des histori-schen Ereignisses. Die Taufe, die Hochzeit, das Begräbnis – diese Daten der Ge-legenheiten, aus denen seit dem 17. Jahrhundert das statistische Wissen vom Menschen gewonnen wird – sind repetitive Gelegenheiten, auf die hin spre-chend der singuläre Zug des Schreibens sich als ein bestimmter Akt selbst rah-men kann. Und sie sind zugleich Namen für einmalige Daten, die erst die in sich selbst repetitive Übung der Schrift schreibend hervorbringen kann. Was im er-sten Abschnitt als genetische Frage der Überkreuzung von Brief und lyrischer Form erschien, ist hier noch einmal in der inneren Verfassung der Schreibgele-genheiten zu erörtern. Es ist eine Frage vor dem Gedicht des Erlebnisses; aber auch eine Frage, die seiner Möglichkeit zugrunde liegt.

Ingrid Black und Peter M. Daley haben unter dem Titel *Gelegenheit und Ge-ständnis* zwei zusammengehörende, handschriftlich überlieferte Sonnette der Catharina Regina von Greiffenberg (1639-1694) ediert und kommentiert. Das erste Gedicht ist nach der Typologie der Gelegenheitsgedichte ein Trostgedicht: „Trost der Hoffnung, in Eüsserster Wiederwärtigkeit!"; das zweite ein, wenn auch deutlich modifiziertes, Dankgedicht: „Die Unvergnügte Zufriedenheit!".[35] Die beiden Gedichte Greiffenbergs stellen in ihrer Affektdialektik (*Trost – in äußerster Widerwärtigkeit; Unvergnügte – Zufriedenheit*) die Zweipoligkeit von Typik und einmaligem Datum dar und unterliegen ihr. Sie stellen sie in der Semantik von flüchtiger Zeit und Ewigkeit mit barocker Emphase dar; und sie unterliegen ihr in der Logik der Schreibgelegenheit selbst.

Beide Sonette tragen datierende Hinweise. Der „Trost der Hoffnung" hat die Unterschrift:

> „mit diesem hat Mich die Hoffnung Eben auch in gröstem Sturm just vor Zehen Jahren getröstet, sollte es Annehmlich seyn, könten viel dergleichen gewiesen werden."

Ohne Zweifel ist das Gedicht als aktuale Rede inszeniert:

---

35 Ingrid Black und Peter Daley (Hrsg.), *Gelegenheit und Geständnis. Unveröffentlichte Gele-genheitsgedichte als verschleierter Spiegel des Lebens und Wirkens der Catharina Regina von Greiffenberg*, Bern, Frankfurt am Main: Peter Lang 1971.

„Sey Still, Sey still mein Herz der Himmel wird's wohl machen
um Gottes Pliechten Ruh', hab nur Ein kleins Geduld!"[36]

Aber die zitierte Unterschrift stellt doch die Typik des Trostes deutlich und in einem gleich doppelten Sinn heraus. Nicht nur hat mit diesem selben oder einem ähnlichen Schreibakt Greiffenberg sich selbst schon vor zehn Jahren getröstet. Diese biographische Beziehung (die sich, wie die Kommentatoren zeigen, rekonstruieren läßt) heißt dann auch, daß Greiffenberg „viel dergleichen" (Gedichte) dem Leser „weisen" kann. Der biographische Schreibakt ist immer auch schon der soziopoetische Akt des Gelegenheitsgedichts: Kein Trost für Catharina Regina von Greiffenberg, der nicht zugleich auch Trost für jedermann wäre. Nur kraft der Typik des Trostgedichts, das es immer wieder fähig macht zu trösten, ist es überhaupt fähig, im singulären Fall Trost zu sein. Schon und erst in seiner Wiederholbarkeit liegt das Tröstende des Trosts, die Sicherung gegen das gefahrvoll Singuläre von ‚Zufällen'. In der Tat geht es im Sonett um die Sicherstellung des Blicks auf Zukunft, um die Bannung der Kontingenz. Dieser thematische Bezug auf den Trost und die Hoffnung im Sonett entfaltet sich in eine große Theodizee.

„Wiss Gott Regirt so leis dein glükk und lebenssachen
Daß selbst das Unglük ist An deiner Freüd die schuld!"

Genau entgegengesetzt zum Blick aus der Ungewißheit des ‚Zufalls' in die Gewißheit der tröstenden Zukunft präsentiert sich das zweite Sonett, der Dank für die Errettung aus Unglück. Alle eigene, wiedergewonnene Sicherheit eröffnet hier nur den Blick für die Möglichkeit der Unsicherheit ringsum und in alle Zukunft hinein.

„Jst mein Schifflein schon gelanget in den Port der Sicherheit
kann Ich doch Entrinnungs-lust Herz-erfreülichst nicht genüssen,
weil der Welle Ungestümm, Meiner Freünde Schiff nach schiessen.
Ach! Was jamer ist es Sehn Treue Freünd' in solchem Leid."[37]

Die eigene Sicherstellung ist geradezu Bedingung dafür, die Unsicherheit der anderen überhaupt erst wahrzunehmen. So ist denn gerade dieses Sonett in der Unterschrift mit einer wirklichen, aktualen Datierung versehen, in der ganz das Ungewisse, Flüchtige und Momentane des Dankgedichts herausgestellt ist: „AC Den 15 May Eil-fliegend Abends 1669". Wie die Kommentatoren anmerken, hat man es hier mit dem Diskurs des Briefes zu tun. Das Gedicht ist eine Briefbeilage und sagt das auch in seiner Inszenierung als datiertes Gedicht. Kein Gedanke ist hier an die signifikante Wiederholung im eigenen Leben oder gar

---

36 Ebd., S. 17.
37 Ebd., S. 19.

an die Wiederholbarkeit des Gedichts im allgemeinen. Alles betont dagegen die Instabilität des ‚Zufalls': vom Schreibakt selbst im ‚eil-fliegenden' Moment des Schreibens bis zum Kalender, nach dem aktuale Daten überhaupt anzugeben wären. Denn das Kürzel „AC" vor der Datierung weist auf den Gebrauch des ‚alten', Julianischen, Kalenders nach Einführung der Gregorianischen Zeitordnung. Noch das Datieren selbst hat sein ‚eil-fliegendes' Datum und ist der Kontingenz des ‚Zufalls' unterworfen.

So gewinnt Greiffenberg aus der Semantik der Sprech- und Schreibakte *Trost* und *Dank,* die zugleiche lyrische Gattungsformen der Gelegenheit sind, eine inhaltliche Reflexion der Gelegenheit selbst in ihrem Spannungsverhältnis zwischen ‚Zufall' und Wiederholbarkeit. Aber die Vertauschung der Werte – die stabilisierende Wiederholung der instabilen Zukunft und die destabilisierende Aktualität der gewonnenen Sicherheit – ist doch wohl nur die typische Inszenierung der barocken Dialektik, die Catharina Regina von Greiffenberg so gut wie jede und jeder andere große Dichter/in ihrer Zeit beherrscht. Und die überhaupt nur beherrscht werden können als Akte des Schreibens, weil es diese Typik der Dialektik im Gedicht der Gelegenheiten gibt. Was das Sonettenpaar noch einmal besonders, vielleicht einmalig und aktual, macht, ist dagegen, daß es gute Gründe gibt, diesen Austausch der Werte noch einmal weiter zu führen und wieder umzukehren. „AC Den 15 May Eil-fliegend Abends 1669" beim *Dank,* der das Ungewisse des ‚Zufalls' aus der sicheren Lage des Schreibens heraus imaginiert, ist doch wohl nur die pionierhaft vorweggenommene Erzählung vom *writing to the moment* – das romanhafte Moment einer Thematisierung des Augenblicks, das in Johann Christian Günthers Gedichten zur ständigen Überblendung von Gelegenheit und Biographie und im Briefroman des späteren 18. Jahrhunderts allgegenwärtig werden wird.[38] Es handelt sich insoweit um eine zitierte, poetologische, Szene des Schreibens, die bereits als das Andere der Form des Gedichts erkannt und im Gedicht als fremdes Außen wieder an- und eingeführt ist. In der Tat sind die Freunde, deren Unglück wir aus unserem Glück heraus sehen können, am Ende doch wieder ähnlicher Errettung fähig. Das abschließende Terzett lautet:

> „Hochster Gott schau doch Vom Himmel, schaff mit Deiner Allmacht stim
> Wind und Wellen daß Sie Still, daß Ihr Schiff auch an kann lenden
> Herr! Wollst Deiner Lieben Noht Enden, und in Freüd verwenden."

Das *Wenden* zum *Enden* im sicheren *Lenden* läßt das Sonett der *Unvergnügten Zufriedenheit,* bei allem eil-fliegenden abendlichen Schreiben, doch mit dem Klang des sicheren und guten Finales schließen. Ganz anders das Schlußterzett im *Trost der Hoffnung in äußerster Widerwärtigkeit.* Hier trifft eine ‚eil-fliegende' Ungewißheit und Flüchtigkeit die Identität der Gelegenheit nicht nur,

---

38 Siehe Anm. 33; zum ‚Topos' der ‚fliegenden Feder' vgl. Segebrecht, *Gelegenheitsgedicht* (Anm. 2), S. 207.

insoweit sie in Datierung und Signatur als zitierte und wieder zitierbare
Schreibszene ausgeschrieben wird. Sondern sie trifft die logische Einheit dessen, was datiert und unterschrieben wird: den lyrischen Sprech- und Schreibakt,
dessen formale Ausarbeitung das Gedicht ist:[39]

> „Ja: Sage Hoffnung Sey die Gröst Verführerin
> wann dieser Sturm und Strauß nicht ist dein Glükks Gewinn
> Daß Unerhöhrte Freüd vor Solchen dir gegeben!"

Dem Terzett geht die geschmeidige Eleganz der Schlußterzetts aus der „Unvergnügten Zufriedenheit" bis zu dem Punkt hin ab, daß noch die Syntax unklar wird. Ein beunruhigender Umstand ist das zumal, weil das „Ja: Sage"
gerade die Aufforderung zum Sprech- und Schreibakt der Hoffnung ist. Aus-
sageakt der Hoffnung verspricht aber dieses Sonett zu sein, um Hoffnung überhaupt versprechen zu können. Mit Black und Daley wird man die Verse
folgendermaßen lesen: „Sprich also folgendermaßen *oder* bekräftige/affirmiere
[ja: sage *oder* ja-sage (sage ja)]: daß Hoffnung die größte Verführerin ist, dann
nämlich wenn sich das gegenwärtige Unglück nicht als Glück erweist. Aber
sage/affirmiere auch, daß dir zur Entschädigung solchen Unglücks unerhörte
Freude gegeben ist." Die beiden von „Ja: sage" abhängigen, entgegengesetzen
Propositionen sind dieser Lesart zufolge unverbunden und inkonzinn kon-
struiert: ‚sage' + indirekte Rede, Konjunktiv I (1) und + daß-Satz (2). Unverbunden und inkonzinn sind die beiden Begriffe von Hoffnung und Trost, also
der Gelegenheit, deren datierte Realisierung dieses Sonett seiner Überschrift zufolge ist. Trost und Hoffnung ist Affekt, Trost und Hoffnung ist Glaube; bloße
Psychologie oder metaphysische Entscheidung. Psychologischer Affekt des
Aussagens: *ja: sage*; oder grammatisch-metaphysische Affirmation: *ja-sage*.[40]
Vor allem aber ergibt sich keine Handhabe für eine sichere Entscheidung. Man
weiß nicht, welche von beiden Lesarten gelten soll. Als der Trost und die Hoffnung, die „just vor Zehn Jahren" Catharina von Greiffenberg „getröstet" haben,
und von denen „viel dergleichen gewiesen werden können" – als dieser Trost
und diese Hoffnung weiß das Sonett am Ende nicht, was es *ja: sagen* oder *ja-*

---

39 Diese letzte Beobachtung wird Motive des systematischen Zusammenhangs aufnehmen, den Jacques Derrida zum einen in der Kritik an der analytischen Sprechakttheorie – Jacques Derrida,
   Limited Inc (1990), aus dem Französischen übersetzt von Werner Rappl unter Mitarbeit von
   Dagmar Travner, Wien: Passagen 2001 – und zum andern in der Interpretation der Datierung in
   Celans Gedichten – Jacques Derrida, *Schibboleth. Für Paul Celan* (1986), aus dem Französischen übersetzt von Wolfgang Sebastian Baur, Graz, Wien: Böhlau 1986 – entwickelt hat. Im
   vorliegenden Versuch handelt es sich nur um die kleine Münze diskursiver Geschichten. Doch
   ist es vielleicht bedenkenswert, daß gerade die frühmoderne und vorästhetische Kategorie der
   Gelegenheit auf die Grundsätzlichkeit und große geschichtliche Dramatik dieses theoretischen
   Zusammenhangs vorbereitet.
40 Die Bedeutung dieser zweifachen Lesemöglichkeit läßt sich genauer erörtern, wenn man hin-
   zunimmt, daß in der Rhetorik Sprechakte als Affektfiguren beschrieben worden sind; vgl. dazu
   noch einmal Verf., „Im Sprechen Handeln" (Anm. 16).

sagen können sollte. Eine eil-fliegende Unruhe nistet hier, die tiefer wirkt als die der *Unvergnügten Zufriedenheit:* ein eiliges Fliegen in der Identität der datierten Gelegenheit selbst. Hier ist eine Momentanisierung und Kontingenz am Werk, die sich nicht in pathetischem Gegensatz zur Wiederholbarkeit der Gelegenheit darstellt, sondern die tonlos die vorausgesetzte Identität der Gelegenheit und ihres aktuellen Datums angreift. Nicht eine ins Gedicht wieder eingeführte Schreibszene spaltet hier Trost und Hoffnung, die Namen der Gelegenheit, der das Gedicht sich zuspricht, in zwei unverträgliche Lesarten. Sondern die Schrift als zugleich einmaliger und doch in sich selbst repetitiver Zug, der die Identität der Gelegenheit, den Sprech- als Schreibakt, erst möglich macht. Das Ja-sagen der Greiffenberg ist darin: Ja:/- Schreiben.

So bietet das Sonettenpaar nicht nur eine Reflexion auf die *Gelegenheit des Schreibens* in der inversen Dialektik von flüchtigem Augenblick und Aussicht auf Gewißheit und Wiederholbarkeit (*Trost der Hoffnung in Widerwärtigkeit*) und von gesicherter Lage mit Blick auf eine Welt des Zufalls (*Unvergnügte Zufriedenheit*). Darüber hinaus realisieren die beiden Gedichte in entgegengesetzter Weise das *Schreiben der Gelegenheit:* als formimmanente Poetologie der Schreibszene (*Unvergnügte Zufriedenheit*) und als Auflösung der Einheit des lyrischen Schreibakts (*Trost der Hoffnung in Widerwärtigkeit*).

Heinrich Bosse

„Wie schreibt man Madam?"
Lenz, *Die Soldaten* I/1

Im Zuge der Alphabetisierung wird dem Schreiben und Lesen während der zweiten Hälfte des 18. Jahrhunderts immer mehr öffentliche Aufmerksamkeit zuteil. Einerseits geht es dabei um Bildungsplanung: die herkömmlichen häuslichen oder schulischen Lernsituationen sollen so strukturiert werden, daß die männlichen Schüler an der Zirkulation der Kenntnisse passiv und aktiv teilhaben, das heißt, daß sie wiederum der Öffentlichkeit ihre Aufmerksamkeit zuwenden können. Andererseits geht es um nicht-pragmatischen Schriftgebrauch: an die Fülle häuslicher, geschäftlicher, amtlicher Aufzeichnungen und Mitteilungen, wie sie die Frühe Neuzeit entwickelt hat,[1] schließen sich zunehmend Kommunikationsformen an, in denen Frauen und Männer anderen Frauen und Männern mitteilen, wie es ihnen geht, was sie erleben oder empfinden, und vor allem, wie sie sich kommunizierend erleben und empfinden. Für solch ein Training ist der Brief das gegebene Mittel, weshalb der empfindsame Briefroman in der Lesekultur spektakulär an Resonanz gewinnt. Die beiden Bestrebungen laufen aufeinander zu, insofern sie Ausdrucksmuster und zugleich die Emanzipation von ihnen einüben, zumal sie eine Textsorte gemeinsam haben, eben den Brief. Der „deutsche Brief" ist nicht nur die Vorstufe,[2] er ist geradezu das Äquivalent des Deutschaufsatzes innerhalb der vorrevolutionären Gesellschaft. Die reiche Tradition der Briefsteller, die Schreibweisen für alle nur denkbaren Situationen des täglichen Lebens angeboten hatte, verdreifacht sich im 18. Jahrhundert und beginnt zugleich auszuufern, wenn etwa der Verleger Samuel Richardson seinem Briefsteller für auf dem Lande lebende junge Damen eine Heldin und eine Geschichte gibt, *Pamela, or Virtue Rewarded. In a Series of Familiar Letters from a Beautiful Young Damsel to Her Parents* (1740). Für eine Literaturgeschichte der Schreibszene wird es daher relevant sein können, den Moment des Briefeschreibens in der Literatur wahrzunehmen – um so mehr, wenn er als Exposition und Leitmotiv eines Textes fungiert wie in den *Soldaten* (1776) von Jakob Michael Reinhold Lenz. Den obigen Voraussetzungen entsprechend möchte ich nach jener Dialektik fragen, die in Sprache, Schrift und Ausbildung am Werke ist: Was nämlich haben die Ausdrucksmuster und die Emanzipation von ihnen hierbei zu schaffen? Dazu werde ich zunächst kurz

---

1 Vgl. Alfred Messerli und Roger Cartier (Hrsg.), *Lesen und Schreiben in Europa, 1500-1900. Vergleichende Perspektiven*, Basel: Schwabe 2000.

2 Vgl. Otto Ludwig, *Der Schulaufsatz. Seine Geschichte in Deutschland*, Berlin, New York: Walter de Gruyter 1988.

auf die Reformen im Bereich des Schreibunterrichts eingehen, dann auf Lenzens Drama und schließlich auf das Problem der Briefsteller.

Die pädagogischen Diskussionen der aufgeklärten Öffentlichkeit, die Geschäftsgründungen aufgeklärter Erziehungsunternehmer und die Schulreformen des aufgeklärten Absolutismus vollbringen eine historische Synthese, die mediengeschichtlich noch immer zu wenig gewußt und zu wenig gewürdigt wird. Sie führen die beiden streng getrennten Kulturkompetenzen des Lesens und des Schreibens zusammen und vereinigen sie unter dem Begriff der produktiven Geistestätigkeit. Zu Beginn des 19. Jahrhunderts ist diese kulturelle Basisarbeit schon selbstverständlich, also unsichtbar geworden: „Lesen und Schreiben ist ein und dieselbe Bethätigung des Geistes. Ein Wort in seine Bestandtheile auflösen und aus geschiedenen Lauten ein Wort bilden, gehört so wesentlich zusammen, wie jedes geistige Erzeugnis die Vereinigung des Empfangens von außen her und des Schaffens von innen heraus nothwendig voraussetzt."[3] Allein schon die Schwierigkeit, Laute nicht mehr als Namen von Buchstaben zu begreifen! Die alte Buchstabiermethode setzte voraus, daß Schriftzeichen und Laute sich als gegenseitige Benennungen vertauschen ließen, so daß man es mit Lippenbuchstaben, Zahnbuchstaben, Zungenbuchstaben, Kehlbuchstaben und so weiter zu tun hatte. Buchstabieren hieß, die Namen der Buchstaben auszusprechen, um sie dann zur Silbe zusammenzusetzen: El, a, u, te : Laut.[4] Erst 1771 kam Johann Bernhard Basedow, der eigentliche Erfinder der pädagogischen Zwischenwelt, auf den Gedanken, mehrgliedrige Grapheme (wie >sch<) mit Kunstnamen zu benennen (‚sche‘) und die Orthographie lautgemäß zu vereinfachen; erst um die Jahrhundertwende begann man ernsthaft, die Schüler mit ihrem eigenen Mund bekannt zu machen, damit sie sich der Artikulation der Laute wie auch „ihrer Selbstthätigkeit recht deutlich bewußt werden, welche sie bei der Aussprache eines jeden Buchstabens anzuwenden haben".[5] Erst jetzt rekonstruiert man die Entsprechungen von gesprochener und geschriebener Sprache, erst jetzt dringt das lautliche Wesen der Sprache in die Grammatiken und der Gegensatz von Mündlichkeit und Schriftlichkeit in die Literaturtheorie ein.

Dagegen war im Ancien Régime vielmehr der Gegensatz von Druckschrift und Handschrift von Belang, denn die beiden Schriftcodes begünstigen und be-

---

3 Joseph Theodor Abs, *Bericht über eine vaterländische Erziehungs- und Unterrichtsanstalt zu Halberstadt; nebst einer Übersicht der Übungen an und in der Sprachzeichenlehre*, Halberstadt, Berlin: Mittler 1818, S. 28.

4 Zur Problematik des Buchstabierens vgl. Ursula Renner, „Vom Lesen erzählen. Anton Reisers Initiation in die Bücherwelt", in: Roland Borgards und Johannes Friedrich Lehmann (Hrsg.), *Diskrete Gebote. Geschichten der Macht um 1800. Festschrift für Heinrich Bosse*, Würzburg: Königshausen & Neumann 2002, S.131-160, hier S. 144 ff.

5 Johann Bernhard Basedow, *Kleines Buch für Eltern und Lehrer aller Stände erstes Stück. Zur Elementarischen Bibliothek gehörig*, o. O. 1771; Heinrich Stephani, *Fibel für Kinder von edler Erziehung, nebst einer genauen Beschreibung meiner Methode für Mütter, welche sich die Freunde verschaffen wollen, ihre Kinder selbst in kurzer Zeit lesen zu lehren*, Erlangen: Palm 1807, S. 27. Zum Kontext der Lautiermethode Friedrich A. Kittler, *Aufschreibesysteme 1800 • 1900*, 3., vollst. überarb. Aufl. München: Fink 1995, S. 42 ff.

festigen die Ausbildung unterschiedlicher Kompetenzen. Die Druckschrift – ihrerseits wieder verdoppelt in deutschen und lateinischen Lettern – mußte nur gelesen werden, die Handschrift mußte geschrieben (und gelesen) werden. Ein pädagogisches Lehrbuch von 1780 rät davon ab, den Schülern nach den Büchern auch Handgeschriebenes im Leseunterricht vorzulegen; es sei „natürlicher, solches, bis sie selber schreiben können, auszusetzen, alsdenn sie auch ohne Anführung, sich in anderen Handschriften üben mögen; wie denn in denselben immer andere Züge von Buchstaben erscheinen, als die sind, welche man die Kinder hat lesen und die Zeit damit hinbringen laßen."[6] Bis sie selber schreiben können – tatsächlich gab es eine untere Altersgrenze wegen der zum Schreiben erforderlichen körperlichen Koordinationsfähigkeiten. Selbst wenn die technischen Umstände von Erwachsenen besorgt werden, die Zubereitung von Tinte, Feder und Papier, so mußte doch ein Kind wenigstens sechs oder sieben Jahre alt sein, um überhaupt die Feder führen zu können. Der Schreibarm wurde nicht, wie heute, in seiner ganzen Länge, sondern gleichsam brückenförmig nur an zwei Punkten aufgestützt, dem Ellenbogen und den beiden zurückgebogenen letzten Fingern der rechten Hand; so blieben Handgelenk und ein Teil des Unterarms frei beweglich, um Druck und Schärfe der Feder zu variieren, Grund- und Haarstriche auszuführen und geschwungene Linien zu modellieren. Die alte Schreibkunst ist daher kaum leichter als die Kunst, mit chinesischen Stäbchen zu essen:

> „Man legt beym Schreiben beide Arme auf den Tisch, und zwar den linken ganz und gar, um vermittelst desselben das Papier, worauf man schreibt, festzuhalten; den rechten aber hält man mit den Ellenbogen etwas näher am Leibe, so daß die Hand die Feder grade vor sich hinstrecken kann. […]
> Man fasset die Feder mit dem etwas krumm gebogenen Daumen und dem ersten Finger. Der zweite oder Mittelfinger wird etwas unten gegengelehnt, damit die Feder dem Daumen und dem ersten Finger nicht entgleite. Der dritte und vierte Finger werden etwas einwärts gegen den Ballen der Hand zurückgezogen, und während des Schreibens allmählich auf dem Papier fortgerückt. Wenn jemand den Ballen auf das Papier legen wollte, so würde er genöthigt seyn, allemal nach Endigung Einer oder einiger Sylben die ganze Hand weiter zu legen."[7]

Hinzu kommt die Schwierigkeit, gleichmäßige Abstände zwischen den Worten, gerade Zeilen (ohne Linien!) und auch den Zeilenabstand konstant einzuhalten.

---

6 Friedrich Samuel Bock, *Lehrbuch der Erziehungskunst, zum Gebrauch für christliche Eltern und künftige Jugendlehrer*, Königsberg und Leipzig: Hartung 1780, S. 193 f. Nach Bocks Lehrbuch hat Kant im Sommersemester 1780 und im Wintersemester 1783/84 seine pädagogischen Vorlesungen gehalten.
7 Johann Friedrich Heynatz, *Handbuch zu richtiger Verfertigung und Beurtheilung aller Arten von schriftlichen Aufsätzen des gemeinen Lebens überhaupt, und der Briefe insbesondre* (1773), 2. verb. Aufl. Berlin: Arnold Wever 1775, S. 7-9.

Das Lesen, auch wenn es schon zu Hause erlernt wurde, wie zahlreiche Autobiographien der Frühen Neuzeit berichten,[8] war eindeutig Schulfach, und zwar innerhalb der deutschen Schulen, dem Äquivalent der heutigen Grund-, Haupt- und Realschule. Das Schreiben jedoch galt als Handfertigkeit oder Kunst; es konnte an deutschen wie an lateinischen Schulen gelehrt werden, aber ebenso gut oder noch besser von Schreibmeistern oder sonstigen Schreibkundigen außerhalb der Bildungseinrichtungen, je nach Nachfrage, auf dem großen Lehr- und Lernmarkt, der erst gegen Ende des 18. Jahrhunderts zunehmend verstaatlicht wurde. Trotz aller Schulordnungen geriet so der Schreibunterricht leicht in den Status eines, extra zu bezahlenden, Wahlfachs: „So wie ein Kind Lust bekommt, oder von seinen Eltern darzu aufgefordert wird, oder es dem Lehrer selbst einfällt, fangt man mit ihm das Schreiben ganz allein an."[9] Anders als die Ausbildung im Lesen ist daher die im Schreiben einer doppelten Selektion unterworfen. Die Wohlhabenderen sind begünstigt gegenüber den Armen, die Knaben sind begünstigt gegenüber den Mädchen. Die Fürstlich Sachsen-Eisenachsche Schulordnung von 1705 hält es für nötig, die Bestimmung einzuschärfen: „Das Schreiben aber muß mit den Mägdlein sowol als mit den Knaben getrieben werden, und ist durchaus den Eltern nicht zu verstatten, daß sie ihre Töchter unter einigem *Vorwand, als dürften dieselben das Schreiben zu was Bösem anwenden,* davon abhalten wollten."[10] Da ist sie wieder oder immer noch, die alte Bezichtigung Evas und ihrer Töchter. Auch Jean-Jacques Rousseau kann den Schreibunterricht für Mädchen nicht ernstnehmen, ganz abgesehen davon, daß ausgerechnet dieser leidenschaftliche Autor es leidenschaftlich ablehnt, Vorschläge für den Lese- und Schreibunterricht, den Ursprung aller Autorschaft, zu machen. Er erzählt von einem Mädchen, das Buchstaben mit der Nadel sticken, noch bevor sie sie lesen konnte. Mit der Feder malte sie immer nur den einen Buchstaben O, groß und klein, „ein O im anderen und immer verkehrt herum geschrieben. Während sie eines Tages mit dieser nützlichen Übung beschäftigt war, sah sie unglücklicherweise in den Spiegel und fand, daß ihre gezwungene Schreibhaltung reizlos aussah; sie warf die Feder wie eine

---

8 Z. B. Christian (von) Wolff, 1679 als Sohn eines Gerbers in Breslau geboren: „Gleich in der ersten Kindheit habe ich Lust gehabt zu lernen. Daher als ich das A. B. C. zum Hl. Christ bekam, habe ich nicht nachgelassen einen ieden, den ich bekommen konnte, zu fragen, wie die Buchstaben hießen und so weiter bis ich darinnen lesen konnte, ehe ich in eine Schule kam." Christian Wolff, *Gesammelte Werke. I. Abteilung. Deutsche Schriften, Bd. 10: Biographie,* hrsg. von Hans Werner Arndt, Hildesheim, New York: Olms 1980, S. 111.

9 Christian Ferdinand Moser, „Der Unterricht im Schreiben", in: *Taschenbuch für teutsche Schulmeister,* Ulm: Wohler 1788, S. 319.

10 Reinhold Vormbaum (Hrsg.), *Evangelische Schulordnungen. Bd. III: Schulordnungen des achtzehnten Jahrhunderts,* Gütersloh: Bertelsmann 1864, S. 283. Am Ende des Jahrhunderts zählt nicht mehr der erbauliche Nutzen, die Aufzeichnung biblischer Sprüche und Predigten, sondern der praktische, doch der Vorbehalt ist geblieben. Moser, „Der Unterricht im Schreiben" (Anm. 9), S. 361: „Aber die Mädchen erhalten doch nicht den gleichen Unterricht im Schreiben? Ja, lieber Mann! Auch diesen kommt es nachher gut, wann sie einen Brief schreiben, eine Quittung anfertigen, oder eine Rechnung ins Hausbuch eintragen können."

zweite Minerva weg und wollte keine O mehr machen."[11] Mit pädagogischer
List – Rousseau ist ein Genie in der Anleitung zur Stimulierung von Lernwün-
schen – kann sie zwar wieder zum Sticken bewegt werden, doch vom Schreiben
ist keine Rede mehr.

Das Lesen gedruckter Texte hält sich in einem relativ normierten Raum, die
Lettern variieren minimal, ihre Aussprache in Schule oder Kirche hat mit den
verschiedenen Dialekten des Alltags nichts zu tun, nur die Rechtschreibung
weist regionale Unterschiede und Druckfehler auf, doch tendiert der Buchmarkt
zur Vereinheitlichung. Handgeschriebenes dagegen produziert eine Überfülle
von Varietäten und Variationen, ‚wie denn in denselben immer andere Züge von
Buchstaben erscheinen, als die sind, welche man die Kinder hat lesen lassen'. Die
kalligraphischen Variationen gründen sich darauf, daß es unterschiedliche Muster
guter Handschriften gibt und unterschiedlich gute Nachahmungen der Muster,
also auf das Prinzip der Imitation. „Die Kunst zu schreiben lernet man meist
durch Nachahmen. Das Kind siehet schöne Buchstaben, und machet sie so gut
nach, als es kann; ist es dabey nicht glüklich, so zeiget ihm der Schreibmeister
dies und jenes, so nicht recht gemacht worden ist; der Schüler sucht besser nach-
zuahmen."[12] Im Dreischritt von Vormachen, Nachmachen, Korrigieren geht es
um die Wiederholung oder Abwandlung von Schreibmustern, genau daraus resultiert die Vielfalt von Schriften. Hinzu kommen aber auch orthograpische Variationen. Frei von der Kontrolle durch akademische Autoren und Korrektoren,
schreiben die deutschen Könige und deutschen Schulmeister, wie sie wollen. Eine
pädagogische Preisschrift aus dem Jahre 1788 beklagt die „unglückselige Gleich-
giltigkeit" der Schulmeister gegen Falsch und Richtig, so daß es oft fast unmöglich sei, die Schriften geringer Leute zu lesen und zu verstehen:

> „Aber das ist eine Sache, woran die wenigsten Schulmeister denken, vielleicht auch
> gar nicht einmal denken wollen. Ich kenne dergleichen, die schon dreißig und mehr
> Jahre ihr Amt geführt haben, und doch noch nicht im Stande sind, ihren Amts-
> namen recht zu schreiben, und bald Schuell=Halter, bald Schuel=Hallter schrei-
> ben; die nicht das geringste Anstößige darinn finden, einen einfachen Buchstaben
> für einen doppelten, und einen doppelten für einen einfachen zu setzen, und bald
> wesentliche Buchstaben wegzulassen, bald überflüßige hinzuzusetzen. Es ist eine
> fast unbegreifliche Unachtsamkeit, wenn Leute, die so viele Jahre lang buchstabi-
> ren und lesen gelassen, und ganze Tage mit dem Buch in der Hand dociret haben,
> dergleichen grobe Fehler gegen die Orthographie begehen."[13]

---

11 Jean-Jacques Rousseau, *Emil oder Über die Erziehung* (1762), vollständige Ausgabe in neuer
    deutscher Fassung besorgt von Ludwig Schmidts, Paderborn: Schöningh 1971, S. 399. Die Ver-
    achtung der Schreibdidaktik ebd., S. 101: „Muß ich noch vom Schreiben reden? Nein! Ich
    schäme mich, mich in einer Erziehungslehre mit solchen Kleinigkeiten aufzuhalten."
12 [Anon.], *Kurzgefaßte Regeln der Schreibkunst, samt Vorschriften, zum Gebrauch der St. Bla-
    sischen Landschulen.* Daselbst zum zweytenmal gedruckt im Jahre 1772, Vorbericht (unpag.).
13 Johann Christoph Friedrich Rist, *Anweisung für Schulmeister niederer Schulen zu pflichtmäßi-
    ger Führung ihres Amts* (1782), 2. Aufl. Hamburg: Bohn 1788, S. 348.

So könnte man sagen, die orthographischen Variationen gründen sich auf anarchische Resistenz gegenüber der Normierung. Derselbe Schreibmeister, der schrieb, manches Kind sei nicht „glüklich" in der Nachahmung, hat seinen Vorschriften eine Tabelle von der deutschen Rechtschreibung beigefügt, unter Anlehnung an Gottscheds Grammatik, nach der er hätte „glücklich" schreiben müssen.[14]

Lesen und Schreiben lassen sich erst in dem Moment zusammen unterrichten, wo eine didaktische Zwischenwelt ausgearbeitet wird, in die man die Kinder, so früh man will, einführen kann. Diese Zwischenwelt erlaubt es, den Umgang mit der Sprache in völlig neuer Weise zu vergeistigen und zu normieren. Die Buchstaben werden nicht mehr kopiert, sondern zu Lerngegenständen vereinfacht, zu einem *type*, dem dann in Schrift und Druck, auf der Wandtafel des Lehrers wie auf den Schiefertafeln der Schüler, unterschiedliche *token* zuzuordnen sind. Tatsächlich ist die Schiefertafel das technische Mittel, durch welches man Buchstaben nicht einfach abmalen, sondern zu rekonstruieren lernt.[15] Der idealisierte Typus des Buchstabens setzt sich seinerseits aus konstitutiven Merkmalen zusammen, er hat aber seine Realität im reinen hochdeutschen Laut, den der Schüler zu artikulieren gelehrt wird. Schreiben und Lesen kann man nicht mehr lernen, ohne sprechen zu lernen. „Das Lesen", sagt ein Schulmann zu Ende des Jahrhunderts, „kann als Theil der guten Aussprache betrachtet werden; denn lautes Lesen ist im Grunde nichts anders, als das Aussprechen der geschriebenen Worte eines andern."[16] Der andere in oder hinter den geschriebenen Worten ist wohl oder übel ein Kommunikationspartner, und eben dazu sollen auch die Schüler ausgebildet werden. Mündlich, so derselbe Schulmann: „Die Kinder sollen reden lernen, dieses ist zur Entwicklung ihrer Begriffe bey weitem nothwendiger, als daß sie lesen lernen. Wozu soll ihnen das Lesen dienen, wenn sie nicht einmal sprechen gelernt haben?" Und schriftlich: „Die künftigen Bürger lernen ja nicht deswegen schreiben, um künftig einmal nach Vorschriften schreiben zu können: sie lernen vielmehr darum schreiben, um einmal in der Folge ihre Gedanken schriftlich auszudrücken und andern mitzutheilen." Gerade in der wechselseitigen Normierung von Schreiben und Sprechen formt sich ein Konzept des Redens, bei dem die einen den anderen ‚ihre' Begriffe und ‚ihre' Gedanken mitteilen. Sagen wir, es formt sich ein Kommunikationszusammenhang, in dem alle Kommunikationspartner sich von vornherein unterscheiden. Das wäre, bildungsgeschichtlich, die Konstruktion von Individualität.

---

14 *Kurzgefaßte Regeln der Schreibkunst* (Anm.12). Allerdings ist auch die Regel, als Regel, vollkommen mißglückt: „Nach einem Mitlauter setzt man keinen andern doppelten Mitlauter, sondern nur einen einfachen. Z. B. *Herz*, *Werk*, nicht Hertz, Werck. Hingegen nach einem Selbstlauter schreibe man *Schutz*; nicht Schuz; *schicken*, nicht schiken".

15 Heinrich Bosse, „„Die Schüler müßen selbst schreiben lernen' oder Die Einrichtung der Schiefertafel", in: Dietrich Boueke und Norbert Hopster (Hrsg.), *Schreiben – Schreiben lernen. Rolf Sanner zum 65. Geburtstag*, Tübingen: Gunter Narr 1985, S.164-199.

16 Karl Gottlieb Horstig, *Anweisung für die Lehrer in den Bürgerschulen*, Hannover: Hahn 1796, S. 41 f. Die weiteren Zitate ebd., S. 36 und S. 75.

Dem entspricht buchstäblich ein neues Ausbildungsziel im Schreibunterricht: die individuelle Handschrift. War es früher empfehlenswert, ‚eine gute
Hand zu schreiben‘, und vor allem, mehrere Schriften zu beherrschen, so wird
nun wie selbstverständlich Selbstausdruck erwartet: „Unsere Schüler sollen auf
eine selbsttätige und besonnene Weise anfänglich die einfachen Gestalten unserer Buchstaben bloß richtig bilden lernen, und hierauf sich selbst jeder seine ei-
genthümliche Handschrift bilden",[17] schreibt der Schul- und Kirchenrat
Stephani 1815. Sie sollen nicht mehr beim bloßen ‚richtig‘ erleichtert stehen
bleiben, sondern sich selbst vervollkommnen – einfach durch ihre Schiefertafeln, auf denen sie geübt haben, sich selber zu korrigieren, die Fehler tilgend
immer weiter zu bessern, „und nichts unvollkommen vor Augen zu dulden"[18] –
und ‚eigenthümlich‘ schreiben, d. h. sich selbst zum Lernziel setzen. Und ebenso auf der Ebene der Texte selbst, den Aufsätzen, Erzählungen, Beschreibun-
gen und Briefen.

Dafür gibt es, wenn man so sagen darf, eine optimistische und eine pessimistische Version. Die optimistische Version, vertreten von Friedrich Gabriel
Resewitz, setzt darauf, mit Hilfe des Unterrichts alle Schwierigkeiten des Unterrichts zu überspringen. Man muß, schreibt er 1781, den Kindern die Gegenstände, worüber sie schreiben sollen, so anschaulich nahe bringen, daß „es ihnen
ganz eigen sey, daß es ein Vorrath in ihrer Seele sey, woraus sie selbst wählen
und schöpfen können: sie werden aus der Fülle ihres Geistes und Herzens
schreiben; sie werden so schreiben als sie denken; sie werden ihren Gedanken
ihr eignes Gepräge geben, sie werden früh schreiben lernen; selbst nicht wissen,
wie sie schreiben gelernt haben, und sich ohne Aengstlichkeit gewöhnen, ihre
Gedanken schriftlich auszudrücken."[19] Das heißt, sie werden den Unterricht
durch Vergessen transzendieren. Die pessimistische Version, erwähnt von Peter
Villaume (1781), muß anerkennen, daß der Unterricht, indem er Schreibpraxis
bewußt macht, eben auch dahin wirkt, sein Ziel zu verfehlen. Das Bildungspa-
radox nach Villaume: mit viel Aufwand und Mühe („Kunst") strebt man nach
dem natürlichen Ausdruck im Schreiben – sollte der natürliche Ausdruck nicht
desto leichter zu treffen sein, je weniger man ausgebildet ist?

> „Ich habe mich immer gewundert, daß Kinder nicht so grade zu ihre Gedanken
> hinschreiben, wie sie sie sagen. Sie wissen nicht wie sie anfangen, wie sie schließen,

---

17 Heinrich Stephani, *Ausführliche Beschreibung der genetischen Schreibmethode für Volksschu-*
    len, Erlangen: Palm 1815, S. 33 f.
18 Philipp Jakob Völter, *Praktische Einleitung in die sämmtlichen Amtsverrichtungen und Ver-*
    hältnisse eines deutschen Elementar-Schullehrers, Heilbronn: J. D. Claß 1810, S. 47.
19 Peter Villaume, „Methode, jungen Leuten eine Fertigkeit zu geben, ihre Gedanken schriftlich
    auszudrücken. Ein Preißschrift", in: Friedrich Gabriel Resewitz (Hrsg.), *Gedanken, Wünsche*
    und Vorschläge zur Verbesserung der öffentlichen Erziehung als Materialien zur Pädagogik III
    (1781), S. 3-73, hier S. 45. Resewitz, Abt und Schuldirektor von Kloster Berge, hatte im Vorjahr
    das Thema als Aufgabe gestellt und Villaume den Preis zuerkannt. Gleichwohl begleitet er den
    Abdruck von Villaums Schrift intensiv mit seinen Anmerkungen, von denen die zitierte Passage
    eine ist.

wie sie dieses und jenes, das sie alle Tage sagen, ausdrücken sollen; sie sind über alles in der größten Verlegenheit. Sie fragen: ist der Brief so lang genung? Man sagt ihnen umsonst: Kinder, schreibt was ihr denkt, was ihr wißt. Es hilft alles wenig. Ein Brief ist den Kindern immer eine Schrift von einer gewissen Länge, eine Schrift die mit einer gewissen Kunst verfertigt ist, die einen gewissen Eingang und Schluß hat. Alles ist ihnen Kunst, d. h. etwas weit hergeholtes, ungewöhnliches. Dieß nun macht sie schüchtern, ängstlich; sie besorgen immer was sie geschrieben haben sey nicht gut, nicht lang genung, und eben deswegen machen sie es viel schlechter, als sie's ohne diese Besorgniß gemacht haben würden."[20]

Das Dilemma bleibt bestehen. Und genau an diesem Punkt setzt Lenz an, um eine junges Mädchen, das noch nicht konfirmiert, also etwa 13 Jahre alt ist, ihre Briefe schreiben zu lassen.

Briefe im Drama haben, vereinfacht gesagt, zunächst die Aufgabe, eine Situation zu verändern, allenfalls auch zu erklären, indem sie eine Nachricht überbringen, und darin entsprechen sie dem klassischen Botenbericht.[21] Anders als dieser können sie freilich unterwegs abgefangen, vertauscht, gefälscht oder sonst auf eine Weise von Gespenstern ausgetrunken werden, wie jener Uriasbrief, mit dem Rosenkranz und Güldenstern den Prinzen Hamlet nach England bringen sollen. Sie eignen sich wie jede andere Nachricht für die Informationspolitik von Intrigen, aber als reisende Texte sind sie besonders anfällig für dramatische Verwicklungen. Darüber hinaus eröffnet ihnen nun, wie es scheint, das bürgerliche Trauerspiel in der zweiten Hälfte des 18. Jahrhunderts weitere Spielräume. In Lessings *Miß Sara Sampson* (1755) gibt es Briefwechsel auf engstem Raume, so daß die handelnden Personen durch Briefe einander nahe gebracht, aber auch wiederum fern gehalten werden. Der Brief des verzeihenden Vaters wird kommentiert, gelesen und wiederholt – aber schlechterdings nicht beantwortet, bevor es zu spät ist. Damit ist ein raffinierter Spannungsbogen, für Leser und Zuschauer wie für die Handelnden, in das Geschehen gewirkt, innerhalb dessen sich wohl auch die erste reine Schreibszene der deutschen Dramenliteratur findet. In der 4. Szene des 3. Akts, unmittelbar nachdem sie den Brief ihres Vaters gelesen hat, nimmt Sara Sampson die Feder in die Hand und sagt sich vor, was sie schreiben soll, nämlich, was sie denkt und empfindet: „Ja, die Feder hab' ich in der Hand. – Weiß ich aber auch schon, was ich schreiben soll? Was ich denke; was ich empfinde." Aber gerade das erweist sich als schwierig, so zeigt es der Monolog, der wie auf einem Monitor den Schreibprozeß samt Ausstreichungen, Neuansätzen und Textbildungsstrategien begleitet. Während sonst alle Briefe in Gesellschaft gelesen und besprochen werden, bleibt hier die Briefschreiberin mit sich allein, bis sie unterbrochen wird.

---

20 Ebd., S. 26. Villaume (1746-1825), einer der konsequentesten Denker der Aufklärungspädagogik, der dem Kreis der Philanthropinisten zugerechnet wird, gehört zu den wenigen Reformern, die auch die Nachtseite ihrer Reform mitzubedenken suchen.

21 Vgl. Reinhard M. G. Nickisch, *Der Brief*, Stuttgart: J. B. Metzlersche Verlagsbuchhandlung 1991 (= *Sammlung Metzler* 260), „Briefe als Einlagen in dramatischer Literatur", S. 167 ff.

Jakob Michael Reinhold Lenz hat nun nicht nur das Lesen, wie in der Epoche üblich, sozialisiert, sondern auch das Schreiben. Sein Stück *Die Soldaten. Eine Komödie* (1776) enthält drei fulminante Szenen, das Briefeschreiben betreffend, und gleich als allererste eine Schreibszene zu zweit:

> „MARIANE *mit untergestütztem Kopf einen Brief schreibend*: Schwester weißt du nicht, wie schreibt man Madam, M a , m a , t a m m , tamm, m e , me.
> CHARLOTTE *sitzt und spinnt*: So 'st recht.
> MARIANE: Hör ich will dir vorlesen, ob's so angeht wie ich schreibe: ‚Meine liebe Matamm! Wir sein gottlob glücklich in Lille arriviert‘, ist's so recht: arriviert, a r ar, r i e w wiert?
> CHARLOTTE: So 'st recht.
> MARIANE: ‚Wir wissen nicht, womit die Gütigkeit nur verdient haben, womit uns überschüttet, wünschte nur im Stand zu sein‘ – ist so recht?
> CHARLOTTE: So lies doch bis der Verstand aus ist.
> MARIANE: ‚Ihro alle die Politessen und Höflichkeit wieder zu erstatten. Weil aber es noch nicht in unsern Kräften steht, als bitten um fernere Condination.‘
> CHARLOTTE: Bitten wir um fernere.
> MARIANE: Laß doch sein, was fällst du mir in die Rede.
> CHARLOTTE: Wir bitten um fernere Condination.
> MARIANE: Ei was redst du doch, der Papa schreibt ja auch so. *Macht alles geschwind wieder zu und will den Brief versiegeln.*
> CHARLOTTE: Nu, so les Sie doch aus.
> MARIANE: Das übrige geht dich nichts an. Sie will allesfort klüger sein als der Papa, letzthin sagte der Papa auch es wäre nicht höflich wenn man immer ‚wir‘ schriebe und ‚ich‘ und so dergleichen. *Siegelt zu.* Da Steffen *(gibt ihm Geld)* tragt den Brief auf die Post.
> CHARLOTTE: Sie wollt mir den Schluß nicht vorlesen, gewiß hat Sie da was Schönes vor den Herrn Stolzius.
> MARIANE: Das geht dich nichts an.
> CHARLOTTE: Nu seht doch, bin ich denn schon schalu darüber gewesen? Ich hätt ja eben so gut schreiben können als du, aber ich hab dir das Vergnügen nicht berauben wollen, deine Hand zur Schau zu stellen.
> MARIANE: Hör Lotte laß mich zufrieden mit dem Stolzius ich sag dir's, oder ich gleich herunter und klag's dem Papa.
> CHARLOTTE: Denk doch, was mach ich mir daraus, er weiß ja doch daß du verliebt in ihn bist und daß du's nur nicht leiden kannst, wenn ein andrer ihn nur mit Namen nennt.
> MARIANE: Lotte! *Fängt an zu weinen und läuft herunter.*“[22]

Anhand des Briefverkehrs läßt sich fast die ganze Handlung des Dramas zusammenfassen. Der Tuchkaufmann Stolzius bringt die jüngere der beiden Töch-

---

22 Jakob Michael Reinhold Lenz, *Die Soldaten. Ein Komödie* (1776), in: ders., *Werke und Briefe in drei Bänden*, herausgegeben von Sigrid Damm, München, Wien: Carl Hanser Verlag 1987, Bd. I, S. 192 f. Dieser Druck gibt die handschriftliche Fassung wieder, in dem Druck von 1776 heißt die Heldin ‚Marie‘.

ter des Juweliers Wesener nicht aus seinem Kopf, seit sie zu Besuch bei ihm in
Armentières gewesen sind; er verschlingt den angekommenen Brief mit den
Augen und will ihn sofort beantworten, anstatt die Tuchbestellungen des Mi-
litärs zu erledigen (I/2). Als nächstes trifft der adlige Offizier Desportes Mariane zu Hause und beim Schreiben an („Ich schreib gar zu gern"), woraufhin sich
über den Doppelsinn von ‚Hand' eine Serie von Komplimenten entlädt, die in
eine heimliche Verabredung münden (I/3). Der Vater unterstützt die Beziehung
zu Desportes („Kannst noch einmal gnädige Frau werden närrisches Kind"), nur
soll sie geheim und ohne Geschenke geführt werden. Auf Marianes Frage „Was
wird der arme Stolzius sagen?" rät er ihr, sich beide Interessenten warm zu halten, mit seiner Formulierungshilfe: „Nu ich will dir schon sagen, wie du den
Brief an ihm einzurichten hast." (I/6). Stolzius schickt später jedoch einen Brief
mit Vorwürfen; er ist inzwischen (?), wie Werthers Lotte mit Albert, so gut als
verlobt, „weil er angehalten hat um mich und ich ihm schon so gut als halb ver-
sprochen bin".[23] Das heißt, die Doppelstrategie des Vaters ist gescheitert; indem
sich Desportes in Marianes Antwortbrief mischt, sich als Schreiber anbietet, selber diktiert, ja selbst hineinzuschreiben versucht, entwickelt sich ein hem-
mungsloses Geschäker, „der momentanen Lust, des Kitzels wegen, also ohne
Sinn und Verstand",[24] und somit die Entscheidung für den Mann, der präsent
ist, gegen den abwesenden Mann (II/3). Den Absagebrief, den Mariane angekündigt hat („aber ich will ihm antworten darauf das er sich nicht vermuten
soll, der Grobian") erreicht Stolzius und bringt ihn fast um den Verstand (III/2).
Inzwischen ist Desportes verschwunden, Schulden und ein schriftliches Hei-
ratsversprechen hinterlassend, und Mariane möchte wieder Kontakt mit Stolzius aufnehmen. Diese Schreibszene wird inszeniert als Brief, der nicht zu
schreiben ist: auch wenn Mariane ihrer Schwester diktiert, auch wenn diese aus
eigenem weiterschreibt, wo ihrer Schwester die Worte versagen – schließlich will
Mariane nicht lügen und zerreißt das Schriftstück. In der Leere, die Desportes
hinterlassen hat, wiederholt sich die frühere Doppelstrategie des Vaters in Marianes eigenen Avancen. Einerseits nimmt sie Annäherungen anderer Adligen
an, andererseits sucht sie Kontakt zu Desportes (III/7, IV/4). Als sie sich allein
auf den Weg macht, um ihn zu suchen, wird sie nach den Begriffen der Zeit zur
Landstreicherin und Hure. So droht ihr die Vergewaltigung durch den Jäger von
Desportes (IV/8, V/3), so findet sie schließlich ihr Vater, der sich zu Fuß aufge-

---

23 Das ist Lottes Formulierung in *Werthers Leiden*: „Albert ist ein braver Mensch, dem ich so gut
    als verlobt bin." (*Hamburger Ausgabe*, Bd. VI, S. 25). So wie Albert keine reguläre Verlobung
    eingehen kann, weil er beruflich noch keine Existenz gefunden hat, so auch Mariane Wesener,
    weil sie noch nicht konfirmiert ist.
24 Silvia Hallensleben, „,Dies Geschöpf taugt nur zur Hure…'. Anmerkungen zum Frauenbild in
    Lenz' ‚Soldaten', in: Inge Stephan und Hans-Gerd Winter (Hrsg.), „*Unaufhörlich Lenz gele-
    sen…"*. Studien zu Leben und Werk von J. M. R. Lenz, Stuttgart, Weimar: J. B. Metzler 1994,
    S. 225-242, hier S. 231. Zur Interpretation dieser hocherotischen Antischreibszene vgl. auch
    Günter Niggl, „Neue Szenenkunst in Lenzens Komödie ‚Die Soldaten'", in: ders., *Studien zur
    Literatur der Goethezeit*, Berlin: Duncker und Humblot 2001, S.47-62.

macht hat, um seine Tochter und Desportes zu suchen. So wird er für Mariane der Mann, der im Elend präsent ist, aber das ist kein Trost. „Beide wälzen sich halb tot auf der Erde. Eine Menge Leute versammeln sich um sie und tragen sie fort", lautet die berühmte Bühnenanweisung (V/4).

Die Heldin dieses Stücks, das die aggressive Sexualität der unverheirateten Garnisonsoffiziere zum Thema hat, ist ein briefeschreibendes Mädchen. In der Welt der Männer wie in der Welt der Briefe sucht sie sich mit ihren Kräften zu behaupten. „Wenn Er mich doch nur wollte für mich selber sorgen lassen. Ich bin doch kein klein Kind mehr", sagt sie ihrem Vater (I/3). Aber das ist noch schwerer als Briefeschreiben, wie die Exposition zeigt. In dem mutterlosen Haushalt Weseners fragt Mariane ihre ältere Schwester Charlotte um Rat. Zunächst im Hinblick auf die Rechtschreibung, wobei sie die problematischen Wörter einigermaßen schulgerecht buchstabiert, aber nicht schulgerecht schreibt. Charlotte bemerkt nichts, nicht etwa, weil sie die angebotene Rolle als Lehrerin nicht ernst nimmt, sondern weil sie es selbst nicht besser weiß. Rechtschreibung ist Normierung, aber die Autorität, die über die Normierung wachen sollte, fällt aus. Dann kommt der Satzbau. Nun korrigiert Charlotte von sich aus, doch Mariane erlebt das als Einmischung, und als Charlotte insistiert, führt sie eine zweite Autorität ins Feld, den Vater. Es wird generell, Stilprinzipien wie der Gebrauch der ersten Person des Personalpronomens in Texten, stehen auf dem Spiel und hier wird die Autorität Charlottes mit der Autorität des Vaters mundtot gemacht. Der Brief, so zeigt sich, hat einen zweiten Teil, der privatisiert, d. h. dem Gespräch – der Beurteilung, der Kontrolle, der Korrektur – entzogen wird. Zum Text, den Mariane, Schule spielend, veröffentlicht, gibt es eine verschwiegene Fortsetzung oder einen verschwiegenen Adressaten. Das ist ein abwesender Geliebter, über den nicht gesprochen werden soll, doch Charlotte kehrt sich nicht an Marianens Wunsch, ihre Verliebtheit als schambehaftetes Geheimnis zu schonen. Worauf Mariane weinend davonläuft, um sich über ihre Schwester zu beklagen.

Was ist das eigentlich für ein Brief? Man sagt, Mariane sei unvermögend zwischen Geschäftsbrief und Privatbrief zu unterscheiden,[25] eine Unterscheidung mit der Opposition ‚gelernt vs. spontan': Handelskorrespondenz muß man lernen, persönliche Briefe schreibt man von allein. Doch diese Opposition, problematisch genug in sich, ist sicherlich unbrauchbar für die ständische Gesellschaft vor den großen Revolutionen, der technischen, der politischen und der Bildungsrevolution. Diese Gesellschaft ist erfüllt von Kommunikations- und Ausdrucksmustern, und sie hält es auch gar nicht geheim, im Gegenteil, sie werden

---

25 Georg-Michael Schulz, *Jacob Michael Reinhold Lenz*, Stuttgart: Reclam 2001, S. 107 f: „Der Brief ist in einem geschraubten Stil gehalten, gespickt mit (falsch geschriebenen) französischen Floskeln. Mariane, so wird deutlich, ahmt den Stil ihres Vaters nach. Neben ihrem Unvermögen, zwischen einem Geschäftsbrief und einem Privatbrief zu unterscheiden, wird überhaupt ihre Unselbständigkeit offenbar sowie, zumindest andeutungsweise, die besonders enge Beziehung zwischen ihr und ihrem Vater und nicht zuletzt auch noch die in der Familie vorherrschende Einstellung in Bezug auf soziale Aspekte: man orientiert sich nach ‚oben' hin und sucht – zumindest im Briefstil – den Anschluß an den Adel." Kein Kommentar.

zur Nachahmung unaufhörlich und mit Gewinn publiziert. Hier das Inhalts-
verzeichnis eines Briefstellers von 1693:

> „I. Von der Briefstellungs-Kunst insgemein.
> II. Von den Benachrichtigungs=Schreiben und deren Beantwortung.
> III. Von den Glückwünschungs=Schreiben und derselben Beantwortung.
> IV. Von Bitt= Ersuch= und Einladungs=Schreiben.
> V Von Dedications= oder Zueignungsschreiben.
> VI. Von Recommendation= oder Beförderungs= und Intercession= wie auch Lob=
> und Danck=schreiben.
> VII. Von Befehl= Ermahnung= Warnung= Bedrohung= Straff= oder Verweiß=
> Entschuldigungs= Klag= oder Trauer= und Trost=Schreiben.
> VIII. Von Bericht=Schreiben.
> IX. Kriegs-Cantzley: Capitulationen / Salvaguardien / Werbungs=Patenten / Be-
> fehlen / Ordren / Paß=Briefen / Abschieden / Regiments=Rechnungen / Rollen
> etc.
> X. Von den Kauff= und Handels=Schreiben / die Commercien / Credit und Glau-
> ben / Wechsel / Protesten / Assecurationen / Buchhalten und Bilantzen
> XI. Von allerhand zufälligen / nemlich Complimentir oder Gruß= und
> Liebes=Schreiben.
> XII. Von denen Schertz=Schreiben."[26]

Das wunderbare Chaos von schriftlichen Sprechhandlungen, in dem selbstverständlich auch die „Liebes=Schreiben" ihren Ort haben, wird bis weit ins
18. Jahrhundert fortgeschrieben.[27] Auch wenn es schließlich zum Schulge-
brauch vereinfacht ist – sowohl die Geschäftsbriefe wie die „Wohlstands"-
oder Höflichkeitsbriefe müssen erst geübt und gelernt werden.[28] Daher halten
sich die alten Muster. Brausers *Hurtiger Briefsteller* von 1693 verlangt für das

---

26 Wolfgang Brauser, *Der Vielvermehrte und vollkommene Hurtige Briefsteller. Das ist: Ausfür-
lich deutliche Anweisung / in allerhand Zeit / Freud / Leid / Streit= Fällen und Begebenheiten
/ einen zierlichen Brief / ohne allzulanges Nachsinnen / zu Papier zu bringen / und dardurch
sein Vorhaben nachdencklichst auszudrücken / damit man den ihme vorgestellten Zweck / bey
Hohen und Niedern desto füglicher erlangen möge*, Nürnberg: Martin Endter 1693.

27 Vgl. Samuel Jakob Schröckh, *Anweisung zum kaufmännischen Briefwechsel, enthaltend eine
Abhandlung über den guten Geschmack in Briefen – mehr als hundert Mustern von Handlungs=
und einigen französischen Geschäftsbriefen [...] nebst vielen andern hierhin gehörigen Aufsätzen* (1769), 3. Aufl. Frankfurt, Leipzig: Joann Joachim Keßler 1781, S. 4: „So lange aber noch
Talanders, Neukirchs, Menantes, Junckers, Schröters, und dergleichen erbärmliche Briefstel-
ler=Geburthen, in den Händen junger Leute sich befinden, und so lange sie noch immer in
neuen Auflagen unter veränderten Titeln in die Welt geschickt werden, so lange können auch
Anweisungen von Briefen [wie die vorliegende nützlich sein]."

28 So die Einteilung bei Johann Ignaz von Felbiger, *Methodenbuch für die Lehrer der deutschen
Schulen in den k. k. Erbländern* (1775), in: ders.: *General-Landschul-Reglement. Eigenschaften,
Wissenschaften und Bezeigen rechtschaffener Schulleute. Methodenbuch*, hrsg. von Julius Sche-
veling, Paderborn: Schöningh 1958, S. 201. Heynatz, *Handbuch* (Anm. 7) unterscheidet die
Briefe von „andern schriftlichen Aufsätzen" (Frachtbriefe, Kontrakte, Zeugnisse usw.), bietet
aber ebenfalls eine bunte Fülle von Briefen, darunter natürlich auch „Glückwünschungs-, Bey-
leids-, Dank- und andere Briefe, wodurch man seine Empfindungen äußert".

„Danck=Schreiben vor empfangene Wolthaten" vier Dinge:[29] Zunächst soll man seiner Freude mit Dankesworten Ausdruck geben, dann soll man den Freund bitten, „in seiner Gunstgewogenheit noch ferner fortzufahren", dann rühmt man noch einmal die empfangene Wohltat, und zum Abschluß verspricht man Gegendienste oder, falls das nicht angeht, Fürbitte bei Gott.

Der Brief, den Mariane schreibt, ist offensichtlich ein Dankbrief an die Gastgeber, bei denen sie und ihre Schwester zu Besuch waren. Aus der tradierten Disposition in vier Punkten gewinnt der Brief einen stringenten Zusammenhang. Zunächst die Mitteilung der glücklichen Heimkehr, dann wird die empfangene Wohltat gerühmt, dann wird ein Gegendienst erwogen, aber fallen gelassen, schließlich die Bitte, in der Gunstgewogenheit noch ferner fortzufahren. Solch ein Brief fällt unter die gesellschaftlichen Pflichten, in die Klasse dessen, was sich gehört. Zugleich aber stellt Marianens Brief das Pflichtmäßige, ja Gezwungene überdeutlich zur Schau: im Verhältnis zur Alltagsrede der beiden Schwestern, im Verhältnis auch zu den progressiven Reformen des Briefstils im 18. Jahrhundert. „Da eine jede Wohlthat oder Gefälligkeit werth ist, daß man sich ihrer erinnert, und dafür danket; so muß man in diesen Briefen nicht nachlässig seyn", mahnt der Lüneburger Rektor Johann Christoph Stockhausen (1751), zusammen mit Gellert einer der Verfechter des natürlichen Ausdrucks.[30] Er warnt bei Dankbriefen vor Weitläufigkeit, Übertreibung und Schmeichelei, lehnt es aber ab, die Formeln zu wiederholen, „deren man sich in der Danksagung bedienen könne; denn ich halte es für allzu sklavisch, darinn gewisse Vorschriften aufzudringen. Wenn man gut denket, und sich durch Lesung wohlgesetzer Briefe einen guten Geschmack erworben hat: so finden sich die Ausdrücke von selbst."

Allerdings ist gerade der kaufmännische Briefwechsel kaum aufgeschlossen gegenüber solchen Neuerungen. „Sollen denn die Kaufleute allein den alten gezwungenen Canzley Stil beybehalten?", fragt man 1756,[31] aber ein Vierteljahrhundert später hat sich wenig geändert:

---

29 Brauser, *Hurtiger Briefsteller* (Anm. 26), S. 299. Bemerkenswerterweise erwähnt Brauser auch die Gegner der Muster-Dispositionen, die meinen, „man solle hierinnen dem Lauf der Feder folgen / und keine Ordnung beobachten / weil dadurch nur die guten Gedanken verwirret würden", doch kann er ihnen naturgemäß nicht beipflichten (ebd., S. 2).

30 Johann Christoph Stockhausen, *Grundsätze wohleingerichteter Briefe, nach den besten Mustern der Deutschen und Ausländer; nebst beygefügten Erläuterungen und Exempeln* (1751), Wien: Trattner 1766, S. 197-199. Vgl. a. Reinhard M. G. Nickisch, *Die Stilprinzipien in den deutschen Briefstellern des 17. und 18. Jahrhunderts. Mit einer Bibliograpie zur Briefschreiblehre (1474-1800)*, Göttingen: Vandenhoeck & Ruprecht 1959 (= *Palaestra* 254), S. 161 ff. („Die große Reform des deutschen Briefstils zugunsten der schönen Natürlichkeit und der Lebhaftigkeit").

31 Carl May, *Versuch in Handlungs Briefen, nach den Gellertschen Regeln* (1756), zit. n. Nickisch, *Deutsche Briefsteller* (Anm. 30), S. 185 f. May ist wohl der erste Autor, der seinen beruflichen Unterricht ausdrücklich auch für Frauen bestimmt, „die ihrem Stande nach, es sey durch Geburt, oder durch Verheyrathungen, mit der Handlung verbunden sind". Carl May, *Versuch einer allgemeinen Einleitung in die Handlungs-Wissenschaft theoretisch und praktisch abgehandelt*, Altona: David Iversen 1767, Vorbericht.

„Der kaufmännische Briefwechsel ist besonders mit einem solchen Mischmasch von barbarischen Wörtern, und unverständlichen Ausdrücken angefüllt, daß fast niemand, als ein Kaufmann, der sich ihre Bedeutung durch eine langwierige Erfahrung bekannt gemacht hat, den Verstand eines solchen, von vielen ausländischen Redensarten zusammen geflickten Briefes errathen kann. [...] Die Lehrlinge lernen es von ihren Vorgesetzten, und wenn sie als Bediente wiederum Briefe schreiben sollen; so suchen sie einen Ruhm darinnen, diese in ihren Lehrjahren mit so vieler Mühe erlernte verworrene Sprache sehen zu lassen."[32]

Diese „verworrene Sprache" ist es, deren sich Mariane in ihrem Brief bedient, altväterische Formulierungen in einem altväterischen Textmuster. Ihr gegenüber vertritt Charlotte die neuere Richtung, allerdings nur einmal und *ad hoc*, im Gebrauch der Personalpronomen. Sie hat nicht kommentiert, daß es unschicklich ist, den Brief mit „wir" zu beginnen („Meine liebe Matamm! Wir sein gottlob glücklich in Lille arriviert"), noch die weggelassenen Personalpronomen „wir" („womit die Gütigkeit nur verdient haben") und „ich" („wünschte nur im Stand zu sein"). Auch die Formel von der Gütigkeit, „womit uns überschüttet", spart sowohl das Anredepronomen als auch die Prädikatsergänzung (‚haben') aus, ebenfalls im Sinne eines altväterischen Stilideals, dem solche Aussparungen geradezu als elegant galten. Wenn Charlotte eingreift, dann tadelt sie, wenngleich nicht eigentlich konsequent, was ein kaufmännisches Handbuch aus dem Jahre 1762 als eine „unzeitige und unförmliche Höflichkeit" ablehnt:

„Eine Dunkelheit kann auch daraus entspringen, wenn man die nötigen Verbindungswörter an gehörigen Orten ausläßt. [...] Eben das ist auch von der Weglassung der Hülfswörter *seyn* und *haben* zu sagen; und einige sind in deren Anwendung so sparsam und karg, daß sie das erste oft selbst nicht einmal da brauchen, wo es doch kein bloßes Hülfswort, sondern ein nothwendiges Zeitwort ist. In diesem letztern Falle aber sollte man es niemals weglassen und in den andern wohl erwägen, ob nicht eine Dunkelheit, Schwierigkeit oder Zweydeutigkeit daraus entstehen könnte, wenn es nicht gesetzet worden. Es finden sich noch einige, die aus einer übel verstandenen Höflichkeit, oder ich weis nicht aus was sonst für Ursache sich scheuen, jemals *ich* zu schreiben, und bloß setzen: Denselben habe zu berichten, gebe zur Antwort, diene darauf u. d. g. anstatt habe ich zu berichten, gebe ich zur Antwort u. s. w. Wo ich mich recht erinnere, so haben auch wohl einige Briefsteller so gar dieses angerathen. Allein, meinem Bedünken nach ist dieses eben so unfüglich und lächerlich, als wenn ich mit jemanden reden wollte, und hienge eine Decke über mich, damit er mich nicht sehen sollte. Ich bin ja derjenige, der mit ihm zu thun hat; warum sollte ich mich nicht zeigen dürfen?"[33]

---

32 Schröckh, *Anweisung zum kaufmännischen Briefwechsel* (Anm. 27), S. 6.
33 Gottfried Christian Bohn, *Wohlerfahrener Kaufmann [...] nebst einer ausführlichen Anweisung zum italienischen Buchhalten, dem kaufmännischen Briefwechsel und mehrern nöthigen Handelssachen* (1719), viel vermehrte und verbesserte Ausgabe, Hamburg: Johann Carl Bohn 1762, S. 764.

Die Schwierigkeit, ‚ich' zu schreiben, das ist wohl im Schriftverkehr das Äquivalent zu der Schwierigkeit, erwachsen zu werden. Die Schreibszene zu Beginn der *Soldaten* bringt beides zur Deckung.

Die Exposition der *Soldaten* (I/1) stellt das Schreiben als Sozialverhältnis dar und lädt dadurch ein, zu verallgemeinern. So wie Mariane fragt, „ist's so recht", beobachtet sie ihr eigenes Schreiben und bittet um Bestätigung bzw. Korrektur. Ihre Mitspielerin, Charlotte, beobachtet gleichfalls Marianes Schreiben, gibt aber zweimal eine Bestätigung, von der die Zuschauer wissen können, daß sie falsch ist. Wenn die Zuschauer (oder Leser) ihrerseits die Selbstbeobachtung der Schreibenden und die Fremdbeobachtung der Autorität wahrnehmen, beobachten sie ein Spiel mit ‚Falsch' und ‚Richtig', das falsch läuft. So auch das Stück. Wie Charlotte bei der Rechtschreibung, so erweist sich der Vater in der Frage der rechten Lebensführung, genauer, der Gattenwahl, als Autorität mit Richtlinienbefugnis, doch ohne Richtlinienkompetenz. Um in dieser Welt der Erwachsenen, die selber nicht Bescheid wissen, selbst erwachsen zu werden, entwickelt Mariane zwei Strategien. Die erste: sie spielt die Autoritäten gegeneinander aus.[34] Wenn Charlotte sie stilistisch verbessern will, beruft sie sich auf den Vater, um sich nicht selbst korrigieren zu müssen; so ist sie gewiß nicht lernwillig, sie bleibt beim altväterischen Muster, aber doch nicht ‚sklavisch', denn sie entzieht sich der Korrektur. (So auch beim Umgang mit den Männern, wenn sie Desportes gegen ihren Vater ausspielt). Die zweite: sie verheimlicht, was ihr das Wichtigste ist. Der Verdacht, der in jener alten Schulordnung laut wurde, ‚als dürften die Mädchen das Schreiben zu was Bösem anwenden', findet sich bestätigt; tatsächlich schreibt Mariane so etwas wie einen Liebesbrief, den sie sonst niemandem mitteilen will. In einer Epoche und in einem Theaterstück, wo die Briefe gerade *kein* Geheimnis sind, wo Desportes und der Vater ganz zwanglos Stolzius' Brief zu lesen bekommen (II/3), verschließt Mariane vor den Augen der anderen das Geheimnis ihres Begehrens, das bei Lenz den ehrwürdigen Namen der Konkuspiszenz erhält.[35] So sehr, daß auch Zuschauer und Leser über dessen Verschiebungen und Verdichtungen im Ungewissen bleiben.

Es ist eine Trivialität, aber man muß sie doch, wie Villaume, erst einmal aussprechen oder hinschreiben: „Schreiben geht viel langsamer als Sprechen."[36] Indem Lenz diese Verlangsamung an die Spitze seines Stückes stellt, werden die

---

34 Ähnlich Lenz selber, der die Autorität zweier Pastoren gegeneinander ausspielte: die seines Vaters, der sein Schreiben nicht dulden wollte, gegen die eines väterlichen Freundes, der ihn zum Schreiben ermunterte. Vgl. Heinrich Bosse, „Lenz in Königsberg", in: Inge Stephan und Hans-Gerd Winter (Hrsg.), *„Die Wunde Lenz". J. M. R. Lenz. Leben, Werk und Rezeption*, Bern u. a.: Peter Lang 2003, S. 209-239, hier S. 220 ff.

35 Vgl. Heinrich Bosse und Johannes Friedrich Lehmann, „Sublimierung bei J. M. R. Lenz", in: Christian Begemann und David E. Wellbery (Hrsg.), *Kunst – Zeugung – Geburt. Theorien und Metaphern ästhetischer Produktion in der Neuzeit*, Freiburg im Breisgau: Rombach 2002, S. 177-210.

36 Villaume, „Methode, Gedanken schriftlich auszudrücken" (Anm. 19), S. 24.

Fehler sichtbar, die grundlegend sind für alle Lernprozesse, nämlich als Ko-Pro-
duktion von Lernenden und Lehrenden, in Worten und Werken. „Bey dem
Schönschreiben wird auch die Orthographie, oder die Rechtschreibung, erfor-
dert, welches, so wie in allen, also auch in Handlungsbriefen, eine Haupteigen-
schaft ist, die ohne Schande nie vernachläßiget werden kann."[37] Das Stück *Die
Soldaten*, könnte man sagen, lädt auch dazu ein, Schande als Gemeinschaftswerk
zu begreifen.

---

37 Schröckh, *Anweisung zum kaufmännischen Briefwechsel* (Anm. 27), S. 15.

DAVIDE GIURIATO

Johann Friedrich Oberlin und *Herr L......*

I

Das Abschreiben als Form und Bedingung von Überlieferung in der Schriftkultur gerät gelegentlich ins Kreuzfeuer von Kritik. Die Funktionen von Rezeption und Reproduktion, von Lesen und Kopieren, die das Abschreiben als Überlieferungsform regulieren sollen, werden bisweilen in Konkurrenz gesetzt zur Eigendynamik des Schreibakts, die sich in der bloßen Mechanik des Schreibens entfaltet. Die Korruptibilität der Quellen ist für die Ökonomie dieser Schriftkultur charakteristisch, und die Akteure von Überlieferung, namentlich die Abschreiber, Sekretäre, Kopisten, treten dabei maßgeblich durch geistlosen „Unverstand" in Erscheinung.[1] Die rein körperliche Geste des Schreibens, die in der Tätigkeit des Abschreibens – ebenso wie in jeder kalligraphischen Bemühung – besonders akzentuiert und losgelöst von semantischen Aspekten in den Vordergrund tritt und bisweilen gerade deswegen als besonders *verständige* Tätigkeit begrüßt wird,[2] erscheint aus dieser Perspektive als Quelle von Entstellungen, die aus jedem tradierten Text einen verfälschten Text machen. Überlieferung erscheint so als Verfallsgeschichte, und Überlieferungskritik profiliert sich nicht selten zu einer geistvollen Tätigkeit, die den Sündenfall des Schreibens rückgängig machen soll. Das Überlieferte wird dabei als fehlerhafter Schatten eines vorgängigen, richtigen, präsupponierten Textes prinzipiell in seiner Faktizität negiert. Unweigerlich gerät man hier in einen Bereich, der nicht

---

1 „Zweifellos begünstigt die Schriftlichkeit Konstanz; aber sie hat nicht hervorgebracht, was ihr zu erhalten anheimgefallen ist. Für eine Schriftkultur ist eher die Korruptibilität der Quellen charakteristisch, die durch den Unverstand der Abschreiber, für das, was sie zu tradieren haben, entsteht. […] In dieser Überlieferungsform kann nur noch korrumpiert, nicht mehr optimiert werden." Hans Blumenberg, *Arbeit am Mythos*, Frankfurt am Main: Suhrkamp 1979, S. 168 f. – Vgl. ausführlich Sabine Mainberger, *Schriftskepsis. Von Philosophen, Mönchen, Buchhaltern, Kalligraphen*, München: Wilhelm Fink 1995.

2 Besonders erhellend sind in diesem Zusammenhang die Ausführungen von Hans-Jost Frey im Rückgriff auf Walter Benjamins *Einbahnstraße* (1928): „Das nichtverstehende Abschreiben dient nur der mechanischen Reproduktion des Textes und scheint mit keinerlei Erkenntnis verbunden zu sein. […] Dennoch ist die Texterfahrung des Abschreibers eine Überlegung wert. Sie zeichnet sich dadurch aus, daß Schreiben zu einem vom Sinn des Geschriebenen abgelösten Vorgang wird. […] In einer vorwiegend schriftlichen Kultur kann Abschreiben die Möglichkeit eines intensiven Textvollzugs sein. […] Das Abschreiben wirkt dieser Tendenz [der Annahme eines sprachunabhängigen Denkens] entgegen, indem es den Verstand mit der Bewegung der Schreibhand ins Einvernehmen setzt und dadurch die Erinnerung an die Unablösbarkeit des Gedankens von dem, was ihn zur Erscheinung bringt, wachhält". Hans-Jost Frey, *Lesen und Schreiben*, Basel: Urs Engeler 1998, S. 60-65.

mehr historisch, sondern nur noch logisch bestimmt werden kann, als ursprünglichen Ort von Authentizität und Originalität. Es gibt aber Schriftstücke, die nicht nur in ihrer Textgeschichte einer solchen Tradierungsdynamik ausgesetzt sind, sondern die zudem die entstellende Gesetzmäßigkeit von Überlieferung als ihre konstitutive Bedingung thematisch verhandeln. Solche Texte erlauben es, die heteronome Gesetzmäßigkeit des Abschreibens (und des Schreibens) im Hinblick auf die unhintergehbare Historizität jedes Textes zu bejahen. Es sind Texte, die ihre eigene Faktizität behaupten – aber das ist ja meistens erst oder grad der Anfang der Probleme.

Johann Friedrich Oberlins Bericht über den Besuch des Dichters Lenz vom 20. Januar bis zum 8. Februar 1778 ist als ein Diktatmanuskript überliefert.[3] Die Handschrift ist bislang als ein korrumpiertes Dokument betrachtet worden, dessen angebliche Abweichungen für die Quellenüberlieferung, die sich von Daniel Ehrenfried Stöber, seinem Sohn August Stöber bis hin zu dessen Freund Georg Büchner als eine Reihe korrumpierender Abschriften beschreiben läßt, von vornehmlich stemmatologischem Interesse waren.[4] Als Diktatmanuskript stellt der Bericht aber selbst eine Mitschrift dar, die also durch ihre Entstehungsumstände schon die Mechanik des Schreibens als Bedingung von Überlieferung zur Diskussion stellt. Die Feststellung, daß der „tradierte Text" auch schon „der korrumpierte Text" ist, der durch die kritische Tätigkeit im Sinne einer *restitutio in integrum* wiedergewonnen und überhaupt noch gedacht werden könnte, muß deswegen neu hinterfragt und aus der Logik der Verfallsgeschichte gelöst werden. Unbeachtet bleibt in dieser nämlich die logische, sowohl überlieferungsgeschichtlich als auch ästhetisch freilich noch zu

---

3 Die Handschrift ist 1975 durch die Münstersche Arbeitsgruppe unter der Leitung von Hubert Gersch in den *Archives Municipales de Straßbourg* (heute unter der Sigle: AMS, Fonds Oberlin, 15 NA 61) aufgefunden und ein Jahr später der Öffentlichkeit in Form einer kritischen Ausgabe zugänglich gemacht worden: „Johann Friedrich Oberlin, Herr L...... Edition des bisher unveröffentlichten Manuskripts. Ein Beitrag zur Lenz- und Büchner-Forschung. Hg. von Hartmut Dedert, Hubert Gersch, Stephan Oswald u. Reinhard F. Spieß", in: *Revue des Langues Vivantes* 42 (1976), S. 357-385.

4 In diese Richtung zielt die in ihrer textkritischen und quellenhistorischen Ausführlichkeit unschätzbar informationsreiche Studie der Münsterschen Arbeitsgruppe: Hubert Gersch (in Zusammenarbeit mit den Mitgliedern Münsterscher Forschungsseminare), *Der Text, der (produktive) Unverstand des Abschreibers und die Literaturgeschichte. Johann Friedrich Oberlins Bericht ‚Herr L......' und die Textüberlieferung bis zu Georg Büchners ‚Lenz'-Entwurf*, Tübingen: Niemeyer 1998. – Die darin vorgebrachte Auffassung von Überlieferung gründet in der letztlich unhistorischen Vorstellung eines ideal zu tradierenden Textes, der *per se* unversehrt ist und dessen materielle Realisierungen stets die Gefahr der Textentstellung in sich bergen: „Die Überlieferungsform selbst, das Abschreiben, ist zugleich Medium und Fabrikation der Veränderungen. Was der Sicherstellung des Textes dienen soll, bewirkt auch dessen Entstellung. Das Resultat des Abschreibens ist schon die eigenmächtige Version. Der tradierte Text ist der korrumpierte Text. Ursache für die Textentstellung ist zunächst die mangelhafte Professionalität des jugendlichen Abschreibers, der mit den überaus zahlreichen handschriftlichen und sprachlichen Schwierigkeiten der Vorlage nicht zurechtkommt und auch der Mechanik des Abschreibvorgangs wie dem Automatismus des Schreibens unterliegt." (S. 87 f.)

problematisierende Implikation, daß die überlieferte Handschrift auf einen ‚Originalbericht' zu beziehen wäre, der aber nicht dokumentierbar ist und über dessen Existenz auch keine historisch begründbare Spekulation sich aufdrängt.[5] Immerhin könnte es einer dem Dokumentierten verpflichteten Lektüre vorbehalten sein, das Defizitäre bzw. das *sogenannt* Defizitäre des Überlieferten ernst zu nehmen.

Die These, die ich nun im folgenden explizieren möchte, versucht dieses Schriftstück aus dem ihm äußerlichen, erst von der Literaturgeschichtsschreibung hergestellten Kontext, der bis zu Büchners *Lenz* reicht und der ausführlich untersucht worden ist, zu lösen. *Herr L......* ist nicht nur der aufsehenerregende und literarisch folgenschwere Bericht über den Besuch des oft in seiner Verrücktheit überemphatisierten Dichters Lenz im elsässischen Steintal. Oberlins Bericht ist auch ein Dokument, das in der Thematisierung von *Stimme*, *Abschrift* und *Schreiben* maßgeblich über die eigenen Entstehungsbedingungen berichtet und das in der diktierenden Realisation des Schreibens eine für den protestantischen Pfarrer Oberlin vielleicht nicht minder aufsehenerregende, weil parergonal-instabile Rahmung der eigenen Schreibszene vorführt. Der hier vorgeführte Versuch, die Entstehungsumstände des Berichts nicht als äußerliches Akzidens vom Geschriebenen abzutrennen, geht von der Beobachtung aus, daß der Akt des Diktierens und des Niederschreibens als Form problematischer (Co-)Autorschaft im Bericht selbst schon thematisch exponiert wird. Die Darstellung der Oberlinschen Schreibszene geht hier deshalb so vor, daß – der Chronologie der Ereignisse folgend – von der im Bericht narrativ und thematisch entfalteten Inszenierung des Schreibens aus (II) der Bezug zur spezifischen Entstehung der Handschrift hergestellt wird (III).

---

5 Zu den näheren Umständen des Berichts (Entstehung, Zirkulation, Adressaten, Schreiber etc.) ist dokumentarisch wenig gesichert: Daß die vorliegende Handschrift *Herr L......* auf der Grundlage eines bereits schriftlich fixierten Originals diktiert wurde, ließe sich nur durch erhebliche Strapazierung des tatsächlich Dokumentierten behaupten. Es lohnt sich im Umgang mit unvollständiger Überlieferung, deren Lücken *als solche* offenzuhalten. Verwiesen sei auf die diesbezüglich umsichtige Studie von Michael Will, *‚Autopsie' und ‚reproduktive Phantasie'. Quellenstudien zu Georg Büchners Erzählung ‚Lenz'*, Würzburg: Königshausen und Neumann 2000, S. 60-88. – Mit Sicherheit kann man in bezug auf die Handschrift *Herr L......* nur festhalten, daß sie als Dikatmanuskript entstanden ist und eigenhändige Korrekturen Oberlins enthält. Es ist deswegen tatsächlich unangemessen, von „Oberlins Handschrift" (S. 80 f.) im engeren Sinne gesicherter Autorschaft zu sprechen. Wills Annahme einer Reinschrift jedoch, die Oberlin an seine Adressaten verschickt hätte, ist bereits eine nicht zwingende – freilich als solche offengelegte – Hypothese, die darauf abzielt, den defizitär überlieferten Text auf einen nicht überlieferten idealen Text zu beziehen: „Angesichts der Adressatenorientiertheit des Textes muß man fast zwingend von der Existenz einer für die Leser bestimmten Reinschrift oder Urschrift ausgehen. Die in Orthographie, Interpunktion und Grammatik äußerst defizitäre Handschrift *Herr L......* war für diesen Zweck zweifellos ungeeignet gewesen." (S. 81) Wiewohl diese Annahme nicht widerlegt werden kann (wie auch?), kann die Argumentationsweise hier nicht geteilt werden: Es ist prinzipiell schwer über Texte zu sprechen, die nicht dokumentiert sind. Und warum die Möglichkeit ausschließen, daß der Bericht *Herr L......*, obwohl darin Adressaten angesprochen werden, gar nie verschickt worden ist?

II

In einem Brief an Johann Caspar Lavater, datiert auf den 22. Januar 1778, erzählt Lenz, daß er seit seiner Ankunft im Steintal verschiedene Silhouetten angefertigt habe,[6] „die aber wie alle Schattenrisse so unendlich verschieden von den Originalen sind."[7] Das Programm der Physiognomik, Menschenkenntnis und Menschenliebe zu befördern,[8] erhält damit einen methodischen Mangel und kann an dieser Stelle des Briefes im emphatischen Rekurs auf deren Begründer gleichwohl in seinem Gelingen gewährleistet werden: „Wenn Dich Dein Genius hierher versetzen wollte, würdest Du all das Fehlende oder Verkritzelte durch Deinen Blick ergänzen."[9] Im Wissen um die Zeichenhaftigkeit von Silhouetten[10] impliziert die Aussage gleichsam das Eingeständnis, „daß die Gesichter mehr und mehr ihre Sprache verlieren".[11] Der Brief affirmiert zugleich die Praxis des Schattenrisses und bestätigt Lenzens bisweilen begeisterte Befürwortung des lavaterschen Projekts. Die von ihm im Steintal angefertigten Schattenrisse gingen in eine systematisch angelegte Sammlung von Silhouetten ein, die Oberlin von seinen Pfarreimitgliedern anlegte.[12] Obwohl Lenz für die Reproduktionstechnik den Verlust des Abgebildeten wahrnimmt, fügt er sich gleich bei seiner Ankunft in das Gesetz der Repräsentation, das Oberlin im Steintal etablierte und wonach „etwas nicht nicht bedeutsam sein kann und man also auch nicht nicht verstehen kann".[13] Während Oberlin die von Lenz angefertigten Silhouetten in seine

---

6 Zwei von diesen Silhouetten sind im *Fonds Oberlin* gefunden und erstmals publiziert worden in: Stefan Schmalhaus, „‚Mir ekelt vor jedem feinern Gesicht.' J. M. R. Lenz und die Physiognomik", in: David Hill (Hrsg.), *Jakob Michael Reinhold Lenz. Studien zum Gesamtwerk*, Opladen: Westdeutscher Verlag 1994, S. 55-66.

7 Jakob Michael Reinhold Lenz, *Werke und Briefe in drei Bänden*, herausgegeben von Sigrid Damm, München, Wien: Hanser 1987, Bd. 3, S. 566.

8 Johann Caspar Lavater, *Physiognomische Fragmente, zur Beförderung der Menschenkenntniß und Menschenliebe*, Leipzig und Winterthur: Bey Weidmanns Erben und Reich, und Heinrich Steiner und Compagnie 1775-1778 (4 Bde.).

9 Lenz, *Werke* (Anm. 7), S. 566 f.

10 Vgl. hierzu Roland Barthes, „Erté oder An den Buchstaben" (1973), in: ders., *Der entgegenkommende und der stumpfe Sinn. Kritische Essays III* (1982), aus dem Französischen von Dieter Hornig, Frankfurt am Main: Suhrkamp 1990, S. 110-135, hier S. 113: „Die Silhouette ist, sei es auch nur durch ihre Etymologie (zumindest im Französischen), ein fremdartiges, zugleich anatomisches und semantisches Objekt: Sie ist der ausdrücklich zur Zeichnung gewordene, einerseits scharf umrissene, andererseits völlig leere Körper. Dieser zur Zeichnung gewordene Körper ist im wesentlichen (funktionsbedingt) ein soziales Zeichen (das war der Sinn, den die Zeichner des Generalkontrolleurs der Finanzen Silhouette ihrer Zeichung verliehen haben)".

11 Schmalhaus, „‚Mir ekelt vor jedem feinern Gesicht.'" (Anm. 6), S. 61.

12 *Archives Municipales Straßbourg*, Fonds Oberlin, Ms. 92.

13 Jochen Hörisch, „Oberlin oder die Verbesserung von Mitteleuropa", in: *Georg Büchner: 1813-1837; Revolutionär, Dichter, Wissenschaftler*, Basel/Frankfurt am Main: Stroemfeld/Roter Stern 1987, S. 262-266, hier S. 263. – Eine eindrückliche Dokumentation von Oberlins ‚Bedeutungswahn' leisten: Malou Schneider, Marie-Jeanne Geyer (Hrsg.), *Jean-Frédéric Oberlin. Le divin ordre du monde (1740-1826)*, Mulhouse: éditions du Rhin 1991. Insbesondere sei an dieser Stelle die diskursanalytische Untersuchung über Oberlins Ordnung der Dinge erwähnt von: Anny Haus, „Lecture d'une collection: en quête de l'ordre", in: ebd., S. 141-149.

Sammlung integriert, bleibt in seinem Bericht *Herr L......* – man ist versucht zu sagen: als eine Lücke – bezeichnenderweise gerade der Brief an Lavater und die darin dezidiert geäußerte Mangelhaftigkeit der Abbildungen unerwähnt.[14]

Johann Friedrich Oberlin, seit 1767 protestantischer Prediger in der Pfarrei Waldersbach, wurde gelegentlich mit dem Vorwurf seiner Zuhörer konfrontiert, seine Mägde hätten ihm die Predigt geschrieben. Damit wurde nicht nur seine Autorschaft in Zweifel gezogen, sondern offenbar auch – und dies überrascht beim Genre der Predigt besonders – die Wirkung seiner Stimme gering geschätzt. Von den Leuten, die diese Kritik äußern, berichtet Oberlin ziemlich despektierlich, daß sie eine „äuserste Unwissenheit in allem, u. ins besondere in der Strache selbst" hätten (Z. 48 f.).[15] Von den Predigten, die er für diese Leute schrieb, heißt es, daß sie anfangs „vortreflich nach dem geschmack der Steintäler" (Z. 46) gewesen seien. Erst seitdem Oberlin „dieser guten Leute Fehler" (Z. 47), d. h. ihre Sprachunwissenheit kenne, wisse er nicht mehr, welches die richtige, d. h. treffende Sprache sei. Er beginnt nun seine Rede auf verschiedene Weisen zu verstellen. Er spricht bisweilen forscher, dann spricht er einfacher und noch einfacher, bis ihm der bereits genannte Vorwurf vorgehalten wird. Diese kleine Geschichte des Sündenfalls der Reflexion und insbesondere der Sprachreflexion, die Oberlin im Rahmen seines Berichts *Herr L......* in bezug auf seine eigene Praxis des Schreibens und Redens anstellt, erzählt von der Krise eines Redners, der, weil er zuviel zu wissen glaubt, nicht mehr weiß, wie er schreiben und reden soll und der sich an dieser Stelle ausdrücklich einen Stellvertreter wünscht: „Ich bin des wegen herzlich froh, wann bis weilen jemand anders für mich predigen will." (Z. 55 f.) Er wählt sich den namenlosen L...... zum Stellvertreter.

Herr L...... – mit sechs Auslassungspunkten –, man muß hier sozusagen der Abkürzung halber von *Lenz* sprechen. Lenz hat nicht nur eine Stimme, er hat

---

14 Oberlins ungebrochenes Verhältnis zu Lavaters Physiognomik und zu Galls Phrenologie wird dokumentiert in: Denis Leypold u.a., *Jean Frédéric Oberlin au Ban de la Roche*, Association du Musée Oberlin 1991, S. 74 f. – Erhellend ist zudem insbesondere der Beitrag von Marie-Jeanne Geyer, „La pédagogie du portrait", in: Schneider, Geyer, *Jean-Frédéric Oberlin* (Anm. 13), S. 183-194, darin die Abbildung auf S. 192: Sie zeigt das zufällig entstandene, einem menschlichen Gesicht ähnliche Profil eines Brotstücks, das – um der Ausschaltung von Kontingenz willen – in die Ordnung der Schattenrisse erhoben wird: „Ombre de mon Reste de Pain, trouvée par hasard, et sans l'avoir du tout cherchée par l'Emplacement, ou Découpement du pain."

15 Oberlins Bericht wird hier nicht nach der neuesten, synoptisch verfahrenden Edition des Textes zitiert (vgl. Georg Büchner, *Lenz*, in: ders., *Sämtliche Werke und Schriften. Historisch-kritische Ausgabe mit Quellendokumentation und Kommentar (Marburger Ausgabe)*, herausgegeben von Burghard Dedner und Thomas Michael Mayer, Bd. 5, herausgegeben von Burghard Dedner und Hubert Gersch unter Mitarbeit von Eva-Maria Vering und Werner Weiland, Darmstadt: Wissenschaftliche Buchgesellschaft 2001, S. 230-241), weil die Synopse ihr Interesse auf die Überlieferungsverhältnisse bis zu August Stöbers Drucken (1831/1839) richtet. Die Edition des Textes in: Gersch, *Der Text, der (produktive Unverstand) des Abschreibers* (Anm. 4), S. 14-23, hingegen enthält eine weitgehend diplomatisch gehaltene Transkription der Handschrift *Herr L......* und ist deswegen für die hier exponierten Fragestellungen geeigneter. Der Text wird hier jeweils mit Zeilenangaben zitiert.

deren mehrere: Lenzens Stimmen sind für Oberlin, der nur wenige Jahrzehnte nach Carl von Linné so gern alles und jeden klassifizierte, nicht klassifizierbar. Menschlich sind sie auf keinen Fall. Oberlin gibt an dieser Stelle die Worte, wohlbemerkt, seiner Mägde wieder:

> „Meine Mägde die in dem Kindsstübgen unter ihm schliefen, sachten, sie hätten oft, insunderheit aber in selbiger Nacht ein brummeln gehöret das sie mit nichts als mit dem Thon einer Habergeise zu vergleichen wußtem. Vielleicht war es ein Winseln mit holer fürchter licher, Verzweifelnder Stimme." (Z. 175-179)

Die Stimme ist nun in dieser Beschreibung nicht einfach als eine animalische in die natürliche Hierarchie eingeordnet. Sie ist vielmehr die Stimme, für die sich Oberlin ein anderes Wort wünscht, für das er aber kein anderes Wort findet. Jede Bezeichnung für sie ist deswegen „hohl", d. h. ohne Analogie. Damit aber öffnet sich auch eine Kluft zwischen natürlicher und künstlicher Ordnung, in welcher nicht nur die Humanität von Lenzens Stimme auf dem Spiel steht, wie das weitere Zusammentreffen zwischen Lenz und Oberlin zeigt.

Man braucht wohl kaum noch zu erwähnen, daß der in Theologie studierte Lenz predigen konnte.[16] Eben bei Oberlin angekommen, darf er bereits am 25. Januar eine Probepredigt halten. Oberlin beschränkt sich in seinem Urteil darauf festzuhalten, daß es eine „Schöne Predigt, nur mit etwas zu Vieler Erschrokenheit", gewesen sei (Z. 63 f.). Die im Wort *Erschrockenheit* (das Wort „Schrecken" durchzieht als roter Faden die ganze Erzählung) leise anklingende Verfremdung der Stimme kehrt bald nach Lenzens Probepredigt mit ungleicher Vehemenz wieder. Einstweilen aber geht Oberlin auf eine Reise[17] und überläßt seine Gemeinde dem Stellvertreter, von dem er bislang nur weiß, daß er nachts Unruhe stiftet, weil er im Brunnentrog ein winterliches Bad nimmt, und zwar so, als „wolte er sich ertränken" (Z. 30). Diese im wörtlichen Sinne beunruhigen Stimmen, die mit Lenzens Ankunft nachts plötzlich wach werden, bringt Oberlin wieder durch Analogiebildung zum Schweigen:

> „Gottlob, sachte ich, das es wieder nichts ist, HE K... liebt das kalte bad auch, u. HE. L. ist e. Freund v. HE. K.. Das war für uns alle der erste Schreken. Ich eilte zu rük um meine Frau auch zu beruhigen. „ (Z. 32-36)

Als Oberlin von seiner frühzeitig abgebrochenen Reise, die er übrigens als Stellvertreter Lenzens unternimmt, weil dieser durch seine Fußwunde keine Reise

---

16 Vgl. Stefan Pautler, „Der Prediger als ‚beamteter Sittenlehrer'. Zu Lenz' Predigerreform zwischen Johann Joachim Spalding und Johann Gottfried Herder", in: ders., *Jakob Michael Reinhold Lenz. Pietistische Weltdeutung und bürgerliche Sozialreform im Sturm und Drang*, Gütersloh: Kaiser 1999, S. 339-372.

17 Dokumente zu dieser Reise in: Burghard Dedner, Hubert Gersch, Ariane Martin (Hrsg.), *„Lenzens Verrückung". Chronik und Dokumente zu J. M. R. Lenz von Herbst 1777 bis Frühjahr 1778*, Tübingen: Niemeyer 1999, S. 130-136.

unternehmen kann, und die ihn zu eben jenem Herrn K…, nämlich Christoph Kaufmann nach Winterthur führen sollte, zurückkehrte, hat sich Lenz ganz gut verhalten, es sei „für ihn nützliches gesprochen worden" (Z. 94). Erst mit Oberlin kehrt aber offenbar auch die Unruhe wieder ein, Lenz ist ob seiner Rückkehr „betroffen, u etwas bestürzt" (Z. 91 f.).[18] Seine Stimme verändert sich nun plötzlich und wird für Oberlin unverständlich: er „redete gebrochene worte" (Z. 144), er „rief mit harter etwas holer stimme einige Sylben die ich nicht verstund" (Z. 169 f.). Und der Dialog, den beide gleichwohl aufrecht zu erhalten oder besser: herzustellen versuchen, verharrt im Monologischen, und zwar von beiden Seiten aus: „Alles was ich sachte, waren nur meistens Antworten auf abgebrochene oft Schwer zu verstehende Worte, die er in großer Beklemmung seines Herzens ausstieß." (Z. 128-130)

Auf das Versagen der mündlichen Kommunikation scheint der Dichter Lenz den schriftlichen Weg zu suchen. Es sollte aber der Weg sein, der die Unmöglichkeit der Kommunikation zwischen dem Dichter und dem Prediger umso drastischer vor Augen führen und der den Pfarrer innert zwei Tagen zur Trennung bewegen sollte, die auch für ihn nicht ganz folgenlos blieb. Der wohlbemerkt von Lenz unternommene Versuch, zusammen einen Brief zu schreiben – und der Brief ist noch durchaus als Stellvertretung mündlicher Kommunikation zu verstehen[19] –, scheitert folgendermaßen:

> „Er schrieb einige Briefe, gab mir sie so dann zu <Schreiblücke> mit Bitte ich mögte noch selbst einige Zeilen drunter setzen. Ich hatte mit meiner Predigt zu thun, u. stekte die Briefe indessen in meine Tasche. In dem einen an eine Adeliche Dame in W….r schiener sich mit Abbadona zu vergleichen, er redete vom ‚Abschied' – der Brief war mir unverstandlich, auch hatte ich nur einen Augenblik Zeit ihn zu übersehen ehe ich ihn von mir gab." (Z. 234-240)

---

18 Mit dieser Einschätzung folge ich Sigrid Damm, die im Rückgriff auf Lenzens Arbeit „Vergleichung der Gegend um das Landhaus des Grafen mit dem berühmten Steinthal, eine Tagesreise von Strassburg im Elsass" aus dem Jahre 1789 festhält: „Keinen Rat hätte er [Lenz] bei Oberlin gesucht. Das wäre die Intention der Freunde gewesen. Der Aufenthalt im Vogesenhochtal bedeutete ihm Ruhe, Glück beinahe. Menschliche Nähe. Nicht zu Oberlin. Zu den geringen Kreaturen, Mägden, Knechten, Bauern. Büchner könne es nachlesen, ‚alle Herzen' habe er ‚gewonnen […] durch zwo Predigten und durch seinen liebreichen Umgang' […]. Wenige Tage habe er, Lenz, bleiben wollen, am 20. Januar sei er gekommen, am 25. wollten ihn Kaufmann und seine Verlobte abholen und mit nach Winterthur zu ihrer Hochzeit nehmen. Seine Wunde am Fuße habe das verhindert. Statt seiner sei Oberlin mitgegangen. Erst nach Oberlins verfrühter Rückkehr habe seine Qual begonnen. Vorgefaßte Meinung, Intoleranz, vernichtende Religiosität. Wie bei seinem Vater." Sigrid Damm, „Georg Büchner und Jakob Lenz", in: *Georg Büchner: 1813-1837* (Anm. 13), S. 258-261, hier S. 258 f.

19 Heinrich Bosse, „Der Autor als abwesender Redner", in: Paul Goetsch (Hrsg.), *Lesen und Schreiben im 17. und 18. Jahrhundert. Studien zu ihrer Bewertung in Deutschland, England, Frankreich*, Tübingen: Gunter Narr 1994, S. 277-290, hier: S. 277: „So entfalten sich die Reden in einfacher und wiederholter Stellvertretung." – Die zeitgenössische Theoretisierung des Briefes als Ersatz des mündlichen Gesprächs findet sich bei: Christian Fürchtegott Gellert, *Briefe, nebst einer Praktischen Abhandlung von dem guten Geschmacke in Briefen*, Leipzig: Wendler 1751.

Die Schreiblücke im Diktatmanuskript mag verschiedene Gründe haben: Sei es, daß der Schreiber das Wort vergißt oder daß der Sprecher zu schnell oder gar zu wenig artikuliert spricht. Der Ausfall des Wortes ‚lesen'[20] findet jedenfalls an einer Stelle statt, an welcher das Lesen von Lenzens Briefen selbst ausfällt. Der Brief ist Oberlin unverständlich, und das einzige, was er aufnimmt, ist wieder einmal eine Analogie, nämlich der Selbstvergleich Lenzens, in welchem er sich mit dem gefallenen Engel Abbadona identifiziert, um das zu beschreiben, was ihm seine Vertreibung aus Weimar bedeutet hat.[21] Der Brief, den Lenz aus dem Steintal an Frau von Stein schickt, ist nicht überliefert. Lenz schreibt gemäß der Lektüre Oberlins vom Abschied und deutet damit ganz offensichtlich auf die bevorstehenden Selbstmordversuche an.[22] Aber vielleicht nimmt in dieser willentlichen Fehl-Lektüre, vielleicht nimmt Oberlin an dieser Stelle – ganz entgegen jedem Bild, das man vom angeblich menschenfreundlichen Gastgeber haben möchte – selbst bereits Abschied von Lenz: Denn zu sehr scheint der Umstand, daß Oberlin den angeblich unverständlichen Brief gar nicht liest, sondern nur flüchtig übersieht, auf eine Angst vor dem Einfluß von sogenannten „Mode bücher" zurückzuführen zu sein, deren Revers eine Art Notwendigkeit zur Selbstbehauptung zeigt. Gerade in diesem Einfluß nämlich diagnostiziert Oberlin für den Fall Lenz die Ursache für dessen Anfälle von „Melancholie", wie er dessen Krankheit zu bezeichnen versucht. Diese angebliche Krankheit sieht nun folgendermaßen aus:

> „Dann fürchterlich u höllisch war es was er ausstund, u. es durchbohrte u. zerschnitte mir das Herz, wan ich an seiner Seite, die Folgen der Principien die so manche heutige Mode bücher einflößen, die Folgen seines Ungehorsams gegen seinen Vater, seiner herumschweifenden Lebensart, seiner unzwekmäsigen Beschäftigungen, seinem häufigen Umgang mit Frauenzimmern – durch empfinden müßte." (Z. 340-345)

Mit dieser Angst vor Gedrucktem aber hat der Einfluß schon längst stattgefunden. Die Schreibtätigkeit Oberlins selbst, die bereits unter dem Zeichen zweifelhafter Autorschaft stand, wird in der Folge empfindlich beunruhigt. Der einst erwünschte Stellvertreter, von dem sich herausgestellt hat, daß er nichts vertreten kann, prägt nun die Begleitumstände von Oberlins Schreibszene: Auf das wiederholte Bitten Oberlins, endlich ruhig zu sein und, für den Fall, daß er nicht ruhig sein könne, zu beten, verspricht es Lenz zum wiederholten Male, ohne dieses Versprechen einhalten zu können. Immer wieder erschallt seine fürchterliche Stimme als ein wörtliches Ver-Sprechen. Mit diesem aus jeder Ordnung fallenden Menschen an seiner Seite, der für ihn die Predigten hätte schreiben sollen, versucht nun Oberlin eine Predigt zu schreiben, bei der er im-

---

20 So die naheliegende Vermutung von Gersch, *Der Text, der (produktive) Unverstand* (Anm. 4), S. 133.

21 Vgl. ausführlich Gersch, *Der Text, der (produktive) Unverstand* (Anm. 4), S. 159-190.

22 Vgl. Gersch, *Der Text, der (produktive) Unverstand* (Anm. 4), S. 179.

merfort an seinen unter akuter Selbstmordgefahr stehenden Begleiter denken muß und bei der es ihm regelrecht die Stimme verschlägt, und zwar nicht nur in der erzählten Handlung, sondern noch beim Diktieren dieser ihrerseits seltsam gebrochenen, auseinanderfallenden Sätze:

> „Nun, dachte ich, hast du mich genug betrogen, nun ists aus, du must bewacht seyn. Ich wartete mit groster Ungeduldt auf die 2 begehrten Mann bey jedem Geräusch fuhr ich auf, in hofnung sie wärens, aber vergebens – ich schrieb indessen an meiner Predigt fort u hatte HE. L... Ofen, einen schritt weit von mir sitzen – Keinen Augenblick traute ich von ihm, ich mußte harren, meine Frau die um mich besorgt war, blieb auch. Ich hätte so gerne wieder nach den begehrten Männern geschikt Konnte aber durch aus nicht mit meiner Frau od. sonst jemand davon reden; laut hätte ers Verstanden – heimlich das wolten wir nicht, weil die geringste Gelegenheit zu Argwohn auf solche Personen allzu heftig Eindruk macht." (Z. 265-274)

Jeder Versuch, sich wie gewohnt dem eigenen Schreiben der Predigten zu widmen, schlägt fehl. Gerade in dem Augenblick, als sich Oberlin dem Pult, jenem Ort *par exellence* der Begleitumstände des Schreibens, nähern will, indem er einen Schritt aus dem aktuellen Schreibraum „heraus" geht, bricht Lenz die Schreibszene mit derartiger Vehemenz, daß nun seine gebrochene Stimme aus dem Munde von Oberlins Frau erschallt:

> „Wir sassen, ich schrieb – er – durchblätterte meine französische Biebel mit furchtbarer Schnelle – endlich stille – ich gieng einen Augenblik in die Stubkammer, ohne im allergeringsten, mich aufzuhalten, nur etwas zu nehmen. das in dem Pult lag – meine Frau stund in wendig der Kammer an der Thür u. beobachtete HE. L.... ich faßte den Schritt wieder heraus zu gehen, da schrie meine Frau mit gräßlicher, holer, gebrochener Stimme ‚Herr Jesus, er will sich erstechen! – in meinem leben hab ich keinen solchen Ausdruck eines Tödlichen, Verzweifelten Schrekens gesehen, als in dem Augenblik in den Verwilderten gräßlich verzogenen Gesichtszügen meiner Frau." (Z. 282-291)

Mit dieser übergreifenden Stimme, die noch die Gesichtszüge verwildert, läßt sich nicht in trauter Innerlichkeit schreiben. Als die beiden Wachen – Oberlin hatte übrigens eine kleine Gruppe von Ordnungshütern im Steintal organisiert, die unter anderem in den Schulen mit militärischer Strenge dafür sorgten, daß die Bücher und die Hände der Kinder sauber blieben[23] – endlich angekommen sind, geht Oberlin „mit zerschlagenen, zitternden Gliedern zur Ruhe" (Z. 367).

---

23 Vgl. Camille Leenhardt, *La vie de J.-F. Oberlin. 1740-1826. De D.-E. Stoeber. Refondue sur un plan nouveau, complétée et augmentée de nombreux documents inédits*, Paris, Nancy: Berger-Levrault Éditeurs 1911, hier S. 45 Fn.: „Les gardes seront relevés de huit en huit jours; ils auront un œil attentif sur tout ce qui se passe, en avertissant, selon qu'il leur aura été commandé, soit les pelotonniers, soit les anciens ou jurés, soit le maître d'école lui-même [...] on les emploiera, à l'école même, à faire la revue des livres, des mains, etc.".

Am kommenden Tag läßt er seinen Gast, dessen Fußwunde ihn an einem längeren Marsch hindert, mit seinem eigenen Wagen nach Straßburg abtransportieren: „Auf der Rückreise wurde durch ein Ungklück ein Rad meims Wägls in hundert Stücke zerschmettert – u. so endigt sich, hoffentlich für uns, diese schrekenvolle Geschichte." (Z. 420-423)

Die Wunden, die Oberlin aus dieser Geschichte davonträgt, wiegen auch nicht leicht. Gewiß, das Schreiben von Predigten spricht dem Geschriebenen reinen Hilfscharakter zu, zu Gunsten der Priorität der Stimme, die durch ersteres möglichst klar abgebildet werden soll.[24] Diese repräsentationslogische Konzeption steckte schon in der Krise,[25] bevor Lenz kam: Oberlins Stimme wog ja, wie eingangs erwähnt, die zweifelhafte Urheberschaft seiner Rede nicht auf. Durch die „schrekenvolle Geschichte" nun, durch die gescheiterte Stellvertretung, koppeln sich Stimme und Schrift so voneinander ab, daß das Phantasma einer originalen Stimme nur noch aus einer defizienten Schrift heraus beschworen werden kann.[26] Diese originale Stimme aber ist zu einer ganz und gar unbeschreibbaren Stimme geworden, die wie diejenige Lenzens immer schon entstellt ist. Deswegen kommt Oberlins Bericht vorerst nicht zum erwünschten Ende, sondern schreibt noch ganz im Sinne jenes Schreckens, der nichts anderes als der Schrecken dieser Disjunktion ist, einen Appendix:

---

24 Vgl. Roland Barthes, „Variations sur l'écriture" (1973, texte non publié), in, ders., *Oeuvres complètes. Tome II: 1966-1973*, Paris 1994, S. 1535-1574, hier S. 1543: „Nos historiens et nos linguistes, on le sait, présentent volontiers l'écriture comme une simple transcription du langage oral. [...] Il est nécessaire de rappeler, chaque fois qu'il est possible, la disparité et, s'il on peut dire, l'indépendance (en bien des cas) de ces deux langages."

25 So hält Roland Barthes in einem Interview aus dem Jahre 1974 fest, daß im Übergang von der Rede (über das Schreiben) zum Geschriebenen eine „Totenwäsche" stattfindet, durch die die Schrift die Rede „wie eine Mumie" einbalsamiert, „um sie zu verewigen" (S. 9). Zu den zahlreichen Verlusten, die bei diesem Übergang verzeichnet werden (Unmittelbarkeit, Einmaligkeit etc.), gehört nicht nur evidenterweise die Stimme selbst, sondern auch jene am oralen Modell von Sprache orientierte Beschreibungsebene: „Das leitet in einem letzten Verlust über, der der Rede durch ihre Niederschrift zugefügt wird: den all jener Sprachfetzen – in der Art von ‚nicht wahr?' –, die der Linguist wohl einer der großen Funktionen der Sprache, der *phatischen* oder Interpellationsfunktion, zuordnen würde [...]. Dieser Gesang – der linkisch, platt und lächerlich wirkt, wenn er geschrieben wird – erlischt in unserer Schrift." Roland Barthes, „Von der Rede zum Schreiben" (1974), in: ders., *Die Körnung der Stimme. Interviews 1962-1980* (1981), aus dem Französischen von Agnès Bucaille-Euler, Birgit Spielmann und Gerhard Mahlberg, Frankfurt am Main: Suhrkamp 2002, S. 9-13, hier S. 10 f. – Den anregenden Versuch einer methodischen Trennung in der Untersuchung von gesprochener Sprache („speech acts") und geschriebener Sprache („script acts") unternimmt Peter L. Shillingsburg, der gemäß der anglo-amerikanischen Tradition freilich auf Drucktexte bezogen bleibt: „The implications of these two differences between speech acts and ‚script acts' will be developed in due course. For the moment, however, I merely emphasize that the alleged similarity between the two has led many practitioners of literary and textual criticism and linguistics to treat the physicality of the written text as unitary and unproblematic." Peter L. Shillingsburg, *Resisting texts. Authority and Submission in Constructions of Meaning*, Ann Arbor: University of Michigan Press 1998, hier S. 63.

26 Vgl. hierzu: Hans-Georg Pott, „Die Sehnsucht nach der Stimme. Das Problem der Oralität in der Literatur um 1800 (Hölderlin, Goethe, Schleiermacher)", in: Alfred Messerli und Roger Chartier (Hrsg.), *Lesen und Schreiben in Europa. 1500-1900*, Basel: Schwabe 2000, S. 517-532.

„So wird es, denke ich, zu Strasburg seyn, Jeder urtheilet nach seinem besonderen Temparament (und anders Konte er nicht) – u. mach der Vorstellung, die er sich von der ganzen Sache macht, die aber unmöglich getreu u. richtig seyn kan, wenigstens müßen unendlich viele Ketten gleiche drinn fehlen, ohne die man Kein richtig Urtheil fällen kan, die aber außer uns nur Gott bekant seyn, u werden können weil es unmöglich wäre sie getreu zu beschreiben, u. doch so oft in einem Blick, in einem Ton der nicht beschrieben werden kann, etwas stekt, das mehr deudiert, als vorhergegangenen erzehlbare Handlungen. […] Ich empfahl den Bedaurens würdigen Patienten der Fürbitte meiner Gemeinen u. empfehle ihn in der nemlichen Absicht jedem der dieß ließt." (Z. 429-433)

Damit gelangt Oberlin am Ende seines Berichts zu den Bedingungen seiner eigenen Entstehung als Geschriebenes. Die „schrekenvolle Geschichte" des Dichters Lenz erscheint nun als die Erzählung ihrer eigenen Genese, an deren Ende Oberlin vorerst ganz metaphorisch die Lückenhaftigkeit und Fehlerhaftigkeit des eigenen Berichts hervorhebt. Das Geschriebene erscheint nun als der untreue Schatten eines unbeschreibbaren Bildes oder Tones; Beschreiben (und Schreiben) demgemäß als unzulängliche Tätigkeiten, in denen der Autor ganz im Sinne eines Abschieds das Schriftstück in den letzten Worten „jedem der dieß ließt" übergibt. Trotz aller Abneigung gegen Geschriebenes aber steht am Schluß die Einsicht in dessen Unhintergehbarkeit: *Lesen* und nicht etwa *hören* ist das letzte Wort des Textes.

III

Wenn *Herr L……* die Bedingungen der eigenen Genese thematisiert, wie das die bisherige Lektüre des Berichts zu skizzieren versucht hat, so geschieht dies auch mit Bezug auf die Niederschrift und die Umstände dieser Niederschrift selbst. Wenn *Herr L……* thematisch die Richtigkeit des Berichts in Zweifel zieht, so stellt das Dokument auch sein eigenes Schreiben als Form von Überlieferung zur Diskussion. Schaut man sich nun die äußeren Entstehungsumstände an, sofern sie an der überlieferten Handschrift beobachtet werden können, so fällt auf, daß der Bericht als Mitschrift die Frage nach dem (verlorenen) Original aufwirft.[27]

Das Dokument entsteht vermutlich wenige Tage nach Lenzens Abtransport nach Straßburg am 8. Februar 1778. Von Oberlin weiß man aus einem späteren, ambivalent gehaltenen Selbstportrait, daß er einerseits „sehr aufrichtig und red-

---

27 Es scheint daher der Überlieferungslage angemessener, davon auszugehen, daß der Bericht nicht als *Original*, sondern als *Kopie* entsteht. Der handschriftliche Nachlaß Oberlins und die Unsicherheit darüber, ob der Bericht überhaupt verschickt worden ist, stellen die Antwort auf die Frage nach der Autorisierung des Textes auf denkbar unsichere Dokumentationsbasis. Vgl. allgemein (mit Bezug auf Youngs *Gedanken über die Original-Werke*, 1760): Heinrich Bosse, „Autorisieren. Ein Essay über Entwicklungen heute und seit dem 18. Jahrhundert", in: *Zeitschrift für Literaturwissenschaft und Linguistik* (= *LiLi*) 11/42 (1981), S. 121-134.

lich [...] und doch in einem gewissen Grade nicht aufrichtig" ist, daß er „eine lebhafte Einbildungskraft, aber eigentlich zu sagen, kein Gedächtnis hat". Daß er, wenn er gereizt ist, zu Fehlern neigt. Weiter hält er fest: „Die Begebenheiten, welche ich mich bemüht habe, mir einzuprägen, kann ich festhalten; aber Daten und Eigennamen vergesse ich, ungeachtet aller Mühe, oft am nächsten Tage schon." Und weiter: „Ich bin ein wahrer Soldat. [...] Ich bin der größte Bewunderer militärischer Ordnung und Subordination, jedoch nicht im Geiste der Sklaverei."[28] Nicht umsonst hat ihn der Lehnsherr des Steintals, Baron Johann von Dietrich, den *Diktator* des Steintals genannt.

Der Bericht über Lenzens Aufenthalt nun entsteht als ein Diktat. Die verschiedenen Teilaktivitäten, aus denen sich der Prozeß des Schreibens zusammensetzt, sind hier nicht in einer Person vereint, wie das durchaus auch für Oberlins Schreibpraxis schon üblich war. Vielmehr ist, aber auch dies stellt für Oberlin keine bemerkenswerte Sondersituation dar, die Schreibarbeit auf zwei Personen verteilt: Der Autor oder, wie man ihn tatsächlich auch genannt hat, der „Diktator" konzipierte und diktierte den Text einem Schreiber, der das Diktierte auf die Schreibvorlage notierte.[29] Im Falle der hier zur Diskussion stehenden Handschrift ist dieser Schreiber, dessen Tätigkeit rein reproduzierende Funktion hat und sich im Hören und in der körperlichen Geste des Aufschreibens erschöpft, unbekannt. Das Verhältnis von originaler Stimme und repräsentierender Schrift, das thematisch in der Erzählung verhandelt wird, wird im Schreiben dieser Erzählung nochmal auf die Probe gestellt, und zwar als ein Akt, der versucht, diese „schrekenvolle Geschichte" „hoffentlich" abzuschließen. Das Diktat des Berichts ist als eine Art *experimentum scripturae*, in welchem das Schreiben als Konjunktion genau auf der Grenze zwischen Stimme und Geschriebenem stehen soll, – so die These – gleichsam das Schlußkapitel des Berichts.

Als Oberlin ins verwilderte Steintal kam, gehörte die Neuorganisation der Schule zu seinen ambitioniertesten Projekten. Mit seiner groß angelegten Alphabetisierungskampagne, so Jochen Hörisch, „sorgte er dafür, daß im Steintal nicht einmal mehr die Steine bedeutungslos waren."[30] In seinem eigens verfaßten Erziehungsplan stellte das Diktat einen Grundstein der Ausbildung im Schreiben dar.[31] Es entsprach dem schon ganz der aufklärerischen Pädagogik

28 Alfons Rosenberg, *Der Christ und die Erde. Oberlin und der Aufbruch zur Gemeinschaft der Liebe*, Olten, Freiburg im Breisgau: Otto Walter 1953, hier S. 44-46.
29 Otto Ludwig, „Die Geschichte des Schreibens", in: Hartmut Günther und Otto Ludwig, *Schrift und Schriftlichkeit*, Berlin, New York 1994, S. 48-65, hier: S. 49. – Vgl. auch Martin Stingelin, „‚er war im Grunde der eigentliche Schriftsteller, während ich bloß der Autor war'. Friedrich Nietzsches Poetologie der Autorschaft als Paradigma des französischen Poststrukturalismus (Roland Barthes, Gilles Deleuze, Michel Foucault)", in: Heinrich Detering (Hrsg.), *Autorschaft. Positionen und Revisionen*, Stuttgart, Weimar: Metzler 2002, S. 80-105.
30 Jochen Hörisch, „Oberlin oder die Verbesserung von Mitteleuropa", in: *Georg Büchner: 1813-1837* (Anm. 13), S. 262-266, hier S. 263.
31 Vgl. hierzu auch Edmond Stussi, „Oberlin Pédagogue", in: Schneider, Geyer, *Jean-Frédéric Oberlin* (Anm. 13), S. 71-100, insbesondere S. 89.

verpflichteten Bestreben, nicht mehr Dichter und Redner, sondern Schreiber und Leser auszubilden:[32] Das Lesenlernen (von Gedrucktem) und das „leserlich schreiben" hoben gleichzeitig in der dritten Klasse an,[33] in der fünften Klasse folgte das Lesen von Handschriften und als allerletzter Baustein am Ende der Schulausbildung in der neunten Klasse „la taille des plumes", das Schneiden der Schreibfedern.[34] Dies ist bezeichnend für die Wichtigkeit, die Oberlin dem Schönschreiben beimaß: Er selbst gestaltete die Schreibfläche mit manisch wirkender Ordentlichkeit und schrieb mit sehr regelmäßiger – oder, wie es sein Freund Lavater genannt hätte, „reinlicher" und gut lesbarer Handschrift.[35] Unleserliche Schriften wurden von Oberlin nicht nur verschmäht, sondern stellten ganz im Sinne von Lavaters Graphologie eigentliche Charakterfehler dar.[36] Die disziplinierte Kalligraphie Oberlins, über deren Einhaltung er im Steintal Kontrolle führte, sollte nicht nur die Ähnlichkeit der Buchstaben als eigentlichem Grund von Äquivokationen aus dem Reich einer möglichst analog funktionierenden Schrift verbannen, sondern, wie er in einem den Verfall anprangernden Brief an einen Präfekten festhält, verhindern, daß Eigennamen unkenntlich werden und ihr Original verlieren:

> „[...] mais il ne lui est pas possible de prévenir les nouvelles injustices aussi longtemps qu'il tolères l'écriture équivoque qui est généralment usitée actuellement. Dans des questions météoroliques il est aisé de deviner le sens quand même les a, et o, m, n, e, i, s, r, etc., se ressemblent; mais lorsqu'il s'agit de noms propres inconnus au lecteur, comment les peut-il déchiffrer? Il en fera ce qu'il pourra, il les rendra tels, et cela va de bureau en bureau, et enfin cela donne un nom tout nouveau et dont l'original n'existe nulle part. [...] Pour ces raisons, je supplie chaque patriote: point d'équivoque, point de caractères qui se ressemblent, donnez à chaque lettre sa figure propre [...] et qu'il soit impossible de s'y tromper."[37]

Wie steht es nun mit *Herr L......*? Der kurze Exkurs zu Oberlins Pädagogik ist nicht nur deswegen angebracht, weil Lenz bei seiner Ankunft als erstes im

---

32 Vgl. Heinrich Bosse, „Dichter kann man nicht bilden. Zur Veränderung der Schulrhetorik nach1770", in: *Jahrbuch für Internationale Germanistik* X/1 (1978), S. 80-125.

33 Vgl. Bosse, Heinrich, „„Die Schüler müssen selbst schreiben lernen' oder die Einrichtung der Schiefertafel", in: Dietrich Boueke und Norbert Hopster (Hrsg.), *Schreiben – Schreiben lernen. Rolf Sanner zum 65. Geburtstag*, Tübingen: Gunter Narr 1985, S. 164-199.

34 Der gesamte Lehrplan ist abgedruckt in: Leenhardt, *La vie de J.-F. Oberlin (1740-1826)* (Anm. 23), S. 47 f.

35 Im „Catalogue des manuscrits du Fonds Oberlin", den Jean-Yves Mariotte 1993 verfaßte und der sich in den *Archive Municipales Straßbourg* befindet, steht über Oberlins Schreibgewohnheiten außerdem: „Le pasteur pratiquait couramment au moins deux écritures, l'une cursive, l'autre plus posée. La première se rencontre de préférence dans les textes allemands, la seconde dans les textes français."

36 Lavater, *Physiognomische Fragmente* (Anm. 8), Bd. 3 (1777), IV. Abschnitt, IV. Fragment, S. 110-120, hier: S. 113: „Von einem gewissen Grade von Reinlichkeit und Regelmäßigkeit, ich will nicht sagen: moralischer – zeugt eine reinliche, regelmäßige Schrift immer."

37 Leenhardt, *La vie de J.-F. Oberlin (1740-1826)* (Anm. 23), S. 51.

Schulhaus untergebracht wird und in der ersten Nacht mit der Maßregelung des Schulmeisters konfrontiert wird.[38] Oder weil er sich durch seinen Ungehorsam gegen den Vater als besonders schlechten Schüler erweist, wie ihm Oberlin, selbst ein Stellvertreter seines Vaters, vorhält.[39] Sondern es bietet die Gelegenheit, nun auf Lenzens Anonymat in Oberlins Bericht zu sprechen zu kommen. Wofür, oder besser: warum steht das „L" mit sechs Auslassungspunkten?[40] Es ist ganz offensichtlich nicht nur ein aus Diskretion verschwiegenes „Lenz", denn im Gegensatz zu anderen Abkürzungen im Text ist dem „L" nicht die standardisierte Anzahl von drei Pünktchen beigegeben. Die mit Nachdruck exponierte Leerstelle im Namen gründet darüber hinaus in Oberlins besonders interessiertem Verhältnis zu Namen überhaupt. Überliefert sind von ihm nicht nur lange Taufbücher, sondern auch seitenlange Listen von Namen, denen er jeweils eine einzige und bestimmte Bedeutung zuschrieb. In einer solchen Liste aus dem Jahre 1800 findet man etwa neben „Jacob" die Bedeutung „qui foule aux pieds" (‚der mit Füßen tritt'), unter „Micael" „qui est comme Dieux", unter „Reinhold" „qui aime la pureté".[41] Daß ihm diese drei Eigennamen von Lenz nicht aussprechbar waren, zeugt nun davon, daß „L......" nicht im Sinne einer Abkürzung zu lesen ist, die für etwas anderes steht, sondern als Markierung derjenigen Leerstelle, die Lenz in die Analogie zwischen natürlicher und künstlicher Ordnung, zwischen Stimme und Geschriebenem geschnitten hat. Damit sind aber die Eigennamen, deren intakte Originalität Oberlin durch schlechtes Schreiben gefährdet sieht, in einem Schreiben verschwunden, das nicht nur thematisch die Nicht-Klassifizierbarkeit Lenzens behandelt, sondern das auch seine eigene Lückenhaftigkeit performativ in Szene setzt. Es ist daher im Diktatmanuskript nicht zu entscheiden, ob die Leerstellen, namentlich die zahlreichen Gedankenstriche, die die Sätze so abrupt durchbrechen und die ausgelassenen Wörter wie das schon genannte „lesen" von einem unachtsamen Schreiber oder von einer immer wieder aussetzenden Stimme stammen.

Wie auch immer: Oberlin hatte Anlaß genug, mit seinem Schreiber unzufrieden zu sein. Zwar war das Manuskript in regelmäßigem Duktus geschrieben, zwar war die Handschriftenseite sehr regelmäßig mit dem gebotenen, einrahmenden Marginalienrand versehen. Die Orthographie des vermutlich franzö-

---

38 „Wir logirten ihn in ds Besuch Zimmer im Schulhauß. Die darauf folgende Nacht hörte ich e. Weile im Schlaf laut reden, ohne da ich micht ermuntern konte – endlich fuhr ich plötzlich zu samen, horchte, sprang auf, horchte wieder – da hörte ich mit Schulmeisters stimme laut sachen ‚allez donc au lit – qu'est-ce que c'est que ça – he, – dans l'eau, par un temps si froid – allez, allez au lit." (Z. 16-20)

39 „Ich bediente mich dieses Augenbliks ihn zu ermahnen sich dem Wunsch seines HE. Vaters zu entwerfen – sich mit demselben auszusöhnen &c." (Z. 121-123). Vgl. hierzu auch: Gersch, *Der Text, der (produktive) Unverstand* (Anm. 4), S. 189.

40 Die Überschreibung des Titels zu „Herr Lentz" ist ein nachträgliches Überlieferungsphänomen. Der ausgeschriebene Eigenname erscheint hier *materialiter* als Entstellung. – Eine Abkürzung des Namens „Oberlin" – das sei hier am Rande erwähnt – würde ebenfalls sechs Auslassungspunkte ergeben: „O......". Diesen Hinweis verdanke ich Inés Mateos (Basel).

41 Vgl. AMS, Fonds Oberlin, Ms. 53.

sisch sprechenden Schreibers aber läßt einiges zu wünschen übrig. Zahllose Fehler beeinträchtigen die Lesbarkeit erheblich. Gleich eines der ersten Worte im Bericht ist von jener Ähnlichkeit der Buchstaben „m" und „n", auf die Oberlin so allergisch war, affiziert: so heißt es eingangs „Den 20. Jan. Kann er hieher." Das Phänomen taucht unzählige Male auf und ist kaum auf eine unklare Diktion zurückzuführen.

Oberlin als guter Lehrer nimmt sich die Handschrift sofort zur Korrektur vor und greift nun selber zur Schreibfeder. Er korrigiert nur an zwei, drei Stellen geringfügige Sachen in diesem unendlich fehler- und lückenhaften Schriftstück. Denn er kommt nicht weit mit seinen Korrekturen: Als er zum ersten Mal seine Schreibfeder aufs Papier setzt, ist das bereits der Beweis für diese nunmehr nicht mehr nur metaphorische Lückenhaftigkeit. Er schreibt nun keine Korrektur im Sinne einer Ersetzung, sondern im Sinne einer Ergänzung an den Rand der Frontseite, die ihm nochmal vor Augen führt, daß diese „schrekenvolle Geschichte" nicht zu Ende ist und daß sein schulmeisterliches *experimentum scripturae* fehlgeschlagen ist. Der Versuch, das Geschriebene durch seine Stimme und durch sein Erziehungsprogramm einzurahmen, führt nun dazu, daß der Autor verstummt und selbst zur Feder greift, um nun – und dies entspricht keineswegs der Ordnungsliebe Oberlins – selbst den Rand oder den Rahmen der Handschrift zu beschreiben:

Den *20. Jan.* Kann er hieher. Ich Kannte ihn nicht
Im ersten blik sah ich ihn, den Haaren, und hän-
genden Loken &c nach, für einen schreiner gesell   + seine feine Manieren
an.⁺ – Seyen Sie Willkommen, sacht ich, ob Sie mir   aber zeigten bald, daß
schon unbekannt. „ – Ich bin ein Freund. K... u.–   mich die Haare betrogen
bringe e. Kampliment von ihm – Der Name, wans   hatten —
beliebt? „L...., ha, ha, ist er nicht gedruckt? (ich
erinerte mich einige Dramen gelesen zu haben,
die einem HE dieses Namens zu geschrieben werden),
er antwortete – ja, aber belieben Sie mich nicht
darnach zu beurtheilen? &c.⁴²

Der Anfang des Textes verdichtet in kleinstem Raum das Drama der Bedeutungszuschreibung. Alles, was Oberlin an dem durch die Fußreise angeschlagenen Mann zu erkennen glaubt, erweist sich als irrtümlich. Selbst die Autorität des gedruckten Textes und der an ihn gebundenen Begriff von Autorschaft wird von Oberlin, der den Unbekannten also durch die Lektüre doch schon kennt, in der Formulierung zurückgenommen, daß die gelesenen Dramen einem „He dieses Namens zu geschrieben werden", also einer Art Namensvetter gehören. Und selbst das Zugeständnis dieses Herrn, die Dramen tatsächlich geschrieben

---

42 Die hier vorgeschlagene diplomatische Transkiption ist am Original im Straßburger Archiv entstanden. Eine Reproduktion der ersten Handschriftenseite des Berichts findet sich in: *Georg Büchner: 1813-1837* (Anm. 13), S. 275.

zu haben, wird dahingehend zurückgenommen, daß Oberlin keinerlei Anhalts-
punkte bleiben, immer ist er schon mit einem Stellvertreter konfrontiert. In der
physiognomischen Geste[43] werden nun die wilden Haare und die „feine Manieren", die übrigens einst den unorthodoxen Physiognomiker Lenz zum Spruch
verleitet hatten „Mir ekelt vor jedem feinern Gesicht",[44] zu sprechenden Zeichen, die immer schon, und für Oberlin in der Begegnung mit Lenz schon wieder *betrügen*: Betrogen von Lenzens wilden Zeichen, betrogen auch von seinem
Schreiber als Abschreiber.[45] Es ist wesentlich Oberlins eigener Selbstbetrug, aus
der übergroßen Anstrengung heraus nämlich „qu'il soit impossible de s'y trom-
per", daß es unmöglich sei, sich im Bereich des Geschriebenen zu täuschen. Daß
diese Marginalie Oberlins mit einem überlangen Gedankenstrich endet,[46] ist wie
jede Leerstelle, in der die Stimme ausfällt und die Bedeutung in der Schwebe
bleibt, verschieden lesbar.[47] Er ist in diesem Schriftstück möglicherweise das Sig-
num der Disjunktion, des fehlgeschlagenen *experimentum scripturae*. Sie findet
im „Règlement de police et de discipline", das Oberlin im selben Jahr 1778 für
die Schulen verfaßte, eine selbstbestrafend anmutende Entsprechung: „Les fau-
tes graves seront marquées d'un trait (—)".[48] Ende des Schreibens.

---

43 Daß diese an der Physiognomik geschulte Lektüre hier am Rande der Handschrift zum Ausdruck kommt, findet eine auffallende Korrespondenz in Exzerpten aus Lavaters Physiognomik,
die Oberlin 1782 angefertigt hat: Die zahlreichen Seiten aus dem Handschriftenkonvolut AMS,
Fonds Oberlin, Ms 55 zeigen eine Handschriftengestaltung, die identisch mit derjenigen des Berichts *Herr L......* ist. Der Marginalienrand wird hier interessanterweise mit *Gesichtsprofilen* sei-
tenweise gefüllt.

44 Schmalhaus, „„Mir ekelt vor jedem feinern Gesicht.'" (Anm. 6).

45 Lenz – so hält er es schon in einem Brief an Lavater im Mai 1776 fest – befindet sich seinerseits
in einer alternativlos sich gebenden Welt trügender Schatten und deren -Risse, die nach wahr-
hafter Originalität nur noch als deren Wirkung sich sehnen kann: „Ich verlange nichts, fodere
nichts als einen Schatten [...]. Ich weiß sehr wohl daß dies Schatten, daß es ein Traum, daß es
Betrug ist, aber laß – wenn es nur seine Wirkung tut." Lenz, *Werke* (Anm. 7), S. 456.

46 Dieser Gedankenstrich ist in den bisherigen Editionen schlichtweg übersehen worden. – Die ab-
schriftliche Überlieferung hat mit der Eliminierung zahlreicher Gedankenstriche nicht nur im
schreibpsychologischen Sinne „eine Reduzierung der Oberlinschen Ausdrucksweise, die Lenzens
Ruhelosigkeit, die Überstürzung der Ereignisse und die Erregtheit der Miterlebenden zur Sprache zu bringen versucht", allererst verursacht. Gersch, *Der Text, der (produktive) Unverstand*
(Anm. 4), S. 79. Vielmehr wurde darüber hinaus Oberlins eigenes Scheitern als Berichterstatter
unkenntlich gemacht. – Zum Verhältnis von Textkritik und kritischer Rezeptionsgeschichte vgl.
Gersch, *Der Text, der (produktive) Unverstand* (Anm. 4), S. 57-115, insbesondere S. 86.

47 Vgl. Jürgen Stenzel, *Zeichensetzung. Stiluntersuchungen an deutscher Prosadichtung*, Göttingen: Vandenhoeck & Ruprecht 1966, S. 40-54.

48 Vgl. Leenhardt, *La vie de J.-F. Oberlin* (Anm. 23), S. 45 Fn.

ALFRED MESSERLI

Schreiben im Feld

In dem folgenden Aufsatz möchte ich über das Verhältnis von Schriftlichkeit und Mündlichkeit nachdenken. Für Volkskundler sind diese Überlegungen deshalb zentral, weil eine ihrer Aktivitäten im schriftlichen Fixieren mündlich umlaufender Wissensbestände – der Folklore – bestand und besteht. Der Begriff Folklore ist eindeutig datierbar.[1] Der englische Altertumsforscher William John Thoms rief in der Zeitschrift *The Athenaeum* vom 28. August 1846 zur Erforschung alter Volksüberlieferungen auf und empfahl, anstatt umständlicher Ausdrücke wie „popular antiquities" oder „popular literature", den neuen Begriff: „a good Saxon compound, Folk-Lore – the Lore of the People".[2] Die Dokumentationsmethode wird Feldforschung genannt und wird nicht nur von der Volkskunde, sondern auch etwa von der Völkerkunde, der Sozialanthropologie, der Soziologie, der Psychologie, Sprach-, Religionswissenschaft etc. angewandt. Rainer Wehse bietet dafür die folgende Definition:

> „F.[eldforschung] ist die Aufnahme wiss. relevanter Materialien und Daten an Ort und Stelle ihres Vorkommens, vorzugsweise im natürlichen Kontext, oder zumindest bei den Trägern der zu dokumentierenden Überlieferung. Diese Art der Erhebung bildet für verschiedene Teilbereiche anthropol. orientierter Disziplinen eine unabdingbare Voraussetzung, auf der weitere wiss. Arbeit aufbaut."[3]

Der Begriff des Feldes und der Feldforschung ist eine Entlehnung des großen Ethnologen Bronislaw Malinowski aus der Domäne der Physik, die unter Feld ein Versuchsfeld verstand und versteht, d. h. ein begrenzter Untersuchungsraum einschließlich der einzelnen Elemente in ihm, die wiederum zueinander in Beziehung stehen.

Was mich an dieser volkskundlichen Dokumentationsmethode interessiert, sind einerseits die damit verbundenen technischen, medialen und mentalen Probleme und Bedingungen, die sich mit der Aufzeichnung mündlicher Wissensbestände ergeben. Sie sollen in einer Art Vor- und Frühgeschichte für die

---

1 Vgl. Hermann Bausinger, „Folklore, Folkloristik", in: *Enzyklopädie des Märchens. Handwörterbuch zur historischen und vergleichenden Erzählforschung,* herausgegeben von Kurt Ranke u. a., bisher 10 Bde., Bd. 4, Berlin, New York: Walter de Gruyter 1984, Sp. 1397-1403.
2 Vgl. Gustaf Kossinna, „Folklore", in: *Zeitschrift für Volkskunde* 6 (1896), S. 188-192, und Richard Mercer Dorson, „Folklore in the modern world", in: ders. (Hrsg.), *Folklore in the modern world. 9. International Congress of Anthropological and Ethnological Sciences,* The Hague, Paris: Mouton 1978, S. 11-51, hier S. 13-14.
3 Rainer Wehse, „Feldforschung", in: *Enzyklopädie des Märchens* (Anm. 1), Sp. 991-1005, hier Sp. 991.

Zeit der Frühen Neuzeit untersucht werden. In drei Schritten werde ich das Argument vorstellen. In einem ersten Schritt wird es darum gehen, den Modellcharakter der Schrift für mündliche Äußerungen zu belegen. In einem zweiten Schritt wird zu zeigen sein, wie Mündlichkeit (sowohl die imaginierte als auch die erinnerte) eine Art Hilfestellung für die Schriftlichkeit bietet. Und in einem dritten Schritt soll dargelegt werden, wie die Transkription mündlicher Verlautbarungen sich eines schriftlich-philologischen Systems bedient, um diese Aufgabe zu bewältigen.

I

Heinrich Bosse schreibt in seinem Aufsatz „Der Autor als abwesender Redner", es sei „zum Erstaunen, daß das Paradigma der Rhetorik noch dreihundert Jahre nach Gutenberg, bis zum Ende des 18. Jahrhunderts, für den Umgang mit Literatur bestimmend war".[4] Als Grund sieht Bosse die zeitgenössische Zeichentheorie, für die Autor und Redner gleichermaßen „in dem Feld zweistelliger Repräsentationen" agieren, „in dem noch die kleinsten Elemente der Sprache, Laute, Buchstaben, Nenn-Elemente sind, die sich gegenseitig vertreten".[5] Ein anderer Grund mag darin liegen, daß Schrift und Buchdruck eben deshalb so erfolgreich waren, weil sie anfänglich weniger auf Konkurrenz mit der gesprochenen Sprache setzten, sondern auf ein Miteinander: „[W]ritten forms were adapted to oral and practice rather than radically changing it."[6] Vor der Durchsetzung des Buchdruckes wirkten skriptographische Medien als Verstärker der herkömmlichen oralen Informationsverarbeitung. Die Handschrift war Gedächtnisstütze und nicht autonomes und unabhängiges Medium der Kommunikation. Die Alphabetschriften waren für orale Gesellschaften deshalb so attraktiv, nicht weil sie etwas ganz Neues, sondern weil sie die Mängel und Unzulänglichkeiten des Bestehenden zu reformieren und zu beheben versprachen.[7] Die phonetische Schrift diente der mündlichen Rede, optimierte sie in einem technischen Sinne bis an die Grenzen des Möglichen. Diese Beobachtung Michael Gieseckes, skriptographische Medien würden erst für die Verstärkung der

---

4 Heinrich Bosse, „Der Autor als abwesender Redner", in: Paul Goetsch (Hrsg.), *Lesen und Schreiben im 17. und 18. Jahrhundert. Studien zu ihrer Bewertung in Deutschland, England, Frankreich*, Tübingen: Gunter Narr 1994 (= *ScriptOralia* 65), S. 277-290, hier S. 277.

5 Ebd.

6 Brian Street, *Literacy in theory and practice*, Cambridge: Cambridge University Press 1984, S. 10. – „He [rc. Michael Clanchy] recognises that the ‚shift' from memory to written record involves changes in conventions for which social explanations have to be offered, rather than a change in ‚cognitive' processes or at the radical, absolute level that Goody implies." Ebd., S. 46.

7 Vgl. Michael Giesecke, *Der Buchdruck in der frühen Neuzeit. Eine historische Fallstudie über die Durchsetzung neuer Informations- und Kommunikationstechnologien*, Frankfurt am Main: Suhrkamp 1991, S. 31.

herkömmlichen oralen Informationsverarbeitung entwickelt und eingesetzt, läßt sich vereinzelt noch für das 17. und 18. Jahrhundert machen.

   Das folgende Beispiel etwa zeigt, wie traditionelle Nutzungsformen und moderner Medieneinsatz sich in einzelnen Fällen komplex verschränken. Hans Konrad Manz (gest. 1661), Pfarrer in Berlingen (Kanton Thurgau), schrieb in seinem eineinhalbseitigen Bericht über den Tod des Kirchpflegers Ulrich Maron, genannt Weyßlin, der am 11. April 1649 im Bodensee ertrunken war, er habe ihm, als er im Sarg lag, „in die rächte hand ein Zädelin in das Grab verehrt, mit disen Worten: Ich glaub ein Auferstandtnuß deß Leibs und ein ewig Läben."[8] Das Problem, das durch das beschriebene Stück Papier gelöst wurde oder doch wenigstens gelöst werden sollte, war die Annahme der Hinterbliebenen, Kirchpfleger Weyßlin sei eines unvorbereiteten Todes gestorben. Nach christlichem Verständnis war der unvorhergesehene, plötzliche Tod (lat. *mors improvisa*) deshalb gefürchtet, weil er keine Zeit ließ, seine Sünden zu bereuen.[9] Die Schrift ist hier Stellvertreterin; sie soll für ihn (an seiner statt) „sprechen" und dasjenige nachholen, wozu er selber, nach der Meinung des Pfarrers, nicht mehr im Stande war.

II

Die skriptographische und typographische Kommunikation als ein komplexer Sachverhalt bedurfte zu Beginn ihrer Popularisierung der metaphorischen „Übersetzung". Mittels Vergleich und Metapher wurden die unsinnlichen und deshalb auch schwer vorstellbaren Sachverhalte strukturiert und „begreifbar".[10] Als Bilder oder *mental models*[11] erschließen sie Unbekanntes durch Analogierelation mit Vertrautem, Abstraktheit oder Unanschaulichkeit durch anschauli-

---

8 Zit. nach Alfred L. Knittel, *Werden und Wachsen der evangelischen Kirche im Thurgau von der Reformation bis zum Landfrieden von 1712,* Frauenfeld: Huber 1946, S. 306.

9 Vgl. dazu Alois M. Haas, *Todesbilder im Mittelalter. Fakten und Hinweise in der deutschen Literatur,* Darmstadt: Wissenschaftliche Buchgesellschaft 1989; Arthur E. Imhof, *Ars moriendi. Die Kunst des Sterbens einst und heute,* Wien, Köln: Böhlau 1991 (= *Kulturstudien, Bibliothek der Kulturgeschichte* 22), und Armin Nassehi, Georg Weber, *Tod, Modernität und Gesellschaft. Entwurf einer Theorie der Todesverdrängung,* Opladen: Westdeutscher Verlag 1989.

10 Wilhelm Köller, *Semiotik und Metapher. Untersuchungen zur grammatischen Struktur und kommunikativen Funktion von Metaphern,* Stuttgart: J. B. Metzler 1975 (= *Studien zur Allgemeinen und Vergleichenden Literaturwissenschaft* 10), S. 266.

11 Zur Theorie mentaler Modelle vgl. P.[hilip] N.[icholas] Johnson-Laird, *Mental models. Towards a cognitive science of language, inference, and consciousness,* Cambridge u a.: Cambridge University Press 1983, ⁴1990; Dedre and Donald Gentner, „Flowing water or teeming crowds. Mental models of electricity", in: Dedre Gentner und A.[lbert L.] Stevens (Hrsg.), *Mental models,* Hillsdale, N. J., London: Erlbaum 1983, S. 99-129; Karlheinz Jakob, *Maschine, mentales Modell, Metapher. Studien zur Semantik und Geschichte der Techniksprache,* Tübingen: Niemeyer 1991 (= *Reihe germanistische Linguistik* 123), und David S. Kaufer und Kathleen M. Carley, *Communication at a distance. The influence of print on sociocultural organization and change,* Hillsdale, N. J., Hove, London: Lawrence Erlbaum Associates, Inc. 1993, S. 118-120.

che, körperbezogene Vorstellungen und reduzieren auf diese Weise Komplexität rigoros auf einfache Strukturen.[12] Sie sind einerseits übersichtlicher und einfacher als die komplexen Sachverhalte, bergen dafür die Gefahr, mehr zu verschleiern, als zu offenbaren. In diesem Sinne reden wir von einem „Buch, das spricht", oder von der „Stimme des Autors" und so weiter.

Wie Mündlichkeit zu einem mentalen Modell für das Schreiben werden konnte, soll anhand von Briefstellern, d. h. populären Anleitungen, wie man Briefe zu schreiben hat, dargestellt werden.[13] Joseph Ignaz Zimmermanns (1737-1797) hauswirtschaftliches Lehrbuch für junge Haushälterinnen enthält im ersten Band einen Dialog zwischen der Erzieherin Karoline und ihrer Schülerin Nannette. Diese hat eben einen Brief an ihren Bruder beendet und fragt nun jene:

> „Redte ich wirklich mit ihm?
> > Karoline. Ih, nein doch! Er studirt ja zwanzig Stunden von hier. Er konnte ja Ihre Stimme nicht hören.
> > Nannette. Und doch weiß er heut' Alles, was ich neulich vor Ihnen da im Zimmer gesprochen habe.
> > Karoline. Ich glaubs gern, er hat Ihren Brief in Händen.
> > Nannette. Also können Leute, die weit voneinander entfernt leben, durch Briefe miteinander reden, und einander alles das sagen, was sie mündlich sagen würden, wenn sie persönlich beysammen wären?
> > Karoline. Freylich wohl, wenn sie Briefe schreiben können."[14]

Der Kommunikationsgegenstand Brief wird hier im Sinne der Brieftheorie des 18. Jahrhunderts als „Redesubstitut zum Zwecke eines dialogischen Austausches"[15] vorgestellt. Johann Christoph Stockhausen definierte 1751 den Brief als eine „schriftliche *Unterredung,* die wir mit abwesenden Personen in gewissen Angelegenheiten und Absichten"[16] führen. Und Christian Fürchtegott Gellert behauptete im selben Jahr, ein Brief vertrete „die Stelle eines Gesprächs".[17] Diese Definition Gellerts wurde vielfach variiert. Ulrich Joost hält die Folgen der Durchsetzung der Gellertschen Neudefinition, die bis heute nachwirke, für

---

12 Vgl. Jakob, *Maschine, mentales Modell, Metapher* (Anm. 11), S. 41.

13 Vgl. dazu Verf., *Lesen und Schreiben 1700 bis 1900. Untersuchung zur Durchsetzung der Literalität in der Schweiz,* Tübingen: Niemeyer 2002 (= *Reihe Germanistische Lingusistik* 229), S. 178-190.

14 [Joseph Ignaz] Z.[immermann], *Die Junge Haushälterinn, ein Buch für Mütter und Töchter von P.[ater] Z.,* Luzern: Joseph Aloys Salzmann 1785 (3 Bde.), Bd. 1, S. 32.

15 Reinhard M. G. Nickisch, *Brief,* Stuttgart: J. B. Metzler 1991 (= *Sammlung Metzler* 260), S. 12, und Georg Steinhausen, *Geschichte des deutschen Briefes. Zur Kulturgeschichte des deutschen Volkes,* Berlin: R. Gaertners Verlagsbuchhandlung 1889, 1891 (2 Bde.), Bd. 2, S. 218.

16 Zit. nach Ulrich Joost, *Lichtenberg – der Briefschreiber,* Göttingen: Wallstein 1990 (= *Lichtenberg-Studien* 5), S. 48 (Hervorhebung von mir, A. M.).

17 C.[hristian] F.[ürchtegott] Gellert, *Briefe, nebst einer Praktischen Abhandlung von dem guten Geschmack in Briefen, von C. F. G.,* Leipzig: Johann Wendler 1751, S. 2. Eine Forschungsübersicht über Gellert als Brieftheoretiker bietet Rafael Arto-Haumacher, *Gellerts Briefpraxis und Brieflehre. Der Anfang einer neuen Briefkultur,* Wiesbanden: Deutscher Universitäts-Verlag 1995, S. 16-21.

fatal.[18] Der Irrtum erkläre sich aus der gleichen Personalstruktur und dem ähnlich appellativen Charakter von Dialog und Brief.[19] Der geschriebene oder gedruckte Dialog jedoch bilde eine Kommunikationssituation ab, während der Brief „die Kommunikation selbst ist".[20] Auch wenn in diesem Punkt Joosts Kritik zutrifft, so ist die Formulierung Nannettes, „Leute, die weit voneinander entfernt leben, [können] durch Briefe miteinander reden", nicht einfach falsch, sondern eher als ein produktives Mißverständnis zu bezeichnen. Der Dialog zwischen Karoline und Nannette handelt von der Unsicherheit einer noch wenig geübten Briefschreiberin. Der Verweis auf das Gespräch, auf die mündliche Rede sollen helfen, den nicht selbstverständlichen Sachverhalt einer raumindifferenten, zeitlich versetzten, mittelbaren Kommunikation zu bewältigen. Cécile Dauphin nennt denn in ihrer Untersuchung über französische Briefsteller zwischen 1830 und 1899 die populäre Definition des Briefes als Rede auch eine „illusion de l'oralité".[21] Der Brief erscheine in den *manuels épistolaires* als die Transkription eines mündlichen Austausches, als die Verlängerung des gesprochenen Wortes:

> „Mais identifier la lettre à une conversation et la justifier par l'absence de l'autre est une façon de gommer ou de nier la mise à distance culturelle. C'est ‚abaisser' l'écriture, lui assigner un rôle secondaire de simple image de la parole ‚naturelle'."

Und sie fährt weiter:

> „Faut-il voir dans cette réduction de la lettre à un échange de paroles le corollaire d'une divulgation qui consiste tout simplement à faire croire que l'écriture épistolaire est accessible à tous?"[22]

Das mentale Modell einer Vergegenwärtigung des Adressaten beim Schreiben eines Briefes unterstützt den Akt des Schreibens gleich mehrfach. Es befördert die Norm eines ungezwungenen, „natürlichen" Stils, hilft „sprachhandlungsrelevante Charakterisierungen in Bezug auf [den] Adressat[en]"[23] zu finden und

---

18 Vgl. Joost, *Lichtenberg* (Anm. 16), S. 49-50. Nach Nickisch etwa ist das Schreiben, Absenden, Empfangen, Lesen und das – eventuelle – Beantworten eines Briefs „als kommunikativer Akt zu begreifen, für den aufgrund seiner intentionalen, funktionalen und strukturellen Affinität mit der mündlichen Kommunikation primär gleiches gilt wie für diese", Nickisch, *Brief* (Anm. 15), S. 5. Voßkamp weist allerdings nach, daß Gellert mit dem Insistieren auf dem Gesprächscharakter des Briefes nur die ursprüngliche griechische Definition wieder stärker betone; vgl. Wilhelm Voßkamp, „Dialogische Vergegenwärtigung beim Schreiben und Lesen. Zur Poetik des Briefromans im 18. Jahrhundert", in: *Deutsche Vierteljahrsschrift für Literaturwissenschaft und Geistesgeschichte* 45 (1971), S. 80-116, hier S. 82-83.
19 Joost, *Lichtenberg* (Anm. 16), S. 50.
20 Ebd., S. 48.
21 Vgl. Cécile Dauphin, „Les manuels épistolaires au XIXᵉ siècle", in: Roger Chartier (Hrs.), *La correspondance. Les usages de la lettre au XIXᵉ siècle,* Paris: Fayard 1991, S. 209-272, hier S. 229-231.
22 Ebd., S. 230.
23 Susanne Ettl, *Anleitung zu schriftlicher Kommunikation. Briefsteller von 1880 bis 1980,* Tübingen: Niemeyer 1984 (= *Reihe germanistische Linguistik* 50), S. 44.

vermindert zugleich mögliche Ängste, der Aufgabe des Abfassens nicht gewachsen zu sein. Der Brief als *sermo absentis ad absentem*[24] bedarf zu seiner Entstehung der Einbildungskraft; das Fehlen der Außenreferenz eines Situationsrasters (die Raum-Zeit-Deixis) mit einer gegenwärtigen Person muß durch die Vorstellungskraft beim Schreiben kompensiert und fiktional erzeugt werden.[25] Die Vergegenwärtigung wird zur Hauptregel beim Verfassen eines Briefes:

> „Ich lasse mir seyn Du seyst bey mir, ich sehe Dich, ich rede mit Dir, und was ich Dir mündlich sagen würde, das schreibe ich nieder. Ein Brief ist ja nichts anderes als eine schriftliche Unterredung mit einer abwesenden Person."[26]

Ebenso rät Anna Kaiser, sich „recht deutlich die Person, mit welcher wir reden, vor[zu]stellen und ihr dann das [zu]sagen, wovon wir wissen, daß sie es wissen und hören möchte."[27] Die virtuelle Anwesenheit des anderen, indem man so schreibt, „wie ich reden würde, wenn die Person, an die ich schreiben will, gegenwärtig wäre",[28] hilft, die durch die mediale Situation gegebene Distanz und emotionale Entfremdung zu überwinden. Daraus erklären sich die scheinbar paradoxen Briefdefinitionen. Johann Rudolf Steinmüller (1773-1835) etwa nennt den Brief „eine schriftliche Unterredung".[29] Nach Johannes Büel (1761-1830), Pfarrer und Schulmeister in Hemishofen (Kanton Schaffhausen), bedeutet einen Brief schreiben, „einem Andern das schriftlich sagen, was man ihm nicht mündlichen sagen kann, oder will".[30] Als ein Redesubstitut vertrete er die

---

24 Zur Tradition dieser Definition vgl. Georg Steinhausen, der eine Stelle aus Fabian Frangks Briefsteller (1531) anführt: „Der Sendbrieff ist eine rede, so eins zum andern jm abwesen (es sey freundt oder feindt) schriefftlich tuet, darinn eins dem andern sein jnnerlich odder heimlich anliegen, rath und gemütt eröffnet." Zit. nach Steinhausen, *Geschichte des deutschen Briefes* (Anm. 15), Bd. 1, S. 104. Vgl. dazu Ettl, *Anleitung zu schriftlicher Kommunikation* (Anm. 23), S. 26-28, und Bernhard Siegert, *Relais. Geschicke der Literatur als Epoche der Post 1751-1913*, Berlin: Brinkmann und Bose 1993, S. 29-30.

25 Vgl. Nickisch, *Brief* (Anm. 15), S. 9, und Siegert, *Relais* (Anm. 24), S. 43.

26 Hans Heinrich Meili, *Der schweizer'sche Briefsteller, ein Volksbuch, aus welchem junge und ungelehrte Leute Briefe und Aufsätze aller Art schreiben, und sonst viel Nützliches lernen können*, dritte vermehrte, verbesserte Ausgabe, St. Gallen: gedruckt bey Zollikofer und Züblin 1811, S. 52. Vgl. dazu Francesco Gianini („Carlino impara a scrivere lettere"): „Scrivi su di un foglio tutte le cose che diresti a voce alla tua mamma, se ella venisse a trovarti. La lettera non è che un discorso scritto, un po' più ripulito e più pensato del parlare comune, affine di evitare gli errori e gli scarabocchi [sc. Kritzeleien, Kleckserei] che sarebbero mancanza di rispetto a chi si scrive. [...] ,fare una lettera era come parlare, parlar colla penna.'" Francesco Gianini, *Il libro di lettura per le classe superiori delle scuole elementari Ticinesi maschili, femminili e miste*, vol. II, Lugano/Bellinzona: Tipografia Carlo Traversa/Società anonima stabilimento tipo-litografico 1906, S. 15.

27 *Schweizerisches Familien-Wochenblatt für Belehrung und Unterhaltung. Ein Leidfaden und Ratgeber für unsere Frauen und Töchter* 4 (1884/1885), Zürich: Schröter u. Meyer, S. 339.

28 C.[onrad] T.[anner], *Schulbriefe aus den Bergkantonen, nebst einer Anleitung zum Briefschreiben*, Einsiedeln: Benziger und Eberle 1813, S. 255.

29 Joh.[ann] Rudolph Steinmüller, *Lesebuch zur Bildung des Herzens und Uebung der Aufmerksamkeit für Kinder in mittlern Klassen, zum Beßten der vaterländischen Jugend herausgegeben*, Glarus: bey Kaspar Freuler, Buchbinder 1794, S. 142.

30 Johannes Büel, *Briefbuch oder Anleitung zum Briefschreiben und anderen nützlichen Aufsätzen*

mündliche Rede und richte sich „an abwesende Personen oder an solche, mit denen man nicht mündlich reden *will* oder nicht *darf*".[31] Aber auch der Adressat profitiert von dieser pädagogischen Maßnahme, da durch einen Brief als ein gleichsam magisches Objekt ein Freund sich dem andern „so vergegenwärtiget, als stünde er lebendig vor ihm".[32]

Im übrigen waren es Frauen, die großen Briefeschreiberinnen im 18. Jahrhundert, die die Grenzen dieser virtuellen Mündlichkeit aufzeigten. Während die populären Briefsteller die vermeintliche Schwellenangst beim Briefeschreiben abzubauen sich bemühen, sind es literarisch gebildete Briefschreiberinnen, welche die Defizite des schriftlichen Ausdruckes gegenüber der mündlichen Aussprache festhalten. So bezeichnete 1762 Caroline Christiane Lucius in einem Brief an Christian Fürchtegott Gellert den Brief als Abgesandten und Stellvertreter, der „nun freylich nicht so manierlich und gefälig seyn [kann], als ichs allenfalls seyn könnte, weil er das Ansehen und die Sitten behalten muß, die ich ihm einmal gegeben habe, und weil ichs vorher nicht wissen kann, in welcher Gemüthsbeschaffenheit er die Leute antreffen wird".[33] Und für Sophie Mereau-Brentano (1770-1806) ist 1799 das Papier ein so ungetreuer Bote, „daß es den Blick, den Ton vergißt, und oft sogar einen falschen Sinn überbringt".[34]

III

Wo es nun tatsächlich um die Fixierung der mündlichen Rede ging (im Gericht, in der Strafuntersuchung, bei der „inspirierten Aussprache", beim Alltagsgespräch und in der Feldforschung der Volkskunde), wird diese in philologischen Kategorien schriftlicher Texte begriffen. Nach dieser optimistischen, meist aber pragmatischen Haltung, ist die Umsetzung einer mündlichen Verlautbarung in

---

für Schweizerische Landschulen, Zürich: David Gessner 1795, S. 1. Georg Müller schrieb über Büels *Briefbuch,* es gefalle jedermann: „Unsere brave Näherin hat ihn [sc. den Briefsteller] bei mir entlehnt, um auch daraus zu lernen." Johannes Büel war darüber erfreut, und schrieb an Johann Georg Müller, er sehe es doch gern, wenn diese Klasse von Menschen seinen Briefsteller gerne lese, „denn für sie ist er geschrieben". Zit. nach Hans Noll, *Hofrat Johannes Büel von Stein am Rhein 1761-1830. Ein Freund großer Zeitgenossen,* Frauenfeld, Leipzig: Huber und Co. 1930, S. 59-60.

31 *Schweizerische Alpenrose. Ein hauswirthschaftliches Volksbuch für denkende Hausväter und besorgte Hausmütter sowie für die erwachsene Jugend beiderlei Geschlechts, als Rathgeber für die verschiedensten häuslichen, beruflichen und bürgerlichen Lebensverhältnisse,* 3. vermehrte Auflage, St. Gallen: Literarisches Verlagsbüro o.J. [1863], S. 441.

32 Joseph Franz Schön, *Von dem Nutzen einer wohleingerichteten Schule. Predigt, gehalten bey der neueinzuführenden Schule in Menzingen, am 22ten Sonntag nach Pfingsten, von J. F. S., Pfarrherrn von Sextar,* Zug: gedruckt bey Johann Michael Aloys Blunschi 1803, S. 23-24.

33 Christian Fürchtegott Gellert und Caroline Christiane Lucius, *Briefwechsel C. F. G.'s mit Demoiselle L. Nebst einem Anhange, [...],* sämmtlich aus den bisher meist noch ungedruckten Originalen herausgegeben von Friedrich Adolf Ebert, Leipzig: F. A. Brockhaus 1823, S. 128.

34 Clemens Brenntano und Sophie Mereau, *Briefwechsel zwischen C. B. und S. M.,* nach den in der Königlichen Bibliothek zu Berlin befindlichen Handschriften zum ersten Mal herausgegeben von Heinz Amelung, Leipzig: Insel [2]1908, Bd. 1, S. 12-13.

einen Text grundsätzlich möglich. Die Schrift wird dadurch zum Speichermedium, deren Leistung darin besteht, die orale Komplexität, die ihrer Konstitution nach linear ist, zu etwas Visuell-Räumlichem zu reduzieren, das potentiell jederzeit verfügbar bleibt. Sprache wird dadurch objektiviert, da sie durch das System sichtbarer Zeichen, das Alphabet, ein materielles Korrelat erhält. Die Probleme, die sich bei der Umsetzung ergaben, genauer: die Probleme, die damals wahrgenommen wurden, sind meist technischer Natur. Man dachte einerseits über neue Schreibinstrumente und andererseits über Aufschreibsysteme wie die Tacheographie, die Schnellschreibkunst, nach, die mit der Geschwindigkeit des mündlichen Sprachflusses mithalten konnten. Im folgenden möchte ich am Beispiel der inspirierten Rede religiös erweckter „Instrumente", der Reiseliteratur und der volkskundlichen Feldforschung das Reflexionspotential, das sich um spezifische Aufschreibesituationen ergab, rekonstruieren.

Nach der Aufhebung des Edikts von Nantes (1685) entstand unter den bedrängten und ihrer Pfarrer beraubten Hugenotten Südfrankreichs ab 1688 eine ekstatische Bewegung. Laien beanspruchten im Trancezustand unter außergewöhnlichen körperlichen Erscheinungsformen wie Konvulsionen, als gottgesandte, vom Heiligen Geist inspirierte „Instrumente" zu reden (sogenannte Aussprachen). Sie riefen zur Buße angesichts der bevorstehenden apokalyptischen Ereignisse: Fall des antichristlichen Babels (d. h. der katholischen Kirche) und Erlösung der Gläubigen. Diese französischen Propheten bereisten zwischen 1709 und 1713 protestantische Länder des Kontinents und fanden in Deutschland in radikalpietistischen Kreisen große Resonanz, wo seit 1690 mit dem mystischen Spiritualismus ähnliche Erfahrungen gemacht worden waren. In Berlin und Halle hinterließen die französischen Propheten Konventikel von Anhängern und „Instrumente". Die Grafschaft Ysenburg (Wetterau) bildete fortan ein Zentrum der Inspirierten. Die geistigen Führer der Bewegung waren der aus Württemberg emigrierte Sattler Johann Friedrich Rock (1678-1749) und der ehemalige Württembergische Pfarrer Eberhard Ludwig Gruber (1665-1728).[35]

Was das „Werkzeug" aussprach, hielt man zweifellos für das wörtliche Gotteswort. Aus diesem Grund verfuhr man bei der Transkription solcher inspirierter Reden überaus sorgfältig. Schon in den *Wunder=reden Von einer aus Teutschland in Entzückung gesetzten gemeinen Weibs=Person*, die im Jahre 1700 erschien, heißt es:

> „Die worte / so sie ausgeredet / sind treulich und ohne einige Veränderung / wie sie aus ihrem Munde gefloßen / weil sie mehrentheils langsahm redete / nachgeschrieben worden. An wenigen Orten / da sie bißweiln geschwinde redete / hat mann lieber den Mangel mit Puncten anzeigen / alß etwas ungewisses darvor einrücken wollen / indehm man sich ein Gewissen gemachet / hierunter die geringste

35 Für weiterführende Literatur zur Inspiriertenbewegung vgl. Hans-Jürgen Schrader, „Inspirierte Schweizerreisen", in: Verf. und Roger Chartier (Hrsg.), *Lesen und Schreiben in Europa 1500-1900. Vergleichende Perspektiven,* Basel: Schwabe 2000, S. 351-382, hier S. 356, Fn. 6.

Veränderung vorzunehmen. Sie selbst hat nichts davon geschrieben / sondern / alß mann dergleichen zustand bey ihr gemercket / hat mann anstalt gemacht / daß allezeit jemand an der hand gewesen / der das in der Entzückung ausgeredet / wohl und treulich auf notiret."[36]

Johann Friedrich Rock wurde seit seiner Inspirationserweckung Ende 1714 ständig von mindestens einem Schnellschreiber begleitet. In einzelnen Fällen waren bis zu fünf Schnellschreiber an den Protokollen beteiligt.[37] Beim wiederholten „Collationiren"[38], d. h. dem Vergleichen der verschiedenen Abschriften, wurden die vorhandenen Differenzen bereinigt. Aus den Mitschriften, die nach Aussage der Schreiber schon nach wenigen Stunden nicht mehr zu entziffern gewesen seien,[39] wurden anschließend gemeinsam Reinschriften hergestellt. In der Verwendung des Terminus „Collationiren" wird das „geradezu philologisch zu nennende Bemühen der Inspirationsgemeinde" deutlich, „einen wirklich authentischen Text aus den Mitschriften herzustellen".[40] Schließlich ging es ja, schreibt Hans-Jürgen Schrader, „um Gottes Rede, die kein Mensch verfälschen durfte".[41] Das Problem authentischer Mitschriften verschärfte sich dort, wo einzelne Werkzeuge nicht mehr eine „inspirierte Rede" produzierten, sondern „zungenredend ausgestoßene göttliche Verbaloffenbarungen",[42] die gerade wegen ihrer Unverständlichkeit höchste Anforderungen an die Schreiber oder „Concipienten" (auch „Protokollisten" genannt) stellten.[43]

Im Laufe des 18. Jahrhunderts wurde innerhalb der Reiseliteratur an Reiseschriftsteller die Forderung einer unmittelbaren, unverfälschten und möglichst vollständigen Fixierung der bereisten Realitäten erhoben. Das Ideal war, Beobachtungen und Gespräche möglichst ohne Zeitverzug schriftlich festzuhalten, „andernfalls sei die Glaubwürdigkeit der mitgeteilten Nachrichten nicht gewähr-

---

36 *Wunder=reden Von einer aus Teutschland in Entzückung gesetzten gemeinen Weibs=Person ausgesprochen. Darinnen vor andern Die Zukunfft des HErrn / Zions Erlösung / und Babels Untergang angekündiget wird*, o.O. 1700, S. *2-*3, zit. nach Ulf-Michael Schneider, *Propheten der Goethezeit. Sprache. Literatur und Wirkung der Inspirierten*, Göttingen: Vandenhoeck & Ruprecht 1995 (= *Palaestra* 297), S. 44-45.

37 Schneider, *Propheten der Goethezeit* (Anm. 36), S. 51.

38 Unter Kollation versteht man den Vergleich einer Abschrift mit der Urschrift zur Prüfung der Richtigkeit; allgemeiner: etwas auf Richtigeit und Vollständigkeit prüfen.

39 Bei einem Verhör in Winterthur 1716 mußte ein Schreiber zugeben, „das Geschriebene könne man in der Regel nicht mehr lesen, wenn es nicht sofort abgeschrieben würde", Julius Studer, „Der Pietismus in der zürcherischen Kirche am Anfang des vorigen Jahrhunderts, nach ungedruckten Urkunden", in: *Jahrbuch der Historischen Gesellschaft Zürcher Theologen* 1 (1877), S. 109-209, hier S. 161. Die Aussage stammt nach Schneider von Sigmund Heinrich Gleim, dem Schreiber von Johann Adam Gruber; vgl. Schneider, *Propheten der Goethezeit* (Anm. 36), S. 50, Anm. 53.

40 Ebd., S. 51.

41 Schrader, „Inspirierte Schweizerreisen (Anm. 35), S. 366.

42 Ebd., S. 359.

43 Zur Glossolalie (in Sprachen/Zungen reden) vgl. den betreffenden Artikel in Peter Dinzelbacher (Hrsg.), *Wörterbuch der Mystik*, Stuttgart: Kröner 1989 (= *Kröners Taschenausgabe* 456), S. 191-192.

leistet. Denn das Gedächtnis, dem sie dann ausgeliefert wären, galt als unzuverläßig. Es sei weniger dazu geeignet, Realitäten aufzubewahren als Chimären hervorzubringen."[44] Es geht also um die Vorstellung und Norm eines Simultanprotokolles, um so auf den unzuverläßigen biologischen Speicher des menschlichen Gedächtnisses mit seinen Lücken und Verzerrungen verzichten zu können.

Friedrich Nicolai war einer der Reisenden, der unter der Insuffizienz des Gedächtnisses litt. Hatte er es erst mit Bleistiftaufzeichnungen in der fahrenden Kutsche versucht, die er dann nachträglich des Abends in einem Gasthof mit Tinte nachzog, lernte er in Leipzig ein neues Schreibgerät kennen. Es handelte sich um eine Art Füllfeder, die man in der Tasche tragen konnte und die beständig Tinte enthielt: „Einem jeden, der beym Spazierengehen, auf dem Lande, oder sonst, Gedanken geschwind aufzeichnen will, ist sie sehr bequem, aber besonders ist sie einem Reisenden von großem Nutzen."[45] Erfinder dieser Schreibfeder war „Herr Mechanikus Scheller in Leipzig"; bei ihm konnten solche „Reise-Schreibfedern von Metall oder Horn, die beständig Dinte in sich enthalten und in der Tasche getragen werden können", bezogen werden. Mit der „messingenen Kapsel" kostete das Stück 10 Groschen.[46]

Die technischen Probleme, welche eine simultane Mitschrift stellten, waren dreifacher Natur. Einmal ging es um die Schreibgeschwindigkeit, dann um das Schreibwerkzeug und drittens um die Möglichkeit, unbeobachtet vom Gegenüber schreiben zu können. Während die Protokollisten beim Mitschreiben inspirierter Rede durch eine Steigerung der Schriftgeschwindigkeit danach trachteten, mit der Geschwindigkeit der Redegeschwindigkeit des „Werkzeuges" mitzuhalten – um den Preis der Leserlichkeit –, gab es seit dem 16. Jahrhundert zahlreiche Erfindungen stenographischer Systeme. Stenographie ist

„eine neben der allgemeinen Schrift [...] geschaffene Kunstschrift mit besonderen Zeichen (die von den Buchstaben der gewöhnlichen Schrift abweichen und sie an

44 Andreas Hartmann, „Reisen und Aufschreiben", in: Hermann Bausinger, Klaus Beyrer und Gottfried Korff (Hrsg.), *Reisekultur. Von der Pilgerfahrt zum modernen Tourismus*, München: C. H. Beck 1991, S. 152-159, hier S. 152-153. Vgl. auch ders., „Reisen und Aufschreiben 1795. Die Rolle der Aufschreibsysteme in der Darstellung des Fremden", in: Ina-Maria Greverus, Konrad Köstlin und Heinz Schilling (Hrsg.), *Kulturkontakt, Kulturkonflikt. Zur Erfahrung des Fremden*, 26. Deutscher Volkskundekongreß in Frankfurt am Main vom 28. September bis 2. Oktober 1987, 2 Bde., Frankfurt am Main: Institut für Kulturanthropologie und Europäische Ethnologie 1988 (= *Die Schriftenreihe des Instituts für Kulturanthropologie und Europäische Ethnologie der Universität Frankfurt am Main* 28), S. 499-505.
45 Friedrich Nicolai, *Beschreibung einer Reise durch Deutschland und die Schweiz, im Jahre 1781. Nebst Bemerkungen über Gelehrsamkeit, Industrie, Religion und Sitten*, Berlin, Stettin [s.n.] 1783-1796 (12 Bde.), hier Bd. 1, S. 21-22; Hartmann, „Reisen und Aufschreiben" (Anm. 44), S. 153-154. Zu Friedrich Nicolais *Beschreibung einer Reise* vgl. auch Andreas Bürgi, *Weltvermesser. Die Wandlung des Reiseberichts in der Spätaufklärung*, Bonn: Bouvier 1989 (= *Abhandlungen zur Kunst-, Musik- und Literaturwissenschaft* 386), S. 43-77.
46 Gabr.[iel] Christ.[oph] Benj.[amin] Busch, *Handbuch der Erfindungen*, 11. Theil (R–S), vierte, ganz umgearbeitete und sehr vermehrte Auflage, Eisenach: Johann Friedrich Bärecke 1821, S. 294-296 („Schreibfeder").

graphischer Kürze weit übertreffen) und besonderen Regeln (durch deren Anwendung Minderwesentliches und Ergänzbares [Laute, Wortteile und sogar Wör-
ter] sinnbildlich dargestellt oder ganz weggelassen werden) zur Erzielung einer
erheblichen Schriftkürze".[47]

Ein Kurzschriftsystem präsentierte auch der Franzose Jean Felicite Coulon de
Thévenot (1754-1813) im Jahr 1777 zum ersten Mal (revidiert 1786 und 1787).
Seine kleine Schrift war überaus erfolgreich. Eine Recherche in der virtuellen
Bibliothek Karlsruhe ergab für die ersten 10 Jahre ihres Erscheinens folgendes
Ergebnis:

> [Jean F.] Coulon de Thévenot, *L'art d'écrire aussi vite qu'on parle, toutes les lan-
> gues*, Paris: chez l'Auteur 1786.
> Jean F. Coulon de Thévenot, *Tableau tachygraphique: cont. l'art d'écrire aussi vite
> que la parole toutes les langues*, Paris 1786.
> Jean Félicité Coulon de Thevenot, *L'art d'Ecrire aussi vite qu'on parle, ou la tachy-
> graphie française, dégagée de toute équivoque*, Nouvelle édition, Paris [1787].
> Jean Félicité Coulon de Thevenot, *Méthode tachygraphique: ou L'art d'écrire aussi
> vite que la parole [...] avec un almanach tachygraphique pour l'année 1789 [...]*,
> Paris: L'Auteur, 1789.
> Jean F.[élicité] Coulon de Thévenot, *L'art d'écrire aussi vite qu'on parle*, Paris:
> Coulon 1790.
> Jean Félicité Coulon de Thevenot, *L'art d'Ecrire aussi vite qu'on Parle*, Paris: L'au-
> teur [18]1795.

An Vorläufern von Erfindern stenographischer Systeme sind zwei weitere Autoren zu nennen, einmal Charles Aloysius Ramsay mit seiner *Neu Vermehrten
Tacheographia. Oder Geschwinde Schreib-Kunst, vermittelst welcher Ein jed-
weder die Teutsche Sprache so geschwinde schreiben kan, als selbe mag geredet
werden* (o.O., 1679) und dann William Masons (1672-1709) *La Plume Volante,
or the Art of Shorthand Improv'd* (London: D. Brown [etc.] 1707).
    Coulon de Thévenot spielte übrigens während der Französischen Revolu-
tion als Stenograph in Jakobinerklubs und in der konstituierenden National-
versammlung eine wichtige Rolle. Er starb in Armut im Jahr 1813. An seiner
Biographie läßt sich der Zusammenhang von demokratischer Bewegung und
dem Bedürfnis, politische Rede zu dokumentieren, aufzeigen. Dieser konjunk-
turelle Zusammenhang ist für das ganze 19. Jahrhundert faßbar. In der illustrierten Familienzeitschrift *Die Gartenlaube* findet sich im Jahrgang 1860
folgende autobiographische Notiz, die diesen Zusammenhang erhellt:

---

47 Christian Johnen, *Allgemeine Geschichte der Kurzschrift*, Berlin: Apitz [4]1940, S. 5; Herbert
    Boge, *Griechische Tachygraphie und Tironische Noten. Ein Handbuch der mittelalterlichen und
    antiken Schnellschrift*, Berlin: Akademie-Verlag 1973, S. 3. Zur Stenographie vgl. auch Helmut
    Jochens, „Stenographie", in: Hartmut Günther und Otto Ludwig (Hrsg.), *Schrift und Schrift-
    lichkeit. Ein interdisziplinäres Handbuch internationaler Forschung*, Berlin, New York: de
    Gruyter 1996 (2 Bde.), Bd. 2, S. 1604-1608.

„In dem denkwürdigen Jahre 1848 war ich Reichstag-Stenograph. Dieses Jahr war für die Stenographie wohl ein gesegnetes zu nennen. Ueberall Parlamente, Land-tage, Vorbesprechungen zu Wahlen, Oeffentlichkeit und Mündlichkeit des Ge-richtsverfahrens etc., kurzum, wohin man blicken mochte, das Bedürfniß nach Stenographie."[48]

Die mediale Prämissen dieses Prozesses, die Forderung nach Verschriftlichung der politischen Rede, reflektierte der Winterthurer Johann Conrad Troll (1783-1858). Die Möglichkeit der technischen Reproduktion der mündlich gehaltenen Reden in den dreißiger Jahren des 19. Jahrhunderts ist nach seinem Dafürhal-ten konstitutiv für die politische Kultur der Regenerationszeit (1830-1848). Denn während bei der gedruckten Rede das Publikum sich bis ins Endlose ver-größern könne, sei bei der mündlichen Rede die Menschenzahl, die zu gleicher Zeit zuzuhören vermöge, „durch die Verhältnisse des Raumes, die Gesetze des Schalles und das Maß der Stimme beschränkt". Daher seien die seit dem 22. No-vember 1830 in der Schweiz Mode gewordenen Volksversammlungen eine sehr mangelhafte Lehranstalt für die Bürger gewesen, von

„denen oft der größte Theil mit hoch erhobener Hand Grundsätze und Lehren bil-ligte, die sie nicht verstanden. Mit Recht wurden darum diese Volksströmungen abgestellt, sobald die Volksführer die gewünschte Stellung eingenommen."[49]

Im Jahre 1803 berichtete ein Volkskalender, *Der erzählende Schweizer,* daß unser Coulon Thévenot auch eine Schreibfeder erfunden habe:

„Professor der Tachygraphie (Schnellschreibekunst) zu Paris, hat eine Art Feder er-funden, die so leicht als Gänsefedern sind, beim Schreiben nicht eingetaucht und durch den Gebrauch immer besser werden. Er nennt sie immerwährende Federn."[50]

Beim Schreibwerkzeug, einer Art Füllfeder, welches das zweite Problem beim Schreiben „im Feld" zu lösen versucht, handelte es sich um eine Sache, die immer wieder „erfunden" wurde. „Neben dem zeitraubenden Eintauchen war das Ver-

---

48 „Aus den Memoiren eines Stenegraphen", in: *Die Gartenlaube. Illustriertes Familienblatt,* re-digiert von F.[erdinand] Stolle und A.[ugust] Diezmann, Jg. 1860, Leipzig: Verlag von Ernst Keil, S. 400.

49 Joh.[ann] Conrad Troll, *Geschichte der Stadt Winterthur, nach Urkunden bearbeitet,* Win-terthur: Hegner 1840-1850 (8 Bde.), Bd. 8, S. 298. Schon Johann Heinrich Ulrich schrieb, die Bücher redeten „ohn vnderlaß stets an einanderen / vnd an allen orthen / auch in den jenigen / dahin sonsten die krafft lebendiger stimm nicht tringen mögen", [Johann Heinrich Ulrich,] *BI-BLIOTHECA NOVA TIGVRINORVM PVBLICO-PRIVATA. Selectiorum Variarum Lin-guarum, Artium & Scientiarum LIBRORUM. Ex Liberalitate & munificentia bonorum utrius Das ist / Newe Bibliothec welche gmein vnd eigen einer Ehrlichen Burgerschafft der loblichen Statt Zürych. [...] Dem gemeinen Studierwesen zu Diensten vnnd hiemit GOTT vorab zu ehren / dem Vatterland vnd guten Freunden zu sonderm nutzen geeignet,* Zürich 1629, S. 99.

50 *Der erzählende Schweizer enthaltend nebst dem alten und neuen Calender auf das Jahr 1803 [...],* Schafhausen: Hurterische Buchdruckerey zum Jordan [1802], [nicht paginiert].

stauen der Tinte auf Reisen eine lästige Angelegenheit".[51] So beschrieb der Alt-
dorfer Professor für Orientalistik und Mathematik Daniel Schwenter (1585-
1636) schon um 1610 den Prototyp einer Füllfeder. Im ersten Druck seiner
Steganologia stellt er im siebten Teil seine Erfindung, „eine Feder zuzurichten /
die Dinte halte / daß man ein gantzen bogen oder mehr vneingeduncket damit
schreiben könne".[52] Nicolas Bion, Mathematiker und Ingenieur des französischen Königs, entwickelte 1709 die Füllfeder weiter und nannte sie „Plume sans
fin".[53] Endlich beschrieb der Wolfenbütteler Arzt Johann Jakob Bücking 1787
eine „Schreibfeder von Silber und Dinte".[54] Bei ihm war es die Notwendigkeit,
„im Hause seiner oft recht ärmlichen Patienten dringende Rezepte an Ort und
Stelle ausschreiben zu können, die ihm eine solche ‚Schreibfeder mit Dinte' von
großem Wert erscheinen ließ."[55]

Das dritte Problem, „im Feld" die Rede des anderen mitzuschreiben, ohne
daß dieser es merkt, beschäftigte einen in Paris lebenden Deutschen namens
Beyer. Am 20. Januar 1786 wird die Nachricht seiner bemerkenswerten Erfindung verbreitet. Dabei handelte es sich um

> „ein Portefeuille, wodurch man schreiben kann, ohne es zu sehen, sogar in der Ta-
> sche und im Fahren. Man kann allemal drey Zeilen mit gehörigen Zwischenräu-
> men schreiben, und alsdann das Papier im Finstern fortrücken, bis es auf hundert
> Zeilen angefüllt ist."[56]

Dieses geheime Mitschreiben empfehle sich, denn oft dürfe man sich nicht
anmerken lassen, daß man ein Journal führt, „sonst erfährt [der Reisende]
nichts".[57]

Wir kommen zu einem weiteren Anwendungsgebiet simultanen Mitschrei-
bens, der Volkskunde. Die volksliterarischen Genres reichen von der Sage und

---

51 Gerhard F. Strasser, „Daniel Schwenters ‚Feder / die Dinten halte / dass man ein gantzen bogen
    (…) damit schreiben könne' und ihre Wolfenbütteler Geschichte", in: *Wolfenbütteler Beiträge.*
    Aus den Schätzen der Herzog August Bibliothek, herausgegeben von Paul Raabe, Bd. 4, Frank-
    furt am Main: Vittorio Klostermann 1981, S. 235-244, hier S. 235.
52 [Daniel Schwenter,] *Steganologia & Steganographia NOVA. Geheime Magische / Natürliche*
    Red vnd Schribkunst [...]. Durch Resene Gibronte Runeclus [Pseud.], Nürnberg: Halbmayer
    o.J. [ca. 1610], S. 298-299.
53 Nicolas Bion, *Traité de la construction et des principaux usages des instrumens de mathematique,*
    Paris: chez la Veuve de Jean Boudot, Jacques Collombt et Jean Boudot fils 1709, S. 86 und Abb.
    auf S. 94.
54 Johann Jakob Bücking, *Sammlung von Auffsätzen und Beobachtungen aus den meisten Theilen*
    der Arzneywissenschaft, Stendhal: Franzen & Große 1787, S. XVI-XXIV und Falttafel auf
    S. XXXIV.
55 Strasser, „Daniel Schwenters ‚Feder'" (Anm. 51), S. 239.
56 Johann Georg Meusel (Hrsg.), *Miscellaneen artistischen Inhalts,* Bd. 27, Erfurt: Keyser 1785,
    S. 186-187. Zitiert nach Hartmann, „Reisen und Aufschreiben" (Anm. 44), S. 152, und ders.,
    „Reisen und Aufschreiben 1795" (Anm. 44), S. 499.
57 [Franz Bosselt,] *Apodemik oder die Kunst zu reisen. Ein systematischer Versuch zum Gebrauch*
    junger Reisenden aus den gebildeten Ständen überhaupt und angehender Gelehrten und Künst-
    ler insbesondere, Leipzig: Breitkopf 1795, Bd. 2, S. 389.

dem Märchen, über die Legende bis zum Volkslied. Dem schwäbischen Gymnasiallehrer David Christoph Seybold (1747-1804) verdanken wir eine frühe, ausführliche Aufzeichnung eines Kinderliedes. In seinem Aufsatz „Ein Beitrag zu den Volksliedern aus der Pfalz", der 1778 in der von Heinrich Boie herausgegebenen Zeitschrift *Deutsches Museum* erschienen war, beschrieb er den Kinderaufzug zur Einholung des Sommers am Sonntag Laetare (4. Sonntag der vorösterlichen Fastenzeit, oder dritter Sonntag vor Ostern; der Name leitet sich vom Eingangsvers der Liturgie – lat. *laetare:* freue dich, Stadt Jerusalem – her) in der Pfalz. Er beschreibt dabei seine Sammelmethode:

> „ich stellte mich mit dem Bleistift ans Fenster, schrieb bei dem ersten [Vers] nach, was ich konnte, und verstund, und füllte beim zweiten, dritten etc. meine Lücken aus. [...] Die korrupteste Stelle in einem alten Schriftsteller kan nicht so viele Varianten haben, als ich hier hörte."[58]

Der visuellen und vor allem akustischen Wahrnehmung folgt ohne Verzug ihre schriftliche Fixierung, die lediglich durch die Raschheit des Vortrages, akustisches Nichtverstehen und Fremdheit des Textes erschwert wird. Die einzelnen Aufführungen werden als „Textvarianten" verstanden, auf deren Grundlage die „richtige Form" sich möglicherweise rekonstruieren läßt. Der Schriftsteller, Germanist und Pädagoge Friedrich David Gräter (1768-1830) stellt sich später auf eben diesen Standpunkt: Volkslieder müssen aufgrund eigener Beobachtungen aufgezeichnet werden – man muß sie mit eigenen Ohren immer wieder hören. Diese Sammelmethode wird im 19. Jahrhundert trotzdem die Ausnahme bleiben. Die Volksliteraturforschung jedoch wird in der Folge im Zusammenhang mündlicher Genres wie Sage, Märchen, Legende, Exempel, Witz oder Volkslied von Lesarten, Varianten und Urformen sprechen.

Wie der „Volksmund" zu einer magischen Chiffre werden konnte (und damit seine genaue Transkription zu einem Erfordernis), hängt mit einer um 1800 einsetzenden Umwertung der Differenz Mündlichkeit/Schriftlichkeit zusammen. Wie aber präsentierte sich die Leitdifferenz zwischen Mündlichkeit/Schriftlichkeit bzw. Anwesenheit/Abwesenheit um 1800? Hans-Georg Pott ist in einem Aufsatz der Faszination der menschlichen Stimme gegenüber zur Zeit der deutschen Romantik nachgegangen.[59] Die Stimme werde um 1800 auf eine Art und Weise beschworen, die dem heutigen Beobachter insofern als widersinnig erscheinen muß, als „vom Hören, Singen und Reden [...] *geschrieben*" werde. Und weiter: „Gegenüber dem als Sucht und Laster gebrandmarkten Schreiben und Lesen werden sie als die wertvolleren Ausdrucks- und Kommu-

58 Zit. nach Verf., *Elemente einer Pragmatik des Kinderliedes und des Kinderreimes,* Zürcher Diss. phil., Aarau: Sauerländer 1991 (= *Reihe Sprachlandschaft* 9), S. 19.
59 Hans-Georg Pott, „Die Sehnsucht nach der Stimme. Das Problem der Oralität in der Literatur um 1800 (Hölderlin, Goethe, Schleiermacher)", in: Verf. und Chartier (Hrsg.), *Lesen und Schreiben in Europa 1500-1900* (Anm. 35), S. 517-532.

nikationsformen angesehen."[60] Nach Jean-Jacques Rousseau bringen „Bedürfnisse die Gesten und Leidenschaften die Stimmen"[61] hervor. Und während Ursprung und Ziel alles Begehrens „die Liebeskommunion, in ihrem Ideal: das vorgeburtliche Leben im Mutterleib und der Liebestod" ist, bedeutet „[a]lle Sprachverwendung hingegen [...] Kommunikation, und das heißt: Mangel, Differenz, Trennung. Alles Sprachliche ist Substitut und Supplement."[62] Diese Einsichten werden nun, und das schon bei Rousseau, insofern auf den Kopf gestellt, als nun die „Stimme als das Eigentliche und Wahre des Menschen und die Schrift als der Sündenfall des Sekundären erscheinen".[63]

Die Differenz wurde historisch von Wilhelm Grimm in seinem Aufsatz „Über die Entstehung der altdeutschen Poesie und ihr Verhältnis zu der nordischen" (1808) auf die Zeit der Völkerwanderungen zurückdatiert und arbeitet mit dem Gegensatzpaar Poesie, Volkspoesie (auch Volksdichtung), deutsche Poesie, Naturpoesie bzw. Nationalpoesie oder Nationaldichtung als mündliche Dichtung des Volkes einerseits[64] und romantische Poesie bzw. Kunstpoesie („Manier", „höchst verfeinerte Sentimentalität") einer geschlossenen, höfischen Gesellschaft („Es war die Poesie einer gewissen Klasse")[65] andererseits.

Wodurch zeichnet sich die Naturpoesie aus? Sie ist orale Dichtung und „lebte fort in dem Munde und dem Herzen [sc. Gedächtnis] eines jeden unter dem Volk".[66] Sie war „allgemein verbreitet".[67] Und wenn auch bald eine „gewisse Klasse" entstand, „die eigens sich diesem Geschäfte widmete: die Sänger", so waren diese „nicht die Dichter dieser Lieder, und nahmen sie auch nicht zu ausschließendem Besitze dem Volke ab".[68] In diesem Zusammenhang spricht Wilhelm Grimm von der „Unschuld und Bewußtlosigkeit", in der das „Ganze sich gedichtet"[69] habe, denn das Volkslied *dichte sich selbst* und passe

---

60 Ebd., S. 518.
61 Ebd., S. 520.
62 Ebd., S. 521.
63 Ebd., S. 520.
64 Der Begriff Naturpoesie geht auf Johann Gottfried Herder und seine Abhandlung *Vom Geist der Ebräischen Poesie* (1782/1783) zurück; vgl. Hermann Bausinger, „Naturpoesie", in: *Enzyklopädie des Märchens* (Anm. 1), Bd. 9, Sp. 1273-1280, hier Sp. 1274: „dieser Begriff ist [bei Herder] nicht als altertumskundliche Kategorie reserviert, sondern benennt zugleich eine grundsätzliche Möglichkeit poetischer Produktion, die – im Gegensatz zur bewußten Formung der ‚Kunstpoesie' – durch elementar-sinnlichen Ausdruck charakterisiert ist".
65 Wilhelm Grimm, „Über die Entstehung der altdeutschen Poesie und ihr Verhältnis zu der nordischen" (1808)", in: ders., *Kleinere Schriften*, herausgegeben von Gustav Hinrichs, Bd. 1, Berlin: Ferd. Dümmler 1881, S. 92-170, hier S. 114-115.
66 Ebd., S. 95. Zu Giambattista Vicos (1668-1744) Position, in den *Prinzipi di scienza nuova* (1744) vorgetragen, wonach die „ersten Völker Dichter waren" und im „heroischen Zeitalter [...] die Menschen in heroischen Versen gesprochen" hätten, vgl. Peter Burke, *Vico. Philosoph, Historiker, Denker einer neuen Wissenschaft*. Aus dem Englischen von Wolfgang Heuss, Berlin: Wagenbach 1987, S. 55.
67 Grimm, „Über die Entstehung der altdeutschen Poesie" (Anm. 65), S. 141.
68 Ebd., S. 95.
69 Ebd., S. 100.

sich an.[70] Diese größeren „Gedichte" dauerten stets „mit dem Fortgange der Zeit in veränderter Gestalt" fort. Niemals habe das Nibelungenlied eine bestimmt Form gehabt, „sondern immer beweglich und anschmiegend mußte es fast in jedem Munde verschieden sein".[71] Hier herrschte ein „beständiges Umwandeln und Accomodiren an die Zeit".[72] Diese Vorstellungen Wilhelm und Jacob Grimms waren damals keineswegs unbestritten. Friedrich Heinrich von der Hagen ging von einem, der einflußreiche Berliner Philologe Carl Lachmann hingegen von wenigstens drei Autoren aus, während die Frage nach dem Autor sich im Bereich der Naturpoesie für die Grimms gar nicht stellte. Und sie ist auch nicht anonym, denn das setzt einen Autor voraus, auch wenn man diesen nicht kennt.

Abschließend möchte ich die Aufschreibmethoden dreier Sammler volksliterarischer „Texte" vorstellen. Es handelt sich dabei um drei Sagen- und Märchensammler, die, was eher die Ausnahme ist, über ihre Feldforschungsmethoden nachgedacht haben. Hertha Grudde beschreibt ihre Erfahrungen beim Sammeln plattdeutscher Märchen wie folgt. Im allgemeinen sei das Mißtrauen der Gewährspersonen gegen das Aufschreiben groß. Dem Mißtrauen folge regelmäßig ein ungläubiges Staunen, ein ganzes Märchen aufschreiben zu wollen:

> „Frau W. [die Erzählerin] sah mir auf die Finger und wartete immer, bis ich fertig war, wobei sie sichtbar gelinde Zweifel an meinem Verstand zu hegen begann, denn ganze Märchen aufschreiben, das hatte noch niemand getan und es mußte eine ungeheure Arbeit sein. Durch diese infolge langsamen Schreibens entstandenen Pausen wichen die Gedanken natürlich ab, und das Märchen litt inhaltlich sehr. Unwillkürlich fing ich an, einzelne, immer wieder kehrende Wörter wie z. B. König in Kg. oder auch nur K. zu kürzen."[73]

Ja, die Gewährsperson fürchtete oft, die Sammlerin werde einen Schreibkrampf bekommen. Die erste Mitschrift wurde auf Hochdeutsch abgefaßt; erst in einem zweiten Schritt wurde der Text ins Plattdeutsch zurückübersetzt. Die Sammlerin bediente sich dabei einer individuell entwickelten Stenographie. Dabei dürfe man sich nicht zu sehr auf das Schreiben konzentrieren, sonst ersterbe die Lust bei der Gewährsperson zu erzählen. Um die Erzählerin in eine angemessene Stimmung zu versetzen, sei es wichtig, ihr zuerst selber Märchen vorzutragen – auch, um ihr zu zeigen, was man eigentlich wolle. Gesungene Partien wurden

---

70 Ebd., S. 141, Fn. 2. Vgl. dazu Wolfgang Brückner: „‚Nachlese'. Zur impliziten Erzähltheorie romantischer Metaphorik bei Brentano und den Grimms", in: Ursula Brunold-Bigler und Hermann Bausinger (Hrsg.), *Hören Sagen Lesen Lernen. Bausteine zu einer Geschichte der kommunikativen Kultur*, Festschrift für Rudolf Schenda zum 65. Geburtstag, Bern u. a.: Peter Lang 1995, S. 99-116, hier S. 109-110.

71 Grimm, „Über die Entstehung der altdeutschen Poesie" (Anm. 65), S. 102.

72 Ebd., S. 128.

73 Hertha Grudde, *Wie ich meine „Plattdeutschen Volksmärchen aus Ostpreußen" aufschrieb*, Helsinki: Suomalainen Tiedeakatemia, Academia Scientiarum Fennica 1932 (= *FF Dommunication* 102), S. 9-10.

in einem zweiten Druckgang nachgetragen, Pausen- und Betonungszeichen in einem dritten. Man habe auch viele wertlose Märchen aufzuzeichnen, um die Gewährspersonen bei der Stange zu halten. Durch kleine Geschenke (kein Geld) zeige man sich für die erzählten Märchen erkenntlich. Man lasse sich die Märchen entweder draußen oder bei sich zu Hause erzählen. Endlich: „Während der Jahre, in denen ich Märchen sammelte, bin ich fast nie ohne Schreibblock und Bleistift spazieren gegangen."[74]

Wilhelm Schwartz sammelte in den Jahren 1837 bis 1849 volksliterarische Texte aus dem „Volksmund", zusammen mit Adalbert Kuhn (1812-1881). Ihre Sammlung erschien 1848 unter dem Titel *Norddeutsche Sagen, Märchen und Gebräuche*. Rund fünfzig Jahre später gab er Rechenschaft über ihre damalige Sammelmethode:

> „Wir haben nie, um die Unbefangenheit der Leute nicht zu stören, etwas in ihrer Anwesenheit niedergeschrieben außer Lieder, auf die wir gelegentlich auch unsere Aufmerksamkeit richteten. Aber am Abend, wenn wir auch noch so müde von der Wanderung des Tages waren, gingen wir an die Arbeit des Niederschreibens, damit das Gedächtnis noch frisch reagiere. Kurze Daten fixierten wir gemeinsam, in betreff längerer Geschichten teilten wir uns die Arbeit. War namentlich der Gegenstand schwieriger aus den Unterhaltungen herauszuschälen, so schrieb jeder für sich das betr. Stück nieder und in gemeinsamer Besprechung wurde dann die Fassung so objektiv als möglich fixiert."[75]

Den religiösen und machtpolitischen Wurzeln im Konzept des Volksmundes und in der empirischen Feldforschung begegnet man etwa bei einer genauen Lektüre des Aufsatzes von Richard Wossidlo (1859-1939) „Über die Technik des Sammelns volkstümlicher Überlieferungen" aus dem Jahr 1906.[76] Manchmal sei es geraten, den Gewährspersonen den Mund mit Alkohol zu öffnen. Er rät, Angaben „über die Persönlichkeit des Gewährsmannes [...] bei der Niederschrift in Abkürzungen (in lateinischer Sprache oder in griechischen Buchstaben)" beizufügen, denn „ihre Namen wollen die Leute meist nicht auf den Zetteln sehen".[77] Eine Gewährsfrau, die Wossidlo eine schöne Sage mitgeteilt hatte, bat diesen, als er eben das Dorf verlassen hatte, ihm das Blatt wieder auszuhändigen, da sie fürchtete, der Pfarrer könne es erfahren.[78] Und weiter:

> „Freilich, sobald die Leute merken, daß man sie aushorche, ist bei den meisten die Unbefangenheit dahin. Nur wenige ertragen es ohne Einbuße sprachschöpferischer

---

74 Ebd., S. 15.
75 Wilhelm Schwartz, „Vom Sagensammeln. Erinnerungen aus meinen Wanderungen in den Jahren 1837-1849. (Ein Vortrag in der Sitzung des hies. Vereins für Volkskunde am 26. Januar 1894 gehalten)", in: *Archiv der Brandenburgia* 1 (1894), S. 156.
76 Richard Wossidlo, „Über die Technik des Sammelns volkstümlicher Überlieferung", in: *Zeitschrift des Vereins für Volkskunde* 16 (1906), S. 1-24.
77 Ebd., S. 14.
78 Ebd., S. 20.

Kraft, daß man niederschreibt, was sie reden. Ich habe in früheren Jahren abwaschbare Gummimanschetten benutzt oder irgend einen Vorwand gesucht, um ohne Verdacht das Notizbuch oder das Kursbuch oder den Kalender hervorzuholen."[79]

Als Wossidlo einst in dem Gasthause eines Dorfes an der Ostseeküste das Gespräch der Alten beim Kartenspiel belauschte, und der Wirt die so Belauschten auf den fremden Gast aufmerksam gemacht hatte, „kam einer der Spieler, der Schmiedemeister des Dorfes, in drohender Haltung auf mich zu: ‚Wer hett Se dat Recht gäben, dat to Protokoll to nähmen, was wi hier räden dohn? De Krooch is doch wol keen Gerichtsstuw‘!"[80]

Wer sich höhere Ziele stecke, werde sich mit einem solchen „gelegentlichen Belauschen des Volkes [...] nicht begnügen dürfen [...]: es muß planmäßiges Ausfragen geeigneter Gewährsmänner hinzukommen."[81] Das Ansinnen des Sammlers habe für die Leute, „denen es etwas völlig Neues" sei, daß ein Akademiker sich um ihr Geistesleben kümmere, „etwas stark Überraschendes", und an lustigen Mißverständnissen fehle es nicht.[82] Man hielt ihn für einen Beamten („Dee kümmt von de Regierung"), der sich über die Zahl der Schweine und Ziegen kundig machen wolle oder etwas über den Grad der Rechtgläubigkeit („dat blot ut uns ruterlocken, Gotteslästerung un sowat") erfahren wolle.[83] Anfangs müsse man auch Allbekanntes niederschreiben, damit die Leute erst einmal das Gefühl gewinnen, ihr Wissen sei von Wert. Bei älteren Frauen werde man am besten mehrere, „etwa drei bis fünf zusammenbringen; ist erst der Wetteifer weiblicher Zungen rege geworden, so hat man gewonnenes Spiel".[84]

---

79 Ebd., S. 9.
80 Ebd., S. 9, Fn. 3.
81 Ebd., S. 9.
82 Ebd., S. 14.
83 Ebd., S. 16.
84 Ebd., S. 19.

JÜRGEN LINK

Der Vorhang
Das Symptom einer generativ-poetischen Aporie in der goethezeitlichen Schreiburszene

Ich interessiere mich im folgenden für einen besonderen Aspekt der Schreibszene, der häufig, z. B. auch bei Jacques Derrida,[1] im toten Winkel der Aufmerksamkeit bleibt und den ich den generativ-poetischen nenne.[2] Jeder Text ist von bestimmten Verfassern zu einem bestimmten historischen Zeitpunkt, qualitativ als Kairós zu kennzeichnen, an einem bestimmten Ort mit einem konkreten Instrumentarium in einer bestimmten konkreten Sprache geschrieben worden. Wenn man das Ensemble all dieser Faktoren unter dem Titel Schreibszene zusammenfaßt, dann interessieren mich im folgenden jene Faktoren, denen ein generativ-poetischer Status zuerkannt werden kann. Diesen Aspekt der Schreibszene kann man als Produktions-Dispositiv fassen derart, daß zwischen ihm und der Struktur des produzierten, also geschriebenen Produkts, also des Textes, regelhafte Zusammenhänge, grob analog etwa denen zwischen einer Fließbandanlage und dem darin produzierten Auto, sichtbar werden.

Nun ist die Quellenlage im Sinne expliziter Berichte für eine solche Fragestellung insbesondere bei älteren Texten hoffnungslos defizient.[3] Das scheint sich in der Goethezeit zu ändern. Es gibt nun einige mehr oder weniger ausführliche

---

1 Ich beziehe mich im folgenden mehrfach auf Derridas grundlegende Explikation seiner Kritik der Verdrängung der Schrift durch das Phantasma einer lebendigen Stimme: Jacques Derrida, *De la Grammatologie*, Paris: Minuit 1967. Daß Derrida diese Kritik am Beispiel Rousseaus entfaltet, ergibt eine zusätzliche Schnittstelle mit den vorliegenden Überlegungen.

2 Rüdiger Campes heuristische Bestimmung der Kategorie „Schreibszene" als „ein nicht-stabiles Ensemble von Sprache, Instrumentalität und Geste" (S. 760) müßte den generativ-poetischen Aspekt zur „Sprache", an anderer Stelle auch „Semantik" (S. 767) genannt, rechnen: „Die Schreibszene, Schreiben", in: Hans Ulrich Gumbrecht und K. Ludwig Pfeiffer (Hrsg.), *Paradoxien, Dissonanzen, Zusammenbrüche. Situationen offener Epistemologie*, Frankfurt am Main: Suhrkamp 1991, S. 759-772. Inwieweit es eine mehr als äußerlich-kontingente Kopplung zwischen dem (im Gehirn zu lokalisierenden) generativen Apparat und sei es Instrument, sei es (körperlicher) Geste gibt, wäre im einzelnen zu untersuchen, wozu das Basler Projekt insgesamt und der vorliegende Sammelband reichhaltiges Material liefern. (Siehe auch Rüdiger Campes Beitrag „Das datierte Gedicht. Gelegenheiten des Schreibens in der Lyrik der Frühmoderne" in diesem Band.)

3 Wenn man von den „rhetorischen" Aspekten absieht. Die Normen und Regeln der Rhetorik haben für vormoderne Texte eine wichtige tatsächliche, wenn auch insgesamt häufig bereits bloß partielle, generative Rolle gespielt. Das „Ende der Rhetorik" im 18. Jahrhundert signalisiert, daß nun der Abstand zwischen den bewußten Normen und den tatsächlichen (spontanen, nur halb- oder unbewußten, kurz „genialen") generativen Verfahren (für die sich die generative Poetik interessiert) unübersehbar wird.

Berichte über die Entstehung literarischer Texte. Goethes *Dichtung und Wahrheit* scheint sogar hauptsächlich das Ziel zu verfolgen, solche im weitesten Sinne generativen Prozesse zu schildern. Tatsächlich lassen sich aus Goethes Lebens- und Dichtenserzählung verschiedene Elemente der Schreibszene im weitesten Sinne entnehmen: von auslösenden Ereignissen über den Verweis auf literarische Modelle und langdauerndes Konzipieren bis zur Publikation. Das Schreiben selbst wird selten erwähnt und noch seltener ein zusammenhängender generativer Gesamtprozeß, wie am ehesten der des *Werther* im 13. Buch.[4] Auf die biographische Lotteepisode folgt dabei der Kontext der Briefform: Briefe der Rousseaufreundin Julie Bondeli;[5] Selbstgespräche mit fiktiven Partnern, um einsamen Subjektsituationen der Frustration, wie wir heute sagen würden, in einer Art Ventil zum „Ausdruck" zu verhelfen,[6] und Nähe zwischen diesen imaginären monologischen Dialogen und der Briefform. Als auslösendes Ereignis dann Jerusalems Selbstmord,[7] durch den die bisherigen diskursiven Dispositionen wie gefrierendes Wasser sich in einem einzigen Augenblick kristallisiert hätten. Das Schreiben sei dann binnen vier Wochen „unbewußt, einem Nachtwandler ähnlich"[8] erfolgt, worüber keine näheren Angaben erfolgen. Obwohl die operativen generativ-poetischen Elemente bei Goethe also spärlich sind (und in anderen Fällen als dem *Werther*, etwa beim *Götz*, noch spärlicher), hat Dilthey daraus das Modell von „Erlebnis" und „Dichtung" abstrahiert,[9] wobei mit „Erlebnis" keineswegs sogenannte authentische Geständnisse gemeint sind, mit denen Goethe sich bekanntlich diskret zurückhielt, sondern so etwas wie vorläufige, sozusagen skizzenhafte „Ausdrücke" von Subjektsituationen.[10] An die Stelle operativer generativer Transformationsregeln, um Chomskys Terminus zu verwenden, tritt bei Dilthey also wie bei Goethe selbst und in der gesamten Goethezeit die enigmatische Metapher des „Ausdrucks", der Subjekt-Expression, die den Schreibprozeß verstellt bzw. verhängt und für Berichte über das Schreiben allenfalls anekdotische Äußerlichkeiten übrigläßt.

Nun ist *Dichtung und Wahrheit* bekanntlich so etwas wie ein bewußtes Gegenprojekt gegen Rousseaus *Confessions* als Projekt einer schonungslos-authentischen Selbstdarstellung. Es dürfte daher aufschlußreich sein, einen Blick auf die Episode der *Confessions* zu werfen, in der Rousseau das Verfassen einschließlich Schreiben seines großen Romans *Julie ou La nouvelle Héloise* schildert. Diese Schilderung übergeht nicht das materielle Instrumentarium des Schreibens:

---

4 Zitate und Verweise im folgenden nach *Goethes Werke* (Hamburger Ausgabe), Bd. 9, Hamburg: Wegner 1964 (5. Aufl.).
5 Vgl. ebd., S. 558.
6 Vgl. ebd., S. 576 f.
7 Vgl. ebd., S. 585 ff.
8 Ebd., S. 588.
9 Vgl. Wilhelm Dilthey, *Das Erlebnis und die Dichtung. Lessing. Goethe. Novalis. Hölderlin*, Göttingen: Vandenhoeck 1965 (14. Aufl.).
10 Vgl. auch Campe, „Die Schreibszene" (Anm. 2), S. 761 f.

> „Content d'avoir grossiérement esquissé mon plan, je revins aux situations de détail que j'avois tracées, et de l'arrangement que je leur donnai résultérent les deux premiéres Parties de la Julie, que je fis et mis au net durant cet hiver avec un plaisir inexprimable, employant pour cela le plus beau papier doré, de la poudre d'azur et d'argent pour secher l'écriture, de la nom pareille bleue pour coudre mes cahiers, enfin ne trouvant rien d'assez galant, rien d'assez mignon pour les charmantes filles dont je raffolois comme un autre Pigmalion. Tous les soirs au coin de mon feu je lisois et relisois ces deux Parties aux Gouverneuses. La fille sans rien dire sanglotoit avec moi d'attendrissement; la mere, qui ne trouvant point là de compliment, n'y comprenoit rien, restoit tranquille, et se contentoit dans les momens de silence de me répéter toujours; *Monsieur, cela est bien beau.*"[11]

Zuvor sind uns bereits Ort und Zeit dieses Ereignisses konkret-evokativ mitgeteilt worden: Wir können uns nach zeitgenössischen Abbildungen die Ermitage im Wald von Montmorency im Winter 1757/58 gut vorstellen. Dennoch erweisen sich diese Informationen unter generativ-poetischer Fragestellung als wenig aufschlußreich. Außer der Tatsache, daß der Autor auf der Basis vorheriger Skizzen eine besonders schöne erste Reinschrift seines Briefromans anfertigt, die er schrittweise seinen zwei Testleserinnen, seiner Freundin Thérèse und deren Mutter, vorliest, wird uns der Pygmalionmythos appliziert: Wie Pygmalion in seine Statue, so ist der Autor in einer imaginären Liebe in seine fiktive Heldin Julie (und gleichzeitig in deren Freundin Claire) verliebt.[12] Dazu paßt sein „galantes" Rokoko-Schreibinstrumentarium, das an echte Liebesbriefe erinnert. Dieses Modell der Tagtraum-Liebe (Freud) zu einem imaginären Liebesobjekt (einem „Eidolon")[13] ist zwar gut erzählbar, aber nur um den Preis völliger Ausblendung der Schreib-Arbeit. Auf die konkrete Struktur des Romans, auf seine Faktur, seinen Ton und seinen Stil, erlaubt dieser Mythos keinerlei Rückschlüsse. Solche Rückschlüsse scheinen eher am Leitfaden der zu Beginn des Zitats massierten operativen Begriffe „Skizze", „Plan", „Situationen", „Anordnung" denkbar – und tatsächlich ist der Entstehungsmythos des Romans als imaginärer Liebesgeschichte des Autors durchsetzt mit operativen generativen Elementen, auf die ich im Schlußteil meiner Überlegungen zurück-

---

11 Die *Confessions* werden hier und im folgenden zitiert nach: Jean-Jacques Rousseau, *Œuvres complètes*, herausgegeben von Bernard Gagnebin et al., Bd. 1, Paris: Gallimard 1959 (= *Bibliothèque de la Pléiade*), hier S. 436.

12 Ganz analog wird Goethe im Bericht über die Entstehung des Ur-*Götz* von seiner Verliebtheit (wörtlich) in die Adelheid erzählen. Das ist nicht die einzige Rousseau-Parallele: Wie Rousseau produziert Goethe spontan „ohne [...] Entwurf oder Plan" mittels schrittweisen Vorlesens für eine Testperson (Cornelia). Die Umarbeitung erfolgt dann immerhin nach dem (vage generativen) Modell eines Schach- oder ähnlichen Spiels: „der Wurf war einmal getan, und es fragte sich nur, wie man die Steine im Brett vorteilhaft setzte", *Goethes Werke* (Anm. 4), Bd. 9, S. 570 f. Das wird aber nicht konkretisiert.

13 Zum platonischen *eidolon*-Begriff und seinen Metamorphosen in der romantischen Phantastik vgl. Renate Lachmann, *Erzählte Phantastik. Zur Phantasiegeschichte und Semantik phantastischer Texte*, Frankfurt am Main: Suhrkamp 2002, S. 47 ff. und öfter. Einen besonderen Komplex bildet dabei der Pygmalion-Mythos; vgl. ebd., S. 337 ff.

kommen werde. Dazu zählt z. B. das in dem Zitat angedeutete Problem, wie „Situationen" (ich werde sagen: Subjektsituationen) „angeordnet" werden können (ich werde sagen: in eine Interaktions-Kette zu integrieren sind).

Als Ausgangspunkt wäre demnach vorläufig folgendes festzuhalten: Insgesamt läßt sich der goethezeitliche Autor nicht gern in seine generativ-poetischen Karten blicken. Wo er es anscheinend doch tut, erzählt er mit Vorliebe Mythen von Erlebnis und Dichtung: er habe etwas erlebt, und daraus sei der Text als Ausdruck emaniert – wie, wird verschwiegen, so wie tendenziell die realen Skizzen und Manuskripte vernichtet werden. (Diese Tendenz würde eine eigene Untersuchung verdienen: Zweifellos bilden vollständige Manuskripte einschließlich Korrekturen, zusammen allerdings mit einem operativen generativ-poetischen Modell, die beste Basis für eine generative Rekonstruktion.) In den eher seltenen Fällen, in denen die Schreibszene überhaupt explizit thematisiert wird, geht sie tendenziell in Erlebnissen unter. Wir haben es also mit der sei es bewußten, sei es unbewußt-spontanen Strategie einer Invisibilisierung der generativen Poetik zu tun. Bevor ich diese Problematik systematisch weiterdenke, möchte ich zuvor nun in einer ausführlichen Schleife, die zwischen Exkurs und Hauptteil changiert, auf ein zentrales Symbol solcher Invisibilisierung der Schreibszene im Sinne des Generativen in der Goethezeit eingehen: Es handelt sich um das Symbol des Vorhangs, den ich als Vorhang vor der Schreibszene lese.

In ihrem Briefwechsel des Jahres 1797 stellten sich die deutschen Klassiker u. a. die Aufgabe, die drei Grundgattungen idealtypisch gegeneinander abzugrenzen. Das Ergebnis ist zur Schulweisheit geworden und steht hier nicht zur Debatte. Als Goethe es in dem Essay „Über epische und dramatische Dichtung" zusammenfaßte, wählte er zur Kennzeichnung des Epischen folgende suggestive und gleichzeitig kuriose Formulierung, die mir zur Ausgangspunkt meiner symbolhistorischen Reflexion dienen soll:

> „Der Rhapsode sollte als ein höheres Wesen in seinem Gedicht nicht selbst erscheinen, er läse hinter einem Vorhange am allerbesten, so daß man von aller Persönlichkeit abstrahierte und nur die Stimme der Musen im allgemeinen zu hören glaubte."[14]

Das Bild einer unpersönlichen Stimme hinter einem Vorhang, der die Stimme offenbar nicht dämpft, ist ebenso unpragmatisch wie unhistorisch (was Griechenland betrifft) gewählt, so daß es bei dem ‚Realisten' Goethe überraschen könnte – nach welcher symbolischen Logik es generiert wurde, scheint daher durchaus eine Untersuchung wert. Sicher dient der Vorhang des Erzählers zunächst als Binäropposition zum Theatervorhang: Der eine wird geöffnet, der andere bleibt geschlossen. Im Anschluß an Derrida hätten wir es mit zwei generisch verschiedenen Inszenierungen der lebendig-präsenten Stimme zu tun, die beide sozusagen einen zweiten Vorhang hinter dem ersten bilden würden,

---

14 *Goethes Werke* (Anm. 4), Bd. 12, S. 251.

wohinter wiederum die Schrift versteckt wäre. Ich möchte eine solche immer wieder faszinierende fundamentalontologische Lektüremöglichkeit ausdrücklich anerkennen, sie aber im folgenden historisch spezifizieren.

Schauen wir uns nach anderen Okkurrenzen des Symbols in Goethes Synchronie um, so stoßen wir auf den Kontext der Freimaurerrituale und der damit zusammenhängenden pseudohistorischen Schauerromane. Wie wenn also u. a. auch der Freimaurer Goethe hier dem ‚Realisten‘ ins Wort gefallen wäre?

In den Geheimbundromanen des ausgehenden 18. Jahrhunderts gehören die Vorhänge zu den wichtigsten Requisiten einer Symbolserie, durch die eine besondere Spielart von Aufklärung beschworen wird: Freimaurerähnliche pädagogisch-terroristische Vereinigungen lenken den „Willen zum Wissen" durch dunkle Vorhänge, verschlossene Pforten, Binden um die Augen usw. in Richtung eines Zentrums. Dieses Zentrum ist gleichermaßen hermeneutisches Zentrum von Sinn wie transzendentales Zentrum von Subjektivität. Hinter dem Vorhang wartet die Aufklärung über Letzte Dinge: über „höhere Wesen" (Goethe) und die „Geisterwelt", insbesondere auch über die Ursachen der Weltgeschichte, z. B. der Revolution. Dieses Geheimwissen einer Tiefen-Aufklärung befindet sich im Besitz einer intellektuellen Elite von „Meistern". Daß hinter vielen Vorhängen statt wahrer Meister Scharlatane sitzen, stimuliert bloß die weitere Suche. So schrieb Georg Forster in seiner Rosenkreuzerzeit an seinen Bundesbruder Sömmerring:

> „Manegogus sagte mir, auf mein ehemaliges Ansuchen beim Orden Exemptus zu werden, sei damals geantwortet worden, daß man es bewillige, und die gehörigen Certificate desfalls durch die Behörde in jenen Landen [Forster befand sich damals in Polen, J. L.] an mich ergehen lassen würde. Dies ist entweder nicht geschehen, oder irgendwo liegen geblieben, denn ich habe nie wieder etwas davon gehört. Übrigens ist es seit dem Januar Silanum [?], und jemand hat Manegogo geschrieben: Hinter dem Vorhang ist alles stille, und wie ich glaube auch leer." (9. November 1787)[15]

Nebenbei ein Beleg dafür, daß hinter dem Vorhang tatsächlich Texte geschrieben werden, und zwar in diesem Fall bürokratische „Zertifikate".

Die wissenden Meister erkennt man an ihrem alles penetrierenden Blick: „Es ist ein Auge das über euch wacht. Das Volk das eure Väter bildete, lebt noch, der Aufgang sah es entstehen. Hebt den Vorhang wenn ihrs vermögt."[16] – „Der Vorhang zwischen uns bleibt. Wir sehen euch."[17]

Während das Auge vor dem Vorhang nichts sieht, penetriert das wissende Auge dahinter (im wahrsten Sinne ein Auge mit ‚Durchblick‘) nicht bloß den Vorhang, sondern die Welträtsel. Ein solches Wissen ist zum einen das Resultat umfassender persönlicher Erfahrungen und Desillusionierungen, weshalb die

---

15 Georg Forsters *Werke*, herausgegeben von der Akademie der Wissenschaften zu Berlin, Berlin (DDR): Akademie-Verlag 1981, Bd. 15, S. 57 f. (Silmann wohl Fehllesung für Silencium).

16 Wilhelm Friedrich Meyern, *Dya-Na-Sore, oder die Wanderer. Eine Geschichte aus dem Samskritt übersetzt*, Reprint der Erstausgabe (3 Theile, Leipzig: Stahel 1787-1791), Frankfurt am Main: Zweitausendeins 1979, S. 363.

17 Ebd., S. 833.

Meister in der Regel uralt und häufig mit Konnotaten des mythischen Ewigen Juden versehen sind.[18] In Karl Grosses Geheimbundroman *Der Genius* läßt der Bundesmeister in einer unterirdischen Spiegelhöhle seine weiße Hülle fallen:

> „Ein großes, ein unaussprechlich bezauberndes Antlitz, voll einer heimlichen Güte und mit den Resten der bittersten Erfahrungen vermischt. Ein reiner, über das Erdenleben heiter hinwegsehender Blick und eine Stirn, welche der Kummer vergebens bedrohete."[19]

Goethes blinder, aber allwissender Erzähler hinter dem Vorhang (Homer als Prototyp des Rhapsoden) ist damit symbolisch strukturgleich.

Der Freimaurerkontext legt jedoch noch eine weniger poetische Konnotation nahe, und zwar den von Foucault dargestellten Komplex des Panoptismus.[20] Der Meister hinter dem Vorhang, selber unsichtbar, aber alle anderen beobachtend, ist völlig strukturgleich mit dem Modell des benthamschen Panoptikums. Als Herr über ein weltweites Spionennetz kann er insofern wie Schillers Großinquisitor tatsächlich blind sein, da er sein umfassendes Wissen aus Agentenberichten und Archiven schöpft. Es ist eine Bestätigung für die kulturell dominante Stellung des Panoptikum-Modells in der Goethezeit, daß sich auch unter den künstlerisch ambitionierten Autoren niemand seiner Faszination entziehen konnte: Weder Goethe mit seiner Turmgesellschaft noch Schiller mit dem *Geisterseher* noch, wie wir sehen werden, Jean Paul.

Dabei steht in den literarischen Spielarten allerdings nicht positives Polizeiwissen im Vordergrund, sondern ein bestimmter Typ von Narration als solcher. Dazu stimmt genau, daß das literarisierte Wissen der Tiefen-Aufklärung, mögen seine Meister noch so sehr mit ,philosophischen' oder ,wissenschaftlichen' Figuren-Requisiten ausgestattet sein, in seinem Kern von narrativem Typ ist. Hinter dem Vorhang liegt die Einsicht in die personal-interaktionistische Konstitution und teleologische Lineatur der Geschichte, sowohl des individuellen wie des kollektiven Subjekts. Der Begriff der Goethezeit für solche Narrationslogik ist Schicksal. Wie machen Interaktionen zwischen n Akteuren eine sinnvoll verkettete Geschichte? Dabei fungiert der Vorhang immer wieder als Symbol der ,verhängten' Zukunft, d. h. der Spannung auf den Fortlauf der Erzählung:

> „War mein Auffenthalt in Bauerbach etwa nur eine schöne Laune meines Schiksals, die nie wieder kommen wird? War es ein Gebüsch, wo ich auf meiner Wanderung hangen blieb, um desto stärker wieder mitten in den Strom gerissen zu werden? Noch ligt eine undurchdringliche Decke vor meiner Zukunft."[21]

18 Vgl. zum Mythos des Ewigen Juden Alfred Bodenheimer, *Wandernde Schatten. Ahasver, Moses und die Authentizität der jüdischen Moderne*, Göttingen: Wallstein 2002.

19 Karl Grosse, *Der Genius. Aus den Papieren des Marquis C*** von G**, Halle 1791, S. 190.

20 Michel Foucault, *Surveiller et punir. Naissance de la prison*, Paris : Gallimard 1975, S. 197 ff.

21 *Schillers Werke* (Nationalausgabe), Bd. 23, herausgegeben von Walter Müller-Seidel, Weimar: Böhlau 1956. S. 146 (an Henriette von Wolzogen, 26. Mai bis 7. Juni 1784, angesichts der ungewissen Lage seiner Biographie).

„[...] wer wäre vermessen genug, schon jetzt den Vorhang zu heben, welcher die Zukunft den sterblichen Augen weise verbirgt?"[22]

Damit das Schicksal nicht bloß gewußt, sondern auch verwirklicht werden kann, braucht es hinter dem Vorhang neben dem penetrierenden Durchblick noch eine unsichtbare Hand:

> „Aus allen Verwickelungen von scheinbaren Zufällen blickt eine unsichtbare Hand hervor, welche vielleicht über *manchem* unter uns schwebt, ihn im Dunkeln beherrscht, und den Faden, den er in sorgloser Freiheit selbst zu weben vermeynt, oft schon lange diesem Gedanken vorausgesponnen haben mag. Das Gewebe, an dem meine Schicksale fortgleiten mußten, kann vielleicht itzt zerrissen seyn; aber auch nur vielleicht. Indem ich es ahnde: ich sey nun frey, nahet sich vielleicht dem verlohrnen Ende ein anderes wieder, um sich mit ihm sanft zu vereinigen."[23]

Deutlicher kann man es eigentlich kaum andeuten, daß der Parzen-Faden des Schicksals der Erzählung mit ihrer Spannungskurve und die unsichtbare Hand mit Schreiben beschäftigt ist.

Warum aber dann die ganze Geheimnistuerei: „Alles Sichtbare hängt wie Teppiche mit gaukelnden Farben und nachgeahmten Figuren um uns her; was dahinter liegt, wissen wir nicht".[24] Warum der transzendentale Terror des Vorhangs? Warum folgende beschwörenden Sätze gleich zweimal in Schillers *Geisterseher*:

> „Zukunft! Ewige Ordnung! Nehmen wir hinweg, was der Mensch aus seiner eigenen Brust genommen und seiner eingebildeten Gottheit als Zweck, der Natur als Gesetz untergeschoben hat – was bleibt uns dann übrig? Was mir vorherging und was mir folgen wird, sehe ich als zwei schwarze und undurchdringliche Decken an, die an beiden Grenzen des menschlichen Lebens herunterhangen und welche noch kein Lebender aufgezogen hat. Schon viele hundert Generationen stehen mit der Fackel davor und raten, was etwa dahinter sein möchte. Viele sehen ihren eigenen Schatten, die Gestalten ihrer Leidenschaft vergrößert auf der Decke der Zukunft sich bewegen und fahren schaudernd vor ihrem eigenen Bilde zusammen. Dichter, Philosophen und Staatenstifter haben sie mit ihren Träumen bemalt, lachender oder finstrer, wie der Himmel über ihnen trüber oder heitrer war; und von weitem täuschte die Perspektive. Auch manche Gaukler nutzten diese allgemeine Neugier und setzten durch seltsame Vermummungen die gespannten Phantasien in Erstaunen. Eine tiefe Stille herrscht hinter dieser Decke, keiner, der einmal dahinter ist, antwortet hinter ihr hervor; alles, was man hörte, war ein hohler Widerschall der Frage, als ob man in eine Gruft gerufen hätte."[25]

---

22 Anselm von Feuerbach, *Kleine Schriften vermischten Inhalts*, Repr. Osnabrück 1966, S. 25.
23 Grosse, *Der Genius* (Anm. 19), S. 7.
24 Ludwig Tieck, *William Lovell*, in: ders., *Werke in 4 Bänden*, herausgegeben von Marianne Thalmann, Bd. 1, München: Winkler Dünndruckausgabe 1963, S. 235-697, hier S. 488.
25 *Schillers Werke* (Anm. 21), Bd. 16, S. 124 und S. 166 f.

Schiller erwähnt hier eine weitere Eigenschaft des Vorhangs: Er kann als Projektionsleinwand für Schattenspiele bzw. eine Laterna magica, goethezeitliche Vorläuferin des Kinos und des Fernsehens, dienen. Davon machen die Schauerromane, einschließlich Schillers *Geisterseher*, natürlich ausgiebig Gebrauch. Auf die Vorhänge werden die Silhouetten der Protagonisten projiziert, oft als Tote mit blutenden Wunden; es handelt sich, ganz zu Friedrich Kittlers Thesen über die goethezeitliche Lektüremechanik passend,[26] um das Imaginäre der Narration, deren spannende Lücken halluzinatorisch ausgefüllt werden sollen.

Daß dieses Imaginäre Terror verbreitet, liegt nicht einfach am banalen Motiv des Todes; vielmehr geht es um das Rätsel der Subjektkonstitution, d. h. jenen anscheinenden Dualismus in der Tiefe des Subjekts, sowohl konstituiert wie konstituierend zu sein, dessen Halluzinationskrankheit bei Kant, dem „vorkritischen" Autor der *Träume eines Geistersehers*, ebenfalls mit dem Modell einer optischen Illusion erklärt wird. Kant wollte die Problematik des Transzendentalen seit seiner „kritischen" Wende fein sauber von allem Empirisch-Psychologischen getrennt halten – Tieck und andere Erzähler der Schwarzen Romantik vermischten dagegen schaurigfröhlich die Territorien und entdeckten so hinter dem Vorhang das Gebiet der Psychoanalyse – man höre Tiecks William Lovell: „Wie verhüllte Spiegel hing es in meinem Innern, heut ist der Vorhang hinuntergegangen, und ich erblicke mich selbst in veränderter Gestalt."[27]

Der den Vorhang öffnete, ist der „Türhüter"[28] Waterloo, alias Andrea Cosimo, Chef des Geheimbunds. Mit besonderer Deutlichkeit wird nun bei Tieck aber ausgesprochen, daß der Raum hinter dem Vorhang, auf dem wie später bei Freud der Schatten des Vaters auftaucht,[29] nichts anderes als die Tiefe der eigenen Seele, des eigenen Subjekts ist. Das Grausen liegt darin, daß dieser konstituierende Raum bereits konstituiert ist durch die Erzählung eines anderen, daß das eigene, scheinbar genial-originelle Leben sich als Wiederholung einer früheren Narration erweist.

Zu dieser im Nachhinein mit Schrecken als banal erkannten Narration gehören als wichtige Episoden die später von Freud als kanonisch beschriebenen Identifikationsschritte der sexuellen Entwicklung: „Aufklärung" ist doppeldeutig, und der Terror gegen die adoleszenten Helden (bzw. die applizierenden Leserinnen) wird mittels des Sexualitätsdispositivs verstärkt. So wird in Kleists *Findling* die Verführung-Vergewaltigung Elvires durch Nicolo „hinter dem rotseidenen Vorhang" nur um ein Haar vermieden: Hinter diesem gab es noch einen zweiten, schwarzen Vorhang über einem Bild, das den toten Colino

---

26 Vgl. im besonderen Friedrich Kittler, „Die Laterna magica der Literatur: Schillers und Hoffmanns Medienstrategien", in: *Athenäum. Jahrbuch für Romantik* 4 (1994), S. 219-237, im allgemeinen ders., *Aufschreibesysteme 1800/1900* (1985), 3., vollständig überarbeitete Auflage, München: Wilhelm Fink 1995, insbes. S. 11-220.

27 Tieck, *William Lovell* (Anm. 24), S. 479.

28 Ebd., S. 487.

29 Vgl. ebd.

darstellte, der anagrammatisch als Doppelgänger Nicolo wiederkommt. Hierher gehört auch das Vorhänge-Theater, das der Geheimbundchef Gaspard, Albanos angeblicher „Vater", mit seinem vorgeblichen „Sohn" in Jean Pauls *Titan* spielt: Auf dem Klavier des Sexualitäts-Dispositivs spielt er mit Familienähnlichkeiten der Gesichter und genealogischen Narrationen: „die Unsichtbarkeit des Ritters machte einen Teil von dessen Größe aus, und die Mosisdecke verdoppelte den Glanz, indem sie ihn verhing".[30]

Bevor ich den insbesondere auch unter dem Aspekt meiner generativ-poetischen Fragestellung außergewöhnlichen Fall Jean Pauls ausführlicher entwickeln möchte, noch eine überleitende Zwischenbemerkung: Nicht in allen, aber in einem symptomatischen Teil der Geheimbund- und Schauerromane ist die individuelle, u. a. sexuelle Entwicklungsgeschichte mit der politisch-kollektiven Geschichte verbunden. In diesen Geschichten herrscht ein narrativer Dualismus zwischen den überschaubaren Interaktionsketten der wenigen Protagonisten, die als profilierte „Charaktere" und psychologisch mehr oder weniger komplexe „Subjekte" erzählt werden, auf der einen Seite und der hauptsächlich kollektivsymbolisch erzählten Massendynamik auf der anderen. Unter generativ-poetischem Aspekt entstehen dabei schwierige erzähltechnische Integrationsprobleme, die ich im Schlußteil noch einmal streifen werde.

Wie nahezu alle Autoren der Goethezeit war auch Jean Paul aufs höchste fasziniert von Geheimbünden, Spielereien mit Laterna magica und Camera obscura, transzendentalem Terror der Subjekt-Tiefe, verbundenen und penetrierenden Augen, unsichtbaren Händen und Vorhängen. Im Unterschied zu anderen hat er jedoch in kulturrevolutionär-satirischer Laune die Diskursproduktion als Geheimnis des Vorhangs nicht bloß symbolisch konnotiert, sondern krude ausgesprochen. So heißt es in der Vorrede zur 2. Auflage des *Hesperus*, bekanntlich auch eines Geheimbundromans:

> „Vielleicht heb' ich durch das Geschenk dieses Entwurfs auch den Vorhang auf, der noch immer an meiner literarischen Arbeitsloge herunterhängt, und ders der Nachwelt versteckt, wie ich darin arbeite als mein eigner dienender Bruder und als Meister vom schottischen Stuhl."[31]

Da ist es heraus: Die geheime Loge des ‚Meisters' hinter dem Vorhang ist der Schreibtisch. Und noch präziser geht es dabei um die „Entwürfe", eben jene „Skizzen", nach denen auch Rousseau die Reinschrift der *Héloise* ausarbeitete, wie ich eingangs zitierte – also tatsächlich um den generativ-poetischen Prozeß. Es heißt weiter bei Jean Paul:

---

30 Jean Paul wird zitiert nach: *Werke in 12 Bänden*, herausgegeben von Norbert Miller, München und Wien: Carl Hanser 1975, hier Bd. 5, S. 17. Die „Mosisdecke" (nach 2. Mose 34, 29 ff.), durch die der göttliche Glanz des wissenden Propheten verhängt werden mußte, stellt eine besondere mythische Version des goethezeitlichen Vorhangs dar.

31 Jean Paul, *Werke* (Anm. 30), Bd. 1, S. 480.

„Ein Entwurf ist aber bei mir kein Predigtentwurf in Hamburg, den der Haupt-
pastor am Sonnabend ausgibt und am Sonntag ausführt – er ist kein Gliedermann;
keine Akademie, kein Kanon, wonach ich schaffe – er ist kein Knochenskelett für
künftiges Fleisch [daher also die Skelette! J. L.]; – sondern ein Entwurf ist ein Blatt
oder ein Bogen, auf welchem ich mirs bequemer mache und mich gehen lasse,
indem ich darauf meinen ganzen Kopf ausschüttele, um nachher das Fallobst zu
sichten und zu säen, und das Papier mit organischen Kügelchen und mit Lagen von
Phönixasche bedecke, damit ganze schimmernde Fasanereien daraus aufsteigen. In
einem solchen Entwurfe halt' ich die unähnlichsten und feindlichsten Dinge bloß
durch Gedankenstriche auseinander. Ich rede mich in dergleichen Entwürfen selber an und duze mich wie ein Quäker und befehle mir viel; ja ich bringe darin häufig Einfälle vor, die ich gar nicht drucken lasse, weil entweder kein Zusammenhang
für sie auszumitteln ist, oder weil sie an sich nichts taugen."[32]

Was Jean Paul hier nicht *avant la lettre*, sondern *avant l'ordinateur* beschreibt,
ist nicht mehr und nicht weniger als der generative Vorgang selbst. Nun würde
Jacques Derrida bereits vermutlich an dieser Stelle einhaken und einwenden:
Sollte die Argumentationslinie darauf hinauslaufen wollen, Jean Paul als De-
konstruktor des transzendentalen Dualismus erscheinen zu lassen, so stimmt
das ganz sicher nicht – nicht bloß wissen wir, wie sehr er an seiner „Zweiten
Welt", eben dem „Geisterreich", hing – ist es nicht zudem evident, wie an der
hier angeführten Stelle (ganz wie bei Goethes Rhapsoden-Modell) der eigentliche Schreibvorgang mit seiner Materialität ständig in die Illusion einer lebendigen präsenten Stimme hinübergespielt wird? Spricht nicht der Apostroph des
„heb' ich" (den Vorhang) Bände? Dazu wäre zu sagen, daß es ein purer Zufall
genannt werden muß, wenn Jean Paul in der folgenden generativen Simulation
eines Entwurfs (wordprocessing!) nicht auch noch erwähnt hat: „Bring viele
Apostrophe, um die Illusion einer lebendigen Stimme zu erzielen!" (Gedankenstriche hat er ja erwähnt.) Aber hören, pardon, lesen wir:

„Architektonik und Bauholz für die Vorrede zur zweiten Auflage des Hesperus.
,Mache sie aber kurz, da der Welt der Gang durch zwei Vorzimmer in die Passa-
gierstube des Buchs ohnehin lang wird – Scherz' anfangs – Selten schiebt einer auf
der literarischen Kegelbahn alle neun Musen – Der Schluß aus der Reflexion –
Bringe viele Ähnlichkeiten zwischen dem Titel Hesperus und dem Abendsterne
oder der Venus heraus, dergleichen etwa sein müssen, daß meiner wie diese voll
spitzer hoher Berge ist, und daß beide ihrer Unebenheit ihren größern Glanz verdanken, ferner daß der eine wie die andere im Durchgang durch die Sonne (des
Apollo) nur wie schwarze Flecke erscheinen – (In deinem Briefkopierbuch mußt
du mehre solche Anspielungen gemacht haben) – Die Welt erwartet, daß der
Abendstern bei der zweiten Auflage unten als Luzifer oder Morgenstern herauf-
komme, und daß der verklärte Leib des Papiers eine verklärte Seele behause; laß es
passieren und orientiere die Welt".[33]

---

32 Ebd.
33 Ebd., S. 481.

Hier handelt es sich ohne Einschränkung[34] um einen generativ-poetischen Diskurs, wie er möglicherweise einzigartig in der Goethezeit dasteht und erst in Edgar Allan Poes berühmter *Philosophy of Composition* übertroffen wird. Immerhin gibt Jean Paul hier präzise Regeln für die Invention von Metaphern an, wie sie für seinen Stil bekanntlich konstitutiv sind; sehr pragmatisch heißt es, im Briefkopierbuch (in dem er Teile aus Briefen festhielt, die er für Romane gebrauchen zu können meinte) fänden sich wahrscheinlich weitere Beispiele. Es würde sich lohnen, jede einzelne dieser generativ-poetischen Parenthesen mikrologisch zu lesen – ich beschränke mich hier auf den „verklärten Leib des Papiers" und die zugehörige „Seele". Wenn man im Grimm nachschaut, sieht man, daß Jean Paul das Verb „behausen" hier offensichtlich in einer alten, in der Lutherzeit gängigen, transitiven Verwendung benutzt: ‚daß der verklärte Leib des Papiers einer verklärten Seele ein Haus, eine Unterkunft schaffe'. Dennoch will Jean Pauls Ausdrucksweise nicht recht dazu passen: Das Subjekt der alten Sätze mit „behausen" ist nicht selbst das Haus, sondern besorgt es bloß – das Papier aber, also der „Signifikant" in Derridas emphatischen Sinn, besorgt ja nicht das Haus des entsprechend emphatischen „Signifikats", also der Seele, sondern *ist* es. So könnte es fast so scheinen, als ob eine neuere Bedeutung (behausen = hausen in)[35] unbewußt mit zu lesen wäre. Ein solcher Lapsus würde aus der dualistisch-spiritualistischen Aussage aber eine materialistisch-foucaldianische machen: ‚daß das Papier in einer Seele hause'.

Das wäre also der Musterfall eines zur Dekonstruktion tauglichen Funds – und tatsächlich behielte derjenige recht, der selbst aus einer so radikalen generativistischen Satire den transzendentalistischen Vorbehalt heraushörte: Zwar verdrängt Jean Paul beileibe nicht die Schrift und die *différance*, die im Gegenteil genau das Hauptthema seiner Satire bilden – doch bereitet ein gewisses „humoristisches" Augenzwinkern in den Übertreibungen seiner satirischen materialistischen Reduktionen bei ihm tatsächlich in der Regel den Weg für antimaterialistische Transgressionen. Das gilt auch und gerade für die Enthüllungen des Schreibprozesses: Vor dem Geheimnis des im Bunde mit Gott stehenden Genies bleibt der letzte Vorhang sozusagen im stillen intakt trotz oder gerade wegen all der frechen Witze, die die Satire darüber reißt. Und scheinbar ist der Jean Paulschen Satire dabei kein Witz zu gewagt: Die materialistischen Reduktionen verfolgen die Diskursproduktion bis zu jenem stillen Ort hinter einer strikt geschlossenen Tür – extremes Gegenbild jeder „Loge" –, für das das lateinische Wort „Locus" eintritt.

Schon in der *Unsichtbaren Loge* (im 32. Sektor) verschlägt es die Diskursproduktion an einen drastischen Ort: Bekanntlich hat sich der Autor aus lauter Mitgefühl mit dem Schicksal seiner Helden die Schwindsucht in die Lunge geschrieben, wogegen gewisse schwedische Ärzte „das Atmen der Luft in Vieh-

---

34 Trotz der satirischen Komponente? Selbstverständlich soll hier nicht behauptet werden, es handle sich um ein „authentisches" generatives Dokument. Aber die Bearbeitung (einschließlich der satirischen) bezieht sich zweifelsfrei auf einen generativ-poetischen Diskurs, nicht auf eine Tagtraum- bzw. Erlebnis-und-Dichtung-Narration.

35 Die 4. Spielart im Grimm (*„habitare, häuslich wohnen"*).

ställen" empfahlen. Diese Kur verschreibt (!) sich der Autor, um das Schreiben nicht abbrechen zu müssen:

> „Inzwischen ist doch das noch das verdrüßlichste Skandal, daß ich gegenwärtig im – Viehstall schreibe; [...]. Man muß selber an einem solchen Orte der Hektik wegen im juristischen oder ästhetischen Fache (weil ich beides Belletrist und Rechtskonsulent bin) gearbeitet haben, um aus Erfahrung zu wissen: daß da oft die erträglichsten Einfälle viel stärkere *Stimmen* als die der literarischen und juristischen Richter gegen sich haben und dadurch zum Henker gehen."[36]

Obwohl ich wirklich keine dreistere Satire auf die von Derrida für mindestens einige Jahrtausende als unüberschreitbare fundamentalontologische Urszene reklamierte Verdrängung der Schrift durch das Phantasma der lebendig-präsenten Stimme kenne, halte ich Derridas These dadurch keineswegs für widerlegt. Ich werde darauf zurückkommen. Aber es kommt noch drastischer. Im *Leben Fibels* muß die bereits geschriebene und bereits gedruckte, aber schon makulierte Biographie auf kurioseste Weisen aus Fragmenten rekonstruiert werden. Diese Fragmente muß sich der Autor in einer prächtigen Eskalation an den unmöglichsten Orten besorgen, bis hin zum ‚heimlichsten‘:

> „Ich stattete daher dem gewöhnlichen Honoratioren-Dreimaster der Dörfer, dem Pfarrer, dem Rektor (so hieß der neueste Schulmeister, wie in Städten wieder der Rektor Professor) und dem Amtmann, die nötigen Besuche ab, welche ohne Unhöflichkeit nicht wohl zu unterlassen waren. Vergnügt und reichlich genoß ich die gute Gesellschaft jedes Honoratiors und führte mit ihm die gehörigen Gespräche, ohne welche ein Besuch ein Bettel ist; und tauschte gern, wie Diskurse fodern, unsere verschiedenen Meinungen über Kriegs- und Friedensläufe, über neue Bücher und alles um. Darauf nahm ich zufällig – ich sann in einem fort darauf – einen kurzen Abtritt, um bei diesem Abstecher vielleicht etwas zu holen für mein Buch; – ordentlich als wäre jedes Gemach nur das Vorzimmer eines heimlicheren (wie es denn auch politisch so ist), verurteilt‘ ich mich selber willig auf den Armensünderstuhl der Menschheit [...], um, wie gesagt, mein Buch mit dem guten Geruche zu schließen, in welchem ich schon als Poet bei der Welt stehe. Nun hab‘ ich von jeher eine Art von feinerem Sittengesetz darin beobachtet, daß ich an den besagten benannten namenlosen Orten nie etwas anders gelesen als Gedrucktes".[37]

Und so finden sich denn unter den dort zu bekanntem Zweck hängenden makulierten gedruckten Seiten tatsächlich die noch fehlenden „Abtritts- und Abgangs-Kapitel"[38] des Romans.

Hier nimmt die Satire u. a. den dekonstruktiven Sachverhalt aufs Korn, daß die Diskursproduktion stets Reproduktion, also eine Form von Abschreiben ist

---

36 Jean Paul, *Werke* (Anm. 30), Bd. 1, S. 290.
37 Ebd., S. 523 f.
38 Ebd., S. 525.

– daß es also kein Original gibt –; ferner, daß die Reproduktion nicht identisch sein kann, weil z. B. Löcher in der Vorlage klaffen (*différance, espacement* usw.), daß der neue Text also aus reproduzierten Fragmenten plus neuen Elementen (*suppléments*) montiert wird. Dennoch wird man – im Unterschied zur *Hesperus*-Vorrede – aus dieser Satire keine operative generativ-poetische Produktionsregel gewinnen können (weil eine solche ja lauten müßte: „Schreib Texte ab, die sonst nur zum Arschabwischen taugen"). Obwohl also der allerletzte Vorhang gehoben und der radikalsten Dekonstruktion genüge getan zu sein scheint, erfüllt gerade dieser köstlichste Witz nebenbei die Funktion eines neuerlichen Vorhangs vor den generativen Verfahren – gegen die Kontrastfolie Fibel erstrahlt das echte Genie in um so irrationalerem Glanze: Sein Vorhang ist identisch mit dem Geheimnis des konstituierenden Subjekts in den Doppelgänger-Wahnsinnsgeschichten[39] – und so bedeutsam Jean Pauls Schreibsatire für jede Geschichte der generativen Poetik ist, so liefert sie eben noch keine *Philosophy of Composition*.

Von Jean Paul zurück zu Jean Jacques, dessen Namen der erste mit einer Differenz abschrieb, um sich einen Autornamen zuzuschreiben. Wie bereits in meinem Eingangsteil angedeutet, sind die Ausführungen über die Entstehung der *Nouvelle Héloise* in den *Confessions* recht ausführlich und beschränken sich keineswegs auf die Kennzeichnung des Schreibinstrumentariums. Ich erwähnte bereits die Kategorien „Skizze", „Plan", „Situation" und „Anordnung". Statt dessen beginnt der Bericht aber mit den Kategorien „image" und „imagination": Rousseau imaginiert, wie er sich erinnert, zuerst ein harmonisches Dreieck aus zwei jungen Freundinnen und einem jungen Mann. Der junge Mann liebt die eine, während die andere ihm „zärtliche Freundin, und sogar etwas mehr" ist, was immer das konnotieren mag: „mais je n'admis ni rivalité ni querelles ni jalousie, parce que tout sentiment pénible me coûte à imaginer, et que je ne voulois ternir ce riant tableau par rien qui dégradât la nature".[40]

Er identifiziert sich dabei selbst mit dem jungen Doppelliebhaber: „je m'identifiois avec l'amant et l'ami".[41] Das Konzept beginnt also mit einer elementaren Konfiguration (eine lebhafte, erotisch selbstkontrollierte Schwarzhaarige und eine zärtliche, erotisch ‚schwache' Blondine), die in optischen Termini („images") eingeführt wird. Da bereits eine Identitätsrelation zwischen der späteren Saint-Preux-Figur und dem Autor der *Confessions* statuiert ist, läßt sich der junge Mann den Freundinnen gegenüber als eine Art synthetischer Charakter mit ‚androgynen' Zügen vorstellen, wie es zu Beginn der Autobiographie entwickelt wurde. Dabei hat die strukturale Konfigurationsanalyse gezeigt, daß Konfigurationen tatsächlich operativ in optischer Weise in einer Matrix model-

---

39 Kurz gesagt: Daß empirische Diskurse nicht nur von empirischen Subjekten produziert werden, sondern daß diese umgekehrt in ihrer historisch-konkreten Subjektivität je schon von Diskursen konstituiert wurden, kann oder will Jean Paul nicht denken.

40 Rousseau, *Confessions* (Anm. 11), S. 430.

41 Ebd.

liert werden können.[42] Eine Aussage, nach der Figur A und Figur B sich extrem
‚fern' stehen und nach der Figur C der Figur A sehr viel ‚näher' steht als der
Figur B usw., kann eine durchaus operative Aussage sein.

Als erstes generatives Subsystem[43] wird also die Konfiguration eingeführt.
Als zweites folgt, ebenfalls in optischer Fassung, die Lokalität. Dabei wird der
generative Prozeß in aller wünschenswerten Klarheit als Selektionsprozeß aus
einer in strukturalen Begriffen paradigmatischen Serie charakterisiert: Der
Autor geht alle schönen Landschaften seiner Reisen durch und wählt darunter
zunächst eine Teilmenge mit Binnenseen aus, was er nicht weiter begründet,
bevor er sich am Schluß aus mehreren Gründen für Vevey am Genfer See entscheidet. Ernsthafte Konkurrenz hatten die Borromäischen Inseln im Lago
Maggiore geliefert, was u. a. deshalb erwähnenswert ist, weil sie dann in Jean
Pauls *Titan* das Rennen machen werden.

Zuerst demnach die Subsysteme Konfiguration und Lokal, und noch keinerlei Handlung. (Das zum Lokal komplementäre Subsystem Zeit setzt Rousseau
als bekannt voraus: Die „Imagination" ist zeitgenössisch und grob ‚realistisch'-
alltäglich.) Dennoch bezeichnet Rousseau das bereits als einen, wenn auch vagen,
„Plan":

> „Je me bornai longtems à un plan si vague, parce qu'il suffisoit pour remplir mon
> imagination d'objets agréables, et mon cœur des sentimens dont il aime à se nourrir.
> Ces fictions, à force de revenir prirent enfin plus de consistance et se fixérent dans
> mon cerveau sous une forme déterminée. Ce fut alors que la fantaisie me prit d'-
> exprimer sur le papier quelques unes des situations qu'elles m'offroient […].
> Je jettai d'abord sur le papier quelques lettres éparses sans suite et sans liaison, et
> lorsque je m'avisai de les vouloir coudre j'y fus souvent fort embarrassé. Ce qu'il
> y a de peu croyable et de très vrai est que les deux prémiéres Parties ont été écrites
> presque en entier de cette maniére, sans que j'eusse aucun plan bien formé, et même
> sans prévoir qu'un jour, je serois tenté d'en faire un ouvrage en régle. Aussi voit-

---

42 Vgl. Verf., „Zur Theorie der Matrizierbarkeit dramatischer Konfigurationen", in: Aloysius van
Kesteren und Herta Schmid (Hrsg.), *Moderne Dramentheorie*, Kronberg im Taunus: Scriptor
1975, S. 193-219. Vgl. auch ders., „Schillers *Don Carlos* und Hölderlins *Empedokles*: Dialektik
der Aufklärung und heroisch-politische Tragödie", in: ders., *Elementare Literatur und generative Diskursanalyse (mit einem Beitrag von Jochen Hörisch und Hans-Georg Pott)*, München:
Wilhelm Fink 1983, S. 87-125.

43 Die Unterscheidung mehrerer generativer Subsysteme läßt sich am ehesten in Analogie zu
Chomskys Unterscheidung zwischen den Subsystemen Phonologie, Syntax und Semantik bei
der Generierung natürlich-sprachlicher Äußerungen auffassen: Jedes dieser Subsysteme umfaßt
einen mehr oder weniger komplexen Apparat von Produktionsregeln, die sowohl intern wie ex-
tern zwischen den Subsystemen gekoppelt und kompatibilisiert werden müssen. „Regeln" sind
hier vor allen Dingen nicht mit *bewußten* Normen im Sinne der „Regelpoetik" und der Rhetorik zu verwechseln: Wie die sprachgenerierenden Regeln funktionieren sie zum großen Teil *unbewußt*. Der Ton etwa eines Racine-Dramas läßt sich mittels der aristotelischen „Regeln" in
keinem wesentlichen Punkt simulieren. Zudem ist der generative Apparat literarischer Texte als
sehr viel komplexer vorzustellen als der der Syntax einer natürlichen Sprache. Es geht hier also
lediglich um die grob-heuristische Skizzierung eines analogen Modells.

on que ces deux Parties, formées après coup de matériaux qui n'ont pas été taillés pour la place qu'ils occupent, sont pleines d'un remplissage verbeux qu'on ne trouve pas dans les autres."[44]

Offensichtlich steht die erste generative Phase des Konzipierens und dann auch Schreibens nach einem „plan vague" für eine Produktion ohne Subsystem „Handlung" – man könnte auch, in Analogie zu Chomsky, von einer Produktion ohne „Syntax" (im Sinne von Makro- bzw. Text-Syntax), lediglich mit „Phonologie" (Ton) und „Semantik" (Konfiguration, Lokal, Zeit, Subjekt-Situation) sprechen. (Auch die „Pragmatik" ist von Beginn an stark beteiligt: Ihr entspricht die eigene Applikation des Schreibers und die erste Rezeption des Testpublikums.) Meines Erachtens ist die Kategorie der „situation" hier grundlegend – ich habe sie hier und andernorts als „Subjekt-Situation" präzisiert.[45] Darunter ist eine für die Literatur seit dem 18. Jahrhundert basale generativ-poetische Instanz zu verstehen, die den Effekt des „Ausdrucks eines subjektiven Erlebnisses und/oder einer subjektiven Stimmung" bewirkt. Dieses Subsystem teilen Epik und Dramatik, soweit sie es verwenden, nicht zufällig mit der Lyrik. Die basalen generativen Verfahren sind Ich-Perspektive und Rede eines Ich über seine eigene konstituierende, d. h. mindestens mittelfristig invariante Lage-Spannung gegenüber einer ebenso konstituierenden Objekt-Konstellation. Der seit Freud bekannteste Fall ist die Subjektsituation des Ödipus im Dreieck. Diese Situation ändert sich nicht durch aktuelle Handlungen bzw. Ereignisse, sie dauert als eine Art Tiefenstruktur lange, im Grunde textfüllend an. Damit aber impliziert das generative Subsystem Subjektsituation keine Handlungs-Sukzession, keine konkrete Interaktions-Kette und keine Chronologie.

Genau das bestätigt Rousseau in seinem Bericht: Zunächst teilt er *en passant* und wie selbstverständlich mit, daß er, als er zuerst etwas „aufs Papier wirft", Briefe schreibt, und zwar Liebesbriefe. Der Brief ist neben dem lyrischen Gedicht und der Tagebucheintragung das elementarste mögliche Vehikel der Instanz Subjektsituation. Das Genre des sogenannten Prosagedichts, nicht zufällig von Rousseau mit den *Rêveries* erfunden, stellt ebenso wenig zufällig eine Art Integral von Gedicht, Brief und Tagebucheintrag dar. Die schriftliche Produktion der *Julie* begann demnach nach Rousseaus hier durchaus glaubwürdigem Bericht als achronologische Verfassung von Briefen mit dem Effekt Subjekt-Ausdruck im Dreieck der Konfiguration Saint-Preux-Julie-Claire. Hier ist noch weder von Klassenschranken noch Vätern noch Berufen noch gar einem Riva-

---

44 Rousseau, *Confessions* (Anm. 11), S. 431. Man beachte die generativistisch relevanten Kategorien „coudre", „matériaux", „remplissage". Solche Kategorien sind anschließbar in erster Linie an die „genetische Kritik" von Handschriften (in diesem Fall sind die Skizzen allerdings nicht erhalten), prinzipiell aber auch an „Instrumentalität und Geste" im Sinne von Rüdiger Campe. Man kann sich durchaus einen mehr als kontingenten Zusammenhang zwischen einem bestimmten instrumentell-körperlichen Schreibgestus und einem „nähenden" und „flickenden" Schreiben vorstellen.

45 Vgl. Verf., „Schillers *Don Carlos* und Hölderlins *Empedokles*" (Anm. 20), S. 91 ff.

len Wolmar die Rede. Nach dieser Darstellung der ersten Produktionsphase, als deren großes Manko das Fehlen einer Füllung des für episches, narratives Schreiben als unabdingbar anerkannten Subsystems Handlung konstatiert wird, folgt in den *Confessions* die Episode des ersten Besuchs von Sophie d'Houdetot in der Ermitage. Rousseau will sich dabei noch keineswegs verliebt haben. Danach wiederum, bei verschlechtertem Wetter, erfolgt der nächste Schritt im generativen Prozeß:

> „Quand la mauvaise saison commença de me renfermer au logis, je voulus reprendre mes occupations casaniéres; il ne me fut pas possible. Je ne voyois par tout que les deux charmantes amies, que leur ami, leurs entours, le pays qu'elles habitoient, qu'objets crées ou embellis pour elles par mon imagination. Je n'étois plus un moment à moi-même, le délire ne me quittoit plus. Après beaucoup d'efforts inutiles pour écarter de moi toutes ces fictions, je fus enfin tout à fait séduit par elles, et je ne m'occupai plus qu'à tâcher d'y mettre quelque ordre et quelque suite pour en faire une espéce de Roman."[46]

Hier erst fällt die Entscheidung für ein Genre, noch immer möglichst flexibel gehalten: „espèce de roman". Da aber bereits eine Menge Briefe geschrieben sind, heißt die generische Entscheidung genauer: Briefroman, Modell Richardson. Daß Rousseau diese Reproduktion hier nicht erwähnt, ist begreiflich, weil es sich um eine stark innovierende Reproduktion handelt. Richardsons Briefroman ist generativ von Beginn an auf ein dominantes Handlungssystem hin konzipiert – bei Rousseau dominiert dagegen das Subsystem Subjektsituation, so daß die Handlungskette erst im nachhinein hineingeschrieben werden muß. Ohne daß er das Oberflächen-Schema (Oberfläche analog zu Chomsky) überhaupt erwähnt, können wir sicher sein, daß er es vom Typ Richardson übernommen hat: Es ist das Schema der Liebe über Klassenschranken, womit zwei weitere, antagonistische Ödipus-Dreiecke (Vater und Wolmar) und damit Dramatik, also Stoff für das Subsystem Handlung, mit dem ersten Dreieck kombiniert werden. In seinem Bericht über die Entstehung übergeht Rousseau vollständig diese konstitutiven generativen Weichenstellungen. Um so mehr betont er ein „Projekt", das er mit der Wolmar-Figur und dem Dreieck Julie-Saint-Preux-Wolmar verbunden habe.

> „Outre cet objet de mœurs et d'honnêteté conjugale, qui tient radicalement à tout l'ordre social, je m'en fis un plus secret de concorde et de paix publique; objet plus grand, plus important peut-être en lui-même, et du moins pour le moment où l'on se trouvoit. L'orage excité par l'Encyclopédie, loin de se calmer étoit alors dans sa plus grande force. Les deux partis déchaînés l'un contre l'autre avec la dernière fureur, ressembloient plustot à des Loups enragés, acharnés à s'entredéchirer qu'à des Chrétiens et des philosophes qui veulent réciproquement s'éclairer, se convaincre, et se ramener dans la voye de la vérité. Il ne manquoit peut-être à l'un et à

---

46 Rousseau, *Confessions* (Anm. 11), S. 434.

l'autre que des Chefs remuans qui eussent du crédit, pour dégénerer en guerre civile, et Dieu sait ce qu'eut produit une guerre civile de religion, où l'intolérance la plus cruelle étoit au fond la même des deux côtés. Ennemi né de tout esprit de parti, j'avois dit franchement aux uns et aux autres des verités dures, qu'ils n'avoient pas écoutées. Je m'avisai d'un autre expédient qui dans ma simplicité me parut admirable: c'étoit d'adoucir leur haine réciproque en détruisant leurs préjugés, et de montrer à chaque parti le mérite et la vertu dans l'autre, dignes de l'estime publique et du respect de tous les mortels. Ce projet peu sensé, qui supposoit de la bonne foi dans les hommes [...], eut le sucçés qu'il devoit avoir; il ne rapprocha point les partis, et ne les réunit que pour m'accabler. En attendant que l'expérience m'eut fait sentir ma folie, je m'y livrai, j'ose le dire, avec un zèle digne du motif qui me l'inspiroit, et je dessinai les deux caractéres de Volmar et de Julie dans un ravissement qui me faisoit espérer de parvenir à les rendre aimables tous les deux et, qui plus est, l'un pour l'autre."[47]

Hier wird plötzlich ein unerhörter politischer Faktor in das generative „Projekt" des Romans eingeführt: nicht mehr und nicht weniger, als einen Bürgerkrieg zu verhindern. Rousseaus Bruch mit dem militanten Atheismus seiner Freunde Diderot, Grimm und Holbach ‚schmorte' bereits, als er die Ermitage bezog, und seine enorme antizipatorische Kraft konnte durchaus den epochalen Kampf zwischen Katholizismus und Laizismus, der Frankreich in mancher Hinsicht bis heute prägt, einschließlich seiner Tendenz zum Bürgerkrieg, diviniert haben. Durchaus einleuchtend ist jedenfalls die Kopplung zwischen diesem ideologischen und politischen Versöhnungsprojekt und dem dritten Dreieck der Konfiguration (Julie-Saint-Preux-Wolmar), das ja das erste Dreieck wieder aufnimmt, d. h. das Projekt einer konkurrenzfreien Doppelliebe. Hieraus folgen eine ganze Reihe weiterer generativer Konsequenzen, auf die Rousseau nicht eingeht: Ich nenne nur die Einmontage philosophischer, ökonomischer und musikalischer Diskurse, also den „enzyklopädischen", interdiskursiven Reichtum der Töne, und natürlich die Aporie der konkurrenzfreien Doppelliebe, die dem Handlungsverlauf den Vektor auf Julies Opfertod mitteilt.

Damit ist der Entstehungsbericht im wesentlichen beendet. Insbesondere wird die folgende reale Liebesgeschichte mit Sophie d'Houdetot in den *Confessions* eindeutig als nachträgliche Applikation, nicht als vorgängiges „Erlebnis" des Romans dargestellt. Meines Erachtens – und damit beziehe ich mich auf den Exkurs über den Vorhang zurück und gehe über zu einer Art abschließendem Resümee – ist das „Geständnis" über das Projekt, mit dem Roman einen Bürgerkrieg zu verhindern, unter generativ-poetischen Gesichtspunkten von strategischem Gewicht. Denn dieses Projekt verknüpft wie kein anderes die generativen Subsysteme Subjektsituation und Handlung: Es handelt sich dabei nämlich um ein teleologisches, konkret um ein pädagogisches Projekt, das direkt dazu geeignet ist, eine Handlungskette in Form einer Interaktionskette zu generieren. Der schreibende Autor kalkuliert Subjektbildung und Subjektumbildung als teleolo-

---

47 Ebd., S. 435-436.

gische Sukzession und erweist sich damit als „Meister" der Narration. So wird
ein zweiter großer Vektor der Handlung gewonnen: das sozialutopische Unternehmen Clarens, in dem enzyklopädistische Aufklärung (Wolmar) und christliche As-Sociation (Julie) versöhnt erscheinen und in das Saint-Preux als Pädagoge
aufgenommen werden kann. Daß Rousseau auch der Autor des *Émile* ist, bestätigt diesen Zusammenhang. Auch bei den im Kontext des Vorhang-Symbols
erwähnten Geheimbundromanen handelt es sich um pädagogische Handlungs-
ketten. Dort wird der Autor als Kalkulator dieser Ketten in Gestalt des Meisters
hinter dem Vorhang in die Konfiguration versetzt. Symptomatischerweise zeigt
sich diese Tendenz auch in der *Nouvelle Héloise* – und zwar erweist sich der
enigmatische Materialist Wolmar als eine Art Logenchef ohne Hokuspokus und
Vorhang. Große Teile der Handlung erweisen sich als Konsequenzen seines pädagogischen Kalküls mit Julie und Saint-Preux und der tragische Ausgang als
Konsequenz seines wenn auch gut gemeinten Fehlkalküls. Insofern entspricht die
Wolmar-Figur strukturell genauestens dem Komplott der Enzyklopädisten innerhalb der Narrationslogik der *Confessions*. Mit diesem Komplott scheint der
Erzähler Rousseau definitiv den Kontinent der Geheimbund-Narrationen betre-
ten zu haben – doch muß man diesen Satz nur hinschreiben, um seine Voreilig-
keit zu erkennen. Nicht bloß spielt das Komplott ja für die erste Lebenshälfte
keinerlei Rolle – auch in der zweiten wirkt es objektiv meistens wie ein blindes
Motiv, da Rousseau nur selten ein Ereignis unmißverständlich und direkt als kalkuliert vom Komplott behauptet, wie es am ehesten bei der Verbannung aus
Frankreich der Fall ist. Meistens überläßt es der Autor in einem geheimnistue-
risch-‚paranoiden' Gestus ausdrücklich dem Leser, sich einen Reim auf den möglichen Einfluß des Komplotts zu machen. Dabei kommt die Handlungskette
meistens auch ohne Komplott aus. Mir geht es hier nicht um die paranoiden Züge
des alternden Rousseau, sondern um die Symptomatik einer ‚paranoiden' generativ-poetischen „Produktionsregel", die, wie wir sahen, die gesamte goethezeitliche Literatur beherrscht. Diese diskursive Produktionsregel antwortet
offensichtlich auf ein Integrationsdilemma untereinander inkompatibler generat-
tiver Subsysteme. Es handelt sich dabei insgesamt um derartig komplexe Kopp-
lungsverhältnisse, daß sie nur in einer sehr viel ausführlicheren Darstellung in
allen Grundzügen dargestellt werden könnten. Ich habe andernorts die Inkompatibilität zwischen Charakter-Interaktionismus und Massendynamik bei der
historischen Narration im weitesten Sinne, also einschließlich der historisch-fik-
tionalen, etwa in Schillers Geschichtsdramen, erörtert.[48] Ich beschränke mich hier
auf die Inkompatibilitäten zwischen Subjektsituation und Charakter-Interaktionismus sowie zwischen Subjektsituation und Handlungskette. Wie wir sahen, war
insbesondere die zweite Rousseau beim Schreiben völlig bewußt. Aber auch der
Effekt eines klar profilierten, unverwechselbaren und differenten „Charakters",

---

48 Vgl. Verf., „Schiller und die Revolution. Über die Aporien der interaktionistischen Einbildungs-
    kraft", in. Friedrich Balke, Eric Méchoulan und Benno Wagner (Hrsg.), *Zeit des Ereignisses –
    Ende der Geschichte*, München: Wilhelm Fink 1992, S. 69-88.

der einen nicht austauschbaren Ort in der Matrix der Konfiguration einnimmt, wird durch die starke Gewichtung des generativen Subsystems Subjektsituation konterkariert: So ist etwa die Subjektsituation des Sohns oder der Tochter im ödipalen Dreieck derartig monoton, daß die Diskursproduktion der Goethezeit Mühe hat, zwei verschiedene Söhne oder zwei verschiedene Töchter „charakterlich" gegeneinander zu profilieren. Bei Rousseau zeigt sich dieses Problem in der „charakterlichen" Monotonie der Figuren im utopischen Dreieck konkurrenzfreier Liebe. In diesem Kontext muß die Figur des Geheimbund-Meisters als Instanz einer imaginären Lösung aller für den real schreibenden Autor unlösbaren Probleme begriffen werden: Seine Subjektsituation ist die des allwissenden Erzählers, dem die Subjekte sämtlicher Figuren so transparent sind wie sein eigenes. Daher die stereotype Problematik des subjekt-penetrierenden Blicks sowohl in den trivialen Geheimbundromanen wie aber auch bei den ambitionierten Autoren wie ebenfalls bei Rousseau. Jean Starobinski hat diese Problematik bei Rousseau unter dem Rubrum *La transparence et l'obstacle* ausführlich entfaltet.[49] Jacques Derrida wiederum hat Starobinskis Befunde in den epochalen fundamentalontologischen Rahmen des Logozentrismus gestellt und als symptomatischen Fall der abendländischen Schriftvergessenheit gelesen. Demgegenüber würde ich auf der Basis meiner generativ-poetischen Analyse in einem historisch sehr viel engeren Rahmen das Paradox der Subjekt-Grenze privilegieren: Je transparenter diese Grenze für den per definitionem transindividuellen, as-soziativen Diskursfluß, um so weniger unverwechselbare „Charakter"-Subjektivität und umgekehrt. Das hat Rousseau zu Beginn der *Confessions* im Symbol der zerschlagenen Gußform klassisch formuliert: Wie soll ein absolut einziger „Charakter" für andere transparent sein können? Das Vorhang-Symbol erweist sich nun als Modell eben dieser Grundproblematik: Nach innen undurchsichtig, *obstacle* – nach außen transparent für ein penetrierendes Subjekt-Auge. Diesem imaginären Symbolkomplex entspricht in der Realität die Tätigkeit des Autors, der mit seiner Diskursproduktion, seinem Schreiben, die unmögliche Integration zwischen der opaken, eine „moderne", strikt individuelle Subjektivität allererst konstituierenden, Subjekt-Grenze auf der einen Seite und dem transindividuellen, as-soziativen Diskursfluß auf der anderen Seite im Wortsinne zu „meistern" sucht. Dabei setzt er zwei Dispositive in Aktion: ein zeitgenössisch-spezialdiskursives und ein spezifisch literarisches. Das spezialdiskursive Dispositiv läßt sich zunächst als pädagogisch kennzeichen, weil der Pädagoge kindliche (und ebenso „weibliche" und „populäre") Subjektwände zu durchschauen vermag, während seine eigene Subjektivität für den Zögling opak bleibt. Dieser pädagogische Diskurs bildet aber seinerseits einen integralen Bestandteil des interdiskursiven Bündels, das Foucault als das panoptische beschrieben hat und zu dem nicht zuletzt das Polizeiwissen zu zählen ist. Das zweite Dispositiv ist das eines narrativen Kalküls, der die generativen Subsysteme Subjektsituation, Charakter, Handlung (als

---

49 Jean Starobinski, *J.-J. Rousseau. La transparence et l'obstacle*, Paris: Gallimard 1971.

Interaktionskette) und Geschichte (als massendynamische Ereigniskette) in verschiedenen Formen zu balancieren sucht, wobei je nach Dominanz an verschiedenen Nähten der Struktur stets symptomatische Disparatheiten und Disparitäten mitproduziert werden.

Diese Grundproblematik der goethezeitlichen Schreibszene kann nur in der historischen Rekonstruktion so deutlich formuliert werden. Doch lassen sich manche Aspekte der zeitgenössischen Schreibszenen, wie wir sahen, als Symptome der Grundproblematik deuten: nicht zuletzt der Vorhang.

Derrida unterscheidet zwischen „Philosophie" und „positiven Wissenschaften". Die generative Poetik als Teil einer generativen (Inter-)Diskurstheorie versteht sich in diesem Sinne als „positiv", oder sagen wir als operativ. Das schließt reziproke Kopplungen nicht aus. So habe ich im Verlauf meiner Analyse mehrfach auf Möglichkeiten dekonstruktiver Lektüre hingewiesen – allerdings aus generativistischer Perspektive: mit Hinweisen nämlich, wie dekonstruktive Lektüren generiert werden.

RALF SIMON

Das Universum des Schreibens in Kuhschnappel (Jean Paul, *Siebenkäs* – Roman Jakobson)

Vorbemerkung

In diesem Aufsatz wird ein doppeltes Argumentationsziel in Angriff genommen. Zum einen geht es um eine Lektüre der Schreibszene in Jean Pauls Roman *Siebenkäs*. Der Terminus ‚Schreibszene' wird also als ein deskriptiver Term zur Beschreibung innerliterarischer Konstellationen des Schreibens und Lesens verstanden. Es handelt sich nicht um einen diskurstheoretischen Begriff, der eine reale Materialität der Kommunikation[1] zum Ausgangspunkt nimmt, um die Genese des literarischen Schreibens und schlußendlich des Geschriebenen zu buchstabieren. Daß bei Jean Paul das Schreiben in einem Roman zum Thema wird, ist freilich selbst ein Ereignis, das es zu bedenken gilt.

Das zweite Argumentationsziel widmet sich der Explikation des Begriffs der Schreibszene. Es wird hier versucht, aus dem von Roman Jakobson gewonnenen Grundgedanken eines re-entry der Funktionen in die Funktionen den Begriff einer komplexen Sprachszene des ästhetischen Textes zu gewinnen. Zu dieser Sprachszene, so die These, gehört die Auffaltung der unter der Prämisse des Poetischen gedachten phatischen Funktion. Poetische Phatik wird um 1800 zu einem integralen Teil poetischer Texte. Zugleich läßt sich durch weiteres Einkopieren der Sprachfunktionen in die poetische Phatik eine interne Gliederung der Schreibszene entwerfen. Diese Gliederung soll aus einem theoretischen Kalkül hergeleitet und auch auf den Jean Paulschen Roman hin durchgeführt werden.

Ich beginne mit der These, daß sich die zentrale aktantielle Konstellation des *Siebenkäs* als Allegorie der Schrift lesen läßt. Nachdem diese für den Roman umfassende These gewonnen ist, wird sie in der Aufnahme eines weitergedachten Ansatzes bei Roman Jakobson theoretisch verallgemeinert. Der resultierende Begriff der Schreibszene wird intern aufgefächert und dann wieder auf den Roman zurückbezogen.

---

1 Vgl. Hans Ulrich Gumbrecht und K. Ludwig Pfeiffer (Hrsg.), *Materialität der Kommunikation*, Frankfurt am Main: Suhrkamp 1988.

I. Von der Jean Paulschen Tropologie des Schreibens zur Schreibszene

„Mein Siebenkäs! Deine Abendblätter und Teufels-Papiere habe richtig erhalten. Das Übrige mündlich!

Nachschrift:

Höre indes! Wenn Du Dir aus dem Walzer meines Lebens und aus meiner Lust und aus meinen Sorgen und Absichten nur das Geringste machst – wenn es Dir nicht im höchsten Grade gleichgültig ist, daß ich Dich mit Stations- und Diäten-geldern bis nach Baireuth frankiere, eines Planes wegen, dessen Spinnrocken die Spinnmaschinen der Zukunft entweder zu *Fall-* und *Galgen*stricken meines Lebens oder zu *Treppen*stricken und *Anker*seilen desselben verspinnen müssen – wenn für dich solche und noch wichtigere Dinge noch einen Reiz besitzen, Firmian: so zieh um des Himmels willen Stiefel an und komm!" (S. 355 f.)

Dieser Brief, der ohne Absender und ohne Unterschrift seinen Adressaten auf Umwegen erreicht, spart ein Ich aus.[2] Der erste Satz nimmt die grammatikalische Inkorrektheit in Kauf, um nicht „ich" sagen zu müssen.[3] Possessivpronomina indizieren zwar vor allem im Postskriptum, also in der Fußnote zum eigentlichen Brief,[4] daß sich ein Schreibender dort identifiziert, aber diese Kennzeichnung wird sogleich mehrfach unterlaufen. Denn zuerst wird der Brief, also das Geschriebene, als Rede vorstellig („höre"), und zwar als eine Rede, die sich gleichsam trotzig („indes!") behaupten muß. „Mündlich" ist der Brief aber keineswegs, denn nur das „Übrige", das über die zugesandten Texte (*Abendblätter*[5], *Teufels-Papiere*[6]) hinaus zu sagen wäre, soll später gesagt werden. Kaum also, daß das Mündliche auf später verschoben wird, folgt eine Nach*schrift*, die

---

2   Ein Grund für die Auslassung des Wortes „ich" könnte in den Gepflogenheiten der Schreibpraxis von Geschäftsbriefen zu finden sein, nach denen es als unhöflich galt, in einem Brief mit „ich" zu beginnen oder dieses „ich" zu früh zu nennen. Der Aufsatz von Heinrich Bosse in diesem Sammelband geht auf die Epistolographie der Kaufmänner ein und nennt die Quellentexte. Diese mögliche Konvention möchte ich allerdings nicht allein als die erschöpfende Erklärung der Auslassung gelten lassen.

3   Alle maßgeblichen Ausgaben drucken den Satz in dieser Form. Konsultiert wurden: die historisch-kritische Ausgabe (*Jean Pauls Sämtliche Werke. Historisch-kritische Ausgabe.* Erste Abteilung, Bd. 6, herausgegeben von Kurt Schreinert, Weimar: Akademie-Verlag 1928), die Hanser-Ausgabe (Jean Paul, *Sämtliche Werke*, Bd. I/2, herausgegeben von Norbert Miller, München: Hanser ³1971), die Reclam-Ausgabe (herausgegeben von Carl Pietzcker, Stuttgart: Reclam 1994), die Ausgabe Pauler, die Erst- und Zweitfassung zweispaltig nebeneinander stellt (herausgegeben von Klaus Pauler, München: edition text + kritik 1991). – Zitiert wird im fortlaufenden Text mit Seitenangabe nach der gängigen Hanser-Ausgabe.

4   In der Erstausgabe finden sich die kurzen Eingangssätze gar nicht (vgl. Ausgabe Pauler, S. 341), so daß der Brief nur aus dem Postskriptum besteht. Diese Fassung würde meine Interpretation von der medialen Nachträglichkeit dieser Schreibkonstruktion unterstreichen.

5   Es handelt sich um Siebenkäs' Tagebuch, das er abends zu schreiben pflegt.

6   Hier geht es um eine der metafiktionalen Autorschaftsspiralen Jean Pauls. *Auswahl aus des Teufels Papieren* (1789) ist der Titel eines der satirischen Frühwerke Jean Pauls, dessen Produktion hier Siebenkäs zugeschrieben wird.

hören lassen will. Aber sie, diese Schrift, die zu hören geben will, verwickelt sich sofort in eine jeglicher Mündlichkeit widerstreitende tropologische Komplexität. Jean Paulsche Sätze verstehen zu wollen, heißt sie zweimal lesen zu müssen – da ist es mit einem einmaligen Hören erst recht nicht getan. Als wollte dieser Brief, der in seinen vielen Hakenschlägen die eigene Medialität unterstreicht, sie aber permanent verleugnet, seinen Leser dann doch in die Schrift zwingen, findet just eine ausgreifende *textura*-Metaphorik Raum: Spinnrocken von Spinnmaschinen sollen Stricke und Seile mannigfacher Art verspinnen. Das läßt sich als Allegorie auf die Jean Paulsche Textproduktion lesen, auf seine Fallen und Galgenstricke nicht des Lebens, sondern des Lesens.

Hier, bei diesem Brief, meint der Leser zur Ausnahme einmal sehr genau zu wissen, wer der Schreiber ist. Sein Name ist Leibgeber. Um genau zu sein: Sein Name ist Siebenkäs, denn derjenige, der hier Siebenkäs genannt wird, heißt infolge eines stattgefundenen freundschaftlichen Namenstausches eigentlich Leibgeber, weshalb Leibgeber eigentlich Siebenkäs heißt.[7] So gesehen, werden das ausgesparte Ich und die vielen Possessivpronomina zu einer recht ironischen Angelegenheit. Sind weiterhin Sender und Adressat „hagere Parodien und Kopien von einander" (S. 60), und ähneln sie sich körperlich so, daß einer den anderen sehend denken könnte, „er sehe sich selber" (S. 39), und geistig derart, daß „sie zu *einer* in zwei Körper eingepfarrten Seele" (S. 39) werden, dann beginnt wenigstens auf der tropologischen Ebene fraglich zu werden, wer hier an wen schreibt.

Daß der Sender, nennen wir ihn der Orientierung ebenso wie der Systematik halber Leibgeber, sein Ich sowie seinen Namen ausspart, hat Methode. Der Mann ist Satiriker, also Autor, aber kein Schriftsteller. Statt zu schreiben, wie es Siebenkäs tut, der Schriftsteller ist, aber kein Autor,[8] spricht Leibgeber gerne in die Erde[9] oder hält Fest- und Trauergesellschaften rabulistische Reden. Leibgeber also möchte in die Unkenntlichkeit verschwinden: „ich werde nächstens verschwinden und unter die Menge rennen und jede Woche mit einem neuen Namen aufsteigen, damit mich nur die Narren nicht kennen" (S. 345). Da man nicht willentlich vergessen kann, es also keine *ars obliviationis* gibt,[10] ist das Vergessen nur durch die Inflation, durch das Verwischen infolge von Vervielfältigung zu bewerkstelligen. Folglich ist es Leibgebers Intention, „sich durch seinen

---

7 Einer genaueren Betrachtung zeigt sich, daß mehr als nur ein Namenstausch stattgefunden hat. Tatsächlich zirkuliert hier brüderliches Blut in einem wörtlich genommenen Herzenstausch. Vgl. dazu Verf., „Herzensangelegenheiten (Jean Paul, *Siebenkäs*)", erscheint in einem Tagungsband der Stiftung für Romantikforschung zu *Romantischen Wissenspoetiken*.
8 Siebenkäs schreibt ums Geld. Eben weil man für vollgeschriebene Bögen Geld bekommt, schreibt Leibgeber nicht. Vgl. zu dem Komplex Schreiben und Geld die konzise Arbeit von Caroline Pross, *Falschnamenmünzer. Zur Figuration von Autorschaft und Textualität im Bildfeld der Ökonomie bei Jean Paul*, Frankfurt am Main u. a.: Peter Lang 1997.
9 „[...] daß Leibgeber, mit seiner etwas stärkeren Schulter und Brust, das seltsame ernstere Gesicht mehr vorbückte, wenn er sprach, gleichsam als rede er in die Erde hinein" (S. 376).
10 Vgl. dazu Umberto Eco, „An ars obliviationis? Forget it!", in: *PMLA*, 3/103 (May 1988), S. 254-261.

teuern Koadjutor und Substituten cum spe succedendi, Firmian, repräsentieren zu lassen, der in Laune und Körper eine solche Tautologie von ihm war, daß der Graf und der Grundsatz des Nicht zu unterscheidenden beide vergeblich untersucht und gemessen hätten, um einen davon auszuklauben" (S. 382).

Es kommt alles darauf an, daß man Leibgeber und Siebenkäs nicht identifiziere. Nur so läßt sich ihre Identität einsehen, nämlich die Identität der Schrift als Double. Die eigene Tautologie im anderen zu repräsentieren: diese innere Verschiebung im Vollzug der Schrift ist, als sei sie von Derrida abgeschrieben, genau der Begriff der Schreibszene, die der Text in dem komplexen Miteinander seiner beiden Protagonisten selbst zur figuralen Darstellung bringt. Denn würde Siebenkäs seinen „alten kanonischen, echten Namen Leibgeber" (S. 384) wieder annehmen und damit die nur aus der Dopplung entspringende Identität beider aufbrechen, dann würde Leibgeber mitnichten Siebenkäs werden, sondern sich „mit ganz unerhörten Namen […] ins Welt-Meer" (S. 384) hinausschnellen und auflösen. Die Festlegung auf den kanonischen Namen würde die Schreibszene beenden und der Schrift die ihr unmögliche Präsenz des Autors geben.

Ich möchte diese Szene der Schrift, die hier im Namen Leibgebers selbst schon allegorisiert wird, noch ein wenig ausformulieren. Leibgeber, so die These, setzt die Jean Paulsche Theorie der Metapher[11] in eine Verkörperung um. In seinem Text *Über die natürliche Magie der Einbildungskraft* definiert Jean Paul:

> „Indem er [der Dichter, R. S.] durch die Metapher einen Körper zur Hülle von etwas Geistigen macht (z. B. Blüte einer Wissenschaft): so zwingt er uns, dieses Körperliche, also hier ‚Blüte', heller zu sehen, als es in einer Botanik geschähe. Und wieder umgekehrt gibt er, wie vermittelst der Metapher dem Körperlichen durch das Geistige, ebenso vermittelst der Personifikation dem Geistigen durch das Körperliche höhere Farben."[12]

Geradezu als Anwendung dieser in sich verdoppelten Definition mag die Textstelle zu lesen sein, in der Leibgeber in der einen Szene, in der alle Kopulation performativ ist, nämlich in der Heiratsszene, in den Roman, also in die Kirche, eingeführt wird: „Droben guckt nämlich herunter – und wir sehen alle in der Kirche hinauf – Siebenkäsens Geist, wie der Pöbel sagt, d. h. sein Körper, wie er sagen sollte" (S. 39). Als Leib-Geber ist er Metapher der Metapher,[13] insofern er dem Geistigen vermittelst einer Personifikation einen Körper gibt. Ist er aber eine in Subjektfunktion übersetzte formalisierte Verfahrensweise, so braucht er

---

11 Vgl. den Aufsatz von Wolfgang Riedel, „Die Macht der Metapher. Zur Modernität von Jean Pauls Ästhetik", in: *Jahrbuch der Jean-Paul-Gesellschaft* 34 (1999), S. 56-94.

12 Jean Paul, *Sämtliche Werke* (Anm. 3), Bd. I/4, S. 199.

13 Diese These ist in der Jean-Paul-Forschung nicht neu, aber sie wurde nie systematisch in die Analyse der Schreibszene überführt. Vgl: Rita Wöbkemeier, *Erzählte Krankheit. Medizinische und literarische Phantasien um 1800*, Stuttgart: Metzler 1990, S. 218, und Bernhard Böschenstein, „Leibgeber und die Metapher der Hülle", in: *Text und Kritik. Jean Paul*, herausgegeben von Heinz Ludwig Arnold, München: edition text + kritik ³1983, bes. S. 61.

Material. Die Metapher, die aus dem gnostischen Dualismus von Leib und Seele ihre tropologischen Verknüpfungen zieht, kann von Leibgeber nur unvollständig aufgerufen werden. Er verknüpft, er gibt die Signifikanten-Leiber für spirituelle Signifikat-Verhältnisse. Sofern aber in diesen Prozessen der Signifikation der Leib notwendig im Plural steht – denn jede neue Metapher bedarf eines weiteren Leibes –, gerät eben genau diese Seite der Metapher in eine Dialektik der Inflation. Das Innere, das sich stets nur in arbiträren Körper-Hüllen auszusprechen vermag, verbraucht für jeden neuen metaphorischen Sprechakt Leib-Material. Leib-Geber, gibt er denn Leiber, kann eben deshalb selbst kein Leib sein oder einen haben, der ihm anders als nur arbiträr zur Verfügung stünde. Er gibt die Metapher, also den Jean Paulschen Text, aber er kann nicht selbst im Text als ein Subjekt durch die Metapher gegeben werden. Als Bedingung der Möglichkeit der Metapher markiert er im Roman seine poetologische Außenbedingung. Als Figur aber muß er sich auflösen, und er tut es konsequent, indem er durch Namentausch, inszenierten Tod und behördlich fixierte Urkunden schlußendlich gründlicher stirbt als Siebenkäs. Dieser kann nach dem Scheintod unter dem Namen Leibgeber – sein im übrigen richtiger – eine soziale Existenz weiterführen, während Leibgeber selbst schlichtweg durchgestrichen ist. Als Figur löst der Roman ihn auf in das, was er ist: temporäre Verkörperung metaphorischer Verfahren als Inbegriff des Textes, als Konzept Schreiben.

Aber, wie gesagt, Leibgeber fehlt etwas. Was er gibt, insofern er sich verausgabt, muß er anderswoher nehmen. Deshalb, aus gleichermaßen formalistischen Gründen, findet sich ein Doppelgänger, der dies insofern nur bedingt ist, als er hat, was Leibgeber nur im Mangel fortgibt. Leibgeber nimmt an Siebenkäs, seinem bevorzugten und exklusiven Material, die Operationen vor, die seiner Eigenart, Metapher der Metapher zu sein, entsprechen. An Siebenkäs wird die Logik der Metapher, ein Innen-Außen-Verhältnis durchzubuchstabieren, demonstriert.

II. Poetische Phatik (Schreibszene)

An diesem Punkt, hindurchgegangen durch den tropologischen Grundtransfer, kommen wir endlich in der Handlung eines Romans, also in Kuhschnappel, an und müssen uns folglich in die Theorie der Schreibszene einlassen.

Was tun Leibgeber und Siebenkäs, als sie ihrerseits in Kuhschnappel angekommen sind? Technisch gesprochen, öffnen sie den Kommunikationskanal. Roman Jakobson stellt fest, daß einige sprachliche Botschaften allein den Zweck haben, die Kommunikation zu verlängern, indem kontrolliert wird, ob der Kanal offen ist. Diese Einstellung auf den Kontakt als solchen nennt er „phatische Funktion".[14] Er gibt dafür ein Beispiel:

---

14 Roman Jakobson, „Linguistik und Poetik" (1960), aus dem Englischen übersetzt von Tarcisius Schelbert, in: ders., *Poetik. Ausgewählte Aufsätze 1921-1971*, herausgegeben von Elmar Holenstein und Tarcisius Schelbert, Frankfurt am Main: Suhrkamp 1979, S. 83-121, hier S. 91.

„„So', sagte der junge Mann. ‚So', sagte sie. ‚So, da wären wir also', sagte er. ‚Da wären wir also', sagte sie, ‚nicht wahr?' ‚Das meine ich auch', sagte er, ‚ja, da wären wir.' ‚So', sagte sie. ‚So', sagte er, ‚so'."[15]

In Kuhschnappel praktizieren der frisch verheiratete Armenadvokat Siebenkäs und sein skripturales Double Leibgeber dieses Ritual selbstredend schriftlich:

> „Indes verbrachten die beiden Freunde die nächsten Tage nicht ganz außer der Ordnung bloß mit Schreiben von Besuchkarten. Mit diesen, worauf natürlich nichts stand als: ‚Es empfiehlt sich und seine Frau, eine geborne Egelkraut, der Armenadvokat Firmian Stanislaus Siebenkäs' – mit den Papieren und mit der Frau wollten beide am Sonnabend in der Reichsstadt herumfahren, und Leibgeber sollte vor jedem Gebäude von Stand herausspringen und den Denkzettel hinauftragen." (S. 52 f.)

Der Kommunikationskanal wird geöffnet – allein darin besteht die Funktion dieser Selbstbekanntgabe. Jean Pauls dritter Roman öffnet freilich eine weitaus komplexere Szenerie der poetischen Phatik. Der *Siebenkäs* differenziert die ganze Matrix möglicher Schreibszenerien aus. Ist er schon in seiner grundsätzlichen aktantiellen Anlage eine allegorische Theorie der Schrift, so geht er auch in jedes Detail des Schreibprozesses hinein. Um die Schreibszene als solche zu exponieren, ist nunmehr ein kleiner theoretischer Exkurs zu führen.

Im Anschluß an das Kommunikationsmodell von Shannon und Weaver[16] und in Weiterentwicklung von Bühlers[17] Organonmodell der Sprache behauptet Roman Jakobson[18] die Konstruierbarkeit von sechs Sprachfunktionen. Ihr Zusammenspiel eröffnet die komplette Szenerie der Sprache. Komplex kodierte Sprachspiele und Texte bestehen, so das Postulat, stets aus einer Kombinatorik dieser sechs Sprachfunktionen. Jakobson denkt ihre Interaktion gemäß den Modellen der russischen Formalisten mit dem Begriff der Dominanz.[19] Dominiere z. B. die poetische Funktion die anderen, so sei ein Text poetisch. Gegen eine solche rein quantitative Bestimmung ist der Einspruch erhoben worden, daß damit eine qualitative Definition des Poetischen nicht möglich wäre.[20] Einem genaueren Blick zeigt sich aber, daß Jakobson bei Beibehaltung dieses an sich unangemessenen Begriffs der Dominanz einen komplexeren Gedanken zu entfalten sucht. Daß sich ihm z. B. die Senderfunktion (emotive Funktion) in die

---

15 Ebd.
16 Claude E. Shannon und Warren Weaver, *Mathematische Grundlagen der Informationstheorie* (1949), München: Oldenbourg 1976.
17 Karl Bühler, *Sprachtheorie. Die Darstellungstheorie der Sprache* (1934), Frankfurt am Main: Ullstein 1978.
18 Jakobson, „Linguistik und Poetik" (Anm. 14), bes. S. 88-94.
19 Vgl. zur Diskussion der Dominante bzw. der Dominanz im russischen Formalismus Victor Erlich, *Russischer Formalismus*, Frankfurt am Main: Suhrkamp 1973 (siehe dort Sachregister).
20 So bei Manfred Frank, *Das individuelle Allgemeine. Textstrukturierung und Textinterpretation nach Schleiermacher*, Frankfurt am Main: Suhrkamp 1985, S. 179.

Differenz von Autor und poesieimmanenter Autorfunktion (lyrisches Ich, Erzähler) auseinanderlegt, sobald die poetische Funktion mit ihrer charakteristischen Selbstreferenz ‚dominiere‘,[21] zeigt an, daß es eigentlich um eine interne Ummodellierung der Funktionen geht, die jeweils unter der Definitionsmaßgabe einer Leitfunktion stehen. Anstelle von Dominanz rede ich deshalb von Leitfunktion und genauer von einem re-entry[22] der Funktionen in die Funktionen.[23] Sobald also die poetische Funktion in einer Sprachverwendung zur Leitfunktion wird, dominiert sie nicht einfach nur die anderen Funktionen, welche ansonsten so bleiben würden, wie sie sind. Vielmehr kopiert sie die anderen fünf Funktionen in sich ein, vollzieht also einen Wiedereintritt (re-entry) der anderen Funktionen in die neue Leitfunktion. Sie werden auf diese Weise neu definiert und müssen sich nach den Strukturierungen der Leitfunktionen richten. Im Falle des Poetischen ließe sich also eine Kombinatorik von fünf sprachlichen Haupteigenschaften erstellen, die durch das weitergeführte Procedere des re-entry virtuell unendlich ausformulierbar sind.

Die poetische Funktion definiert Jakobson durch Selbstreferenz, also durch eine „Ausrichtung auf die Botschaft um ihrer selbst willen".[24] Dabei geht es ihm nicht zuvörderst um semantische Selbstreferenz, sondern um eine der Materialität der Sprache. Denn die poetische Funktion rückt „das Augenmerk auf die Spürbarkeit der Zeichen",[25] indem sie durch Reim, metrischen und phonetischen Parallelismus und durch andere Verfahren der Entautomatisierung der sprachlichen Normalität auf der Ebene der Formulierung „die fundamentale Dichotomie der Zeichen und Objekte"[26] vertieft. Die berühmte Definition, daß die poetische Funktion das Paradigmaprinzip der Äquivalenz auf die Syntagmaachse projiziert,[27] entfaltet den komplexen Mechanismus des Poetischen, die tiefenstrukturellen Paradigmaordnungen auf den Redeverlauf hochzuklappen und eine Horizontalisierung aller sprachlicher Gliederungshinsichten zu unternehmen.

Wird die poetische Funktion zur Leitfunktion, so definiert sie die anderen um. Jakobson betont die unhintergehbare Mehrdeutigkeit, die aus der „in sich selbst

---

21 Jakobson, „Linguistik und Poetik" (Anm. 14), S. 111.

22 Der Begriff des re-entry entstammt den Logikkalkülen Georg Spencer Browns und wurde von Luhmann der Systemtheorie zugeführt. Der Begriff beschreibt die Fähigkeit eines autopoetischen Systems, seine anfängliche Grundunterscheidung immer wieder in sich selbst einführen zu können. Vgl. dazu Elena Esposito, „Re-entry", in: Claudio Baraldi, Giancarlo Corsi und Elena Esposito (Hrsg.), *GLU. Glossar zu Niklas Luhmanns Theorie sozialer Systeme*, Frankfurt am Main: Suhrkamp 1997, S. 152-154. Klärend ist auch der Aufsatz von Elena Esposito, „Ein zweiwertiger nicht-selbständiger Kalkül", in: Dirk Baecker (Hrsg.), *Kalkül der Form*, Frankfurt am Main: Suhrkamp 1993.

23 Vgl. Verf., „Re-entry der Funktionen in die Funktionen", erscheint demnächst in einem Sammelband zum *Osteuropäischen Strukturalismus*.

24 Jakobson, „Linguistik und Poetik" (Anm. 14), S. 92.

25 Ebd., S. 92 f.

26 Ebd., S. 93.

27 Ebd., S. 94: „Die poetische Funktion projiziert das Prinzip der Äquivalenz von der Achse der Selektion auf die Achse der Kombination".

zentrierten Mitteilung"[28] entspringt. Denn die poetische Funktion unternimmt eine sprachinterne Umwertung des sprachlichen Ordnungsmodells und zwingt deshalb den Rezipienten, seine Aufmerksamkeit von der referentiellen Intention abzuziehen und sie der in Gang gesetzten Metaphorisierung der Metonymie und der Metonymisierung der Metapher, also einem komplexitätssteigernden Prozeß der sprachlichen Deregulierung zuzuwenden. Von solcher Mehrdeutigkeit werden auch die anderen Funktionen erfaßt. „Der Vorrang der poetischen Funktion vor der referentiellen löscht den Gegenstandsbezug nicht aus, sondern macht ihn mehrdeutig. Die doppeldeutige Botschaft findet ihre Entsprechung in einem geteilten Sender, einem geteilten Empfänger und weiter in einer geteilten Referenz."[29]

Der re-entry der emotiven Funktion (Sender)[30] in die poetische erzeugt eine Verdopplung der Senderinstanz. In der Poesie haben wir neben dem realen Sender intern produzierte: das lyrische Ich in der Lyrik, der Erzähler in der Epik, das szenische Dirigat beim Drama.

Der re-entry der konativen Funktion (Empfänger)[31] in die poetische erzeugt eine Verdopplung der Empfängerinstanz. In der Poesie existiert neben den realen Lesern der ideale oder implizite Leser.

Der re-entry der phatischen Funktion (Kontakt)[32] in die poetische erzeugt eine mediale Verdopplung. In der Poesie findet neben der Tatsache, daß sie sich im Regelfall der Schriftlichkeit als Medium bedient, eine interne Reflexion des Mediums statt: Poetische Texte haben eine immanente Medientheorie.

Der re-entry der referentiellen Funktion (Kontext)[33] in die poetische verdoppelt die Referenz. In der Poesie trägt ein Wort natürlich immer auch die Bedeutung, die wir ihm referentiell zusprechen, aber sie wird von der internen Kodierung überlagert. Wenn wir in einem Gedicht ‚Baum' lesen, dann schauen wir nicht aus dem Fenster, wenngleich unser Verständnis des Wortes durch vormaliges Schauen erzeugt worden sein mag. Wo aber dergestalt Referenz, also die Intention auf per Deixis vollziehbare Eindeutigkeit, doppeldeutig wird, fällt sie eigentlich weg. In der Poesie tritt an die Stelle der Referenz die Fiktion, die zwar auf vermittelte Weise referentiell orientiert ist, aber durch interne Überkodierungen von dieser Orientierung losgelöst wird.

---

28 Ebd., S. 110: „Mehrdeutigkeit ist eine unabdingbare, unveräußerliche Folge jeder in sich selbst zentrierten Mitteilung".

29 Ebd., S. 111.

30 Die emotive Funktion richtet sich auf den Sender und bringt dessen Haltung zum Ausdruck; vgl. Jakobson, „Linguistik und Poetik" (Anm. 14), S. 89. Sie entspricht der Bühlerschen Ausdrucksfunktion.

31 Die konative Funktion richtet sich, am deutlichsten im Vokativ und Imperativ, an den Empfänger; vgl. Jakobson, „Linguistik und Poetik" (Anm. 14), S. 90 f.. Sie entspricht der Bühlerschen Apellfunktion.

32 Die phatische Funktion dient der Aufrechterhaltung des Kanals („hm, hm" am anderen Ende der Telefonleitung); vgl. Jakobson, „Linguistik und Poetik" (Anm. 14), S. 91.

33 Die referentielle (denotative, kognitive) Funktion betont den Bezug auf einen Kontext; vgl. Jakobson, „Linguistik und Poetik" (Anm. 14), S. 88 f.. Sie entspricht der Bühlerschen Darstellungsfunktion.

Der re-entry der metasprachlichen Funktion (Kode)[34] in die poetische erzeugt das, was wir traditionell die immanente Poetik eines Textes nennen. Wenn
es zu einem jeden komplexen Sprachspiel gehört, daß sich der Vollzug dieses
Spiels immer auch über eine Selbstdeutung, eine innere Explikation der Strukturen des Kodes auslegt, dann wird dies in poetischen Texten, also unter den
Bedingungen poetischer Selbstreferenz, nämlich versteckt im thematischen Material und explizierbar als Allegorie der Lektüre, ebenfalls stattfinden, sofern die
Szenerie der poetischen Sprache eine komplexe Vollständigkeit der sprachlichen
Funktionen entfaltet.

Es ergibt sich folgendes Schema der poetischen Sprache:

poetische Emotivität: verdoppelter Sender – poesieinterne Produktionsästhetik
poetische Konativität: verdoppelter Empfänger – poesieinterne Rezeptionsästhetik
poetische Phatik: verdoppelte Medialität – poesieinterne Medientheorie der
Literatur
poetische Referentialität: poesieinterne Referenzpluralisierung – Fiktionalität
poetische Metasprache: poesieinterne Reflexion des Kodes – immanente Poetik.

Wenn man nun bei der poetischen Phatik bleibt, so läßt sich diese durch denselben Mechanismus des re-entry weiter ausdifferenzieren. Kopiert man nämlich in die poetische Phatik wiederum die anderen Funktionen ein, so erzeugt
man das folgende Raster:

3.1. emotive (senderbezogene) Poesiephatik;
3.2. konative (empfängerbezogene) Poesiephatik;
3.3. poetische (selbstreferentielle) Poesiephatik;
3.4. referentielle (kontextbezogene) Poesiephatik, und
3.5. metasprachliche (kodebezogene) Poesiephatik.

In bezug auf das Medium Buch und die Tätigkeiten Schreiben und Lesen wären
diese Spezifizierungen der phatischen Funktion so zu denken:

3.1. Produktionsästhetik des Schreibaktes in bezug auf das schreibende Subjekt
(der inszenierte Autor);
3.2. Ästhetik der Rezeption des Geschriebenen (also: der Leser/das Lesen, eng
und weit: das eigene Lesen des Eigenen oder Fremden; und: das fremde Lesen des Eigenen oder Fremden);
3.3. Selbstbezüglichkeit des Schreibaktes (materiell und konzeptionell);
3.4. Schreibsituation (eng und weit: die Schreibstube und der literarische
Markt), und
3.5. das Wissen um diese ganze Szenerie und die literarisches Inszenierung dieses Wissens als Wissen.

---

34 Die metasprachliche Funktion thematisiert die Strukturen des Kodes; vgl. Jakobson, „Linguistik und Poetik" (Anm. 14), S. 92.

Diese Matrix der poetischen Phatik ist rein kombinatorisch generiert. Gleichwohl wäre ein historischer Einsatz dieser in sich komplexen Szene – ich nenne sie die *Schreibszene*[35] – zu behaupten. Die These lautet, daß die Poesie, sofern wir sie als ‚autonome' bezeichnen, diese Autonomie dadurch erreicht, daß sie alle externe Kommunikation intern reinszeniert, also alle möglichen re-entry-Kombinationen durchspielt und ihre Entpragmatisierung durch die Hereinnahme der phatischen Pragmatik ausführt. ‚Autonome' Poesie der ‚Kunstperiode' um 1800 (lauter Begriffe in Anführungsstrichen) würde sich dadurch auszeichnen, daß sie eine maximale interne Komplexität entfaltet. Jean Pauls *Siebenkäs* ist vielleicht der erste Text, der das komplette Register poetischer Phatik ausformuliert. Man findet hier nicht nur die Schreibszene im engen Sinne (Schreibort, Schreibgeräte, Beleuchtung, eheliche Kommunikation am Schreib- / Eßtisch etc.), sondern auch das ganze System der Schreibszene in dem weiteren Sinne der poetischen Phatik. Mein Interesse ist also ein doppeltes: Erstens geht es um den an einem Beispiel vollzogenen Nachweis, daß poetische Texte über die ganze Registratur der poetischen Phatik verfügen können und zweitens um die spezifische Lektüre dieses Textes, der nicht nur eine Enzyklopädie der Schreibregister aufstellt, sondern diesen (phatischen) Sektor der poetischen Funktion zugleich in die Artikulationsbewegung des Poetischen integriert. Die These lautet mithin: Poesie um 1800 konstituiert sich notwendig immer auch durch eine interne poetische Reflexion der poetischen Phatik – die poetische Inszenierung der Schreibszene ist Teil des poetischen Textsystems. Ab 1800 ist Poesie immer auch einer medientheoretischen Reflexion unterzogen und durch die Interpretation zu unterziehen. Die Reflexion auf die Materialität des Schreibens als Ansatzpunkt auch der Dekonstruktion wird um 1800 internes Moment der Poesie. – Terminologisch würde ich es vorziehen, nicht von der autonomen Poesie zu sprechen, sondern von einer hybrid systemisch integrierten Dichtung um 1800.

---

35 Der Terminus ‚Schreibszene' wurde von Rüdiger Campe, „Die Schreibszene, Schreiben", in: Hans Ulrich Gumbrecht und K. Ludwig Pfeiffer (Hrsg.), *Paradoxien, Dissonanzen, Zusammenbrüche*, Frankfurt am Main: Suhrkamp 1991, S. 759-772, in Aufnahme ähnlicher Termini bei Roland Barthes und Rodolphe Gasché, in die Diskussion eingeführt. Meine hier vorgeschlagene Konzeptualisierung versucht, alle gegebenen Bedingungen als die innere Szene des poetischen Textes zu denken. – Der Versuch, dieser inneren Szene eine externe zu korrelieren, folgt einer anderen re-entry-Struktur: Es wäre dabei von der phatischen Funktion als Leitfunktion auszugehen, in die spezifizierend die poetische Funktion einkopiert wird, so daß es um das reale Schreiben von Dichtung geht. Ein erneuter re-entry der Sprachfunktionen würde dann die externe Schreibszene auffalten. Die Frage, wie externe und interne Szene kommunizieren (sofern sie kommunizieren), ist von erheblicher epistemologischer Komplexität. Sie kann in diesem Aufsatz nicht behandelt werden, da das vorgeschlagene Modell evidenterweise eines der jeweiligen monadischen Schließung der re-entry-Logiken ist und also eine Idee von monadischer Kommunikation zu entwickeln wäre. Es ginge um die Frage, wie Systeme mit unterschiedlichen Leitfunktionen und folglich durchgängig anders formierter Integration miteinander kommunizieren können. In diesem hochparadoxalen Unterfangen scheint sich immerhin anzudeuten, daß Diskurstheorie nicht der Schlüssel ist, der hier zu schließen vermöchte.

III. In concreto: *Siebenkäs*

Die poetische Poesiephatik ist im *Siebenkäs* sicherlich zentral. Die grundlegende aktantielle Konstellation als Allegorie auf das Schreiben mag man als ihre konzeptionelle Seite erkennen wollen. Nicht minder wichtig ist aber die materielle Dimension, also die Selbstbezogenheit des Schreibens auf Schreibutensilien. Im *Siebenkäs* werden sie sujetbildend. Daß Siebenkäs nicht an seine Rente kommt, resultiert aus dem Trick eines Juristen, den Namenstausch zwischen Siebenkäs und Leibgeber mit einer verfliegenden Tinte zu dokumentieren. Siebenkäs kann sich deshalb nicht als der, der er wirklich ist, legitimieren und wird so um sein Geld gebracht. Es ist also die Tinte selber, die auf diese Weise in die innere Konstellation der Handlung hineinrückt. Der Erzähler versäumt nicht, das Rezept zu geben:

> „Der Mann von Rang schabe von einem schwarzen feinen Tuche, wie er es etwa am Hofe trägt, die Oberfläche ab – reibe das Abschabsel noch klarer auf Marmor zusammen – schlemme den zarten Tuchstaub mehrmals mit Wasser ab – dann mache er ihn mit diesem an und schreibe damit seinen Wechselbrief: so wird er finden, daß, sobald die Feuchtigkeit weggedunstet, auch jeder Buchstabe des Wechsels als Staub nachgeflogen ist; – der weiße Stern hält gleichsam seinen Austritt aus der Finsternis der Dinte." (S. 57)

Auf der juristisch besiegelten „Anerkennung des eingetauschten Namens" (S. 56) findet sich also nur „Siebenkäsens Name von Siebenkäsens Hand" (S. 56): Die Tautologie der Schrift hat keinen Wert, wenn der Text als abgeschabte Tuchtextura verflogen ist. Leibgeber reagiert auf diesen Betrug seinerseits mit einer besonderen Tinte.

> „so hatt' er für den jetzigen einen Iltispinsel und ein Gläschen Dinte mitgebracht, welche aus Kobold, in Scheidewasser aufgelöset, und einigem dazu getröpfelten Salzgeiste bestand. Ungleich der schwarz-tuchenen Dinte, welche schon anfangs sichtbar ist und erst später unsichtbar wird, erscheint diese sympathetische anfangs gar nicht und tritt auf dem Papier erst grün hervor, sobald dasselbe erwärmt worden. Leibgeber malte jetzo mit dem Iltispinsel auf die Papiertapete, welche dem Ofen oder der Themis zunächst stand, folgende unsichtbare Wandfibel hin" (S. 64 f.).

Es folgt im Namen der Themis ein Rachespruch, der im Winter bei geheiztem Kamin auf der Wand erscheinen wird.

Die Tinte ist auf diese Weise zu einem poetischen Bedeutungsträger geworden. Sie markiert als tuchene die leere Selbstreferenz des bloßen Namens und als sympathetische die erscheinende Schrift im Namen eines anderen, denn Leibgeber unterschreibt seinen Rachespruch mit „Von Rechtswegen, Themis" (S. 65).

Vor allem aber fungiert die Tinte als die symbolische Markierung der schriftstellerischen Tätigkeit. Siebenkäs, der sich in beengten Wohnverhältnissen den

Tisch mit seiner Ehefrau Lenette teilen muß, gerät zunehmend in Zuschreibungskonflikte. Ihr Putzfimmel und seine pedantische Körperpolitik beim Schreibakt kollidieren:

> „Bloß als sie seinen alten Dintenkopf, worin er erst Dintenpulver für die Auswahl aus des Teufels Papieren zergehen ließ, als eine Krudität der Stube vertrieben, und als sie an die heilige Arche seines Schreibtisches greifen wollte: dann richtete sich der Ehevogt auf und setzte sich auf die Hinterfüße und zeigte mit den vordern auf die Demarkationslinie" (S. 99).

Wird derart der eheliche Tisch in die Funktionen Schreiben versus Eheleben aufgeteilt, so findet diese Politik der funktionalen Ausdifferenzierung ebenfalls Einzug in die Kommunikation. Während er schreibt und seine Ruhe braucht, putzt sie und läßt zuerst laut, dann leise, aber immer noch hörbar ihr Schreibgerät, nämlich den Putzbesen vernehmen, was den Schreibenden, der einmal angefangen hat, diese Geräusche als störende zu registrieren, zunehmend in eine ideosynkratische, die Konzentration störende Aufmerksamkeit treibt. Nicht der eigene Körper, sondern der der Ehefrau ist hier deshalb eine Störung im Kommunikationskanal, weil die Schreibszene zu viele Kanäle geöffnet hat. Denn Lenette tut das, was sie ist:[36] Ihr Beruf ist „Putzmacherin" (S. 38), und sie ist damit beschäftigt, Perücken für reiche Damen auf Haubenköpfe zu stecken und zu nähen. Mit dem Kopfe haben also beide zu tun, und beide benutzen sie spitze Gegenstände: Nadel und Feder. Sitzen sie in ehelicher Eintracht am demarkierten Tisch, so näht sie die äußere Form der Haartracht, während er spitze Satiren schreibt.[37] Diese Konvergenz wird freilich als satirische nur von Siebenkäs bemerkt und in eine weitere Asynchronie vorangetrieben:

> „‚und seh' ich denn nicht,' – sagte er sich weiter –, wie ihr die Nadel oder der Nadelkopf auf keine Weise ein solcher spitzer Wetterableiter ihrer schwülen Blitzwolken sein kann als mir die spitze Feder? Wegschreiben kann man sich viel, aber nicht wegnähen" (S. 328).

Indem beide also nur satirisch dasselbe tun, entfernen sie sich de facto voneinander. Das Schreiben tendiert zu einer Form der inneren Abgeschlossenheit, die nur zwei totalitäre Optionen haben kann. Zum einen stellt Siebenkäs den Körper der Lenette still, zum anderen integriert er ihn satirisch, verneint ihn also de facto. Beide Optionen zusammen konstituieren den inneren Bezirk der Schreibszene, die sich nach außen abschließt, um sich nach innen zu totalisieren. Ganz konform mit der Logik der sich funktional ausdifferenzierenden Sys-

---

36 Vgl. die aus Jean Pauls Metapherntheorie generierte Definition: „Die gute Lenette, die eine lebendige Waschmaschine und Fegemühle war" (S. 166).

37 „Du spaßest gewiß", versetzte sie; „meine Stiche sind viel feiner als deine Striche" (S. 172) – Und: „[...] wir säßen einander gegenüber bei einem Lichte – du tätest deine Stiche – ich täte meine satirischen [...]" (S. 168).

teme prozediert die Schreibszene nach den eigenen Gesetzen und nimmt die Umwelt nur gemäß ihrer internen Struktur wahr.

Diese aber ist die der poetischen Phatik. Folglich wird in der Wahrnehmung des Schreibenden alle Kommunikation funktional in den Bezug zu den poetischen Zwecken eingegliedert. Der Text vollzieht damit seine Selbstreferenz und konstituiert sich als hybrid systemisch integrierter Diskurs. Das Schreiben wird intern in systematischer Totalität organisiert:

Ad 3.1. Emotive Poesiephatik als Inszenierung der Autorschaft. – Siebenkäs und Leibgeber verhalten sich in verdoppelter Weise zueinander. Leibgeber ist der eigentliche Autor der beiden, aber er verweigert sich zugunsten der Rabulistik der freien Weltsatire dem Schreiben, während Siebenkäs zwar schreibt, aber nicht als Autor, sondern in ohnmächtiger Übertragung seiner sozialen Situation in diejenige satirische, die die mimetische Wiederholung der Misere in der autonomen Schrift ist. Somit werden in dem aktantiellen Double, das ja selbst schon Allegorie der Schrift ist, auch verschiedene Autorschaftsmodelle durchgespielt.

Ad 3.2. Konative Poesiephatik als enges eigenes Lesen des Fremden. – Die permanente Beurteilung des anderen sublimiert sich unter den gegebenen Schreibbedingungen in die Tätigkeit des Rezensierens: Siebenkäs verdient sein Geld als Rezensent, befindet sich aber in einem Netzwerk anderer Rezensenten (Jean Pauls Jean Paul, Stiefel, Leibgebers satirische Rezensionen).

Ad 3.3. Poetische Poesiephatik als inhaltliche Selbstbezüglichkeit des Schreibaktes. – Der Ehezwist führt zu einem satirischen *Extrablättchen über das Reden der Weiber* (S. 186 ff.). Ebenso sind die gerade diskutierten Analogisierungen zwischen satirischen Stichen und solchen mit der Nähnadel inhaltliche Konkretisierungen des Schreibaktes in seiner körperlichen und realen Gestik.

Ad 3.4. Referentielle Poesiephatik als literarischer Markt im Sinne einer weiten Definition der Schreibszene. – Die drängenden Geldprobleme werden in die geschriebenen und nach reiner Anzahl entlohnten Bögen umgerechnet. Der Markt beherrscht das Schreiben und wird in ihm reflektiert.

Ad 3.4. Referentielle Poesiephatik als Schreibstube im Sinne einer engen Definition der Schreibszene. – Lenettes Besen und Borstwisch geraten zu Passionswerkzeugen in der poetischen Umschrift der ehelichen Konfliktlage (*Fünftes Kapitel*). Der Kern – das Schreiben – expandiert referentiell in den Kontext der ganzen Eheszene, die im Detail das Schreiben reinszeniert.

Ad 3.5. Metasprachliche Poesiephatik als metakommunikatives Wissen dieser ganzen Struktur der Schreibszene. – Diese Formation artikuliert sich in der metafiktionalen Konstruktion der verdoppelten Autorschaft der *Teufels-Papiere*: Siebenkäs schreibt die Jean Paulschen Jugendwerke. Der Jean Paulsche Text artikuliert auf allen seiner Ebenen sein Wissen davon, daß er tut, was er tut. Damit wird die Schreibszene selbstreflexiv und ist als metasprachlicher Kommentar zu lesen. Poetologische Lektüre ist mithin stets eine Möglichkeit. Indem die Schreibszene durch Siebenkäs als den Autor Jean Pauls auf die Ebene einer zweiten Beobachtung gehoben und ein souveränes Wissen über die Struktur dieser Kommunikation erzeugt wird, das auf der ersten Beobachtungsebene nur intern und parteiisch durch die Beteiligten vollzogen, aber nicht erkannt werden kann, baut der Text für sich ein Wissen auf, das ihn selber poetologisch verdoppelt.

Somit wären alle internen Momente der poetischen Phatik in die komplexe Schreibsituation des *Siebenkäs* integriert. In dieser Umkodierung aller lebensweltlichen Sozialstruktur in das Schreiben, das fälschlicherweise als der Realismus dieses Textes bezeichnet worden ist, bringt sich zum Ausdruck, was man früher einmal die Autonomie der poetischen Texte der Kunstperiode genannt hat. Denn die Schreibszene usurpiert alle externe Pragmatik und kodiert sie poetisch um.

Sehr deutlich wird die Umschrift des Externen in die Schreibszene bei dem selbstreferentiellen Thema der Übersetzung. Siebenkäs ist beauftragt, eine Übersetzung der Lessingschen *Emilia Galotti* ins Lateinische zu rezensieren.[38] Auch hier ist der ökonomische Zweck seines Schreibens die Produktion von Textmenge, weil die Entlohnung über die Anzahl der geschriebenen Bögen verrechnet wird. Der Rezensionstext liest sich mithin als eine Serie tendenziell tautologischer Behauptungen, in der mit jedem Satz die Unsinnigkeit einer solchen Übersetzung ausgesagt wird:

> „Gegenwärtige Übersetzung erfüllet endlich einen Wunsch, den wir so lange bei uns herumgetragen haben. Es ist in der Tat eine auffallende Erscheinung, daß bisher noch so wenige deutsche Klassiker ins Lateinische für Schulmänner übersetzet worden sind, die für uns doch fast alle römische und griechische Klassiker verdeutschet haben. Der Deutsche hat Werke aufzuzeigen, welche verdienen, daß sie ein Schulmann und Sprachgelehrter lieset; aber er kann sie nicht verstehen (obwohl übertragen), weil sie nicht lateinisch geschrieben sind. Lichtenbergs Taschenkalender tritt zugleich in einer deutschen Ausgabe – für Engländer, welche Deutsch lernen – und in einer französischen für den deutschen hohen Adel ans Licht; warum werden aber deutsche Originalwerke und dieser Kalender selber nicht auch Sprachgelehrten und Schulmännern in die Hände gegeben in einer guten lateinischen, aber treuen Übersetzung? Sie sind gewiß die ersten, welche die Ähnlichkeit (in der Ode) zwischen Ramler und Horaz bemerken würden, wäre jener verdolmetscht. Rezensent gesteht gern, daß er immer große Bedenklichkeiten darüber gehabt, daß man Klopstocks Messiade nur in zwei Rechtschreibungen geliefert, in der alten und in seiner – daß aber weder an eine lateinische Ausgabe für Schulleute – denn Lessing hat in seinen vermischten Schriften kaum die Anrufung übersetzt – noch an eine im Kurialstil für die Juristen, noch an eine im planen prosaischen für Meßkünstler oder an eine im Judendeutsch für das Judentum gedacht worden." (S. 184 f.)

---

38 Als Rezension folgt dieser Passus der poetischen Poesiephatik. Als Versuch, Geld zu verdienen, handelt es sich um referentielle Poesiephatik im weiteren Sinne. Als selbstreferentieller Kommentar zum Schreiben liegt metasprachliche Poesiephatik vor. – Man sieht, daß Textpassagen funktional mehrfach kodiert sein können.

Weiter kommt Siebenkäs mit seiner Rezension nicht, weil er durch Lenette und eine Hausjungfer unterbrochen wird. Beide unterhalten sich so, wie Siebenkäs meint, daß sich Frauen unterhalten: in Tautologien, in ewiger Wiederholung desselben. Nun ist aber dieser Rezensionstext nichts anderes als eine Tautologienserie, in der die Übersetzbarkeit von einer Sprache in die nächste paraphrasiert wird. Das Gerede der Frauen, gegen das Siebenkäs wettert, wird in seinem eigenen Schreiben mimetisch wiederholt (oder umgekehrt: die Frauen wiederholen die Tautologien der Rezension). Inhaltlich geht es aber bei der Rezension um Übersetzung, also auf einer Metaebene auch um die Ehekommunikation, die auf den beiden Seiten der Ehepartner zu asynchronen und doch identischen Zuschreibungen findet.

Es ist aber nicht nur das Schreiben des Siebenkäs, das die Tautologien des weiblichen Geschwätzes wiederholt. In der von einem „Jean Paul Fr. Richter" (S. 151) signierten *Vorrede zum zweiten, dritten und vierten Bändchen* findet sich die Metaphorik von dem sich selbst fortzeugenden Bandwurm, der immer neuen Text aus seiner Selbstzerlegung generiert.[39] Somit wird die tautologische Reproduktion von der pragmatischen Ebene des beschriebenen Lebens (Reden der Weiber) zuerst in die Textproduktion des Siebenkäs und dann in die Poetik des inszenierten Autors „Jean Paul" hinüber transportiert.

Spätestens hier muß man fragen, ob der mimetische Impuls einen realistischen Kern hat oder der Autopoiesis der Schreibszene entspringt. Zur Struktur dieser Frage gehört, daß man sie erstens nicht entscheiden kann und zweitens auch nicht sollte. Denn die poetische Phatik kennt die Differenz zur Umwelt nur, insofern sie sie in sich selber reproduziert. Keine in Jean Pauls Text erwähnte Tinte ist einfach nur ein Schreibutensil. Und keines der Geräusche von Lenette ist einfach nur Rauschen. In Jurij Lotmans systemtheoretischem Strukturalismus wird die Poesie dadurch definiert, daß sie kein Rauschen kenne, weil sie alles Rauschen in Systeme verwandle.[40] Wenn Siebenkäs hypochondrisch allen Geräuschen hinterher hört und dann am intensivsten hört, wenn nichts mehr zu hören ist, ihm also das Rauschen am lautesten wird, wenn kein Geräusch ist, dann ist diese in ihrem Kern realistisch daherkommende Szene ganz und gar die Umsetzung der Poetizitätsdefinition Lotmans. Zur poetologischen Präzision dieser Schreibszene gehört auch hier die Wortwörtlichkeit des Hörens, mit der ich meinen Aufsatz begonnen habe. Siebenkäs, der das Hören auf die Putzbewegungen seiner Putzmacherin nicht mehr aushalten kann, schickt sie in den Nebenraum – und hört nichts mehr. Worauf er, da er nicht hört, um so intensiver mit ihr (oder ihm: dem Hören) beschäftigt ist. Er tritt also in den Raum, sieht sie lautlos das Ehe-Gitterbett bohnen und ruft:

> „Auf hörst du! – Das ist aber eben mein Unglück, daß ichs drinnen nicht hören kann, sondern alles nur denken muß" (S. 158).

---

39 Vgl. S. 146-148. Dieselbe Metapher wird übrigens auch von Siebenkäs benutzt (S. 184).

40 Jurij M. Lotman, *Die Struktur literarischer Texte*, aus dem Russischen übersetzt von Rolf-Dietrich Keil, München: Wilhelm Fink ²1981.

Hier wird das Aufhören in der Tat zum Auf-Hören. Das Ende der Pragmatik ist der Beginn des poetischen Hörens. Wo im Drinnen der Schreibszene nur gedacht werden kann, wird das Draußen zum Unglück. Die poetische Phatik ist hier an dem Punkt, wo das Hören aufhört, um poetisch beginnen zu können. Es ist dasselbe Hören, das in dem anfangs zitierten Brief Leibgebers als trotziges „Höre indes!" zwar sich dem Text entgegenstemmt, aber zur Gänze von ihm erzeugt wurde. Dies alles kann nur heißen: Die Schreibszene ist eine immanente poetische Funktion; sie ist textintern zu rekonstruieren; sie kennt kein Außerhalb.

Gelangt man so, die Schreibszene bedenkend, zum Hören, also zur poetischen Stimme, und zum Ende einer Ehe, dann wäre nunmehr von der Apokalypse zu reden, die dieser Text anzettelt, also von der Stimme des Endes. Aber vielleicht ist hier eher aufzuhören.

Uwe Wirth

Die Schreib-Szene als Editions-Szene
Handschrift und Buchdruck in Jean Pauls *Leben Fibels*

„Das Aussetzen der Eingebung fülle aus mit der sauberen Abschrift des Geleisteten", rät Walter Benjamin in der achten These zur „Technik des Schriftstellers".[1] Die Konsequenzen einer radikalisierten Variante dieser These werden
bereits rund 100 Jahre früher in Jean Pauls Roman *Leben Fibels*[2] ausgeführt.
Dort setzt die Eingebung nicht nur zeitweise aus, sondern sie setzt gar nicht erst
ein. Umso wichtiger wird das Ausfüllen dieser beklagenswerten Leerstelle
durch sauberes Abschreiben. Dabei erweist sich *Leben Fibels* zugleich als ein
Buch, das die *performativen* und *parergonalen* Rahmenbedingungen des Schreibens, Druckens und Edierens ostentativ vorführt. *Leben Fibels* wirft also nicht
nur die Frage nach der *Schreib-Szene*,[3] sondern auch nach der *Druck-* und *Editions-Szene* auf.

Betrachtet man die *Geste des Schreibens* unter medientechnologischen Vorzeichen und versteht sie als *performative Schreibgeste*, deren *Performativität* sowohl durch ihre medialen Verkörperungsbedingungen als auch durch
körperliche Akte des Schreibenden determiniert ist, so wird die *écriture* zur
Scription. Der Begriff der *Scription* bezieht sich, so Barthes in dem unveröffentlichten Manuskript „Variations sur l'écriture", auf das „Schreiben mit der
Hand", auf den „muskuläre[n] Akt des Schreibens, des Buchstabenziehens", das
heißt, auf die „Geste, mit der die Hand ein Schreibwerkzeug ergreift" – etwa eine
Feder – und diese „auf eine Oberfläche drückt".[4] In Sternes *Tristram Shandy*

---

1 Walter Benjamin, *Einbahnstraße* (1928), in: ders., *Gesammelte Schriften,* herausgegeben von
   Rolf Tiedemann und Hermann Schweppenhäuser, Frankfurt am Main: Suhrkamp 1972-1989,
   Bd. IV/1, herausgegeben von Tilman Rexroth, S. 106 f.
2 Vgl. Jean Paul, *Leben Fibels* (1812), in: ders., *Werke in zwölf Bänden,* herausgegeben von Norbert Miller, München: Hanser 1975, Bd. 11. Im folgenden zitiert mit Seitenangaben im fortlaufenden Text.
3 Vgl. Rüdiger Campe, „Die Schreibszene, Schreiben", in: Hans Ulrich Gumbrecht und K. Ludwig Pfeiffer (Hrsg.) *Paradoxien, Dissonanzen, Zusammenbrüche. Situationen offener Epistemologie,* Frankfurt am Main: Suhrkamp 1991, S. 759-772, sowie Martin Stingelin, „„Unser
   Schreibzeug arbeitet mit an unseren Gedanken'. Die poetologische Reflexion der Schreibwerkzeuge bei Georg Christoph Lichtenberg und Friedrich Nietzsche", in: *Lichtenberg-Jahrbuch*
   1999, herausgegeben im Auftrag der Lichtenberg-Gesellschaft von Walter Promies und Ulrich
   Joost, Saarbrücken: Saarbrücker Druckerei und Verlag 2000, S. 81-98.
4 Roland Barthes, „Variations sur l'écriture" (1973), in: ders., *Œuvres complètes. Tome II: 1966-
   1973,* herausgegeben von Éric Marty, Paris 1994, S. 1535-1574, hier S. 1535. Deutsche Übersetzung nach Stingelin, „„Unser Schreibzeug arbeitet mit an unseren Gedanken'" (Anm. 3),
   S. 82 f.

werden diese körperlichen Aspekte des Schreibens auf die knappe Formel gebracht: „Ask my pen, – it governs me, – I govern not it".[5]

Nun bleibt das Thema *Schrift um 1800* keineswegs auf die Darstellung des *tintenklecksenden* „Schreibens mit der Hand" beschränkt. Es betrifft nicht nur die mit der Hand geschriebenen Schriftzeichen, sondern auch die gedruckten Schriftzeichen. Mit den *Schreib-Szenen* kommen mithin auch *Druck-Szenen* ins Spiel, die, so meine These, in spezifischer Weise mit *Editions-Szenen* verklammert sind.

Nach Kittler ist das *Aufschreibesystem um 1800* dadurch ausgezeichnet, daß es „Lesen und Schreiben automatisiert und koppelt",[6] während diese beiden Tätigkeiten im Mittelalter durchaus voneinander getrennt verrichtet werden konnten. So gab es den Extremfall von Schreibern, „die als reine Kopisten oder Kalligraphen nicht lesen können mußten, was sie auf manuellem Weg vervielfältigten",[7] und von Lesern, „die ihre eigenen Kommentare oder Fortsetzungen von Texten einem Schreiber diktieren mußten".[8] Mit Hinweis auf Jean Pauls *Leben Fibels* stellt Kittler fest, Autorschaft um 1800 sei keine „dem Schreibakt simultane Funktion, sondern ein nachträglicher Effekt von Relektüre".[9] Der Begriff der *Relektüre* impliziert dabei, daß die *Funktion Autor* als *Funktion Herausgeber* gedeutet werden muß. Zum einen ist der Herausgeber als *zweiter Autor* von bereits Geschriebenem zugleich dessen *erster Leser*. Zum anderen besteht die *Funktion Herausgeber* genau wie die *Funktion Autor* darin, das „Prinzip einer gewissen Einheit des Schreibens"[10] und damit die Kohärenz des Geschriebenen zu garantieren. Die *editoriale Tätigkeit* dient, mit Kittler zu sprechen, der „strikten Unifizierung von Papierstößen".[11] Sie vollzieht, wie ich es nennen möchte, eine Reihe von *performativen Rahmungsakten*.[12]

Schreib-Szenen, Druck-Szenen und *Editions-Szenen* müssen sich der doppelten Performativität des Rahmens stellen: Sie sind als *Aufführung* zugleich *Ausführung* von Rahmungsakten. Nach Rüdiger Campe impliziert der Begriff der

---

5 Laurence Sterne, *The Life and Opinions of Tristram Shandy, Gentleman* (1759-1760), London: Penguin 1985, S. 403. Zum Einfluß von Sterne auf Jean Paul, vgl. Peter Michelsen, *Laurence Sterne und der deutsche Roman des 18. Jahrhunderts*, Göttingen: Vandenhoeck und Ruprecht 1962, S. 318.
6 Friedrich A. Kittler, *Aufschreibesysteme 1800/1900*, München: Wilhelm Fink ²1987, S. 115.
7 Ebd.
8 Ebd.
9 Ebd., S. 118.
10 Michel Foucault, „Was ist ein Autor" (1974), in: ders., *Schriften zur Literatur*, aus dem Französischen übersetzt von Karin von Hofer und Anneliese Botond, Frankfurt am Main: Fischer Taschenbuch 1993, S. 21.
11 Kittler, *Aufschreibesysteme 1800/1900* (Anm. 6), S. 127.
12 Vgl. hierzu Verf., „Performative Rahmung, parergonale Indexikalität. Verknüpfendes Schreiben zwischen Herausgeberschaft und Hypertextualität", in: ders. (Hrsg.), *Performanz. Von der Sprachphilosophie zu den Kulturwissenschaften*, Frankfurt am Main: Suhrkamp 2002, S. 403-433, sowie ders., „Das Vorwort als performative, paratextuelle und parergonale Rahmung", erscheint in: Jürgen Fohrmann (Hrsg.), *Rhetorik: Figuration und Performanz*, DFG-Symposion 2002, Stuttgart, Weimar: Verlag J. B. Metzler 2003 (= *Germanistische Symposien, Berichtsbände* 25) (im Druck).

Schreib-Szene, daß die Frage nach den Kontextbedingungen der Schrift in den „szenischen Rahmen des Schreibens" verlegt wird.[13] Mit der *Schreib-Szene* werden also die „Imperative ihrer Inszenierung" thematisiert. Das Analogon zu diesen direktiven Regieanweisungen der *Schreib-Szene* ist das *imprimatur!,* mit dem die *Druck-Szene* beginnt. Mit der Druckanweisung wird die Verkörperung von Schriftzeichen im Zeitalter ihrer technischen Reproduzierbarkeit *ausgeführt.* Es werden aber auch die performativen Rahmenbedingungen des Druckens *aufgeführt.* Der Kontext, in dem die Direktive *imprimatur!* gegeben wird, ist die *Editions-Szene,* die den *Akt des Druckens* zu einem Teilaspekt des *Akts der Publikation* werden läßt. *Editions-Szenen* reflektieren *am Rahmen* – man denke an die Vorworte, Überschriften und Fußnoten einer Herausgeberfiktion – jene performativen Inszenierungs- und Verkörperungsbedingungen, die für die *editoriale Tätigkeit* und den *Akt der Publikation* konstitutiv sind. Da der *Akt der Publikation* nach Červenka in der bewußten Entscheidung des Autors besteht, das Buch drucken zu lassen,[14] und da diese Entscheidung nicht selten von einem Herausgeber übernommen wird, fungiert die *Editions-Szene* als Klammer zwischen dem *Akt des Schreibens* und dem *Akt des Druckens.* In ihr vollzieht sich, mit Goffman zu sprechen, der „modulierende Rahmenwechsel"[15] zwischen *Schreib-Szene* und *Druck-Szene.*

Vor dem Hintergrund dieser Überlegungen möchte ich im folgenden untersuchen, in welcher Form die Geste der *Skription* auf die performativen Gesten des Druckens und Herausgebens übertragbar ist. Insbesondere möchte ich der Frage nachgehen, worin beim Akt des Herausgebens die „körperliche Ereignishaftigkeit"[16] bestehen könnte.

I. *Leben Fibels* als Apologie des gedruckten Buchstaben

Es gibt nur wenige Romane, an denen sich das Wechselspiel von *Schreib-Szenen, Druck-Szenen* und *Editions-Szenen* besser beobachten ließe als an Jean Pauls *Leben Fibels.* Dieser Roman thematisiert, wie Ralf Simon feststellt, die „Unendlichkeit der Schrift" und stellt dabei zugleich „die Bedingung seiner Erzählbarkeit selbst her".[17] Ganz ähnlich argumentiert Caroline Pross in ihrer Arbeit zur *Figuration von Autorschaft im Bildfeld der Ökonomie bei Jean Paul,* in der sie die Verfahren analysiert, mit denen Jean Pauls Romane „auf die Medialität der Zeichen

---

13 Vgl. Campe, „Die Schreibszene, Schreiben" (Anm. 3), S. 764.

14 Miroslav Červenka, „Textual Criticism and Semiotics", in: Hans Walter Gabler u. a. (Hrsg.), *Contemporary German Editorial Theory,* Ann Arbor: University of Michigan Press 1995, S. 59-77, hier S. 61.

15 Vgl. Erving Goffman, *Rahmen-Analyse: Ein Versuch über die Organisation von Alltagserfahrungen.* Übersetzt von Hermann Vetter (1977), Frankfurt am Main: Suhrkamp 1996, S. 55 f.

16 Stingelin, „‚Unser Schreibzeug arbeitet mit an unseren Gedanken'" (Anm. 3), S. 84.

17 Ralf Simon, „Allegorie und Erzählstruktur in Jean Pauls ‚Leben Fibels'", in: *Jahrbuch der Jean Paul Gesellschaft* 26-27 (1991-1992), S. 223-241, hier S. 226.

und die materiellen Konstitutionsbedingungen der Texte" reflektieren.[18] Das gilt in besonderem Maße für den „Transzendentalroman" *Leben Fibels*, der, so Monika Schmitz-Emans, das romantische Programm einer Transzendentalpoesie durch die permanente „Selbstbespiegelung der Schrift und der Schriften" einlöst.[19] Genau genommen ist *Leben Fibels* sogar ein *performativer Transzendentalroman*, dessen Pointe die „Entdeckung der Einzelletter und der bloßen Materie" ist.[20]

Ganz im Sinne des *Letterismus* wird in *Leben Fibels* das „Medium der Schrift" zur Botschaft.[21] Im Kontext des Letterismus wird auf den *autotelischen Charakter* des Alphabets verwiesen, also auf den Buchstaben als solchen, auf den Buchstaben vor jeder heterotelischen Funktionalisierung des Alphabets als Zeicheninventar.[22] Der Buchstabe ist, mit Barthes zu sprechen, „l'inscription du corps dans un espace systématique de signes",[23] wobei der Buchstabe als solcher dadurch ausgezeichnet ist, daß er „rationnellement insignifiante" ist, daß er die Freiheit besitzt „de signifier autre chose".[24] Texte wie *Leben Fibels*, in denen es um die Zeichenhaftigkeit des Zeichens, nämlich buchstäblich um Buchstaben geht, thematisieren, wie Lachmann feststellt, „häufig auch die Weisen ihrer Herstellung und lassen die ‚Autoren', die sich ihrer Herstellung widmen, als Hauptprotagonisten auftreten".[25] Zugleich – auch dies läßt sich an *Leben Fibels* beobachten – gerät die Differenz zwischen Handschrift und Druckschrift, die „typographische Bändigung der Buchstaben", in den Blick.[26] Dabei betrifft die Frage nach dem Zeichen-Körper nicht nur die „Semantisierung der Materialität der Signifikanten", sondern auch, wie sich noch zeigen wird, die „Offenlegung darin verborgener, den Zeichencharakter ‚überschießender' Energien".[27]

Leben Fibels erzählt die Entstehungsgeschichte der Bienrodischen Abc-Fibel, die dem Roman *in toto* als Anhang beigefügt ist. Zugleich ist *Leben Fibels* aber

---

18 Caroline Pross, *Falschnamenmünzer. Zur Figuration von Autorschaft und Textualität der Ökonomie bei Jean Paul*, Frankfurt am Main u.a.: Peter Lang 1997, S. 27.

19 Monika Schmitz-Emans, „Das Leben Fibels als Transzendentalroman: Eine Studie zu Jean Pauls poetischen Reflexionen über Sprache und Schrift", in: *Aurora. Jahrbuch der Eichendorff Gesellschaft* 52 (1992), S. 143-66, hier S. 159.

20 Ebd.

21 Vgl. Rolf Grimminger, „Aufstand der Dinge und der Schreibweisen. Über Literatur und Kultur der Moderne", in: ders., Jurij Murasov und Jörn Stückrath (Hrsg.), *Literarische Moderne. Europäische Literatur im 19. und 20. Jahrhundert*, Reinbek bei Hamburg: Rowohlt 1995, S. 12-40, hier S. 23.

22 Vgl. Renate Lachmann, „Ein Neo-Abecedarius. Anmerkungen zu ‚Das russische abc-scribentisch' von Valerij Scherstjanoj", in: Susi Kotzinger und Gabriele Rippl (Hrsg.), *Zeichen zwischen Klartext und Arabeske. Konferenz des Konstanzer Graduiertenkollegs ‚Theorie der Literatur'. Veranstaltet im Oktober 1992*, Amsterdam: Rodopi 1994, S. 25-34, hier S. 25.

23 Roland Barthes, „Erté ou À la lettre" (1971), in: ders., *Œuvres complètes. Tome II*, herausgegeben von Éric Marty, Paris 1993, S. 1222-1240, hier S. 1229.

24 Ebd., S. 1231.

25 Lachmann, „Ein Neo-Abecedarius" (Anm. 22), S. 27.

26 Ebd.

27 Susi Kotzinger und Gabriele Rippl, „Einleitung", in: dies. (Hrsg.), *Zeichen zwischen Klartext und Arabeske* (Anm. 22), S. 4-24, hier S. 16.

auch „die Legende von der Erschaffung des Buchs".[28] Ihre transzendentale Relevanz gewinnt die Abc-Fibel dadurch, daß die Kenntnis des Abcs die „Bedingung der Möglichkeit" für alles Lesen und Schreiben ist. Da die Abc-Fibel „Millionen Leser nicht bloß gefunden, sondern vorher dazu gemacht [hat]" (S. 369), wird sie als „Buch der Bücher" (S. 427), als „wahre Wissenschaftslehre jeder Wissenschaftslehre" (S. 489) bezeichnet. Damit verkehrt die Struktur von *Leben Fibels* Fichtes Behauptung ins Gegenteil, die Wissenschaftslehre sei „von der Art, dass sie durch den blossen Buchstaben gar nicht, sondern dass sie lediglich durch den Geist sich mittheilen lässt",[29] und folgt zugleich dem polemischen Rat, „die Wissenschaften nach der Folge der Buchstaben im Alphabete vorzutragen".[30] Da jeder Buchstabe mit einem Merkvers versehen ist und da die Merkverse auf recht unterschiedliche Wissensgebiete bezug nehmen, wird die Abc-Fibel zur „Fibelsche[n] Enzyklopädie" (S. 491).[31]

In der „Vor-Geschichte" berichtet Jean Paul, wie er auf seiner Suche nach dem Verfasser der „Bienrodischen Fibel" bei einem jüdischen Papierhändler die Reste von 135 Bänden „jedes Formats und jeder Wissenschaft" entdeckt, die „sämtlich (zufolge des Titelblattes) von *einem* Verfasser namens Fibel geschrieben" wurden (S. 373). Darüber hinaus habe er leere „Buchschalen" einer 40-bändigen Biographie Fibels entdeckt, deren Inhalt jedoch teils zum Materialwert verkauft worden, teils in Kriegswirren verloren gegangen sei. Immerhin findet Jean Paul im ersten Band noch „anderthalb Ruinen Blätter" sowie das Titelblatt:

> „Curieuse und sonderbare Lebens-Historie des berühmten Herrn Gotthelf Fibel, Verfassern des neuen Markgrafluster, Fränkischen, Voigtländischen und Kur-Sächsischen Abc-Buchs, mit sonderbarem Fleiße zusammengetragen und ans Licht gestellt von Joachim Pelz" (S. 374).

Dieses Titelblatt scheint der Beleg dafür zu sein, daß sich der Name der Abc-Fibel von ihrem Verfasser herleitet. Der Gattungsnamen Fibel wird als Antonomasie gedeutet,[32] wobei zwischen dem Namen des Autors und dem Namen

---

28 Hans Ehrenzeller, *Studien zur Romanvorrede*, Bern: Francke 1955, S. 153.

29 Johann Gottlieb Fichte, *Grundlage der gesammten Wissenschaftslehre* (1794/95), in: *Johann Gottlieb Fichtes sämmtliche Werke*, herausgegeben von I. H. Fichte, Bd. 1, Berlin 1845/1846, S. 284. Vgl. hierzu Fichtes Brief an Schiller (Juni 1795), in: *Johann Gottlob Fichte, Werke 1799-1800*, in: ders., *J. G. Fichte-Gesamtausgabe*, herausgegeben von Reinhard Lauth und Hans Gliwitzki, Stuttgart, Bad Cannstatt: Friedrich Frommann 1981, Abt. I, Bd. 6, wo er schreibt: „Die Philosophie hat ursprünglich gar keinen Buchstaben, sondern sie ist lauter Geist" (S. 320). Zum Einfluß von Fichte auf Jean Paul vgl. Timothy-J. Chamberlain, „Alphabet und Erzählung in der Clavis Fichtiana und im Leben Fibels", in: *Jahrbuch der Jean Paul Gesellschaft* 24 (1989), S. 75-92, hier S. 77.

30 Johann Gottlieb Fichte, *Die Grundzüge des gegenwärtigen Zeitalters* (1804/1805), in: *Johann Gottlieb Fichtes sämmtliche Werke* (Anm. 29), Bd. 7, S. 73.

31 Zum Verhältnis der Abc-Fibel zur *Encyclopédie* vgl. Josef Fürnkäs, „Aufklärung und Alphabetisierung: Jean Pauls ‚Leben Fibels'", in: *Jahrbuch der Jean Paul Gesellschaft* 21 (1986), S. 63-76, hier S. 65.

32 Genau genommen handelt es sich um eine appellative Antonomasie, bei der die Bezeichnung der Gattung durch den Eigennamen eines ihrer typischen Vertreter ersetzt wird; vgl. Heinrich

des Buches eine metonymische Relation unterstellt wird: Der Name des auktorialen Verursachers wird auf das von ihm hervorgebrachte Produkt, das Abc-Buch, übertragen. Ironisch überboten wird dieses *metonymische misreading* dadurch, daß eine ganz ähnlich verfahrende Fehllektüre kurz darauf explizit als Irrtum ausgewiesen wird. „Es gibt glückliche Menschen", schreibt der Vorredenverfasser Jean Paul mit Blick auf Fibel,

> „welchen ein Buch mehr ein Mensch ist als ein Mensch ein Buch, und welche in der Wahrheit den Irrtum des Franzosen Mr. Martin nachtun, der in seinem Verzeichnis der Bibliothek des Mr. de Bose das Wort *gedruckt* als einen Schriftsteller unter dem Titel Mr. Gedruckt an- und fortführt" (S. 389).

Ähnlich wie der Verfasser „Fibel" verdankt der Verfasser „Gedruckt" seine Existenz einem *metonymischen misreading*, das hier durch die Vertauschung von appositiver Kennzeichnung und Eigennamen zustande kommt.[33] Zugleich impliziert diese Vertauschung genau jenes Konzept von Autorschaft, dessen performative Rahmenbedingungen in *Leben Fibels* dargestellt und vorgeführt werden. Gemäß Furetières *Dictionaire universel* von 1690 kann der Begriff des *Auteur* nur für denjenigen verwendet werden, dessen Werke in gedruckter Form zirkulieren, also für jenen, „qui en ont fait imprimer".[34] Der „Schreiber" wird dagegen ohne Rekurs auf die Drucklegung beschrieben.[35]

Tatsächlich ist das Verhältnis von Schreiber und Autor, von *Scripteur* und *Auteur*, das dominierende Thema von *Leben Fibels*: Der Roman beschreibt den Zusammenhang zwischen dem *Akt des Druckens* und der *Genese von Autorschaft*. Die Transformation Fibels vom *Scripteur* zum *Auteur* wird auf der Ebene der *Histoire* als Modulation der *Schreib-Szene* in eine *Druck-Szene* dargestellt. Eine zweite, gleichsam aufgepfropfte Modulation zum Autor findet auf der Ebene des *Discours* statt: Dort betreibt Jean Paul im Rahmen einer *Editions-Szene*, die er als Regisseur beherrscht, seine eigene Transformation vom *Éditeur* zum *Auteur*. Obwohl er am Ende seiner „Vor-Geschichte" schreibt, das folgende Buch sei „der

---

Lausberg, *Elemente der Literarischen Rhetorik*, München: Max Hueber 1984, § 204 ff. Die naheliegende Erklärung, daß es sich bei dem Verfasser der „bienrodischen Fibel" um den „Konrektor Bienrod" handelt, wird dagegen verworfen. Statt dessen erwähnt der Herausgeber die Gewohnheit, raffaelische Gemälde „Raffaele" zu nennen (S. 370) und den Namen des Autors zur Bezeichnung eines Buches zu verwenden. So habe man, weiß der Herausgeber aus eigener Erfahrung zu berichten, das Lateinbuch des Kirchenrats Seiler nur „den Seiler" genannt, was dazu führt, daß angesichts des leibhaftigen Seilers keiner begreifen konnte, „wie der gedruckte Seiler am Leben sein und einen Geist haben könne" (S. 370).

33 Mithin müßte man auch hier von einer periphrastischen Antonomasie sprechen, da die Periphrase „gedruckt" als Eigenname fehlgelesen wird.

34 Antoine Furetière, *Dictionaire Universel contenant generalement tous les mots françois*, Den Haag, Rotterdam 1690 (Artikel „auteur").

35 Roger Chartier, „Figures de l'auteur", in: ders., *L'ordre des livres. Lecteurs, Auteurs, Bibliothèques en Europe entre XIVe et XVIIIe siècle*, Aix-en-Provence: Alinea 1992, S. 35-67, hier S. 49. Chartier geht soweit, zu behaupten, die Funktion Autor sei „pleinement inscrite à l'intérieur de la culture imprimée" (S. 59).

treue Auszug aus den 40 bruchstückhaften Bänden" (S. 376) der Lebensbeschreibung Fibels, Jean Paul mithin die Rolle eines zitierenden und arrangierenden Herausgebers übernimmt, bekennt er zugleich, daß er „beinahe" der Versuchung erlegen sei, „das Ganze" für sein „eigenes Gemächt" auszugeben (S. 377). Im folgenden gilt es, diese sich parallel vollziehenden und mitunter wechselseitig spiegelnden Modulationen auf ihre „körperliche Ereignishaftigkeit"[36] zu befragen.

II. Der Zeichenkörper im Spannungsfeld von Handschrift und Druckschrift

Die Transformation von *Schreib-Szenen* in *Druck-Szenen* ist das Thema der ersten, von Magister Pelz verfaßten Biographie Fibels. Sie schildert die Genese seiner Autorschaft als Geschichte seines Gedrucktwerdens. Bereits der junge Fibel ist gleichermaßen von der performativen Geste des Schreibens und der performativen Geste des Druckens fasziniert, wobei es ihm – ganz im Sinne von Barthes – ausschließlich um das intransitive *Daß* des Schreibens[37] geht:

> „Die ersten Lettern, womit die Pfarrers-Tochter als Namen-Setzerin auf Wäsche druckte, nahm er als wahre Inkunabeln erstaunend in die Hand; und er sah lange einem durchs Dorf gehenden Drucker durstend nach, der in einer – Kattunmanufaktur arbeitete. Die Anekdote ist bekannt, daß er schon jünger, da er sich eine gelehrte Feder wünschte, weil er so oft gelesen, daß aus einer gelehrten Feder so manches Buch geflossen, in einigem Mißverständnis aus dem Schwanze eines Stars, den Siegwart für einen gelehrten Vogel erklärt hatte, mehrere Federn ausgezogen" (S. 389).[38]

Genau wie das *misreading* des Partizips *gedruckt* als Eigenname offenbart der kindliche Wunsch nach einer „gelehrten Feder" ein metonymisches Mißverständnis, das von seinem Vater, einem Vogelhändler, zunächst mit einer Tracht Prügel belohnt wird. Die synekdochische Relation zwischen Feder (*pars*) und Vogel (*toto*) wird ihrerseits durch eine Besitz-Besitzer-Metonymie gerahmt: Der Vogel gehört Fibels Vater, dem Vogelsteller Siegwart. Die ausgezogene Feder des Vogels des Vaters verweist in diesem Zusammenhang aber auch als *Symptom*, das heißt als *genuiner Index* im Peirceschen Sinne,[39] darauf, daß Fibel die

---

36 Stingelin, „‚Unser Schreibzeug arbeitet mit an unseren Gedanken'" (Anm. 3), S. 84.
37 Roland Barthes, „Schriftsteller und Schreiber" (1960), in: ders., *Literatur oder Geschichte*, aus dem Französischen übersetzt von Helmut Scheffel, Frankfurt am Main: Suhrkamp 1969, S. 44-53, hier S. 50.
38 Vgl. hierzu auch Jean Pauls *Siebenkäs*, wo die „gute Pauline" mit dem Erzähler kommuniziert, indem sie ihm Buchstaben aus dem „Hemde-Schriftkasten" in die Hand legt: Jean Paul, *Siebenkäs* (1796 f.), in: ders., *Werke in zwölf Bänden*, (Anm. 2), Bd. 3, S. 23.
39 Vgl. Charles Sanders Peirce, *Collected Papers*, Bd. I-VI, herausgegeben von Charles Harsthorne und Paul Weiss, Cambridge: Harvard University Press 1931-1935, zitiert wird in Dezimalnotation, 2.285.

väterliche Disposition einer „anbetende[n] Hochachtung für Geschriebenes, vorzüglich Unlesbares" (S. 399) geerbt hat. Verdoppelt wird diese vererbte Disposition auf der symbolischen Ebene durch ein juristisches Performativ: die *testamentaria dispositio*,[40] mit der der Vater dem Sohn jene 366 halben Souverains vererbt, die er vom Landesvater als Finderlohn für einen wertvollen Ring erhält, der ihm von einem Vogel, einem diebischen Papagei, zugetragen wurde. Dieses Vermögen, das für Fibels Autorschaft konstitutiv wird, da es den Kauf einer Taschendruckerei ermöglicht, muß, so die testamentarische Verfügung des Vaters, bis zu Fibels sechzehnten Geburtstag im Wandschrank, der „heiligen Bundeslade" (S. 417), verwahrt bleiben.

Mit dem Wunsch nach einer „gelehrten Feder", aus der gelehrte Bücher fließen, werden ganz allgemein die performativen Verkörperungsbedingungen von Ideen thematisiert, aber auch ganz konkret die performativen Gesten der *Scription*. So heißt es über Fibel:

> „Sogar das Körperliche bei seinem geistigen Erzeugen kehrte sich zu seinen Freuden um, z. B. er schnitt in ruhigen Muße-Stunden mehrere Federn voraus, um sie im Feuer bei der Hand zu haben – er deckte Dintenfaß und Dintentopf vor allem Staube zu, was so viele von uns versäumen, so wie das Abwischen der Federn nach dem Schreiben! – Ja war er nicht sein eigener Dinten-Koch (und dadurch hofft‘ er, nicht mit Unrecht, sein Goldkoch zu werden) und setzte, sobald es regnete oder schneite, die beste Dinte im Dorfe an und prüfte die Schwärze von Stunde zu Stunde, um leserlicher aufzutreten?" (S. 431)

Genau genommen thematisiert diese *Schreib-Szene* noch gar nicht die Geste des Schreibens selbst, sondern nur die Begleitumstände des Schreibens, das *parergonale Beiwerk* des Schreibens. Diese Begleitumstände haben jedoch als medientechnische Rahmenbedingungen quasi-transzendentalen Charakter: Sie sind die Bedingungen der Möglichkeit, daß die performative Geste des Schreibens überhaupt ausgeführt werden kann. Dabei geht es noch nicht um den performativen Akt der Verkörperung von Schrift, also um das Hervorbringen von *Replica-Token*,[41] sondern um die *Bereitstellung*[42] und Wartung von Schreibwerkzeugen und um die Herstellung jenes Materials, mit dem Schrift verkörpert wird: Tinte.

Die Tinte ist – neben dem Papier – die materiale Bedingung der Möglichkeit schriftlicher Kommunikation um 1800. Sie dient der Verkörperung eines gra-

---

40 Vgl. das Stichwort „Testamentarische Verordnung" im *Zedler, Großes vollständiges Universallexikon aller Wissenschafften und Künste*, Leipzig und Halle: XXX 1741 ff., Bd. 42, S. 1326.

41 Vgl. Peirce, *Collected Papers* (Anm. 39), 2.246: Nach Peirce ist die *Replica* als *Instance of Application* eine spezielle Art von *Token*. *Replica-Token* sind keine „occurrences that are regarded as significant", sondern Ereignisse, deren Signifikanz in eben jener Regel liegt, deren Anwendung sie sich verdanken. Replica-Token sind die Verkörperung eines *Typs*, ohne deshalb ein „Gegenstand" zu sein (4.447).

42 Hier ließe sich im Anschluß an Heidegger von einem „performativen Gestell" sprechen. Zum Begriff der Bereitstellung und des Gestells vgl. Martin Heidegger, „Die Frage nach der Technik", in: ders., *Vorträge und Aufsätze*, Pfullingen: Neske ³1967, S. 16.

phischen *Types*, der mit Florian Coulmas als „Konfiguration graphischer Merkmale" gefaßt werden kann.[43] Diese Merkmale werden jedoch erst mit dem Akt der Verkörperung des Schriftzeichens als *Token* in den Materialien der Verkörperung sichtbar. Die materiale Qualität eines *Token* bezeichnet Peirce als *Qualisign* bzw. als *Tone*. Peirce nennt als Beispiel für *ein Qualisign* die Farben Rot („a feeling of ‚red‘") oder den Ton einer Stimme.[44] Bezogen auf den Buchdruck sind *Tone* die „spezifisch materiellen Eigenschaften typographischer Zeichenmittel":[45] Sie sind, mit anderen Worten, die tonalen Aspekte der technisch reproduzierten *Replica-Token*.

Obwohl *Tone* keine formale, identitätsstiftende Relevanz für die replikativen Verkörperungsbedingungen des Schriftzeichens, also für die „Konfiguration graphischer Merkmale" haben, sind sie im Rahmen der Buchdruckertechnik keineswegs marginale Aspekte: *Tone* sind die materiale „Bedingung der Möglichkeit", damit Zeichen als verkörperte in Erscheinung treten können, und haben deshalb *parergonale Funktion* im Sinne Derridas. Dies gilt in besonderem Maße für Tinte, denn sie wirkt „von einem bestimmten Außen her, im Inneren des Verfahrens mit".[46] Das „bestimmte Äußere" ist der *Akt der Scription*, das „Innere des Verfahrens" sind die replikativen Verkörperungsbedingungen des Schriftzeichens. In *Leben Fibels* geht es um eben diese, im „szenischen Rahmen des Schreibens" thematisierten, materialen Aspekte der Verkörperung von Schrift. So heißt es über den jungen Fibel:

> „Er schrieb das kleine Abc in schöner Kanzleischrift, ohne einen Buchstaben auszustreichen, geschweige ein Wort, lustig und ungestört herab. Zwischen alle schwarze Buchstaben steckte er rote auf, um allgemeine Aufmerksamkeit zu erregen" (S. 428 f.).

Wurde im Vorwort behauptet, Fibel sei der Verfasser des Abc's, so stellt sich nun heraus, daß diese Verfasserschaft kein Hervorbingen von *Types*, keine poetische „Erfindung" als Leistung der produktiven Einbildungskraft ist, sondern lediglich eine kopierende Reproduktion von *Replica-Token*. Fibels schriftstellerische Originalität reduziert sich auf seine kalligraphischen Fertigkeiten und die Wahl der Farbe der Tinte (S. 429), das heißt, auf die *tonalen Qualitäten* des Schreibens.[47]

---

43 Florian Coulmas, *Über Schrift*, Frankfurt am Main: Suhrkamp 1981, S. 135.

44 Peirce, *Collected Papers* (Anm. 39), 2.254.

45 Susanne Wehde, *Typographische Kultur. Eine zeichentheoretische Studie zur Typographie und ihrer Entwicklung*, Tübingen: Max Niemeyer 2000, S. 66. Die tonalen Aspekte umfassen nach Wehde „das Auftragen von Druckfarbe auf eine Druckform (Druckstock) und den Abdruck, d.h. die Übertragung der Druckfarbe auf eine andere Trägersubstanz, den Bedruckstoff (Papier). Die Materialität eines Druckbuchstabens erweist sich damit als zusammengesetzt aus Druckfarbe und Trägersubstanz" (ebd.).

46 Jacques Derrida, *Die Wahrheit in der Malerei* (1978), aus dem Französischen übersetzt von Michael Wetzel, Wien: Passagen 1992, S. 74.

47 Vgl. hierzu die interessante Parallele in Fichtes *Beitrag zur Berichtigung der Urtheile des Publicums über die französische Revolution*, wo es heißt, man solle die Geschichte aus den Händen der „ewigen Kinder" nehmen, „deren höchste Schöpfungskraft nie über das Nachmachen hinausgeht" und der Pflege des „wahren Philosophen" übergeben, „damit er durch sie euch in

Damit wird zum einen die von Bodmer und Breitinger forcierte Metapher vom „poetischen Mahler" wörtlich genommen.[48] Zum anderen wird der Akt der *Scription* durch ein *metonymisches Mißverständnis* zur *écriture*: An seines Vaters Totenbett gibt Fibel das Versprechen, „ein *Skribent* zu werden wegen seiner netten Hand" (S. 406). Ein Versprechen, das, wie es kurz darauf heißt, „Gotthelf vielleicht auch ohne Verwechslung eines Schreibers mit einem Schriftsteller gegeben hätte" (S. 406). Wieder haben wir es mit einem *metonymischen misreading* zu tun: Die Aufforderung *Skribent*, also *écrivant* zu werden, versteht Fibel als Berufung zum *écrivain*, zum Schriftsteller.[49] Konsequenterweise werden die illokutionären Erfüllungsbedingungen des Versprechens, das Fibel seinem Vater gibt, durch die performativen Verkörperungsbedingungen der Schrift vorgeschrieben.

Halten wir vorläufig fest: Indem Fibel schreibt, indem er ohne jede Eingebung abschreibt, also leeren Raum auf dem Papier mit Schrift ausfüllt, erfüllt er das Versprechen, das er seinem Vater gegeben hat. Dabei substituiert er die Bedeutung der Gattungsbezeichnung „Schreiber" durch die Gattungsbezeichnung „Schriftsteller" – ein *metonymisches misreading*, das zur Prämisse für die von Barthes erwähnte, metaphorische Verwendungsweise des Ausdrucks „Akt des Schreibens" wird.[50] Zugleich wird Fibel mit seiner Verwechslung zu einer Personifikation eben jenes „Bastard-Typus" zwischen Schriftsteller und Schreiber,[51] den Barthes in „La mort de l'auteur" als *modernen Scripteur* bezeichnet.[52] Anders als bei Barthes wird der *Scripteur* Fibel jedoch nicht zum Totengräber der Idee originaler Autorschaft, sondern er wird mit dem *Akt des Druckens* in einen *Auteur* transformiert.[53]

Die ökonomische Rahmenbedingung für Fibels Transformation vom *Scripteur* zum *Auteur* ist eine Erbschaft des Vaters, die, im Wandschrank bis zu Fibels sechzehnten Geburtstag verwahrt, den Kauf einer „Taschendruckerei" ermöglicht. Bemerkenswerterweise wird bereits kurz vor dem entscheidenden Tag, sozusagen im Vorgriff auf künftiges Gedrucktwerden, die mediale Differenz zwischen Handschrift und Druckschrift im Rahmen einer *Schreib-Szene* nivelliert:

dem Alphabete, das ihr lernen sollt, einige Buchstaben roth färbe, auf dass ihr sie so lange an der Farbe kennt, bis ihr sie an ihren inneren Charakteren werdet kennen lernen". Fichte, *Beitrag zur Berichtigung der Urtheile des Publicums über die französische Revolution* (1793), in: *Johann Gottlieb Fichtes sämmtliche Werke* (Anm. 29), Bd. 6, S. 67 ff..

48 Vgl. Johann Jakob Breitinger, *Critische Dichtkunst* (1740), Stuttgart: Metzler 1966, S. 19 ff.

49 Barthes, „Schriftsteller und Schreiber" (Anm. 37), S. 52.

50 Vgl. Barthes, „Variations sur l'écriture" (Anm. 4), S. 1535.

51 Barthes, „Schriftsteller und Schreiber" (Anm. 37), S. 52.

52 Roland Barthes, „La mort de l'auteur" (1968), in: ders., *Essais Critiques IV. Le Bruissement de la Langue*, Paris: Seuil 1984, S. 61-67, hier S. 64. Deutsche Übersetzung: Roland Barthes, „Der Tod des Autors", aus dem Französischen übersetzt von Matias Martinez, in: Fotis Jannidis u. a. (Hrsg.), *Texte zur Theorie des Autors*, Stuttgart: Reclam 2000, S. 185-193, hier S. 189.

53 Vgl. hierzu den Barthes vorwegnehmenden Gedanken Jean Pauls, der die Logik der Ablösung des Textes von seinem Produzenten in Parallele zu Geburt und Tod setzt: „die vollendete Geburt ist für den Autor Begräbnis und er wird dann nur Leser", Jean Paul, *Briefe 1804-1808*, herausgegeben von Eduard Berend (1961), in: ders., *Sämtliche Werke. Historisch-kritische Ausgabe*, herausgegeben von der Deutschen Akademie der Wissenschaften, Berlin: Akademie-Verlag 1956 ff., Abt. III, Bd. 5, S. 259.

„Es muß zu seinem Freudenhimmel noch eingerechnet werden, daß er nicht nur mit Fraktur und Kanzleischrift – die so nahe an Druckschrift grenzt –, sondern auch mit Dinte schrieb, welche Gutenberg anfangs (nach Schröckh) gebrauchte statt der Druckerschwärze. Helf sah sich schon halb gedruckt; sah er sich um, so war er ganz gedruckt, falls im Wandschränkchen etwas war" (S. 430).

Der Hinweis, daß die Kanzleischrift „so nahe an Druckschrift grenzt", negiert die mediale Differenz zwischen Kalligraphie und Typographie, indem eine graphische Nähe zwischen Kanzleischrift und Druckschrift behauptet wird. Tatsächlich läßt sich in den Anfängen des Buchdrucks eine Tendenz zur Nachahmung der Schreibschrift im Rahmen der typographischen Gestaltung der Lettern beobachten. Zu Beginn des Buchdrucks erschien, so Morison, der Drucker „als Nachzügler der Schreiber", ja, das Drucken wurde als „armer Verwandter des Schreibens" deklassiert.[54]

Bemerkenswerterweise wird in *Leben Fibels* die mediale Differenz der Vervielfältigungstechniken – also die Frage nach der *Replizierbarkeit* bzw. *Reproduzierbarkeit* – ausgeblendet, um demgegenüber die Gemeinsamkeit der materialen Verkörperungsbedingungen hervorzuheben. Die Vermittlung zwischen dem „Schreiben mit der Hand" und dem *Akt des Druckens* findet gewissermaßen *im Medium* der Tinte statt. Diese übernimmt als tonaler Aspekt der Verkörperungsbedingungen eine Brückenfunktion, da sie auch unter den modulierten technischen Rahmenbedingungen des Drucks – zumindest für eine Übergangszeit – noch verwendbar bleibt. Mit anderen Worten: Die Tinte ermöglicht die *perargonale Überblendung* von zwei performativen Rahmungs- und Verkörperungstechniken. Während die technische Reproduzierbarkeit die Grenze zwischen Geschriebenem und Gedrucktem *markiert*, wird diese Grenze durch die „im Inneren beider Verfahren" mitwirkende Tinte wieder *verwischt*.

III. Die Geburt des Autors durch den Akt des Druckens

Die Transformation der *Schreib-Szene* in eine *Druck-Szene* wird am Tag von Fibels Hochzeit vollzogen. Während der Hochzeitsfeier meldet der Wirtssohn des Gasthauses „einen wildfremden Herrn Magister *Pelz* an" (S. 455 f.). Dieser Magister Pelz wird in zweifacher Hinsicht zur Schlüsselfigur für Fibels Autorschaft:

---

54 Vgl. hierzu Stanley Morison, *Schrift, Inschrift, Druck*, Hamburg: Hauswedell 1948, S. 5. Mit Blick auf Morison läßt sich darüber hinaus die These vertreten, daß *Leben Fibels* eine äußerst kenntnisreiche Geschichte des Buchdrucks impliziert – und zwar insofern, als der Buchdruck in Parallele zum Holzschnitt gesetzt wird. Fibel verfaßt nicht nur Merkverse, sondern fertigt Holzschnitte an; vgl. Jean Paul, *Leben Fibels* (Anm. 2), S. 491. Nach Morison kann man „unmöglich die Verbindung von Druck und Holzschnitt außer acht lassen. Der Druck von Büchern mag gelegentlich dem Schreiber gefolgt sein. Aber daran kann kein Zweifel bestehen, daß er dem Drucker von Bildern gefolgt ist; oder, um es einfacher zu sagen: der Drucker von Texten ist dem Drucker von Bilddrucken gefolgt"; Morison, *Schrift, Inschrift, Druck*, S. 16.

Erstens transformiert er als Drucker den Schreiber Fibel in den Autor Fibel. Zweitens transformiert er als Biograph den *Autor Fibel* in den *berühmten Autor Fibel*.

Pelz, ein Vetter jenes Buchdruckers, der Fibel die Taschenpresse verkaufte (S. 456), stellt sich mit einem Probebogen vor. Auch wenn die Möglichkeit erwähnt wird, daß Pelz „die Muster-Bogen bequem aus jedem Buche gerissen haben" könnte, wird er von Fibel als „Mann von Wort" eingestuft, da er gleich „mit der Tat an[fängt]" (S. 456). Genau genommen handelt es sich um drei Taten: Die erste besteht im ostentativen Vorzeigen eines Muster-Bogens, der als Produkt einer von Pelz ausgeführten Replikationsbewegung vorgestellt wird. Damit stellt sich Pelz als jemand vor, der die Technik der Replikation beherrscht. Die zweite Tat ist die Bitte um das Manuskript, das er mit den Worten „Ausbund von einem habilen Autor!" (S. 458) zu einem druckwürdigen Manuskript erklärt. Die dritte Tat besteht im *Akt des Druckens*. Nachdem Pelz „die erste Seite des neuen Werks als geschickter Setzer gesetzt" und „als geschickter Drucker abgedruckt" hat, kann er sie „dem Verfasser als geschicktem Korrektor darreichen" (S. 460). An dieser Stelle meldet sich der Herausgeber Jean Paul zu Wort, um in einer exklamativen Geste auf die Verbindung von Gedrucktwerden und Autorschaft hinzuweisen:

> „Deine erste Druckseite, mein Fibel? Diesen Konfekt-Teller der Schriftstellerei […] bekamst du in die Hand? Und mit welchen Empfindungen? Sprich, angehender Autor des künftigen Werks!" (S. 461)

Indem Fibel seine erste Druckseite „in die Hand" bekommt, wird er von Jean Paul zum „angehende[n] Autor des künftigen Werks" erklärt. Mit der Transformation des Geschriebenen zum Gedruckten wird der *Scripteur* zum *Auteur*.

Dabei führt der Buchdruck im *Leben Fibels* interessanterweise nicht unmittelbar dazu, daß die Zahl der gedruckten Exemplare die Zahl der Abschriften übersteigt – im Gegenteil: Helf besitzt bereits „vier oder fünf sauber geschriebne Manuskripte" seines „Werkes", das, „gegen die Gefahr des Verlustes […] nicht oft genug abzuschreiben [war]" (S. 457 f.). Da Magister Pelz den Rat gibt, zunächst nur drei Abc-Bücher „für die jungen drei Herren Markgräfchen ad usum Delphini" (S. 464) zu drucken und mit dieser Dedikationsgeste um das markgräfliche Druckprivileg für Abc-Fibeln nachzusuchen, bleibt die Zahl der gedruckten Exemplare sogar hinter der Zahl der abgeschriebenen zurück. Während sich der Buchdruck quantitativ zunächst als „armer Verwandter" des Abschreibens erweist, wird in die Ausstattung der Exemplare investiert. Pelz gibt den Rat, den *Chrysographen* Pompier anzustellen, der die Abc-Bücher „nett einbindet und außen auf der Schale alles vergoldet, sowohl die Buchstaben als den Deckel und Schnitt" (S. 464). Dabei wird klar, daß es beim *Akt des Druckens* nicht primär um die technische Reproduzierbarkeit von *Replica-Token* geht, sondern darum, die Vertriebsmöglichkeiten zu sichern, und das heißt, das markgräfliche Druckprivileg als *exklusives Copyright* zu erhalten. Um dieses Ziel zu erreichen, müssen die dem Landesvater gewidmeten Bücher *exklusiv* als „singuläre Zeichenereignisse" gestaltet werden. Tatsächlich nivelliert der Aufwand, mit dem sie hergestellt werden, die mediale Differenz zur handschriftlichen Kopie. Damit verleugnen die Dedikationsexemplare also eben jene Replikationsregel, Stichwort *technische Reproduzierbarkeit*, der sie sich verdanken, um als *tonale captatio benevolontiae* das Privileg des Landesvaters zu gewinnen, das das Recht zur massenhaften Ausführung dieser Replikationsregel gibt.

Nach dem gelungenen Einwerben des Druckprivilegs und dem anschließenden massenhaften Druck des Abc-Buchs macht Magister Pelz den zunächst überraschend klingenden Vorschlag: „Herr, Sie sollten etwas von sich drucken lassen" (S. 483). Das „von sich drucken lassen" meint hier jedoch kein zweites Werk von Fibel, sondern ein Werk *über* Fibel, eine Beschreibung seines Lebens. Die durch den *Akt des Druckens* konstituierte Autorschaft soll nun durch eine vielbändige Biographie glorifiziert und metaphorisch vergoldet werden. Dabei will Magister Pelz nicht nur Fibels vergangenes Leben, sondern auch sein gegenwärtiges Leben beschreiben und „wöchentlich abdrucken". Diese Lebensbeschreibung *in actu* ist eine ironische Zuspitzung der Poetik des „written to the moment", die der Briefroman propagiert, aber auch eine Parodie der biographischen Monumentalisierung, die an Kant und Schiller zu beobachten war.[55] Dabei zeigt sich, daß selbst die Lebensbeschreibung des Autors das Prinzip des Gedrucktwerdens zugrunde legt: So wünscht sich Fibel, angeregt durch den Vorschlag des Magister Pelz, eine „biographische Akademie" zu gründen, damit er „ganz leibhaftig in Druck herauskäme" (S. 483).[56]

Halten wir fest: Gemäß der Kopplung von Gedrucktwerden und Autorwerden erfolgt die Modulation Fibels vom *Scripteur* zum *Auteur* dadurch, daß das von ihm abgeschriebene Abc gedruckt wird. Dabei zeigt sich, daß Autorschaft in *Leben Fibels* nicht dadurch entsteht, daß *selbst geschrieben* wird, sondern daß entweder *abgeschrieben* wird oder daß man *selbst beschrieben* wird. Dergestalt entfaltet *Leben Fibels* ein Konzept von Autorschaft, das mit Hilfe des Gedrucktwerdens und des Beschriebenwerdens Schreiber in Schriftsteller und Kopien in Originale transformiert. Damit stellt *Leben Fibels* die Prämissen der Youngschen Genie-Ästhetik auf den Kopf: Während Young in seinen *Conjectures on Composition* behauptet, daß wir als Originale geboren werden und als Kopien sterben,[57] wird im *Leben Fibels* vorgeführt, daß es möglich ist, als Ko-

---

55 Vgl. Cordula Braun, *Divergentes Bewusstsein: Romanprosa an der Wende zum 19. Jahrhundert. Interpretationen zu Schlegels* Lucinde, *Brentanos* Godwi *und Jean Pauls* Leben Fibels, Frankfurt am Main u. a.: Peter Lang 1999, S. 388. Zugleich verweist Braun auf die „Überberwertung des schlichten ‚Gedruckt-Seins'" (S. 389).

56 In diesem Zusammenhang entfaltet Jean Paul auch das Konzept einer Selberlebensbeschreibung in Form einer Selbstherausgeberschaft. So heißt es an gleicher Stelle: „Ja nicht einmal bloß unter einem Dache sollte der Heldensänger mit seinem Helden sich aufhalten, sondern sogar unter einer Hirnschale, wodurch, da nur einer darunter Platz hat, natürlich der Held und sein Sänger in eins zusammenfallen und miteinander das herausgeben, was man eine Selbstlebensbeschreibung, Autobiographie, Confessions u. s. w. nennt" (S. 516).

57 Vgl. Edward Young, *Gedanken über die Original-Werke*, Faksimiledruck nach der Ausgabe von 1760, aus dem Englischen übersetzt von H. E. von Teubern, Heidelberg: Lambert Schneider 1977, S. 40.

pist geboren zu werden und als Original-Genie weiterzuleben – vorausgesetzt man wird gedruckt und glorifiziert.

IV. Die Aufpfropfung als Texterzeugungsprinzip

Meines Erachtens kommt mit der Transformation des *Scripteur* in den *Auteur* und der Kopie ins Original ein Motiv ins Spiel, das für die Frage nach dem Zusammenhang von *Schreib-Szene*, *Druck-Szene* und *Editions-Szene* von entscheidender Bedeutung ist, ich meine das Motiv der *Aufpfropfung*. Als metaphorisches Motiv taucht die Aufpfropfung bereits im ersten Kapitel von *Leben Fibels* auf, wo berichtet wird, wie der Protagonist „fußhohe Bäumchen aus[zog], um sie einige Schritte davon wieder elend einzupflanzen zu einem Gärtchen" (S. 379). In der Ästhetik des 18. Jahrhunderts dient die Metapher des Verpflanzens – ebenso wie die der Aufpfropfung – zur Bezeichnung kraftlosen Nachahmens: Fibel ist der Prototyp jenes, von Young kritisierten, „Nachahmer[s], der die Lorbeerzweige nur verpflanzet, welche oft bey dieser Versetzung eingehen, oder doch allezeit in einem fremden Boden schwächer fortkommen".[58]

Bemerkenswerterweise antizipiert diese pflanzenmetaphorische Umschreibung des Nachahmens anderer Autoren den zentralen Streitpunkt der berühmtberüchtigten Auseinandersetzung Derridas mit Austins Sprechakttheorie. Hier wie dort geht es um die zitathafte Verwendung von Sprache. Die Tatsache, daß der verpflanzte Lorbeerzweig „schwächer fortkommt", deutet daraufhin, daß Young das Zitieren, genau wie Austin, als *etiolation*, das heißt als „parasitäre Auszehrung" der Sprache versteht.[59] Damit sind wir bei den bereits erwähnten „„überschießende[n]' Energien" des Zeichens.[60]

Zugleich ist das Bild des „Verpflanzens" aber auch an Derridas Metapher des „zitationellen Pfropfreises" anschließbar.[61] Im Gegensatz zu Austin, der zwischen dem normalen Gebrauch und dem parasitären Zitieren von Zeichen unterscheidet,[62] geht Derrida davon aus, daß jedes Zeichen „zitiert – in An-

---

58 Ebd., S. 16.
59 Vgl. John Langshaw Austin, *How to do Things with Words* (1962), Oxford: Clarendon Press 1975, S. 22. Der Ausdruck „to etiolate" bedeutet, wie bereits erwähnt, etwas durch Lichtmangel zu bleichen, etwas zu „vergeilen" und dadurch zu „schwächen". Die „Vergeilung" ist eine Mißbildung von Pflanzen, deren Ursache Lichtmangel und die Überlänge des Stengel ist, was zur Folge hat, daß die „ins Kraut geschossene" Pflanze keine Frucht mehr trägt.
60 Susi Kotzinger und Gabriele Rippl, „Einleitung" (Anm. 27), S. 16.
61 Jacques Derrida, „Signatur Ereignis Kontext", in: ders., *Limited Inc.* (1990), aus dem Französischen übersetzt von Werner Rappl, Wien: Passagen 2001, S. 15-45, hier S. 27, vgl. im Original: „Signature événement contexte", in: ders., *Marges de la philosophie*, Paris: Éditions de Minuit 1972, S. 365-393: „On peut éventuellement lui en reconnaître d'autres en l'inscrivant ou en le *greffant* dans d'autres chaînes." (S. 377)
62 John L. Austin, *Zur Theorie der Sprechakte (How to do things with Words)* (1962, 1975), deutsche Bearbeitung von Eike von Savigny, Stuttgart: Reclam ²1979, S. 43 f.

führungszeichen gesetzt – werden" kann,[63] ohne daß es deswegen seine kommunikativen Möglichkeiten verliert. Ja, für „die Struktur des Geschriebenen selbst" sei konstitutiv, daß jedes geschriebene Zeichen „eine Kraft zum Bruch mit seinem Kontext" besitzt.[64] Diese „Kraft zum Bruch" macht die „wesensmäßige Iterabilität" des schriftlichen Zeichens aus, aufgrund derer „man ein schriftliches Syntagma immer aus der Verkettung, in der es gefaßt oder gegeben ist, herausnehmen [kann]". Zugleich eröffnet sie neue Möglichkeiten des Funktionierens, indem man das aus seiner Verkettung herausgenommene Zeichen „in andere Ketten einschreibt oder es ihnen *aufpfropft*".[65]

Mit der Einführung der Aufpfropfungsmetapher impliziert Derrida eine Umwertung des Begriffs parasitärer, das heißt zitierender oder inszenierender Sprachverwendung. Im Gegensatz zu Parasiten, die ihre Wirtspflanze „entkräften", weil sie von deren Säften leben, führt die Aufpfropfung dazu, daß die Unterlage durch den Pfropfreis veredelt wird. Die negativ konnotierte „Auszehrung" des Stammes wird zur positiv konnotierten „Veredelung" der sogenannten „Unterlage".[66] Darüber hinaus erlaubt der französische Ausdruck *Greffe* eine semantische Verknüpfung zwischen der Aufpfropfung im botanischen Sinne und dem Schreiben, die im Deutschen nicht möglich ist: *Greffe* ist auch die Bezeichnung für eine Schreibkanzlei. Der *Greffier* ist ein Schreiber, der Schriftstücke kopiert, registriert und archiviert.[67] Dergestalt wird die Aufpfropfung zur Metapher sowohl für die Dynamik der *écriture* als auch für die performativen Gesten der *Scription*.

In *Leben Fibels* läßt sich das Wirken dieser Aufpfropfungsdynamik auf allen Ebenen und bei allen Instanzen beobachten: Das kopierende Abschreiben Fibels auf der Ebene der *Histoire* erweist sich ebenso als Aufpfropfung wie das editoriale Zusammenschreiben Jean Pauls auf der Ebene des *Discours*. Auch hier kommt Magister Pelz eine Schlüsselfunktion zu: Er wird nachgerade zur *Allegorie der Aufpfropfung*. Sein Name ist Programm: „Pelzen" ist, wie man im „20. oder Pelz-Kapitel" erfährt,[68] ein Synonym für das Aufpfropfen. Dort liest man:

> „Dieses ganze Kapitel wurde in einem Impf- oder Pelzgarten im Grase gefunden und schien zum Verbinden der Pelz-Wunden gedient zu haben, was einer leicht fein-allegorisch deuten könnte, wenn er denn wollte" (S. 464).

---

63 Derrida, „Signatur Ereignis Kontext" (Anm. 61), S. 32.
64 Ebd., S. 27.
65 Ebd.
66 Vgl. Oliver E. Allen, *Pfropfen und Beschneiden*, Amsterdam: Time-Life 1980, S. 62.
67 Vgl. die Stichworte „Greffe" und „Greffier", in: *Encyclopédie ou dictionnaire raisonné des sciences, des arts et des métiers*, herausgegeben von Denis Diderot und Jean Lerond d'Alembert, Paris: chez Briasson; Neufchastel: chez Samuel Faulche; Amsterdam: chez Marc-Michel Rey 1751-1780, Bd. 7 (1757): „Greffier (scriba, actuarius, notarius, amanuensis) (Jurisprud.) est un officier qui est préposé pour recevoir & expédier les jugemens & autres actes qui émanent d'une juridiction; il est aussi chargé du depôt de ces actes qu'on appelle *le greffe*." (S. 924).
68 Vgl. im Anmerkungsteil für *Leben Fibels* (Anm. 2), S. 1276 sowie *Zedlers Universallexikon* (Anm. 40), Bd. 27, Stichwort „Pelzen" (S. 220), das auf das Stichwort „Baumpfropffen" (Bd. 3, S. 762) verweist.

Sowohl in fein-allegorischer als auch in medientechnischer Hinsicht erweist sich Pelz als Regisseur *modulierender Aufpfropfungen.*[69] Seine Aufgabe besteht darin, Fibel anzuleiten, wie der *Akt des Druckens* als *Akt der Aufpfropfung* vollzogen werden kann. Die 135 Bände des Fibelschen Œuvre sind nämlich nichts anderes als Produkte von Aufpfropfungen. Dies wird gegen Ende des Romans deutlich, wo berichtet wird, Fibel habe Werke „jedes Bands und Fachs und Idioms" ersteigert,

> „welche auf den Titelblättern ohne Namen der Verfasser waren; in diese Blätter druckte er nun seinen Namen so geschickt ein, daß das Werk gut für eines von ihm selber zu nehmen war" (S. 478).

Das aufpfropfende *Einschreiben* wird zum *Eindrucken,* die *Inscription* zum *Inprint.* Dabei impliziert das *Einschreiben* des eigenen Namens ein *Zuschreiben* des Werks. Die Transformation zum Autor durch den *Akt des Druckens* wird als aufpfropfendes Eindrucken des eigenen Namens auf das Titelblatt gefaßt. Mit anderen Worten: Der Akt der Aufpfropfung wird zum juristischen Performativ: Mit der „Taufe" der Werke auf den eigenen Namen werden diese *appropriiert* und *adoptiert.* Der Autor tritt nicht mehr als Vater, sondern als Adoptivvater auf. So heißt es von Fibel, daß er mit dem Akt aufpfropfenden Eindruckens „Fündlinge von höchst gottlosem und unzüchtigem Inhalt […] unwissend an Kindes Statt annahm" (S. 47 f.). Diese Kopplung von Aufpfropfung und Adoption führt meines Erachtens zu einer Nivellierung der Differenz zwischen Autorschaft und Herausgeberschaft. Unmittelbar nach der gerade zitierten Passage lesen wir nämlich:

> „Die schwersten Werke war er imstande herauszugeben, sobald er sich bei Pelzen erkundigt hatte, in welcher Sprache sie geschrieben waren, damit er das Einzudruckende ,*von Fibel*' der Sprache angemessen ausdrückte". (S. 478 f.)

V. Autorschaft als aufpfropfende Herausgeberschaft

Analog zu Fibel, der sich anonyme Schriften durch das aufpfropfende Eindrucken seines Namens aneignet, verfährt der Herausgeber Jean Paul, der die mittlerweile Makulatur gewordene Biographie Fibels wieder zusammenlesen läßt, um sie erneut zusammenschreiben zu können. Dadurch wird die Dynamik der Aufpfropfung gewissermaßen von der Ebene der *Histoire* auf die Ebene des *Discours* projiziert und dort als Texterzeugungsverfahren vorgeführt.

---

69 Antizipiert wird die Funktion von Pelz als Aufpfropfer durch die Art, wie er in den narrativen Diskurs eingeführt wird: Bezeichnenderweise wird der „wildfremde" Pelz durch den *Wirtssohn* angemeldet. Das Verhältnis von Wirtspflanze und Pfropfreis wird hier durch das Verhältnis von Wirtssohn und Magister Pelz verdoppelt. Zugleich kommt durch die Tatsache, daß es sich um den Wirts*sohn* handelt, das Thema „Fortpflanzung" ins Spiel.

In seiner „Vor-Geschichte" berichtet Jean Paul, er habe dem Papierhändler Judas „um den Ladenpreis die Erlaubnis ab[gekauft], alles Gedruckte aus den Werken auszuziehen, nämlich auszureißen" (S. 375). Das „Ausziehen aus den Werken" wird nicht als exzerpierendes „Herauslesen" oder als zitierendes „Herauslösen" vollzogen, sondern als körperlicher Akt des *Herausreißens*.[70] Dieser „Akt des Reißens" wird zum ersten Akt einer *Editions-Szene*: Mit ihm wird performativ der erste Schritt der Aufpfropfung, der „Bruch mit dem Kontext", ausgeführt und aufgeführt. Der „Akt des Reißens" spiegelt und vollendet zugleich aber auch jenen Zustand *disseminativer Zerstreuung*,[71] in den die 40-bändige Biographie Fibels durch die „französischen Marodeurs" und die pragmatischen „Heiligenguter" versetzt worden war. Die französischen Marodeurs hatten auf ihrem Rückzug die Lebensbeschreibung Fibels „zerschnitten und aus dem Fenster fliegen lassen" (S. 374), woraufhin die „guten Heiligenguter" die „übriggebliebenen Quellen" auflasen und „zu Papierfenstern, Feldscheuen und zu allem" *verschnitten* (S. 375).

Der Auflösung des Syntagmas durch die körperlichen Akte *Schnitt* und *Riß* folgt der zweite Schritt der Aufpfropfung: die Wiedereinschreibung in ein neues Syntagma. Das Vorspiel für diesen zweiten Akt der *Editions-Szene* ist das *Zusammenlesen* der „fliegenden Blätter fibelschen Lebens" durch die analphabetische Dorfjugend. Dieses Zusammenlesen ist offensichtlich nicht als *Lektüre* oder als *Relektüre* zu verstehen,[72] sondern als körperlicher Akt der *Kollektion* und der *Konsignation*: des Sammelns und Versammelns von Zeichenträgern.[73] Gleiches gilt für den Akt des *Zusammenschreibens*: Auch er wird als körperlicher Akt geschildert, nämlich als „Zusammenleimen" von „biograpischen Papierschnitzeln" (S. 375). In diesem Zusammenhang verdient der Umstand Beachtung, daß Antoine Compagnon in *La seconde main ou le travail de la citation* das Schreiben – genau wie Derrida, wenn auch offensichtlich ohne Kenntnis von Derrida – als Akt der Aufpfropfung faßt, der durch eine „geste archaïque du découper-coller"[74] ausgezeichnet ist. Der zweite Schritt der Aufpfropfung, die *Inscription*, wird mithin als *Collage* vollzogen.

In *Leben Fibels* tritt dabei im Rahmen der *editorialen Collage* die Frage nach der Autorschaft auf. Obwohl Jean Paul dabei lediglich die Funktion eines *zusammenschreibenden* und *zusammenleimenden* Herausgebers hat, obwohl seine

---

70 Vgl. hierzu die von Genette in *Palimpseste* vertretene These, daß die Transformation eines Textes in einen Hypertext durch „einfachen mechanischen Eingriff" bewerkstelligt werden kann, nämlich durch „das Herausreißen einiger Seiten"; Gérard Genette, *Palimpseste. Die Literatur auf zweiter Stufe* (1982), aus dem Französischen übersetzt von Wolfram Bayer und Dieter Hornig, Frankfurt am Main: Suhrkamp 1993, S. 16.

71 Vgl. Jacques Derrida, *La Dissémination*, Paris: Seuil 1972, S. 57.

72 Vgl. Kittler, *Aufschreibesysteme 1800/1900* (Anm. 6), S. 118.

73 Vgl. Jacques Derrida, *Dem Archiv verschrieben. Eine Freudsche Impression* (1995), aus dem Französischen übersetzt von Hans-Dieter Gondek und Hans Naumann, Berlin: Brinkmann + Bose 1997, S. 12 f., vgl. auch Thomas Schestag, „Bibliographie für Jean Paul", in: *Modern Language Notes* 113 (1998), S. 465-523, hier S. 507.

74 Antoine Compagnon, *La seconde main ou le travail de la citation*, Paris: Seuil 1979, S. 17.

Macht – mit Barthes zu sprechen – auf das „Mischen von Schriften" beschränkt ist,[75] er sozusagen als *editorialer Scripteur* auftritt, impliziert der *Akt der Aufpfropfung* eine *Geste der Appropriation*. Jean Paul berichtet in der „Vor-Geschichte", durch das Zusammenlesen und Zusammenschreiben der „fliegenden Blätter fibelschen Lebens" sei „durch Gesamt-Wirkung vieler das entstanden, was man ein Werk nennt" (S. 377). Obwohl es sich dabei offensichtlich um ein „Kollektiv-Werk" im wahrsten Sinne des Wortes handelt, erhebt Jean Paul den Anspruch auf *Werkherrschaft* und *Autorschaft*.[76] So *bekennt* er am Ende seiner Vorrede, er bereue es *beinahe*, „daß ich nicht das Ganze für mein eigenes Gemächt ausgegeben" (S. 377).

Mit dem Ausdruck „Gemächt" kommt die in der Genie-Ästhetik des 18. Jahrhunderts häufig anzutreffende Zeugungsmetaphorik – und damit der körperliche Akt *par excellence*, der Zeugungsakt – ins Spiel:[77] Der Autor ist der Vater seines Werks. Der Herausgeber ist sein Adoptivvater. Insofern die Aufpfropfung eine Fortpflanzungsmethode ist, die ohne genuinen Zeugungsakt, ohne „eigenes Gemächt", mithin ohne Vaterschaft im engeren Sinne auskommt, steht sie in direkter Analogie zum Modell der Adoptivvaterschaft. Vor dem Hintergrund dieser Überlegungen erscheint der Herausgeber als *adoptierender Aufpfropfer*, der fremde Texte an Kindes statt annimmt, indem er sie zitierend in einen Rahmen einschreibt. Zugleich wird diesem Rahmen der Name des Adoptivvaters eingeschrieben. Der Akt des Herausgebens ist so betrachtet einer *doppelten Geste aufpfropfender Einschreibung* geschuldet. Dabei kann man feststellen, daß die Differenz zwischen aufpfropfender Herausgeberschaft und genuiner Autorschaft auf einen *marginalen, editorialen Index* zu reduzieren ist, nämlich auf die hinweisende Funktionsbeschreibung „herausgegeben von".

Bekanntlich fehlt dieser *editoriale Index* auf dem Titelblatt von *Leben Fibels* – und dieses Fehlen wird zum Symptom, das heißt, zum *genuinen Index* dafür, daß der *Éditeur* Jean Paul in den *Auteur* Jean Paul transformiert wurde. Während Jean Paul *als Herausgeber* am Ende seiner „Vor-Geschichte" *bekennt*, daß er das Ganze *beinahe* als „eigenes Gemächt" ausgegeben hätte, hat er sich das Ganze bereits längst *vor* Beginn der „Vor-Geschichte" als Autor zugeschrieben – nämlich auf dem Titelblatt, wo es heißt:

---

75 Barthes, „La mort de l'auteur" (Anm. 52), S. 65.
76 Vgl. Heinrich Bosse, *Autorschaft ist Werkherrschaft: über die Entstehung des Urheberrechts aus dem Geist der Goethezeit*. Paderborn: Schöningh 1981, S. 10.
77 Vgl. hierzu die Definition von „Gemächt" in *Zedlers Universallexikon*: „Gemächt. Eigentlich wird unter diesen Worten nichts anders, als der Hoden-Sack verstanden, in weitläuffigerm Verstande aber begreiffet es alle und jede Behältnisse derer Hoden" (*Zedler* (Anm. 40), Bd. 10, S. 767), sowie das Stichwort „Zeugung". Zum Problem der „Übertragungskausalität" beim Akt der Zeugung Albrecht Koschorke, „Insemination. Empfängnislehre, Rhetorik und christliche Verkündigung", in: Christian Begemann und David E. Wellbery (Hrsg.), *Kunst – Zeugung – Geburt. Theorien und Metaphern ästhetischer Produktion der Neuzeit*, Freiburg im Breisgau: Rombach 2002, S. 89-110, hier S. 92.

Leben Fibels
des Verfassers
der Bienrodischen Fibel
Von Jean Paul

Genau wie Fibel, der auf das Titelblatt anonymer Werke „von Fibel" eindruckt, verdankt sich die Autorschaft des Herausgebers Jean Paul einer performativen Geste aufpfropfenden Einschreibens. Diese These gilt allerdings nur mit einer Einschränkung: Da die Zuschreibung „von Jean Paul" als synekdochische Ver-kürzung der Funktionsbeschreibung „herausgegeben von Jean Paul" zu lesen ist, wird die Autorschaft Jean Pauls dadurch konstituiert, daß das Performativ der Zuschreibung nicht korrekt vollzogen wird: die performative Geste der Ein-schreibung wird unvollständig vollzogen. Jean Pauls Autorschaft gründet mithin, so könnte man folgern, nicht nur auf dem *Gedrucktwerden*, sondern auf einem ostentativen *Nichtgedrucktwerden* der Funktionsbeschreibung „herausgegeben". Mit anderen Worten: Jean Pauls Autorschaft ist einer *performativen Leerstelle* auf dem Titelblatt geschuldet. Jean Pauls Transformation vom *Éditeur* zum *Auteur* verdankt sich so betrachtet einem *Akt metonymischen Fehllesens,* bei dem das „herausgegeben" auf dem Titelblatt vom Herausgeber selbst *unlesbar* gemacht re-spektive *gelöscht* wird.

WOLFRAM GRODDECK

„Ebenbild" und „Narben"
Poetische Revision beim späten Hölderlin und der Ort der Handschrift

Hölderlins letzte Elegien, „Heimkunft", „Brod und Wein" sowie „Stutgard",[1] wurden wahrscheinlich 1802 aus einer früheren Sammelreinschrift,[2] welche ebenfalls diese drei Elegien enthielt, abgeschrieben und als Eröffnungsgedichte in das *Homburger Folioheft* eingetragen. Zweifellos bilden die drei Gedichte eine kompositorische Einheit und haben als eine solche auch eine Funktion für die ursprüngliche Konzeption des *Homburger Folioheftes* gehabt – des bekanntesten, rätselhaftesten und schönsten Konvolutes aus Hölderlins Nachlaß. Indem die drei Elegien, die als einzige Texte im ganzen Heft in klassischen Metren – nämlich in elegischen Distichen – verfaßt sind, die Gedichtsammlung eröffnen sollten, haben sie in gewissem Sinne eine Schwellenfunktion für die folgenden Gedichte, die eigenrhythmische Gebilde sind, Hymnen oder – nach Hölderlins eigenem Sprachgebrauch – ‚Gesänge'. Augenscheinlich noch im Zusammenhang einer solchen anfänglichen Konzeption stehen die beiden so genannten ‚Christushymnen' „Der Einzige" und „Patmos", deren Niederschriften im *Homburger Folioheft* zwar noch als Reinschriften begonnen wurden, die aber dann in Entwurf übergegangen sind. Während nun diese beiden hymnischen Gedichte den Namen „Christus" unmittelbar aussprechen, werden in den drei Elegien überhaupt keine Götternamen genannt, obwohl diese Gedichte sich ganz offensichtlich um die Vorstellung eines Gottes bewegen, der an Bacchus erinnert. Die Identität dieses Gottes wird aber nur in Antonomasien wie „der kommende Gott" oder „der Weingott" angedeutet. Die nicht nur räumliche, sondern auch gedankliche und poetologische Konstellation der Bacchus-Elegien und der Christus-Hymnen führt dazu, daß man in den umschriebenen, angedeuteten, namenlosen griechischen Gottheiten auch Wesenszüge des christ-

---

1 Maßgebend für die folgenden Ausführungen ist die Edition der Elegien in der *Frankfurter Ausgabe*: Friedrich Hölderlin, *Sämtliche Werke. Frankfurter Ausgabe*, herausgegeben von D. E. Sattler, Basel, Frankfurt am Main: Stroemfeld/Roter Stern 1977 ff. (zitiert als *FHA* Band, Seite). Das *Homburger Folioheft* wurde im Rahmen dieser Ausgabe als *Supplementband* integral ediert: Friedrich Hölderlin, *Homburger Folioheft. Faksimile-Edition*, herausgegeben von D. E. Sattler und Emery E. George, Basel, Frankfurt am Main: Stroemfeld/Roter Stern 1986. (Im folgenden werden die Eintragungen Hölderlins im *Homburger Folioheft* nach der Archivzählung dieses Konvoluts und der Seiten- und Zeilenzahl der Transkription zitiert; so bezeichnet z. B. „307/ 1:1" den Ort der Überschrift „Heimkunft" nach der Umschrift der Faksimileausgabe.)

2 Vgl. *FHA* 6, S. 294-301 und S. 210-221.

lichen Gottes erkennen kann und wohl auch soll[3] – ein Effekt, der in der Hölderlinphilologie inzwischen den wenig schönen Namen „Mythensynkretismus" erhalten hat. In Hölderlins Elegie „Brod und Wein" zeigt sich das Verfahren bereits im Titel, der ja zunächst noch „Der Weingott" lautete, dann aber mit der Änderung der Überschrift in „Brod und Wein" die doppelte Auslegung in Hinblick auf die Symbolik der Eleusinischen Mysterien und auf das christliche Abendmahl ermöglicht.

Hölderlin hat die drei auf den ersten 15 Seiten des insgesamt 92 Seiten starken *Homburger Folioheftes* notierten Elegien später noch einmal im Zusammenhang überarbeitet oder genauer gesagt *umgeschrieben*. Dieser Vorgang des Um- und Überschreibens steht nun im Zentrum meines Interesses.

Eine Grundfrage ist dabei zunächst, ob die späte Revision oder „Durchsicht"[4] der drei Elegien wieder ein Ganzes ergibt oder ob diese Korrekturen, die sich an manchen Stellen wie dunkle Wolken über die Reinschrift legen, eine ,Entstellung' der vollendeten Gedichte bewirken und daher, wie in den historisch-kritischen Hölderlin-Ausgaben von Hellingrath bis Beißner, in „Lesarten" aufgelöst, von den Reinschriften wieder abzusondern seien. Als 1976 der erste Band der *Frankfurter Ausgabe* erschien, in dem D. E. Sattler die späten Versionen der drei Elegien, die er aus der durchgängigen Integration der späten Änderungen in die Reinschriften konstituiert hatte, als kohärente Texte publizierte, wurde dieses Ergebnis in seiner Glaubwürdigkeit heftig bestritten.[5]

Diese Reaktion ist zunächst durchaus verständlich. Denn tatsächlich sprechen die späten Überarbeitungen eine – im wörtlichsten Sinne – *andere Sprache* als die Reinschrift. Das gilt für eine ganze Liste von Wörtern, die Hölderlin erst hier verwendet – z. B. „Abgrund" (307/ 8:13), „verzehrend" (307/ 7:29 und 36), aber auch das Wort „Blümlein" (307/ 9:22). Es finden sich neue syntaktische Typen, so aufs äußerste reduzierte Nominalsätze wie: „Die Regel, die Erde. / Eine Klarheit, die Nacht" (307/ 9:37-39). Der Eindruck einer neuen, anderen Sprache ergibt sich aber auch aus der veränderten, das Katastrophische beschwörenden Bildlichkeit: „und ist Feuer um diesen und Schlaf" (307/ 7:48,49). Insofern entstehen bei der Integration der späten Korrekturen in den Text der Reinschriften harte stilistische Kontraste. Die Frage ist nun, ob diese Stilkontraste zwischen den späten Neuformulierungen und den unveränderten Reinschriftpartien bloß Effekte einer un-

---

3 Der Versuch, die Götter der griechischen Mythologie mit der christlichen Überlieferung in Eins zu denken oder gar mit einander zu versöhnen, war ein philosophisches Projekt von Hölderlins Zeit überhaupt; vgl. dazu Manfred Frank, *Der kommende Gott. Vorlesungen über die Neue Mythologie, Teil 1*, Frankfurt am Main: Suhrkamp 1982, S. 265-360.

4 Hölderlin schreibt an seinen Verleger Wilmans im Dezember 1803: „Ich bin eben an der Durchsicht einiger Nachtgesänge für Ihren Allmanach", *FHA* 18, S. 463.

5 So vor allem Bernhard Böschenstein, „,Brod und Wein': von der ,klassischen' Reinschrift zur späten Überarbeitung", in: Valérie Lawitschka (Hrsg.), *Turm-Vorträge: 1989/90/91. Hölderlin: Christentum und Antike*, Tübingen: Hölderlinturm 1991, S. 173-200. Außerdem, aber mit einer anderen hermeneutischen Argumentation: Werner Almhofer, „,Wildniß' und Vergnügen: Hölderlins mythologische Bildersprache in den späten Korrekturen von ,Brod und Wein'", in: *Hölderlin-Jahrbuch* 26 (1988/89), S. 162-174.

vollständigen, nicht zu Ende gebrachten Umformung sind oder ob sie als konsequentes Produkt einer neuen poetologischen Konzeption zu lesen wären.

Hier ist zunächst festzuhalten, daß die Überarbeitung oder die Revision der Elegien im *Homburger Folioheft* offensichtlich nicht ganz vollständig ist, es fehlt eine letzte Redaktion, welche bei Hölderlin üblicherweise mit der Abschrift des Entwurfs verbunden ist. Eine Rekonstruktion der letzten Textstufe als geschlossener Lesetext, wie sie 1976 im Band 6 der *Frankfurter Ausgabe* von D. E. Sattler vorgelegt und von mir selbst emphatisch mitverantwortet wurde, ist daher editionsphilologisch fragwürdig. (Allerdings auch wieder nicht fragwürdiger als die meisten Textkonstitutionen, die man in der Stuttgarter oder anderen Leseausgaben aus Hölderlins späten Entwürfen sonst noch abgeleitet hat, z. B. den Phantomtext „Mnemosyne".)

Man kann aber ein *textkritisches* Argument für die Integrierbarkeit der späten Korrekturen in den Text der Reinschrift anführen, das die Frage nach dem Textstatus der uns erhaltenen Überarbeitung im *Homburger Folioheft* in ein klareres Licht rückt.[6] Das Argument ergibt sich aus der philologischen Analyse zweier Erstdrucke, die ohne Hölderlins Wissen im *Musenalmanach auf das Jahr 1807* veranstaltet wurden. Einerseits handelt es sich um den Druck der ersten Strophe von „Brod und Wein" unter dem Titel „Die Nacht". Dieser Erstdruck zeigt in Vers 14 als Metapher für den „Mond" die Spätvariante „Ebenbild unserer Erde" statt „Schattenbild unserer Erde". Und dann haben wir den Erstdruck der Elegie „Stutgard", unter der Überschrift „Die Herbstfeier", der – leider neben massiven redaktionellen Eingriffen des Herausgebers Leo von Seckendorf – nicht nur fast alle Spätkorrekturen Hölderlins aus dem *Homburger Folioheft* enthält, sondern auch mindestens zwei Formulierungen, die zwar zweifelsfrei auf Hölderlins Autorschaft deuten, die aber nicht in der Handschrift stehen. Diese Befunde sind eindeutige Indizien für eine verlorene Reinschrift, die vermutlich alle drei Elegien in der überarbeiteten Version enthielt und die sich vom Wortlaut der uns erhaltenen Handschriften nicht prinzipiell, sondern lediglich in Details unterschieden haben wird.[7] Diese spezifische Überlieferungssituation legt es auch nahe, die Überschriften „Herbstfeier" für „Stutgard" und „Die Nacht" für „Brod und Wein" als authentische Titel aufzufassen.

Wenn man sich das textkritische Argument zu eigen macht, begreift man, daß die vorhandenen Aufzeichnungen zwischen den Zeilen der drei Elegien nicht als bloße Anmerkungen, Notate oder gar „Bruchstücke" zu lesen sind, sondern

---

6 Vgl. dazu ausführlicher Verf., „‚Stutgard' oder ‚Die Herbstfeier': textkritische Überlegungen zum Erstdruck einer Elegie von Hölderlin", in: Heinz Ludwig Arnold (Hrsg.), *Friedrich Hölderlin*, München: edition text + kritik 1996, S. 132-144.

7 Um sich den Unterschied zwischen den erhaltenen Entwürfen der späten Version der Elegien und der verlorenen Reinschrift zu veranschaulichen, kann man die Ode „Ganymed" heranziehen, die 1803 aus der Überarbeitung der Ode „Der gefesselte Strom" entstanden ist. Die Druckvorlage zu „Ganymed" ist nicht erhalten, wohl aber die Überarbeitung der Ode „Der gefesselte Strom", aus welcher der späte „Nachtgesang" hervorgegangen ist. Sie unterscheidet sich vom Erstdruck durch den fehlenden Titel, durch kleinere Textvarianzen und durch eine noch unvollständige Schlußstrophe (*FHA* 5, S. 835-838).

daß sie in einem größeren funktionalen Zusammenhang stehen und auf eine integrale Neuformulierung der drei Elegien ausgerichtet sind – und daß sie eine solche Neuformulierung auch schon weitgehend selber darstellen.

Man kann aber trotzdem nicht so tun, als sei ein aus den späten Überarbeitungen editorisch „konstituierter Text" gleichbedeutend mit einer autorisierten Reinschrift der späten Gedichte. Gegenstand einer philologisch legitimen Lektüre ist vielmehr nicht ein in sich abgeschlossener Text der „Spätfassung" – denn ein solcher ist nicht überliefert –, sondern der eigentliche Gegenstand der Lektüre ist der Prozeß einer präzisen Auflösung der sogenannten „klassischen Fassungen" der drei Elegien durch Hölderlin selbst. Insofern ist es auch terminologisch falsch und irreführend, bei den Reinschriften und der Überarbeitung von zwei „Fassungen" zu sprechen, es handelt sich vielmehr um zwei verschiedene Texte, deren spannungsreiches Verhältnis zueinander erst noch zu bestimmen ist.

Ich möchte nun diesen Vorgang des eingreifenden Umschreibens, den die ersten 15 Seiten des *Homburger Folioheftes* dokumentieren, nicht als bloße Auflösung des früheren Textes auffassen, sondern als eine *Dekomposition*. Unter „Dekomposition" verstehe ich hier einen spezifischen textgenetischen Vorgang, der nicht bloß einen vorhandenen Text verbessert oder korrigiert, sondern der eine in sich abgeschlossene Sinnstruktur angreift, sogar beschädigt, um daraus Energie für eine neue Sinnstruktur zu gewinnen. Denn Hölderlin schreibt ja nicht einfach einen anderen Text *anstatt* des früheren, sondern er schreibt ihn *an der Stelle* des vorhandenen.[8] Diese – in gewissem Sinne parasitäre – Form des interlinearen Neuentwurfes scheint mir für die dabei entstehende Sinnstruktur wesentlich zu sein. Insofern ist die Überlieferung der Handschriften, welche die Spuren dieses Dekompositionsprozesses enthalten, ein unerhörter Glücksfall. Denn die Feinlogik einer solchen Dekomposition wäre nicht so deutlich erkennbar, wenn – durch einen Zufall der Überlieferung – statt des *Homburger Folioheftes* nur die heute verlorene Reinschrift der späten Umformulierung erhalten wäre.

Eine Folge der zu beobachtenden radikalen Dekomposition der drei Elegien zeigt sich darin, daß das Phantasma der Sinneinheit, des ‚Notwendig-*einen*-Sinns', dem die ‚klassischen' Ausformulierungen der drei Elegien in gewisser Weise noch entsprechen, in der späten *Umschrift* durchbrochen wird. Der Widerstand der traditionellen Hölderlin-Forscher – und ich bin versucht, „Widerstand" hier psychoanalytisch zu meinen – gegen die späte Gestalt, insbesondere von „Brod und Wein", hat darin – im Schreck über den Verlust von kohärentem Sinn – seine Ursache. Die Durchbrechung einer homogenen Sinneinheit sollte man aber nicht als unverbindlichen Auflösungsvorgang ansehen – das würde so-

---

8 Diese begriffliche Unterscheidung beziehe ich aus Goethes Bestimmung der drei Arten der Übersetzung des Originals, wobei die „höchste" Art diejenige ist, „wo man die Uebersetzung dem Original identisch machen möchte, so daß eins nicht anstatt des anderen, sondern an der Stelle des anderen gelten solle." Von dieser Art der Übersetzung sagt Goethe auch, daß sie sich „zuletzt der Interlinear-Version" nähert. Johann Wolfgang Goethe, *West-östlicher Divan*, herausgegeben von Hendrik Birus, 2 Bde., Frankfurt am Main: Deutscher Klassiker Verlag 1994, Bd. 1, S. 281 und S. 283.

fort wieder zum denkfaulen Modell von ‚Fragmenten' führen –, sondern sie wäre, in strenger hermeneutischer Disziplin, gerade an der durchgängigen Bezogenheit der Dekomposition auf die strukturelle Einheit der Gedichte als Durchbruch zu einer anderen Poetologie zu begreifen.

Der Vorgang der Dekomposition ist – so meine Grundthese – bei den Elegien und insbesondere bei der größten der drei Elegien, „Brod und Wein", eng an den Prozeß des Schreibens gekoppelt. Es besteht zwischen der Niederschrift oder dem Bild der Handschrift und dem Sinngehalt des Textes ein Ausdrucksverhältnis, das man nur leugnen wird, wenn man nie die Handschrift gesehen hat.

Bevor ich das Bild der Handschrift, auf dem sich diese Eingriffe graphisch dokumentiert haben, thematisiere, möchte ich den Text der Reinschrift – also die sogenannte ‚klassische Fassung' – kurz in Hinblick auf ihre kompositorische und thematische Struktur vergegenwärtigen, damit deutlicher werden mag, worauf überhaupt sich der Prozeß der Dekomposition bezieht. Die von Hölderlin nie publizierte Reinschriftversion ist ja – fast möchte man sagen ironischer Weise – eines der bekanntesten Gedichte Hölderlins geworden; „es wird immer", wie Hellingrath gesagt hat, „die beste Grundlage bleiben zum Eindringen in Hölderlins Gedankenwelt".[9] Der Reinschrift von „Brod und Wein" sind in der Hölderlin-Forschung der letzten hundert Jahre zwei Bücher und zahllose Aufsätze gewidmet worden.[10]

„Brod und Wein" ist eine Elegie im strengen Sinne: Die elementare Verseinheit besteht aus zwei Versen zu je zweimal drei Versfüßen – dem Distichon, das die metrische Kontur der Elegie bestimmt. Die einzelnen Strophen gliedern sich in dreimal drei Distichen, je drei Strophen bilden einen Teil der insgesamt aus drei solcher Strophentriaden komponierten Elegie. – Jede Strophe hat aber neben der triadischen Form auch eine hälftige Struktur, indem im fünften Distichon bzw. im Übergang vom neunten zum zehnten Vers jeder Strophe die Möglichkeit einer Sinnzäsur oder einer Sinnzentrierung gegeben ist. In der ersten Strophe findet sich z. B. an dieser Stelle das Enjambement: „und die Brunnen / Immerquillend und frisch" (v. 9/10). In der genauen Mitte des ganzen Gedichtes, im fünften Distichon der fünften Strophe steht – wieder im Enjambement – die bedeutsame Aussage:

„Möglichst dulden die Himmlischen diß; dann aber in Wahrheit
  Kommen sie selbst und gewohnt werden die Menschen des Glüks"

9 Friedrich Hölderlin, *Sämtliche Werke*, herausgegeben von Norbert von Hellingrath, Berlin: Propyläen Verlag ³1943, Bd. 4, S. 317 f.
10 Das erste, noch heute lesenswerte Buch zu „Brod und Wein" erschien bereits Ende des 19. Jahrhunderts: Emil Petzold, *Hölderlins Brot und Wein. Ein exegetischer Versuch* (1896), neu durchgesehen von Friedrich Beißner, Darmstadt: Wissenschaftliche Buchgesellschaft 1967. Repräsentativ für die Hölderlindeutung der Beißner-Schule wurde dann: Jochen Schmidt, *Hölderlins Elegie „Brod und Wein". Die Entwicklung des hymnischen Stils in der elegischen Dichtung*, Berlin: de Gruyter 1968. – Von den vielen Aufsätzen zum Text der Reinschriftversion sei hier nur der neuste erwähnt: Hans-Jürgen Windszus, „Der Tod im lebendigen Wort. Zu Hölderlins Elegie ‚Brod und Wein' (1800/1801)", in: Wolfgang Wirtz und Jörg Wegner (Hrsg.), *Literarische Trans-Rationalität. Für Gunter Martens*, Würzburg: Königshausen und Neumann 2003, S. 275-297.

Das Wort „Wahrheit" wird im Gedicht nur hier, in seiner genauen arithmetischen Mitte, ausgesprochen. Im Zusammenspiel der topologisch ruhenden Text-Architektur der triadischen Komposition mit einem rhythmisch bewegten „Tönewechsel" ergibt sich eine unendliche Vielfalt semantischer Kombinationen.

Die Elegie „Brod und Wein" ist zugleich auch ein im hohen Grade philosophisch reflektierendes Gedicht über die Antike als eine durch Götternähe erfüllte Zeit. Die Elegie vermittelt aber nicht einfach vorgegebene philosophische Inhalte in poetischer Form, sondern das Gedicht wird selbst zum Medium philosophischer Reflexionsprozesse, die durch die kalkulierte formale Komposition erst denk- und fühlbar werden.

Der gedankliche Reichtum der Elegie entspringt einer inneren Bewegung des kontemplierenden Dichters, der in der ersten Strophe das Eindämmern der Stadt nach Feierabend und das alles Beschränkte transzendierende Heraufkommen der Nacht beschreibt. Die Ankunft der Nacht als „Fremdlingin" und als „die Erstaunende" (v. 17) leitet zur zweiten Strophe über, die sich als eine philosophisch meditierende Vergewisserung über den bacchantischen Charakter der Nacht, über Vergessen und Gedächtnis darstellt. In der dritten Strophe führt diese Reflexion zur Aufforderung an den Freund „Heinze", nach dem idealen Griechenland, der Heimat des Bacchus, „Aufzubrechen" (v. 41). In der vierten Strophe, mit der der Mittelteil der Elegie einsetzt, ereignet sich die Epiphanie einer idealen griechischen Landschaft als „Haus der Himmlischen alle" (v. 55). Durch die Evokation des „Vater Aether!" (v. 65) entsteht die Sprache und Kultur der Alten als Vorbereitung der Ankunft der Götter, deren Wirken in der imaginierten Präsenz dann die fünfte Strophe gewidmet ist. Die Sprache des Gedichtes bewegt sich hier auf dem schmalen Grat zwischen dithyrambisch performativer Suggestion und elegisch reflektierter Distanz. In der sechsten Strophe bricht dann – nach dem einzigen Gedankenstrich im gesamten Text – die Imagination der idealen Antike jäh ab: „Aber wo sind sie?" (v. 99) Das letzte Distichon schließt den Mittelteil mit dem tröstlichen, aber keineswegs expliziten Verweis auf Christus. Mit der siebten Strophe wird wieder der „Freund" angerufen, der ja der Zeuge der erinnernden Imagination war. Das Bewußtwerden der Götterferne, „aber Freund! wir kommen zu spät" (v. 109), führt zum Zweifel am Sinn des Dichterberufs: „wozu Dichter in dürftiger Zeit?" (v. 122). Jedoch hilft der Freund – gemeint ist der Schriftsteller Wilhelm Heinse, dem das Gedicht („An / Heinze") gewidmet ist – über die Mutlosigkeit mit dem Verweis auf die Berufung der Dichter als Priester des Bacchus hinweg:

„Aber sie sind, sagst du, wie des Weingotts heilige Priester,
    Welche von Lande zu Land zogen in heiliger Nacht." (v. 123 f.)

Die achte Strophe expliziert diesen Trost des Freundes, indem der Dichter sich nun auf die zurückgelassenen „Zeichen" (v. 131) der Götter, „Brod" und „Wein" (v. 137 f.) besinnt. In diesem „Zeichen" verbindet sich der Gedanke des christlichen Abendmahls mit den antiken Gaben von Bacchus und Ceres. Bacchus erscheint in der neunten Strophe als Statthalter des Göttertages, als Versöhner von Tag und Nacht. In seinem Geiste klingt auch die Elegie in versöhnlicher Stimmung aus, die wieder zurückverweist auf die erste Strophe, die abendliche Ruhe der Stadt.

Wie man schon bei einem ersten Blick auf die Handschrift erkennt, verteilen sich die späten Umarbeitungen in ungleicher Weise auf die drei Hauptteile der Elegie. Der erste Teil zeigt nur wenige Einträge, die zweite Strophe bleibt als einzige im ganzen Gedicht unberührt, der Mittelteil wird dann großflächig überarbeitet, die vierte und fünfte Strophe ist stärker umformuliert als die sechste, die siebte Strophe ist als ganze neu geschrieben worden, und die beiden letzten Strophen zeigen wieder alternierend überschriebene und unveränderte Passagen.

Auf der ersten Seite der Niederschrift von „Brod und Wein" (307/ 5) findet sich nur eine einzige Variante – eben jene, die sich auch in dem fragmentarischen Erstdruck findet, nämlich das Wort „Ebenbild" statt „Schattenbild" (307/ 5:18,19):

Das Wort „Ebenbild" ist mit schwarzer Tinte über das Wort „Schattenbild" gesetzt, aber ohne daß dieses gestrichen wäre. Die Handschrift zeigt also etwas anderes als z. B. der Erstdruck, der *nur* die Wendung „das Ebenbild unserer Erde, der Mond" enthält, oder gar die üblichen Abdrucke der Elegie in heutigen Ausgaben, wo man nur das Wort „Schattenbild" findet.

Dieser Zusatz ist vielleicht eine der am schwierigsten zu verstehenden Änderungen der späten Revision insgesamt. Der Eingriff geschieht bei der ersten Metapher im Gedicht, wo der Mond als ein „Bild" der Erde, als ein „Schattenbild" bezeichnet wird. Es ist evident, daß hier nicht einfach nur eine Metapher verwendet wird, sondern daß darüber hinaus eine komplexe metaphorologische Reflexion stattfindet. Wenn der Mond als „Schattenbild" der Erde gesehen wird, dann könnte das zunächst heißen, daß der Mond der Erde *ähnlich* ist wie ein Schattenriß. Aber genau betrachtet ist gerade ein solcher Vergleich eine kühne Metapher, weil der Mond ja leuchtet. Das *tertium comparationis* könnte vielleicht auch in der *Treue* liegen: Der Mond folgt der Erde treu wie ein Schatten.[11] Der poetischen Textstruktur angemessener ist es freilich, die *contradictio in adjecto* in den Verstehensprozeß einzubeziehen: „Der Mond verdankt seine Sichtbarkeit dem Licht der Reflexion, der Text aber spricht – sehr befremdlich, als gehe es allein um die Sichtbarkeit einer Kontur – von ‚Schattenbild'".[12]

---

11 So Schmidt, *Hölderlins Elegie* (Anm. 10), S. 38.
12 Roland Reuß, „Schicksal der Handschrift, Schicksal der Druckschrift. Notizen zur ‚Textgenese'", in: *TEXT 5, Textgenese 1*, Basel, Frankfurt am Main: Stroemfeld/Roter Stern 1999, S. 1-25; Zitat S. 20, Anm. 74.

Die Formulierung aus der späten Überarbeitung, welche den Mond als „Ebenbild" der Erde sieht, wirkt auf den ersten Blick noch irritierender, weil die Erde dadurch, als das Verglichene, selber so leblos wie der Mond erscheinen könnte. Aber der Begriff „Ebenbild" ist gar keine Metapher mehr, sondern eine *Identifikation*. Wenn der Mond das „Ebenbild" der Erde ist, dann sind sich Erde und Mond nicht nur ähnlich, sondern sie sind sich gleich (– diese Angleichung figuriert übrigens auch die Alliteration von „Ebenbild" und „Erde").

Wenn man nun überlegt, worin der Ausdruck „Ebenbild", der in der Handschrift wie ein Schatten über dem Wort „Schattenbild" liegt, mit dem Ausdruck „Schattenbild" übereinstimmt, so könnte man im Rückgriff auf Platon entdecken, daß „Schattenbild" und „Ebenbild" zwei mögliche Übersetzungen des einen griechischen Worts εἴδωλον sind, das auch einfach „Bild" bedeuten kann. Die εἴδωλα bei Platon sind die „Schattenbilder" oder die „Ebenbilder" der Ideen vom Wahren und Guten, wie sie sich etwa im Höhlengleichnis oder überhaupt in Platons Ideenlehre darstellen. Eine vergleichbare Relation zwischen ‚Wahrheit' und εἴδωλον kehrt auch im *Phaidros* – Hölderlins Lieblingsdialog[13] – wieder, dort, wo von der lebendigen Rede gehandelt wird:

> „PHAIDROS: Du meinst die lebende und beseelte Rede des wahrhaft Wissenden, deren Schattenbild man die geschriebene mit Recht nennen könnte.
> SOKRATES: Allerdings eben sie."[14]

Mit dem Bezug auf Platon, der in Hölderlins Dichtung nicht wegzudenken ist, sehen wir uns aber nun mit einem Male in der metaphorischen Relation von Erde und Mond mit dem Verhältnis von Rede und Schrift konfrontiert.[15] Die Schrift ist das „Schattenbild" der lebendigen Rede. Im griechischen Original heißt es: ὁ γεγραμμένος εἴδωλον ἄν τι λέγοιτο δικαίως. (276a) Schleiermacher übersetzt also das Wort εἴδωλον in seiner Übersetzung von 1804 mit dem Wort „Schattenbild". Wenn er εἴδωλον mit „Ebenbild" übersetzt hätte, wäre der Sinn der Stelle ein anderer, man kann auch sagen: Die Aussage wäre nicht mehr ‚platonisch'.

Wenn aber in Hölderlins später Umformulierung der Elegie der Ausdruck „Schattenbild unserer Erde" (wobei „ERDE" ein einfach zu durchschauendes Anagramm von „REDE" ist) als „Ebenbild unserer Erde" pointiert wird, so könnte das jetzt – beim Anblick der Handschrift – als eine Aufwertung, oder vielmehr eine Bewußtwerdung, der Schrift selbst begriffen werden. „Schattenbild" und „Ebenbild" stehen nicht in einem Ersetzungsverhältnis zueinander – es ist daher auch kein Wort gestrichen –, sondern sie bilden eine Sinn-Konstel-

---

13 Ernst Müller, *Hölderlin. Studien zur Geschichte seines Geistes*, Stuttgart, Berlin: Kohlhammer 1944, S. 53.
14 Platon, *Phädros*, in: *Platons Werke von F. Schleiermacher*, Ersten Theiles erster Band, Berlin 1804, S. 164.
15 Vgl. dazu auch Reuß, *Schicksal der Handschrift* (Anm. 12), S. 21, Anm. 77.

lation, in der Schrift und Schriftlichkeit selbst reflektiert werden. Und dies am Ort der Handschrift.

Es mag deutlich geworden sein, daß bereits eine einfache interlineare Hinzufügung die Sinnstruktur des elegischen Textes in semantische Erschütterungen versetzen kann. Die editionsphilologisch schwierigste Passage der Elegienüberarbeitung ist nun aber die siebte Strophe. Es ist die einzige der neun Strophen, die völlig neu formuliert ist. Die einzige Formulierung – und auch das ist nicht ganz eindeutig zu bestimmen –, die aus der Reinschrift in den intendierten Text der Überarbeitung einfließt, ist die Wendung „Herzen an Kraft" (307/ 9:23).

Die siebte Strophe wirft zunächst jedoch noch ein anderes Problem auf: Sie hat nämlich in der Version der Reinschrift nur acht statt neun Distichen. Da die Elegie eine durchgängig triadische Komposition aufweist, ist dieser Umstand auffällig. Angesichts der strengen kompositorischen Form hat Friedrich Beißner schlicht dekretiert: „Die 7. Strophe hat ein Distichon zu wenig."[16]

Die Feststellung eines *Fehlers* setzt voraus, daß der Formgedanke einer symmetrischen Komposition auf dem Prinzip von Dreierpotenzen eine solche ästhetische Verbindlichkeit hat, daß nicht gegen ihn verstoßen werden kann, ohne daß es sich dabei um ein Versehen handeln muß. Denkbar ist aber auch, daß der Fehler, das fehlende Distichon, in der Sinnstruktur der Elegie eine Bedeutung hat.[17] Denn es ist doch höchst merkwürdig, daß ein Dichter, der seine Texte so ausdrücklich nach einem „kalkulablen Gesez" komponiert hat, plötzlich nicht mehr wissen sollte, daß die Strophen seiner größten triadischen Elegie aus neun Distichen bestehen. Es entspricht vielmehr durchaus dem Gehalt der Elegie – und zwar in der Reinschrift –, daß in eben jener Strophe, wo die Klage über die Abwesenheit der Himmlischen bis zum unverhohlenen Zweifel am Sinn des eigenen Dichterberufs thematisch ist, auch das Formgesetz selbst erschüttert wird. Der vom Dichter – letztlich auch in und an der eigenen Sprache – festgestellte Entzug der Götter wird im dritten Distichon der siebten Strophe der Reinschrift explizit reflektiert, wenn er von den Himmlischen sagt:

> „Denn nicht immer vermag ein schwaches Gefäß sie zu fassen,
>   Nur zu Zeiten erträgt göttliche Fülle der Mensch." (307/ 9:11, 13)

Das „schwache Gefäß" ist das Gedicht, die Elegie selbst – es ist die *Reinschrift* der Elegie. Sie vermag die göttliche Fülle nicht zu ertragen, und das bringt sie in dem fehlenden Distichon zum Ausdruck.

---

16 Friedrich Hölderlin, *Sämtliche Werke. Große Stuttgarter Ausgabe,* herausgegeben von Friedrich Beißner und Adolf Beck, Stuttgart: Kohlhammer, Cotta 1943 ff., Bd. 2.2, S. 604.

17 Soweit ich sehe, hat bisher nur Rainer Nägele, *Text, Geschichte und Subjektivität in Hölderlins Dichtung: „Uneßbarer Schrift gleich",* Stuttgart: Metzler 1985, im formalen Manko der siebten Strophe eine Bedeutung gesehen: „Das fehlende Distichon dieser Strophe ist nur der sichtbare Ausdruck einer Erschütterung, deren Ausmaß gerade daran ablesbar ist, daß sie sich im Äußerlichsten, im mechanischen Zahlenkalkül verrät" (S. 104).

Wenn man jetzt auf die Stelle in der Reinschrift blickt, wo sich das dichterische Versagen der Elegie poetologisch reflektiert, dann bemerkt man nicht nur, daß die Überarbeitungsdichte hier am größten ist, sondern es fallen einem auch die Zählpunkte auf, die Hölderlin an den Beginn der einzelnen Distichen in der sechsten und in der siebten Strophe gesetzt hat – und zwar je neun Punkte. Dieser seltsame Befund wird von den Editoren verschieden gedeutet. Beißner meint, daß sich Hölderlin verzählt habe, da einer der Punkte bei der Durchzählung der Distichen in der siebten Strophe vor einen Pentameter zu stehen kommt, so daß Hölderlin sein Versehen auch diesmal nicht bemerkt habe. Sattler hingegen ist der Ansicht, daß der Punkt vor dem Pentameter eine Variante markiere, die den neunten Vers der Strophe vervollständige, indem diese an anderer Stelle einzufügen sei.[18]

Ich selber glaube inzwischen, daß Hölderlin die siebte Strophe nicht ganz zu Ende umformuliert hat. So ist im Dickicht der Überarbeitungsvarianten zwar keine vollständige Ausformulierung der späten Textgestalt enthalten, es wird aber ersichtlich, daß die siebte Strophe bei der späten Elegie regulär auf neun Distichen erweitert wird, da man im Gewirr der Überschreibungen eindeutig neun – und nicht nur acht – Hexameter auffinden kann. Anders gesagt: Der bewußte formsemantische „Fehler" der Reinschrift wird in der Überarbeitung erkennbar aufgehoben. Der irregulär gesetzte Punkt vor dem Pentameter markiert nämlich genau jenes oben zitierte Distichon, das von dem „schwachen Gefäß" der Dichtung spricht, mit *zwei* Punkten (307/ 9:10 und 13).

Die 18 Punkte vor den Distichen zeigen aber – neben der Heilungsabsicht der fehlerhaften siebten Strophe – auch noch, daß bei der späten Durchsicht die Strophen sechs und sieben (die letzte des Mittelteils und die erste des Schlußteils) direkt aufeinander bezogen werden. Und das ist insofern von besonderer Bedeutung, als zwischen der sechsten und der siebten Strophe in der Reinschrift die tiefste Sinnzäsur der ganzen Elegie liegt. Während der letzte Vers der sechsten Strophe das Ende des antiken Göttertags verkündet, stellt der erste Vers der siebten Strophe das Zuspätgekommensein des Dichters in der Moderne fest. Gerade diese Zäsur macht die Elegie zur klassischen Elegie. So lautet der Übergang mit der tiefen Sinnzäsur in der Formulierung der Reinschrift (307/ 8:46-55):

> „Oder er kam auch selbst und nahm des Menschen Gestalt an
> Und vollendet und schloß tröstend das himmlische Fest.
>
> 7.
> Aber Freund! wir kommen zu spät. Zwar leben die Götter
> Aber über dem Haupt droben in anderer Welt."

Was aber geschieht bei der späten Überarbeitung? Ein erster Augenschein zeigt, daß man eine Zäsur im Bild der Handschrift nicht mehr entdecken kann:

---

18 *FHA* 6, 255 f.

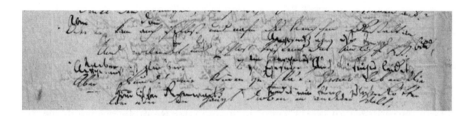

Stattdessen, *an der Stelle* der Zäsur – d. h. an der Stelle des tiefsten Einschnitts in den Sinngehalt der Reinschriftversion –, entdeckt man das Wort „Narben", mit einem Punkt davor (307/ 8:50). Und unter dem Wort „Narben" findet sich das Wort „Aergerniß" (307/ 8:51).

Mir scheint die Vermutung plausibel zu sein, daß der Prozeß der Revision von „Brod und Wein" genau bei diesem gedanklich tiefsten Einschnitt des Gedichtes, zwischen der zweiten und der dritten Strophentriade von „Brod und Wein" seinen *Anfang* genommen hat. Die Schlußzeile der sechsten und die Anfangszeile der siebten Strophe sind offensichtlich erst einmal zur Änderung unterstrichelt worden (307/ 8:48 und 52). Und es ist denkbar – wenn auch ebenfalls nie beweisbar –, daß das allererste neue Wort, das der Dichter zwischen die Zeilen der neunstrophigen Reinschrift geschrieben hat, das Wort „Aergerniß" gewesen ist. Und das würde bedeuten, daß der ganze tiefgreifende Revisionsprozeß mit dem Wort „Aergerniß" begonnen hätte...

Ebenfalls als Stichwort, noch vor jeder syntaktischen Einbindung, wäre danach der Name eines historischen Ortes notiert worden: „in Ephesus". Das Wort „Aergerniß", das Hölderlin zunächst an verschiedenen Stellen des Übergangs eingetragen hat (307/ 8:47, 49 und 51), verbindet sich schließlich zu dem Satz: „ein Aergerniß aber ist Tempel und Bild", der die Aussage über die tröstende Vollendung des himmlischen Festes im letzten Vers der sechsten Strophe ersetzt. Aber die Neuformulierung füllt den Schlußpentameter der sechsten Strophe nicht ganz aus, und es bleibt eine Lücke. Der Name des Ortes „Ephesus", der zuerst in der Schlußzeile der sechsten Strophe steht, wird auf den Beginn der siebten Strophe verschoben (307/ 8:47 und 50).

Das erste Wort der neuformulierten siebten Strophe ist nun aber das Wort „Narben". Es ist zugleich ausdrücklich als Metapher gekennzeichnet: „Narben *gleichbar*". Mit dem Bild der „Narben" wird eine verheilte, aber doch sichtbar gebliebene Verwundung zur Anschauung gebracht. Indem der Ort der vernarbten Wunde mit „Ephesus" angegeben wird, verwachsen über den Rückbezug auf „Tempel und Bild" die beiden Strophengrenzen miteinander, indem sich der Vergleich selbst im Enjambement herstellt – „ein Aergerniß aber ist Tempel und Bild, // Narben gleichbar". Die dergestalt poetisch vernarbte Zäsur stellt zugleich das *einzige* Strophen-Enjambement in der ganzen Elegie „Brod und Wein" dar.

Die siebte Strophe der revidierten Elegie ist so betrachtet in verschiedener Weise als Ausdruck einer *Heilung* lesbar. Die „Narben", welche der geschicht-

lich überdeterminierte Ort „Ephesus"[19] erinnert, sind Metapher einer über-
wundenen, zum „Aergerniß" gewordenen historischen Dichotomie. – Aber die
Heilung zeigt sich auch in der erkennbar intendierten Wiederherstellung der
vollkommenen Verszahl von neun Distichen in der revidierten siebten Strophe.

Entscheidend für das Verständnis der radikalen Reformulierung der Elegie,
die zu dichten, hermetischen Sinnstrukturen führt, scheint mir der Ort der
Handschrift selbst zu sein. Die siebte Strophe der Reinschrift wird durch die
Neuformulierung zwar fast unsichtbar und damit auch unlesbar gemacht, aber
es wird kein einziges Wort der Reinschriftfassung gestrichen. Die frühere Formulierung der siebten Strophe bleibt an derselben Stelle der Handschrift stehen, wo sich auch die Neuformulierung als eine scheinbar zum Inhalt der
Reinschriftversion völlig arbiträre Interlinearversion entfaltet.

Wer sich auf die Örtlichkeit der Handschrift entziffernd, lesend und das
Schriftbild reflektierend einläßt, der entdeckt freilich Korrespondenzen zwischen den Formulierungen, die sich erst über den Einbezug der Medialität, der
Handschrift selbst erschließen. Denn der späte Text hält das Bewußtsein seiner
Schriftform als dem „Ebenbild" der lebendigen Rede in der poetischen Metaphorik präsent. Insofern halte ich es auch für denkbar, daß das Wort „Ebenbild"
die chronologisch *letzte* Eintragung zwischen die Zeilen der Reinschrift gewesen sein könnte[20] – bevor der Dichter den neuen Wortlaut seiner Elegie wiederum ins Reine geschrieben und mit einer neuen Überschrift verstehen hat,
vermutlich: „Die Nacht".

---

19 Die Symbolik des Namens „Ephesus" beschränkt sich keineswegs auf die durchaus zweideu-
   tige Episode aus der Apostelgeschichte 19, sondern impliziert – wie ausführlicher zu zeigen wäre
   – weitere antike Bezüge.
20 Zu dieser Vermutung kommt auch Reuß, *Schicksal der Handschrift* (Anm. 12), S. 20, Anm. 74.

Die Faksimiles und Umschriften auf den Seiten 187 bis 190 werden, mit freundlicher Genehmigung
des Stroemfeld-Verlags Basel und Frankfurt am Main, wiedergegeben nach: Friedrich Hölderlin,
Homburger Folioheft. Faksimile-Edition, herausgegeben von D. E. Sattler und Emery E. George,
Basel, Frankfurt am Main: Stroemfeld/Roter Stern 1986.

307/8

(Nicht) Die nichts (nicht) irrt
Komen sie selbst und gewohnt werden die Menschen des Glüks

Und des Tags und zu schaun die Offenbaren, das Antliz

Derer, welche schon längst Eines und Alles genant

5   Tief die verschwiegene Brust mit freier Genüge gefüllet,

Und zuerst und allein alles Verlangen beglükt;
Lang   **[vier Korrekturzeichen]**
(Schwer) und   (viel)schwer ist das Wort von dieser Ankunft aber
So ist der Mensch; wen da ist das Gut, und es sorget mit Gaaben
10   **(Helle der)Weiß ist der Augenbl[i.]Diener der Himlischen sind**
Selber ein Gott für ihn, kenet und, sieht er es nicht.
Aber kundig   **ist**
Und (ver)stehen d(ie)er Erd,(und) ihr Schritt gegen den Abgrund
Tragen muß er, zuvor; nun aber nent er sein Liebstes,
15   **Jugendlich (den Menschen) Menschen, doch (Finstres) dieser**
         menschlicher, doch das in den Tiefen ist alt.
Nun, nun müssen dafür Worte, wie Blumen, entstehn.
            die
       sie 6.   **Seeligen und Geister**
20   **Nun behalten sie dañ die Lichter des Geists**
(Dañ)(Aber)
·   Und nun denkt er zu ehren in Ernst die seeligen Götter,
Alles wahrhaft   **kündigen deren ihr Lob.**
(Wirklich) und wahrhaft muß alles verkünden ihr Lob.

25   ·   Nichts darf schauen das Licht, was nicht den Hohen gef(a)älle(,)t,

Vor den Aether gebührt müßigversuchendes nicht.
deß eine We(u)ile
         zeitig
·   Drum in der Gegenwart der Himlischen würdig zu stehen,
30   **Tuskischen**
Richten in (herrlichen) Ordnungen Völker sich auf

·   Untereinander und baun die schönen Tempel und Städte **(und bedeutend)**
Je nach Gegenden   den Küsten
(Vest und edel), sie gehn über Gestaden empor —

35   ·   Aber wo sind sie? wo blühn die Bekanten, die Kronen des Festes?

Thebe welkt und Athen; rauschen die Waffen nicht mehr

·   In Olympia, nicht die goldnen Wagen des Kampfspiels,

Und bekränzen sich den nimer die Schiffe Korinths?
         heil(igen)gen Handlungen, damals,
40   ·   Warum schweigen auch sie, die alten heilgen Theater?
       die (heiligen)
Warum freuet sich den nicht der geweihete Tanz?

·   Warum zeichnet, wie sonst, die Stirne des Mañes ein Gott nicht,

Drükt den Stempel, wie sonst, nicht dem Getroffenen auf?
45   **Aber   dañ**
·   Oder er kam auch selbst und nahm des Menschen (des)Gestalt an
[A]   In Ephesus   (Aergerniß) aber ist Tempel und Bild(.),
Und vollendet und schloß tröstend das himlische Fest.
       ein Aergerniß
50   **Narben gleichbar. 7. [z]u Ephesus. (a)Auch Geistiges leidet,**
Aergerniß ist
Aber Freund! wir komen zu spät. Zwar leben die
           Götter
Himlischer Gegenwart [,] zündet wie Feuer, zulezt.
55   Aber über dem Haupt droben in anderer Welt.

307/9

Eine Versuchung ist(s,)es. Versuch , weñ Hiñlische da sind
        ner Art
Trunkenheit ists,, eige (und) Leidenschaft
       ie
· Endlos wirk(t)en sie da und scheinens wenig zu achten,   5
   Sich
    In sein   t/
    Eine Kunst, Grab siñt, doch,, klug mit den Geistern, der Geist.
    Ob wir leben, so sehr schon/en die Hiñlischen uns.
· **Auch die Geister, deñ iñer(hin) hält den Gott ein Gebet auf**   10
  Deñ nicht iñer vermag ein schwaches Gefäß sie zu fassen,
    Die auch leiden, so oft diesen die Erde berührt.
·   Nur zu Zeiten erträgt göttliche Fülle der Mensch.
         Schatten
Niñer   **eigenen**   **und die süßen Pfade der Heimath**   15
Aber   **grün in den**
· Traum von ihnen ist drauf das Leben. Aber das Irrsaal
  Regeln; Gebäuden gleich stehen die Bäum und Gebüsch
    Hilft, wie Schluñer und stark machet die Noth und die Nacht,
 Niñer, und goldnes Obst, und eingerichtet die Wälder,   20
· Biß daß Helden genug in der ehernen Wiege gewachsen,
Aber   **auf weißer Haide**   **Blümlein,**
    Herzen an Kraft, <u>wie sonst</u>, ähnlich den Hiñlischen sind.
     das
    Da es dürr ist; (auch) Grün (auch) aber ernähret das Roß 25
· Doñernd koñen sie drauf. Indessen dünket mir öfters
         des Todes denkt Einer
   Und den Wolf,   **in der Wildniß, aber des Ursprungs**
    Besser zu schlafen, wie so ohne Genossen zu seyn,
         der Wunder denkt   30
         der Palmen
  [Kaum(dort)] **der Geheimnisse denkt man**
  Eines
  (Denkt) (man) schwer, und der (Häus)Jugend Haus fasse(t)n die Seher nicht mehr.
· **Aber doch etwas gilt(,) (lebende) (für sich), allein. auch**   35
  So zu harren und was zu thun indeß und zu sagen,
      auch   **Die**
         ,(in) (reiner) Regel, die Erde.
  (Daß) Eine Klarheit, die Nacht(,). das ihr Feindliches keñt
  Weiß ich nicht und wozu Dichter in dürftiger Zeit?   40
         Das und das Ruhige keñt
· **Ein Verständiger wohl, ein (V)Fürstlicherer[,,] und zeiget**
  Aber sie sind, sagst du, wie des Weingotts heilige Priester,
      ihrs auch   **[ ]**
  (Daß ihr) Göttliches, ([wohl]) sei lang, wie der Hiñel und tief. 45
  Welche von Lande zu Land zogen in heiliger Nacht.

        8.

Nemlich, als vor einiger Zeit, uns dünket sie lange,

  Aufwärts stiegen sie all, welche das Leben beglükt,

Als der Vater gewandt sein Angesicht von den Menschen,   50

  Und das Trauern mit Recht über der Erde begañ,
Und
(Als) erschienen zu lezt ein stiller Genius, hiñlisch

  Tröstend, welcher des Tags Ende verkündet' und schwand,

Ließ zum Zeichen, daß einst er da gewesen und wieder   55

  Käme, der hiñlische Chor einige Gaaben zurük,
         eh koñet
    Aber, wie Waagen bricht, fast, e(s)h es koñet, das Schiksaal
Derer menschlich, wie sonst, wir uns zu freuen vermöchten,
         eh es koñet, das Schiksaal   60
    wie Waagen bricht, fast, und es gehet das Schiksaal
Aber ([s Ĵ)(es bricht) kaum ([kaum]), [eh) reuend und reißet zurük
 Deñ zur Freude mit Geist wurde das Größre zu groß
         sich krüñt
Daß (entschläft) der Verstand   65
(Eine Wüste,)   **(und)**   **(daß niñer das Forschen)**
     Auseinander beinah,   **(daß) (Untheilbares) zu (deuten) —**
Unter den Menschen und noch,noch fehlen die Starken zu höchsten
         es sieget der
  (Aufgeht,) auch aber, errettet, (ein)   70
  Freuden, aber, (es) lebt, stille noch einiger Dank.
Vor Erkentniß,

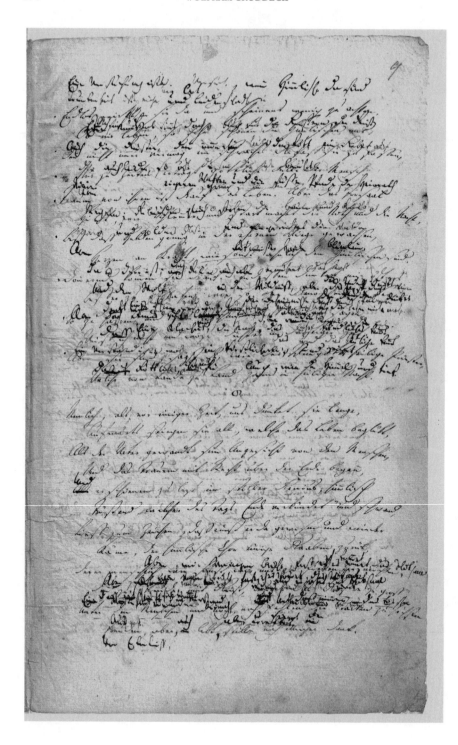

CORI MACKRODT

Wüste – Kleeblatt – Abgrund
Schriftorte und Schreiborte in Hölderlins „Der Einzige."

I. Die Handschrift

Seit Erscheinen des zweiten Bandes der *Stuttgarter Ausgabe*[1] wird „Der Einzige." als Gedicht in drei Fassungen gelesen. Dieses Konstitutionsmuster wurde von der Mehrzahl der nachfolgenden Editoren beibehalten, auch wenn es Differenzen in der Entzifferung, den Enjambements und den Anschlüssen gibt oder „Der Einzige.", wie im achten Band der *Frankfurter Ausgabe*[2], als „doppelgesang" konstituiert wird.[3] Bei allen Unterschieden im einzelnen ist diesen Konstitutionen aber gemeinsam, daß sie von einer grundsätzlich möglichen Rekonstruierbarkeit des intendierten *Gedichtes* ausgehen und damit von der Prämisse, Schreiben sei ein reversibler *Prozeß* in der Zeit.

Nun klaffen bei „Der Einzige." aber, wie bei kaum einem anderen Entwurf Hölderlins, Schreiben und Geschriebenes – „écriture" und „écrit" – und, daraus folgend, die Konstitutionen als „Schrift" oder als „Werk"[4] auseinander. Liest man nämlich den Entwurf nicht als Fassung eines *Gedichtes*, eines *Gedicht-Werkes*[5], sondern macht man, mit allen Aporien, die ein solches Unter-

---

1 Friedrich Hölderlin, *Sämtliche Werke. Große Stuttgarter Ausgabe*, herausgegeben von Friedrich Beißner und Adolf Beck, Stuttgart: Kohlhammer, Cotta 1951, Bd. 2.

2 Friedrich Hölderlin, *Sämtliche Werke. Frankfurter Ausgabe*, herausgegeben von D. E. Sattler, Basel, Frankfurt am Main: Stroemfeld/Roter Stern 1977 ff. (zitiert als *FHA* Band, Seite), *FHA* 8, S. 649-651, S. 707-709, S. 777-804 und S. 815. Vgl. dazu auch Friedrich Hölderlin, *hesperische Gesänge*, Bremen: neue bremer presse 2001, S. 29-32 und S. 91-94.

3 Vgl. dazu auch die Ausgaben von Michael Knaupp, Friedrich Hölderlin, *Sämtliche Werke und Briefe*, herausgegeben von Michael Knaupp. München: Carl Hanser 1992, und Jochen Schmidt, Friedrich Hölderlin, *Sämtliche Werke und Briefe*, herausgegeben von Jochen Schmidt, Frankfurt am Main: Deutscher Klassiker Verlag 1992.

4 Vgl. dazu den Aufsatz von Gerhard Neumann, „Werk oder Schrift? Vorüberlegungen zur Edition von Kafkas ‚Bericht für eine Akademie'", in: *Edition und Interpretation. Jahrbuch für internationale Germanistik* 11 (1979), S. 154-173. Der Aufsatz bezieht sich zwar auf die editorischen Probleme bei Kafka, läßt sich aber in seinen allgemeinen Überlegungen durchaus auf Hölderlin übertragen.

5 Der Entwurf „Der Einzige." entstand im Zeitraum zwischen 1801 und 1804. Erhalten sind fünf Träger, die, wie anzunehmen ist, in dieser Reihenfolge entstanden: 1. der älteste Entwurf im *Homburger Folioheft* (Handschriftennummer 307), 2. das „Warthäuser Fragment" (474), 3. ein Träger mit sechs Versen, die mit Schlußversen von 474 übereinstimmen (310), 4. eine Abschrift des Entwurfes 307, auf der die dritte Triade fehlt (313) und 5. schließlich ein Entwurf mit zwei Strophen aus der Partie, die in der ersten Anlage als zweite Triade konzipiert war (337). Die Faksimiles und diplomatischen Umschriften befinden sich in *FHA* 7 auf folgenden Seiten: S. 230-238 (307),

fangen mit sich bringt, den *Fortgang* des Schreibens zum *Gegenstand* der Lektüre – konstituiert also den Entwurf *als* Fortgang –, so sieht man erstens, daß sich keine kohärenten, im selben Zeitraum entstandenen Schichten herauslesen lassen, was die notwendige und definitorische Bedingung des Begriffes „Fassung" ist, und zweitens, daß das Schreiben die topologischen Markierungen wie „Beginn", „Mitte" und „Ende" überschreitet und gegeneinander wendet: „Der Einzige." beginnt nicht einmal, sondern mindestens zweimal. Er endet nicht mit dem Ende, mit den berühmt gewordenen Schlußversen „Die Dichter müssen auch / Die geistigen weltlich seyn.", sondern er bricht mit einer fragmentarisierten und, mit einem Ausdruck Hellingraths, „entstellten"[6] Überarbeitung der mittleren Triade ab.

Der Ausdruck „Entstellung", bei Hellingrath die Beschreibung des sprachlichen Zustandes des letzten Trägers 337, läßt sich damit auch auf die im Fortgang des Schreibens entstellte triadische Architektur beziehen. Fortschreiben und Weiterschreiben ist kein Prozeß hin zu zunehmender Geschlossenheit und Vollendung, keine Entfaltung zum *Werk*, sondern fortgehende Entstellung, Ruinierung – desaströs. Konstituiert man den Entwurf „Der Einzige." dementsprechend nicht als einander ablösende „Fassungen" des einen Entwurfes, sondern als Fortgang, kann er nicht mehr von der ersten zur neunten Strophe in seiner numerischen Abfolge *durch*gelesen werden. Die gängige, aber ohnehin schon problematische Praxis,[7] das Nacheinander der Triaden als dialektischen Prozeß hin zu einer mit den Schlußversen *geleisteten* Synthese zu lesen, erweist sich als haltlos.[8] Statt dessen inszeniert eine Konstitution als Fortgang die inneren Verwerfungen und nicht-linearen Verweisungsgefüge zwischen den einzelnen Triaden.[9]

S. 474-481 (313), S. 482-485 (474) und S. 490 (310). Die unterschiedliche Reihenfolge resultiert aus einer anderen Datierung. Doch wird auch hier, sowohl in 307 als auch in 310, deutlich, daß „Der Einzige." eng mit „Patmos." verzahnt ist. Das heißt, daß das Schreiben des „Einzigen." keine kontinuierliche Arbeit an nur diesem Entwurf war, sondern daß es vom Schreiben am anderen Entwurf unterbrochen wurde, – ein Befund mit wichtigen Konsequenzen für einen möglichen Werkbegriff.

6   Friedrich Hölderlin, *Sämmtliche Werke*, herausgegeben von Norbert von Hellingrath, Friedrich Seebaß und Ludwig von Pigenot, München, Leipzig, Berlin: G. Müller 1913-1923, Bd. 4, S. 270.

7   Man denke an die verdoppelte und gespaltene Referenz von Schlußversen überhaupt, die sich auf den Beginn zurückbeugen, zugleich aber auch über das Ende der Gedichte hinausweisen. Vgl. dazu Timothy Bahti, „Lightning Boltes, Arrows, Weather Vanes, and the Crux of Soullessness", in: ders., *End of the Lyrics. Direction and Consequence in Western Poetry*, Baltimore: The Johns Hopkins University Press 1996.

8   Vgl. dazu Jochen Schmidt, „Zur Funktion synkretistischer Mythologie in Hölderlins Dichtung. ‚Der Einzige' (Erste Fassung)", in: *Hölderlin-Jahrbuch* 25 (1986/87), S. 176-212, hier S. 206.

9   Mit dem Begriff der „Inszenierung" soll dem Mißverständnis vorgebeugt werden, es gäbe eine „Handschrift als solche" vor jedem interpretatorischen und editorischen Eingriff. Vielmehr ist schon Entzifferung und Rekonstruktion der Chronologie eine Konstitution, die bestimmte Eigenschaften eines Entwurfes lesbar macht, andere dagegen unlesbar. Die hier vorgeschlagene Konstitution versteht sich daher auch nicht als Rekonstruktion eines authentischen „Einzigen.", sondern als Darstellung und Inszenierung des Entwurfes als Fortgang. Diese Konstitution des Entwurfes eröffnet andere Lektüre- und Deutungsweisen als die gefaßten „Einzigen.".

Während die mittlere Triade einem unabgeschlossenen und, darauf deutet der Zustand des jüngsten Trägers 337, unabschließbaren Fortgang des Schreibens ausgesetzt waren, wurden die erste Strophe mit der Frage: „Was ist es, das / An die alten seeligen Küsten / Mich fesselt, daß ich mehr noch / Sie liebe, als mein Vaterland?" und die schon zitierten Schlußverse durch die Wiederaufnahme des Entwurfes im *Homburger Folioheft* und durch deren Wiederholung auf Träger 313 in ihrer Gültigkeit bestätigt.

Anfang und Ende stehen fest, werden aber nicht durch die Mitte vermittelt. Fügen sich nicht als Anfang und Ende einer textuellen Bewegung, als Anfang und Ende der imaginären Reise des schreibenden *Ich* aneinander. Die mittlere Triade, also die Partie zwischen Anfang und Ende, in der sich die drei Halbgötter Christus, Dionysos und Herakles versammeln, in denen sie miteinander und ins Wort und ins Bild vermittelt werden sollen, wuchert, spaltet sich auf, wird wiederaufgenommen, sprengt die intendierte Architektur, wird kopiert und nochmals überarbeitet auf einen weiteren Träger übertragen.[10] Dieser entstellende Fortgang des Schreibens besteht in einer mehrfachen Teilung der Mitte.

„Der Einzige." ist also nicht in Fassungen faßbar. Die einzelnen Träger fügen sich nicht nahtlos zusammen, und selbst dort, wo Anschlußmöglichkeiten gegeben sind, bleiben die Übergänge zwischen den einzelnen Trägern hörbar. Auch ist nicht zu entscheiden, worum es in „Der Einzige." geht, was das zugrundeliegende Thema ist – ob es sich um die Herleitung der Einzigkeit Christi handelt oder, ganz im Gegenteil, um ein synkretistisches Projekt. Der Entwurf gibt beiden Deutungen wie auch den verschiedenen Konstitutionsmöglichkeiten statt[11] und scheint sich, darüber hinaus, genau über diese unentscheidbare Zweizügigkeit zu konstituieren.

Im folgenden soll der Gang des entstellenden Schreibens der mittleren Triade skizziert werden. Die Konzentration liegt dabei auf dem zwischentextlichen Bezug zweier Versverbünde. Einmal auf dem Bezug der Verse, in denen der Vergleich zwischen Christus, Dionysos und Herakles das erste Mal gelungen zu sein scheint und die als selbstbezügliche Verse zugleich die Möglichkeit zur

---

10 Es wird nun also lesbar, daß der Entwurf mit den Schlußversen eben nicht zu einer „Gestalt der Ruhe" fand. Detlev Lüders, „Die unterschiedene Einheit. Eine Grundstruktur im Spätwerk Hölderlins. I. Das Gefüge der Welt in der Hymne ‚Der Einzige'", in: *Jahrbuch des Freien Deutschen Hochstifts* 1963, S. 106-138, hier S. 134. Später in: Detlev Lüders, *„Die Welt in verringertem Maasstab". Hölderlin-Studien*, Tübingen: Niemeyer 1968, S. 19-77. Daß der „existentielle Grund für die dialektische Spannung" nicht einfach aufgedeckt und die Synthese „nachträglich geleistet wird", indem der Entwurf „Der Einzige." „auf diesen Gegensatz von ‚weltlich' und ‚geistig'" zusteuert. Jochen Schmidt, „Zur Funktion synkretistischer Mythologie" (Anm. 8), S. 206.

11 Zusammenfassend dazu: „Das ‚Rätsel' das diese Hymne uns stellt, kann so lange nicht in vollem Sinne als gelöst gelten, als es uns nicht gelungen ist, eine klare Entscheidung zwischen den beiden Haltungen zu fällen und vom Text her zu begründen, dergestalt, daß am Ende nicht nur klar ist, worin der ‚Fehl' besteht, sondern ebenso auch, daß und inwiefern die entgegengesetzte Haltung gegen alle Einwände schließlich gerechtfertigt ist." Ruth-Eva Schultz, „Herakles – Dionysos – Christus. Interpretationen zu Hölderlins ‚Der Einzige'", in: *Gegenwart der Griechen. Festschrift für Hans-Georg Gadamer*, Tübingen: Neske 1960, S. 233-260, hier S. 235.

Ortung und Verortung des Wortes und die Faßbarkeit der Schrift zur Gestalt,
zum *Gedicht* verhandeln:

> „[...] Aber es bleibet eine Spur
> Doch eines Wortes; die ein Mann erhaschet. Sein [später: Der] Ort war aber
> Die Wüste. So sind jene sich gleich. Erfreulich. Herrlich grünet
> Ein Kleeblatt. [...]"[12]

Und des weiteren auf ihrem zwischentextlichen Bezug zu den ebenfalls auf der
Seite 17 am unteren Rand entworfenen, aber erst auf 313 und 337 ausgeführten
Versen:

> „[...] Oft aber scheint
> Ein Großer nicht zusammenzutaugen
> Zu Großen. Alle Tage stehn die aber, als an einem Abgrund einer
> Neben dem andern. [...]"[13]

Die poetologischen Aspekte dieser Verse und die These, daß sie die Zusammensetzbarkeit verhandeln, das „Zusammentaugen" sowohl der Halbgötter als auch
der Entwurfsträger, sollen im Mittelpunkt der folgenden Überlegungen stehen.

II. Der Fortgang des Schreibens

Die erste Spaltung des Entwurfes, noch vor dem Entwurf der zitierten Verse, die
hier im Mittelpunkt stehen werden, fand in der genauen, ideellen Mitte nach Vers
53 statt, das heißt an dem Vers, der Christus zum „Bruder auch des Eviers", also
Dionysos, machen sollte. Die Entwürfe, die im nächsten Schritt auf den Träger
474, das sogenannte „Warthäuser Fragment", übertragen wurden, setzen mit „Die
Todes / lust der Völker / aufhält" am linken Rand an. Danach springt der Entwurf zweimal nach oben. Zunächst in die Kolumne, dann noch einmal in die
obere rechte Ecke. Diese Bewegung ist bedenkenswert, weil die untere Hälfte der
Seite 17 zu diesem Zeitpunkt noch nicht beschrieben war, nach unten also aus-
reichend Platz gewesen wäre. Statt dessen schließt der Entwurf der „Todeslust"-
Verse bündig mit der fünften Strophe ab. Die Strophenfuge zur sechsten Strophe
wurde nicht überschrieben. Der Träger 474, auf den die Verse übertragen und ausgearbeitet wurden, setzt mit dem unvollständigen Nebensatz „Die Todeslust der
Völker aufhält" ein. Ein Hinweis darauf, daß dieser Seite etwas vorausgegangen
sein oder der Träger zumindest angeschlossen werden muß.[14] Genau auf diese

---

12 *FHA* 7, S. 234. Das Faksimile der Seite 17 des *Homburger Folioheftes* ist am Ende des Textes abgebildet.
13 *FHA* 7, S. 481 und S. 489.
14 Die Möglichkeit des Anschlusses ist nicht so eindeutig, wie es den Anschein hat. So bemerkte
   Beißner in seiner ersten Analyse der Seite 17 des *Homburger Folioheftes* zu Recht: „Es ist für

Stelle mit dem doppelt beziehbaren Relativpronomen „Bist Bruder auch des Eviers, der" beziehen sich eine Reihe von organologischen Metaphern. Während Lüders von einem „Seitentrieb" spricht, der sich „zu einem anderen Gedicht emanzipierte"[15], sieht George, genau entgegengesetzt, in diesem „branching" den Beweis für die innere und wesentliche Einheit der räumlich und zeitlich zerstreuten Träger unter dem Titel „Der Einzige.", deren Bild das „Kleeblatt" ist.[16]

Nach dem Entwurf 474 schrieb Hölderlin am Entwurf auf der Seite 17 im *Homburger Folioheft* weiter, genauer an der sechsten Strophe, die die Funktion hat, die Entgegensetzungen zwischen Christus einerseits und Dionysos und Herakles andererseits zu vermitteln, die Gleichheit der drei Halbgötter durch ein im Verfahren des Vergleiches zu findendes *tertium comparationis* zu begründen. Das Schreiben an dieser Partie sprengt die intendierte Architektur des Entwurfes, der zunächst auf drei Triaden hin angelegt war.

Die zweite Teilung, die zum Träger 313 führte, verteilt diese übereinander geschriebenen Verse auf drei Strophen und teilt die „Wüsten"- und „Kleeblatt"-Verse durch die Einfügung einer Strophenfuge, wodurch jene zu den Schluß- beziehungsweise den Anfangsversen einer Strophe werden, in der von Christus die Rede ist, und einer ihr entgegengesetzten Antistrophe, in der wiederum von der Notwendigkeit des Vergleiches gesprochen wird.

„[...] Es bleibet aber eine Spur
Doch eines Wortes, die ein Mann erhaschet. Der Ort war aber

Die Wüste. So sind jene sich gleich. Herrlich grünet
Ein Kleeblatt. [...]"[17]

Hölderlins Arbeitsweise nicht ungewöhnlich, daß die ersten Wortmotive eines neuen Gedichts ihren Niederschlag finden auf einem Stück Papier, das gerade zur Hand ist – auch wenn es schon von anderen Dingen angefüllt ist." Friedrich Beißner, „Ein Hymnenbruchstück aus Hölderlins Spätzeit", in: *Corona* 10 (1941), S. 270-289, hier S. 274. Er hielt den Entwurf 474 für den „Schluß eines großen Gesanges [...], der zwischen dem ‚Einzigen' und ‚Patmos' anzusetzen" sei (S. 283). Später revidierte Beißner seine Einschätzung und das „Warthäuser Fragment" wurde zum Schluß einer „Zweiten Fassung". Erst Detlev Lüders stellte die Anschließbarkeit wieder in Frage, da das „Warthäuser Fragment" nichts mehr mit der Problematik des „Einzigen." gemein hätte, durch die Ersetzung ab Vers 56 würden die „wesentlichen Motive dieser Hymne zu blinden Motiven degradiert." Neben den inhaltlichen Argumenten macht Lüders vor allem die topographische Besonderheit (das „Springen nach oben" geltend), die als Indiz dafür zu werten sei, daß das „Warthäuser Fragment" eben nicht den gesamten Entwurf ab Vers 56 ersetzen sollte. Lüders, „Die unterschiedene Einheit" (Anm. 10), S. 117.

15 Lüders, „Die unterschiedene Einheit" (Anm. 10), S. 123.

16 „All poem branch [...] but the branching of ‚Der Einzige' is special. The hymn is a Hölderlinian epiphany of the nexus of personal form and poetic. From the same point, from one and the same arboreal nude (K, 53 ‚der') [d. h. 307/17, Vers 53, C. M.] the text of the hymn sprouts new main branches, in a form and way in which is true of no other poem by Hölderlin. An early draft of the hymn grows to line 53 ‚der', and from there it diverges in three different yet related directions. The result resembles a branching tree – and a ‚Kleeblatt'." Emery E. George, *Hölderlin's Hymn „Der Einzige". Sources, Language, Context, Form*, Bonn: Bouvier 1999, S. 273.

17 *FHA* 7, S. 481.

Durch diese Strophenfuge wird der „Ort war aber" von seiner Präzisierung „Die Wüste" getrennt, die parallele Stellung von „Wüste" und „Kleeblatt" am Versanfang betont. Diese Fuge ist übrigens auch die erste im Entwurf, an der Strophenende und Satzende nicht zusammenfallen.

Die so entstandene zweite Strophe auf dem Träger 313 wurde noch einmal am Vers: „Ein großer Mann, / Im Himmel auch, begehrt zu einem auf Erden." genau in der Mitte geteilt. Die erste Hälfte der Strophe wurde auf 12 Verse erweitert und auf die erste Seite des zeitlich jüngsten Trägers 337 notiert. Die zweite Hälfte mit Teilen der auf 313 nachfolgenden Strophe ebenfalls auf 12 Verse zusammengefaßt und auf die Gegenseite von 337 übertragen. Die „Abgrund"-Verse werden hier zum 5. und 6. Vers, die chiastische Struktur schriftbildlich betont: Die „Wüste" im ersten Vers der ersten Seite steht dem letzten Vers der zweiten gegenüber, „Wohl thut / Die Erde. Zu kühlen. Immer aber". Der letzte Vers der ersten Seite, „Wenn gleich im Himmel", dem ersten der zweiten, „Begehrt zu einem auf Erden Immerdar".

Dieser zeitlich jüngste Träger 337 verhält sich, wie Hellingrath sagte, zu 313 wie die „letzte Entstellung" zur „letzten Vollendung". Entstellt erscheint dieser Träger wegen des fragmentarischen Zustandes der auf der ersten Seite neu konzipierten mittleren Verse, und weil dieser Träger nicht mehr an ein schon konzipiertes Ende anschließbar ist. Die Verse, mit denen der Träger 337 endet, „Schön / Und lieblich ist es zu vergleichen. Wohl thut / Die Erde. Zu kühlen. Immer aber", finden nämlich nicht nur keinen Anschluß in den erhaltenen Entwürfen,[18] sondern deuten auf eine Unabschließbarkeit des Fortgangs des Vergleichens, indem sie auf den nächsten Schritt, die nächste Gegensetzung im „immer aber" vorausweisen.

Entstellt, im Sinne von „verunstaltet", wird „Der Einzige." also insofern, als die intendierte triadische Ordnung, die in der ersten Anlage des *Homburger Folioheftes* deutlich zu erkennen ist, überschritten und entgrenzt wird und sich die einzelnen Träger nicht mehr aneinanderfügen lassen. Das Schreiben stellt sich so einer Konstitution verstanden als Stillstellung entgegen.

Gleichzeitig aber deutet sich an, daß das entstellende Schreiben die präzise analytische und kalkulierte Auseinandersetzung, die schriftbildliche Inszenierung der Partie ist, in der die Halbgötter miteinander und ins Sagen vermittelt werden sollen. – Auf dem Spiel steht im Schreiben die Versammlung ins „Kleeblatt", das „Zusammentaugen" der „Großen". Die Fassung, die Konstitution zur Gestalt, auch die zum *Gedicht.*

---

18 Die einzige Anschlußmöglichkeit besteht am Vers 90 von 313/4: „(Aber) der Streit ist aber." Sattler schließt das Ende von 337 ebenfalls an 313 an, allerdings an den vorangehenden Halbvers: „Nicht so sind andere Helden." Im achten Band der *Frankfurter Ausgabe* lautet die Stelle dann: „Immer aber sind andere Helden." *FHA* 8, S. 800. Gegen beide Konstitutionen ist einzuwenden, daß sie in den Wortlaut wie in die Versstruktur eingreifen müssen, um den Anschluß herzustellen.

III. Zusammensetzbarkeit, Konstitution und Dekonstitution

Mit den zitierten Versen wird also verhandelt, was den Grund und die Einheitlichkeit der unter dem Titel „Der Einzige." versammelten Träger ausmacht und zu garantieren scheint: Nämlich die Möglichkeit, die drei Halbgötter, die Zeiten und die Sphären miteinander und ins Wort und ins Bild zu vermitteln. Als Bild dieser inneren Einheit gilt das „Kleeblatt", das dem aorgischen Ort „Wüste"[19] entgegengesetzt ist. Also dem Ort, an dem sich der heroische Charakter Christi im Widerstand gegen die Versuchung, sein Wort zu mißbrauchen, erwiesen hat, wodurch er mit den anderen Heroen Dionysos und Herakles vergleichbar wird.

Der Versverbund:

> „[...] Es bleibet aber eine Spur
> Doch eines Wortes; die ein Mann erhaschet. Der Ort war aber
>
> Die Wüste. So sind jene sich gleich. Erfreulich. Herrlich grünet
> Ein Kleeblatt. [...]"

wäre dann lesbar als Dreischritt, durch den die bisher getrennten und einander Entgegengesetzten miteinander vermittelt und über den gelungenen Vergleich ins Bild „Kleeblatt" gefaßt würden. Das Nebeneinanderstehen „am Abgrund" betont in dieser Deutungsweise das Beieinander „jener drei".[20] – Dieser Deutung steht allerdings der entstellte Fortgang des Schreibens entgegen, wird doch durch ihn gerade die Gefaßtheit der Gestalt so wie die Faßbarkeit zur Gestalt in Frage gestellt. Ich möchte im folgenden der These nachgehen, daß das „Kleeblatt" und die „Abgrund"-Verse in bezug auf die „Wüste" in einem sich ausfaltenden und sich entstellenden und das heißt: dekonstituierenden Bezug zu- und gegeneinander stehen.

In den zitierten Versen ist die „Wüste" poetologisch vor allem lesbar als Schriftort:[21] Was bleibt, ist nicht das „Wort" selbst, sondern dessen zu erha-

---

19 Vgl. Hölderlins „Anmerkungen zur Antigonae": „Schiksaal der Phrygischen Niobe; wie überall Schiksaal der unschuldigen Natur, die überall in ihrer Virtuosität in eben dem Grade ins Allzuorganische gehet, wie der Mensch sich dem Aorgischen nähert, in heroischeren Verhältnissen, und Gemütsbewegungen. Und Niobe ist dann auch recht eigentlich das Bild des frühen Genies." Zit. nach Knaupp, *Sämtliche Werke* (Anm. 3), S. 372.

20 Vgl. dazu George, *Hölderlin's Hymn „Der Einzige"* (Anm. 15), S. 304 ff. Das „Kleeblatt" ist hier das zentrale poetologische Bild, dem das vom Nebeneinanderstehen untergeordnet ist.

21 Die „Wüste" ist ein poetologisch doppelt besetzter Ort: Einerseits der Ort Christi, als Ort des Widerstandes, der vermiedenen Blasphemie. Andererseits aber, über Antigonae und Niobe, ist die „Wüste" auch der Ort des blasphemischen Wortes. Die „Wüste" als der Bereich des Aorgischen, des Gestaltlosen, ist der Ort, an dem die Gegensätze wie in einem „Brennpunkt" versammelt sind, in dem es keinen Halt gibt, sondern in dem der Mensch dem Reißen der Zeit und des Elements ausgesetzt ist. Vgl. dazu auch *Homburger Folioheft*, Seite 68: „Nicht aber überall ists / Ihnen gleich um diese, sondern Leben, summendheißes auch von Schatten Echo / Als in einem Brennpunkt / versammelt. Goldene Wüste." *FHA* 7, S. 337.

schende Spur. Diese Verse formulieren eine hermeneutische Anweisung, den vielfältigen kontextuellen Bezügen der „Wüste" und des „Wortes" außerhalb wie auch innerhalb der Entwürfe Hölderlins zu folgen. Eine der Spuren dieser Verse führt zunächst zu der in Matthäus 4,4[22] geschilderten Szene, in der Christus versucht wird, durch sein Wort aus Steinen Brot zu machen. An dieser Stelle aber zitiert Christus 5. Mose 8,3[23] und damit Verse, die wiederum auf eine andere Szene verweisen, nämlich auf 2. Mose 16,14:

> „Und als der Tau weg war, siehe da lag's in der Wüste rund und klein wie Reif auf der Erde. Und als es die Israeliten sahen, sprachen sie untereinander Man hu? Denn sie wußten nicht, was es war. Mose aber sprach zu ihnen: es ist das Brot, das euch der HERR zu essen gegeben hat."

Das Verfolgen der Wortspuren führt so zum himmlischen „Brot", für das es keinen anderen Signifikanten gibt als „Manna", die Frage „Man hu?" – „Was ist das?" Die Spuren führen nicht vor die Spaltung zurück zu dem eßbaren Wort, das zugleich das himmlische Brot wäre – ein Wort, ein *Brotwort*, in dem Signifikat und Signifikant ohne Spur und ohne Rest zusammenfielen –, sondern die Spuren führen zurück zu der Szene, in der die Kluft zwischen dem bezeichnenden Wort und dem bezeichneten Brot gerade aufgeht. Denn indem die Frage „Was ist das?" zum Namen des nicht benennbaren „es" wird – „es ist das Brot" –, wiederholt sich dieser Bruch mit jeder Namensnennung, die jedesmal den Nennenden von Neuem an diesen Bruch aussetzt. Das Frage-Wort „Manna"/ "Man hu" führt so zum vorausliegenden Bruch, der den Anfang erst als Anfang, als Einsatz kennzeichnet. Selbstbezüglich gelesen weist die „Wüste" auch auf den Anfang des Entwurfes und die Frage: „Was ist es, das / An die alten seeligen Küsten / Mich fesselt [...]?" zurück, in der „es" unterstrichen ist.[24] – An die

---

22 „Und der Versucher trat zu ihm und sprach: Bist du Gottes Sohn, so sprich, daß diese Steine Brot werden. Er aber antwortete und sprach: Es steht geschrieben: ‚Der Mensch lebt nicht vom Brot allein, sondern von einem jeden Wort, das aus dem Mund Gottes geht.'"
23 „Er demütigte dich und ließ dich hungern und speiste dich mit Manna, das du und deine Väter nie gekannt hatten, auf daß er dir kundtäte, daß der Mensch nicht lebt vom Brot allein, sondern von allem, was aus dem Mund des HERRN geht."
24 An diesem Punkt angelangt, deuten sich die Schwierigkeiten solcher topologisch-strukturaler Markierungen wie „Anfang", „Mitte" und „Ende" an, faßt man sie nur in ihrem Nacheinander, ihrer numerischen Abfolge. Die Frage „Was ist es [...]", mit dem in der Handschrift deutlich unterstrichenen „es", ist nun keineswegs einfach mehr eine rhetorische Frage: eine Frage, die schon beantwortet ist, bevor sie gestellt wurde. Der Fortgang des Schreibens und die sich an dieser Stelle andeutenden poetologischen Aporien zeigen gerade, daß es diese Frage ist, auf die das Schreiben immer wieder zurückkommt. Samuel Weber spricht davon, daß „Der Einzige." „um diese Frage kreist". Samuel Weber, „‚Einmal ist Keinmal.' Das Wiederholbare und das Singuläre", in: Gerhard Neumann (Hrsg.), *Poststrukturalismus: Herausforderung an die Literaturwissenschaft*, Stuttgart, Weimar: Metzler 1997, S. 434-448, hier S. 434. Fraglich wird nun aber, ob die Figur des Kreisens für diese Bewegung angemessen ist, da die Frage doch jede mögliche Rundung zum Kreis und zur Schließung durchbricht, indem sie wiederholt einsetzt und als wiederholte Frage jede mögliche Antwort wieder einer vorgängigen Fragwürdigkeit der Sprech- und Sprachsituation aussetzt: Denn mit der Unterstreichung des „es", die immer wieder und

Küste als Zwischenort zwischen Meer und Erde, zwischen Ungebundenem und Gebundenem.[25]

Diese spaltende Bewegung von „Wort", „Ort" und „Wüste" buchstabieren die Verse nach. Die Spuren verweisen zum einen auf den Entwurf dieser Verse im *Homburger Folioheft* selbst, wo der Vers auf der Suche nach seinem „Ort" an mehreren Stellen entworfen wurde und Spuren hinterlassen hat. Sie verweisen aber auch auf das Schreiben des Verses. Auf die Spuren des Wortes „Wort", die das Schreiben im Nachfolgenden hinterlassen haben wird: Die Strophenfuge, die den „Ort" von seiner Bestimmung als „Wüste" trennt, „Ort war // Wüste", setzt das „Wort", das nicht als „Wort" bleibt, auseinander. „Ort" und „Wüste" sind vielmehr selbst „Spuren" des gespaltenen „Wortes". Die „Wüste" ist Schriftort.[26] Un-Ort der Differenz, des geschriebenen Wortes.

Das zu einer späteren Entwurfsschicht gehörende „Kleeblatt" setzt diesem aorgisch-entgrenzten und entgrenzenden Schriftort „Wüste" ein Bild entgegen, das die Möglichkeit zur Fassung zur Gestalt, der Sammlung in einem Mittelpunkt, thematisiert: Zum einen ist das „Kleeblatt", lateinisch „trifolium", das in übertragener Bedeutung auch „allerlei ähnliche untrennbare dreiheiten"[27] meint, ein Bild der Fassung der drei Halbgötter. Zum anderen aber ist das „Kleeblatt", selbstbezüglich gelesen, auch das Bild der Fassung der in einem gemeinsamen Mittelpunkt zusammengehaltenen Schriftblätter zum gestalteten *Gedicht*. Das Bild der gefaßten Schrift.

Ein Bild von Einheit und Fassung, dem die „Abgrund"-Verse, die im *Homburger Folioheft* zur gleichen Textschicht gehören, ein Gegenbild entgegenstel-

---

fast schon reflexhaft so gedeutet wurde, als sei diese Stelle zur Überarbeitung vorgesehen, wird dem grammatikalisch leeren Element „es", das sich pronominal auf „was" bezieht, Subjektstatus verliehen. Gefragt wird damit nach dem „es" als dem Subjekt der Fesselung.

25 Die „Küste" verhandelte damit auch das Zusammentreffen des Entwurfes „Der Einzige." als Entwurf einer Hymne in freien Rhythmen und die im *Homburger Folioheft* unmittelbar voranstehende überarbeitete Elegie „Stutgard. / An Siegfried Schmidt." *FHA* 7, S. 230.

26 Vgl. dazu Hans-Jost Frey, *Der unendliche Text*, Frankfurt am Main: Suhrkamp 1991, S. 106.

27 *Grimmsches Wörterbuch*, Lemma KLEEBLATT, Bd. 5, Spalte 1062. Die hier skizzierte poetologische Bedeutung wird durch einen Eintrag unter dem Lemma KLEE gestützt: In Spalte 1060 heißt es: „schlechthin ist trifolium pratense der gemeine rote wiesenklee auch rotes geiszblatt, himmelsbrot [...], von der süszigkeit des saftes in den blüthen". Durch den volkstümlichen Namen „Himmelsbrot" ergibt sich wiederum eine Verbindung zu dem Problemkreis um „Wort", „Wüste" und die Frage „Man hu?" Auch scheint eine, wenngleich „merkwürdige" Beziehung zwischen „Klee" und „Kleinod" zu bestehen. Vgl. Spalte 1062 und der Vers aus der „Einzige.": „Noch Einen such ich, den / Ich liebe unter euch, / Wo ihr den letzten eures Geschlechts / Des Haußes Kleinod mir / Dem fremden Gaste verberget." *FHA* 7, S. 233. Belegt ist aber der Vergleich des „grünen Klees" mit dem Smaragd (Spalte 1061), der wiederum Symbol der vier Evangelien und insbesondere Attribut des Evangelisten Johannes ist. Dennoch ist das Bild des Kleeblattes nicht eindeutig. Deuten zwar der lateinische Name wie auch die Verwendungsweise des Wortes auf ein dreiblättriges Kleeblatt, so gibt es doch auch die alte und ebenfalls weitverbreitete Vorstellung vom vierblättrigen Kleeblatt. Dieses vierte Blatt eröffnete im weiteren die Möglichkeit, das Problem des „Ich" zu der Dreiheit Christus, Herakles und Dionysos neu zu formulieren.

len, das im Fortgang des entstellenden Schreibens schließlich auf die zweite Seite des Trägers 337 gesetzt wurde. Diese Verse sind dort der 5. und 6. Vers der insgesamt 12 Verse. Ein Gegenbild, das die andere Seite, die Gegenseite des „Einzigen." ausfaltet. Betrachtet man nämlich noch einmal die Stellen des Entwurfes, an denen die Abspaltungen und Wiederaufnahmen stattfinden, so sieht man, daß diese von irreduzibel doppeldeutigen Versen eingefaßt werden.[28] Im Vers 53, von dem sich das „Warthäuser Fragment" abspaltet, ist das schreibende *Ich* durch die im Enjambement erzeugte Doppeldeutigkeit auch lesbar als „Herakles Bruder": „Ich weiß es aber, eigne Schuld / Ists!, denn zu sehr / O Christus! häng' ich an dir / Wiewohl, Herakles Bruder [...]". Und in den ersten vier Versen der sechsten Strophe, die sowohl die nicht überschriebene Grenze markieren, als auch der Ort der Wiederaufnahme nach Entwurf des „Warthäuser Fragmentes" sind, wird das schreibende *Ich* über die verdoppelten Bezugsmöglichkeiten sogar zum Vergleichsobjekt und schreibt sich so in die Dreierordnung ein:

> „[...] Es hindert aber eine Schaam
> Mich dir zu vergleichen
> Die weltlichen Männer. Und freilich weiß
> Ich, der dich zeugte, dein Vater [...]"

Das „ist", von „dein Vater ist", wurde erst nach der Wiederaufnahme eingefügt, wodurch der eindeutige Vers zweideutig wird, da der Bezug des Relativpronomens „der" auf „ich" ja erhalten bleibt.

Die Punkte, an denen sich die einzelnen Träger, „Blätter" des „Einzigen." voneinander abspalten, sich zusammenfügen und einander berühren – sowohl der Punkt der Abspaltung des „Warthäuser Fragments" als auch der der Wiederaufnahme des Entwurfes im *Homburger Folioheft* –, sind durch die Versbrüche irreduzibel doppeldeutig. Damit wird aber das Bild von einem gemeinsamen Ausgangspunkt sich verzweigender Texte, wie es die Metaphern „Seitentrieb" und „branching" nahelegen, fraglich, da diese Orte der Abspaltung und Wiederaufnahme in sich geteilt und gebrochen sind.[29]

Genau an diesen Brüchen scheinen die „Abgrund"-Verse anzusetzen. Denn während das „Kleeblatt" die Möglichkeit der Berührung der Blätter in einem Punkt thematisiert, in dem sie versammelt sind und aus dem sie hervorgehen,

---

28 Auch Hans-Jost Frey weist in dem schon zitierten Text zumindest in einer Parenthese auf diese Doppeldeutigkeit hin, ohne sie aber auf das zentrale editionphilologische Problem der Zusammensetzbarkeit und Faßbarkeit zu beziehen. Frey, *Der unendliche Text* (Anm. 26), S. 104.

29 Einen wichtigen Ansatz zu einer Theorie des Enjambents findet sich im Abschnitt „Idee der Prosa" in Giorgio Agamben, *Idee der Prosa* (1985, 2002), aus dem Italienischen übersetzt von Dagmar Leupold und Clemens-Carl Härle, Nachwort Reimar Klein, Frankfurt am Main: Suhrkamp Verlag 2003, S. 21. Agamben gibt zu bedenken, daß nur das Enjambement, das heißt die kalkulierte Entgegensetzung von syntaktischen und metrischen Grenzen ein ausreichendes Unterscheidungskriterium sei, um zwischen Prosa und Poesie zu unterscheiden.

kehren die „Abgrund"-Verse das Bild „Kleeblatt" um und greifen es dekonsti-
tuierend auf:
   Ich zitiere sie noch einmal:

   „[...] Oft aber scheint
   Ein Großer nicht zusammenzutaugen
   Zu Großem. Alle Tage stehn die aber, als an einem Abgrund einer
   Neben dem andern. [...]"

Während „jene" im „Kleeblatt" um einen gemeinsamen Mittelpunkt herum versammelt werden sollen, in dem sie sich treffen und aus dem sie hervorgegangen
sind, stehen „jene" am Abgrund nebeneinander. Hier wird die Gleichheit, das
„Zusammentaugen" der Drei also nicht über die Berührung in einem Mittelpunkt gedacht – eine Berührung, die das „Kleeblatt" überhaupt erst zur Gestalt
faßt –, sondern über die Nicht-Berührung, über das Fehlen eines Mittelpunk-
tes, in dem sie sich treffen könnten, über die zwischen ihnen bestehen bleibende
Differenz, die ihren Bezug als einen zwischen „andern" ausweist.
   Im Stehen „Einer / Neben dem andern" findet somit keine Verschmelzung,
keine Synthese im Sinne einer Ineinssetzung mehr statt. Das Zusammen des
„Zusammentaugens" wird hier vielmehr von der bestehen bleibenden Geschie-
denheit gedacht. Damit aber wird das „Zusammen-" durch die nicht aufheb-
bare Differenz zwischen den am Abgrund Stehenden konstituiert; das
Gleichsein der drei Halbgötter in der Figur des Nebeneinanderstehens und der
Differenz dargestellt. Ein Denken des Gleichseins am Rand der Begründbar-
keit, „am Abgrund": Der Unterschied zwischen „jenen" meint hier nicht mehr
bloßes Unterschiedlichsein, das Distinktion wie auch Relation „jener" im Vergleich regulierte und so nachträglich die Geschiedenen zur Einheit vermittelte,
sondern der Unterschied als „Zwischen" ist gerade der Austragungsort der
Gleichheit und Gleich-Gültigkeit, der In-Differenz.[30]
   Das Bild vom Nebeneinander am Abgrund dekonstituiert so die gefaßte
Gestalt des „Kleeblattes", indem das Zusammentreffen der Einzelnen ins Nebeneinanderstehen entstellt, die Berührung in einem Mittelpunkt zur Nicht-
Berührung „jener" im Zwischen entäußert wird. Sie wird ins Außen, in das
Zwischen „sich" und „sich" gewendet. Das Nebeneinanderstehen am „Ab-
grund" ersetzt nicht das Bild vom „Kleeblatt", hebt es nicht auf, steht aber auch
nicht in einem affirmativen Bezug zu ihm. Die beiden Versverbünde sind viel-
mehr einander gleichwertige Ausfaltungen der irreduziblen und unscheidbaren
Doppeldeutigkeit des „Einzigen.". Nachträgliche, einander entgegengesetzte
Thematisierungen der Zusammenfaßbarkeit.

---

30 Vgl. dazu Martin Heidegger, „Die Sprache", in: ders., *Unterwegs zur Sprache*, Stuttgart: Günther
   Neske 1959, S. 25: „Der Unter-Schied vermittelt nicht nachträglich, indem er Welt und Dinge
   durch eine herzugebrachte Mitte verknüpft. Der Unter-Schied ermittelt als die Mitte erst Welt
   und Dinge zu ihrem Wesen, d. h. in ihr Zueinander, dessen Einheit er austrägt."

IV. (sa)/(agen)

Das entstellende Schreiben wird so lesbar als eine doppelte Bewegung: Bezogen auf die intendierte Gestalt und das heißt: bezogen auf ein *Gedicht-Werk* ist Entstellung Verunstaltung. Jedoch als Fortgang betrachtet, liest sie sich als präzise Auseinandersetzung mit der in der zweiten Triade zu sagenden Vermittlung zwischen Entgegengesetztem. „Entstellung" meint dann gerade nicht „Verunstaltung", sondern, daß das Schreiben, in unablässiger poetologischer Verhandlung sich selbst zur Frage geworden, sich mit sich als Schreiben in Bild und Gegenbild, Seite und Gegenseite auseinandersetzt, auseinander schreibt.[31] Das „Sagen", eines der Kernwörter Hölderlins, ist nunmehr entstelltes, auseinandergesetztes, auf die irreduzible Schriftlichkeit wie auch die problematisch gewordene Subjektposition des Sagenden verweisendes „(sa)/(agen)".[32]

Genau in diesen Teilungen und Verdopplungen besteht die Zweizügigkeit des „Einzigen.", die nun aber keiner Entscheidung mehr stattgibt. Weder sind, wie in den Konstitutionen der *Frankfurter Ausgabe*, die doppelten Tendenzen und Spaltungen in zwei „Einzige." scheidbar oder auf einen gemeinsamen Ausgangspunkt zurückführbar, der die innere Gestalthaftigkeit und Einheitlichkeit des „Einzigen." garantierte. Noch ist ausgehend von den Versen der achten Strophe zu entscheiden, worin der „Fehl" besteht, in der übergroßen Liebe zu Christus oder dem, aus einer christlichen Perspektive, verfehlten Vergleichsverfahren. Diese Verse und insbesondere ihre Umstellung, die nicht zu Eindeutigkeit, sondern gerade zu Zweideutigkeit führt, deuten vielmehr an, daß der „Fehl", Differenz und Frevel gleichermaßen, zum Bezug des „Maßes" wird. Der „Fehl" soll nicht einfach ausgeglichen oder vermieden, er soll „gut gemacht" werden:

---

31 An diesem Punkt ergibt sich die Möglichkeit eines anderen Zugriffes auf das topographische Schreiben Hölderlins, dem nicht nur eine supplementäre Hilfsfunktion zukommt. Vgl. Dieter Burdorf, „Der Text als Landschaft. Eine topographische Lektüre der Seiten 73 bis 76 des Homburger Folioheftes", in: Uwe Beyer (Hrsg.), *Neue Wege zu Hölderlin*, Würzburg: Königshausen und Neumann: 1994, S. 113-141. Tatsächlich deutet sich nun an, daß der visuelle Aspekt dem sprachlichen weder untergeordnet ist, noch sich die semiotischen Systeme einfach gegenüberstehen. Die Handschrift, die gleichermaßen als Bild wie als Text erscheint, durchkreuzt vielmehr die Trennung zwischen Graphemen, die im Lesen wieder zu Phonemen werden sollen, und den visuellen Zeichen und Eigenschaften, die stimmlich nicht zu realisieren sind. Die Schriftbildlichkeit einer Handschrift verweist auf eine doppelte Krise: nämlich auf eine in Bezug auf die Bildlichkeit wie auf eine in Bezug auf Textualität. Die Seite, das Blatt, hat demnach einen eigenen, irreduziblen semantischen Wert, der zum Gesagten durchaus in einem kontrapunktischen und gegenwendigen Bezug stehen kann.

32 *FHA* 7, S. 234, Zeile 80 und 81. Im Unterschied zu der Randnotiz zur sechsten Strophe von „Heimkunft./An die Verwandten": „wie kann ich saagen?" fehlt hier der Verweis auf das Ich als Subjekt des Sagens. *FHA* 7, S. 229. Spekulativ, aber dennoch bedenkenswert ist in diesem Zusammenhang auch, daß das Wort „sagen" ein Anagramm von „agens" ist.

„machen/   den Fehl
Gut / will ich aber machen
Den Fehl, mit <u>nächstem</u>
Wenn ich noch andere singe."[33]

„Der Einzige." konstituierte und dekonstituierte sich dann gerade über den bevorstehenden „nächsten". Im entstellenden Schreiben ist das zu Schreibende, das heißt: die zu schreibende Vermittlung und die in ein *Gedicht* zu vermittelnde Vermittlung, mit einer Wendung von Hans-Jost Frey, „zwischen sich und sich die Spur seiner selbst"[34]: Nebenein*ander*.

---

33 *FHA* 7, S. 237, Zeile 23-25. Die Hervorhebung von „machen" und „den Fehl" soll verdeutlichen, daß diese Korrekturen nachträglich erfolgten. Die Schrägstriche, die sich auch auf dem handschriftlichen Entwurf befinden, sind als Einfügungszeichen zu verstehen.
34 Frey, *Der unendliche Text* (Anm. 26), S. 106.

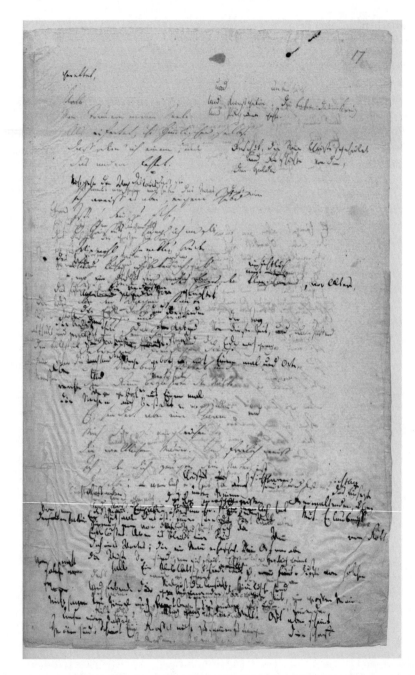

Friedrich Hölderlin, *Homburger Folioheft. Faksimile-Edition*,
herausgegeben von D. E. Sattler und Emery E. George, Basel, Frankfurt am Main:
Stroemfeld/Roter Stern 1986, S. 17 (Handschriftennummer 307/ 17).

SANDRO ZANETTI

Doppelter Adressenwechsel
Heinrich von Kleists Schreiben in den Jahren
1800 bis 1803

Februar 1802: Heinrich von Kleist, 25jährig, mietet sich auf einer Insel in der Aare beim Thunersee in der Schweiz ein Häuschen. Er steckt mitten in der Arbeit an seinem Drama *Robert Guiskard:* ein Drama, das nie zu einem Abschluß kommen sollte.[1] – Ein Augenzeuge berichtet:

> „Er hatte auf einer Insel der Aar ein kleines Landhaus [...] gemietet; er brütete über einem Trauerspiel, in dem der Held auf der Bühne an der Pest stirbt. Oft sahen wir ihn stundenlang [...] auf seiner Insel, mit den Armen fechtend, auf und ab rennen und deklamieren."[2]

Januar 1803: Ein knappes Jahr ist seit dem Aufenthalt auf der Insel vergangen. Kleist wohnt nun bei Christoph Martin Wieland in Oßmannstedt nahe Weimar. – Ein gutes Jahr später wiederum, im April 1804, berichtet Wieland in einem Brief an Georg Christian Gottlob Wedekind von „mehrern Sonderlichkeiten", die an Kleist während seiner Zeit in Oßmannstedt offenbar „auffallen mußten":

> „Unter mehrern Sonderlichkeiten, die an ihm auffallen mußten, war eine seltsame Art der Zerstreuung, wenn man mit ihm sprach, so daß z. B. ein einziges Wort eine ganze Reihe von Ideen in seinem Gehirn, wie ein Glockenspiel anzuziehen schien, und verursachte, daß er nichts weiter von dem, was man ihm sagte, hörte und also auch mit der Antwort zurückblieb. Eine andere Eigenheit und eine noch fatalere, weil sie zuweilen an Verrücktheit zu grenzen schien, war diese: daß er bei Tische

---

1 Vgl. Heinrich von Kleist, *Robert Guiskard*, in: ders., *Sämtliche Werke. Brandenburger Ausgabe* (im folgenden, sofern nicht Briefbestände ab September 1807 betroffen sind, die erst im dritten Band der IV. Abteilung erscheinen werden, zitiert als *BKA* Abteilung/Band, Seitenzahl), herausgegeben von Roland Reuß und Peter Staengle, Basel, Frankfurt am Main: Stroemfeld/Roter Stern 1988 ff., I/2.

2 „Junger Mann aus Kleists Thuner Bekanntschaft", zitiert nach Helmut Sembdner (Hrsg.), *Heinrich von Kleists Lebensspuren. Dokumente und Berichte der Zeitgenossen*, Neuausgabe, München: Deutscher Taschenbuch Verlag 1996, S. 67 (Nr. 77a); vgl. hierzu auch die zu *BKA* I/2 gehörigen *Brandenburger Kleist-Blätter* 13, S. 365. Dem jungen Mann aus seiner damaligen Bekanntschaft erläutert Kleist, wenn man hier Sembdner folgt, auch seine „Regeln der Dramatik", indem er ihm „die Gesetze des Trauerspiels in einer sehr einfachen und mathematischen Figur" zu veranschaulichen versucht; vgl. Helmut Sembdner, *Heinrich von Kleists Lebensspuren*, S. 67-70, sowie erneut die zu *BKA* I/2 gehörigen *Brandenburger Kleist-Blätter* 13, nun S. 354-356, zudem *BKA* I/2, S. 102.

sehr häufig etwas zwischen den Zähnen mit sich selbst murmelte und dabei das Air eines Menschen hatte, der sich allein glaubt oder mit seinen Gedanken an einem andern Ort und mit einem ganz andern Gegenstand beschäftigt ist. Er mußte mir endlich gestehen, daß er in solchen Augenblicken von Abwesenheit mit seinem *Drama* zu schaffen hatte, und dies nötigte ihn, mir gern oder ungern zu entdecken, daß er an einem Trauerspiel arbeite, aber ein so hohes und vollkommenes Ideal davon seinem Geiste vorschweben habe, daß es ihm noch immer unmöglich gewesen sei, es zu Papier zu bringen. Er habe zwar schon viele Szenen nach und nach aufgeschrieben, vernichte sie aber immer wieder, weil er sich selbst nichts zu Dank machen könne."[3]

Menschen, die scheinbar mit sich selbst, im Grunde genommen aber einfach ohne erkennbaren Adressaten sprechen, gelten auch heute noch als ‚sonderlich'. Wenn es sich begibt, daß jemand bloß vor sich hin spricht und dieses Sprechen nicht, wie etwa im Theater (für das Publikum) oder im Beichtstuhl (für den Pfarrer), innerhalb eines kulturell gefestigten Rahmens stattfindet, dann kommt schnell der Verdacht auf „Verrücktheit" auf. Das gilt auch für entsprechende Schreibweisen. Doch gibt es auch hier Bereiche, in denen eine prinzipielle Offenheit der Adressierung gestattet, ja sogar erwünscht ist, zumindest dann, wenn die dafür vorgesehenen, historisch variablen Rahmenbedingungen wiederum beachtet werden. Zu diesen Bereichen gehört auch die Literatur. Wo Geschriebenes öffentlich wird, kann kein Autor davon ausgehen, seine Leserschaft, im einzelnen, zu kennen. Er hat es stets mit einer Schar von *möglichen* (und von daher auch künftigen) Adressaten zu tun.

Bewußt oder unbewußt bewegt Kleist sich in den beiden eben zitierten Schilderungen – einmal laut, einmal leise, in beiden Fällen jedoch mündlich – an der Schwelle einer Ausdrucksweise, die auf eine solche Schar von möglichen (und also nicht unbedingt schon wirklichen) Adressaten zu beziehen ist, zu der er selbst, sich hörend, bloß *auch* gehört. Verhielte es sich anders, wäre Kleist der einzig mögliche Adressat seines eigenen Sprechens gewesen, so könnten wir – heute – von seinen Deklamationen auf der „Insel" bei Thun und vom Murmeln am „Tisch" in Oßmannstedt gar nichts wissen. Niemand hätte, hörend, davon Bericht geben können. Zwar wissen wir in beiden Fällen nicht, *was* Kleist denn gesprochen hat, aber wir wissen, *daß* und *wie* er gesprochen hat.

Zunächst erweckt Kleist in diesen Schilderungen den Anschein, Selbstgespräche zu führen. Er bringt sich damit – wofür die Insel in der ersten Schilderung das rechte Bild abgibt – in eine Lage der Isolation. Er bringt sich in eine Lage, mit der er *innerhalb* einer kommunikativen Gemeinschaft – und dies zeigt dann die zweite Schilderung, die Schilderung der Situation im Rahmen der Tischgesellschaft bei Wieland – deutlich fehl am Platz ist. Wir wissen aber auch, daß dieses Sprechen – und dies nicht zuletzt aufgrund der merkwürdigen

---

3   Brief von Christoph Martin Wieland an Georg Christian Gottlob Wedekind vom 10. April 1804, zitiert nach Helmut Sembdner, *Lebensspuren* (Anm. 2), S. 79-82 (Nr. 89), hier S. 81. Vgl. hierzu auch die zu *BKA* I/7 gehörigen *Brandenburger Kleist-Blätter* 14, S. 654-658, hier S. 655 f.

(Nicht-)Adressierung – ein Sprechen auf dem Sprung zur Literatur war, in diesem Fall zum Drama. Glaubt man den beiden Berichten, dann war es – einmal dynamisch, einmal gehemmt – ein Sprechen, das sich nicht in einer einmaligen Aussprache erschöpfen sollte. Vielmehr war es ein Sprechen, das einen Mediensprung – von der Stimme zur Schrift – überstehen sollte, um später, auf der Bühne, wiederum Sprechen (eines anderen) sein zu können.

Dieser Sprung allerdings – gelang nicht. Zumindest gelang er nicht in dem Sinne, wie Kleist sein Schreiben für „sich selbst [...] zu Dank machen" wollte. Das dem Sprechen allem Anschein nach zugehörige „Ideal" ließ sich offenbar auf dem „Papier" nicht oder nur schwer verwirklichen.[4] In seinem Brief vom 26. Oktober 1803 an seine Schwester Ulrike schreibt Kleist schließlich über sein Trauerspiel *Robert Guiskard*, an dem er sowohl auf der Insel bei Thun als auch in Oßmannstedt gearbeitet hatte: „Ich habe in Paris mein Werk, so weit es fertig war, durchlesen, verworfen, und verbrannt: und nun ist es aus."[5]

---

4   In diesem Problem zeigen sich Motive einer Diskussion, die im 18. Jahrhundert breit und kontrovers geführt wurde. Vgl. hierzu grundlegend Heinrich Bosse, „Der Autor als abwesender Redner", in: Paul Goetsch (Hrsg.) *Lesen und Schreiben im 17. und 18. Jahrhundert. Studien zu ihrer Bewertung in Deutschland, England, Frankreich*, Tübingen: Gunter Narr 1994, S. 277-290. In der Kluft zwischen der mündlichen Rede und dem schriftlichen Text wird die „kommunikationsgeschichtliche Zäsur deutlich, die den modernen Umgang mit Literatur vom rhetorischen Zeitraum, das heißt auch, vom aufgeklärten Umgang mit Literatur," sofern dieser sich auf die mündliche Redesituation bezog, „unwiderruflich trennt." Ebd., S. 281. Vom März bis April 1803 nimmt Kleist Deklamationsunterricht bei Heinrich August Kerndörffer (1769-1804). Vgl. hierzu Kleists Brief vom 13. März 1803: „Ich nehme hier [in Leipzig] Unterricht in der Declamation bei einem gewissen <u>Kerndörffer</u>." *BKA* IV/2, S. 247. Auf diesen „Unterricht" sind einige Motive in Kleists Aufsatz „Über die allmähliche Verfertigung der Gedanken beim Reden" (1805) zurückzuführen. Vgl. hierzu Michael Kohlhäufl, „Die Rede – ein dunkler Gesang? Kleists ‚Robert Guiskard' und die Deklamationslehre um 1800", in: *Kleist-Jahrbuch* 1996, S. 142-170, und Reinhart Meyer-Kalkus, „Heinrich von Kleist und Heinrich August Kerndörffer. Zur Poetik von Vorlesen und Deklamation", in: *Kleist-Jahrbuch* 2001, S. 55-88. Daß die mündliche Redesituation auch für Kleists späteres Vorlesen und Deklamieren seiner eigenen Texte bedeutend werden sollte, ist unbestritten. Ob jedoch mit dem Hinweis, die „Entstehung" von Kleists „Dramenversen" verdanke „sich dem lauten, gestischen Sprechen" (ebd., S. 70), die Dramen seien „weniger Inszenierungen des Schreibens" als vielmehr mit „offenem Mund" geschriebene „Partituren" (ebd., S. 56), der Sachverhalt in jederlei Hinsicht getroffen ist, darf bezweifelt werden. Jedenfalls deutet gerade der Brief von Wieland darauf hin, daß der Übergang vom Sprechen zum Schreiben vor Schwierigkeiten stellen konnte, die es überhaupt fraglich werden lassen, ob sich Kleists Sätze „Über die allmähliche Verfertigung der Gedanken beim Reden" einfach auf das Arbeiten auf dem Papier – ohne Reflexion aufs Medium – übertragen lassen. Vgl. hierzu Michael Rohrwasser, „Eine Bombenpost. Über die allmähliche Verfertigung der Gedanken beim Schreiben", in: *Heinrich von Kleist*, herausgegeben von Heinz Ludwig Arnold in Zusammenarbeit mit Roland Reuß und Peter Staengle, München: edition text + kritik 1993, S. 151-162, und allgemein Almuth Grésillon, „Über die allmähliche Verfertigung von Texten beim Schreiben", in: Wolfgang Raible (Hrsg.), *Kulturelle Perspektiven auf Schrift und Schreibprozesse: elf Aufsätze zum Thema Mündlichkeit und Schriftlichkeit*, Tübingen: Gunter Narr 1995, S. 1-36. Zur Bedeutung von Stimme und Schrift in Kleists Autofiguration vgl. Frank Haase, *Kleists Nachrichtentechnik. Eine diskursanalytische Studie*, Opladen: Westdeutscher Verlag 1986, vor allem S. 57-79.

5   *BKA* IV/2, S. 282. Kleist gibt den Stoff zu *Robert Guiskard* jedoch nicht auf. Im April/Mai-Heft des *Phöbus'* aus dem Jahr 1808 wird Kleist schließlich einen Teil des (erinnerten oder neu entworfenen) Stückes veröffentlichen; vgl. *BKA* I/2, S. 101-109, bes. S. 108.

Kleist ist zum Zeitpunkt seines Aufenthalts bei Wieland noch völlig unbekannt. Sein erstes Drama, *Die Familie Schroffenstein*, wurde eben erst, ohne An-
gabe des Autors, gedruckt. Knapp vier Jahre zuvor (im April 1799) hatte er
seiner Armeelaufbahn ein vorzeitiges Ende gesetzt, lebte daraufhin von einem
Erbanteil, begann ein Universitätsstudium, unternahm zahlreiche Reisen und
Wanderungen, überlegte sich, ein Amt anzunehmen und ging (im April oder
Mai 1800[6]) eine inoffizielle Verlobung mit Wilhelmine von Zenge ein. Die folgenden Ausführungen beschränken sich auf den Zeitraum, in dem der Name
‚Heinrich von Kleist' noch nicht als Name für den (künftigen) ‚Dichter' gelten
konnte,[7] ein Entwurf zum ‚Dichter' sich aber, schreibend, gleichwohl schon ab-
zeichnete: in den Briefen.[8]

Im folgenden stehen einige dieser Briefe[9] unter dem Gesichtspunkt eines
doppelten Adressenwechsels zur Diskussion. Hierbei meint ‚Adresse' nicht
(oder nicht nur) die postalische Anschrift, sondern, in einem metaphorischen
Gebrauch, den realen, imaginären oder symbolischen Ort, auf den das briefli-
che Schreiben sich als bezogen erweist. Der eine Adressenwechsel betrifft den
Umschlag von einer tendenziell personalen zu einer tendenziell apersonalen
Adressierung. Dieser Umschlag zeichnet sich, über die Station einer primären
Selbstadressierung, in den Briefen bereits früh ab und findet im merkwürdigen
Sprechen, auf das die eingangs erwähnten Hörstücke hindeuten, nur eine kon-
sequente Fortsetzung.

Vom anderen Adressenwechsel kann gesagt werden, daß er sich an einigen
Stellen der Briefe bereits ebenso früh wie der erste abzeichnet, ohne daß er al-

---

6   Vgl. hierzu Peter Staengle, *Heinrich von Kleist*, München: Deutscher Taschenbuch Verlag 1998,
    S. 33.
7   Zum Namen und seiner prekären Stellung in Kleists Leben und Dichtung vgl. Ekkehard Zeeb,
    *Die Unlesbarkeit der Welt und die Lesbarkeit der Texte. Ausschreitungen des Rahmens der Li-
    teratur in den Schriften Heinrich von Kleists*, Würzburg: Königshausen & Neumann 1995,
    S. 105-120.
8   Eine weitergehende Analyse von Kleists Schreiben im Zeitraum, der hier zur Diskussion steht,
    müßte auch die Arbeit an *Die Familie Schroffenstein* berücksichtigen. Der entsprechende (dem-
    nächst erscheinende) Band I/1 der *BKA* wird die für eine solche Analyse benötigten Materialien
    darstellend erschließen. Vgl. hierzu auch Heinrich von Kleist, *Die Familie Ghonorez*, mit einer
    Nachbildung der Handschrift herausgegeben von Paul Hoffmann, Berlin: Weidmannsche Buch-
    handlung 1927, und Heinrich von Kleist, *Die Familie Ghonorez / Die Familie Schroffenstein.
    Eine textkritische Ausgabe*, bearbeitet von Christine Edel, mit einem Geleitwort und der Be-
    schreibung der Handschrift von Klaus Kanzog, Tübingen: Niemeyer 1994.
9   Kleists Briefe sind nur sehr fragmentarisch überliefert; vgl. Dieter Heimböckel, „Nachwort.
    Briefe eines ‚u n a u s s p r e c h l i c h e n Menschen'", in: Heinrich von Kleist, *Sämtliche Briefe*, her-
    ausgegeben von Dieter Heimböckel, Stuttgart: Reclam 1999, S. 738-754, und Klaus Müller-Sal-
    get, „Heinrich von Kleists Briefwerk. Probleme der Edition eines mehrfach fragmentierten
    Torsos", in: Werner M. Bauer, Johannes John und Wolfgang Wiesmüller (Hrsg.), *„Ich an Dich".
    Edition, Rezeption und Kommentierung von Briefen*, Innsbruck: Institut für deutsche Sprache,
    Literatur und Literaturkritik 2001, S. 115-131. Die dichteste Überlieferung fällt jedoch genau in
    die Zeit, die hier zur Diskussion steht, so daß die Überlieferungslage es wenigstens gestattet, die-
    jenigen Formationen, die sich innerhalb dieser Dichte zu erkennen geben, zum Ausgangspunkt
    der Überlegungen zu nehmen.

lerdings, wie es scheint, von Kleist in seiner daraufhin beginnenden literarischen Produktion schon hätte ohne weiteres umgesetzt oder wenigstens offen affirmiert werden können. Dieser Wechsel betrifft die Abwendung von einem bestimmten Modell sprachlicher Artikulation nach Maßgabe eines forcierten, pädagogisch aufklärerischen Ideals und die bewußte oder unbewußte Zuwendung zur Erprobung eines anderen, dynamischen und nur in Serien wirksamen Modells sprachlicher Artikulation. Es ist ein Wechsel, der ebensosehr wie der erste nicht auf ausschließende Positionen, sondern auf Tendenzen hindeutet. Zum Zeitpunkt von Kleists Aufenthalt in Oßmannstedt stehen diese beiden Modelle allem Anschein nach in Konkurrenz zueinander, und es könnte sein, daß die beim Versuch der Niederschrift des Dramas *Robert Guiskard* (im Mediensprung von der Stimme zu Schrift) auftretenden Probleme daraus resultierten, daß Kleist (noch) nicht bereit war, dem in den Briefen bereits präfigurierten (und mit dem Mediensprung von der Stimme zur Schrift womöglich korrespondierenden) Wechsel bereitwillig stattzugeben: auf dem „Papier". Dieser Wechsel und die dabei adressierten Standpunkte sind im folgenden, nach einer Erörterung des ersten Wechsels, Gegenstand der weiteren Überlegungen. – Vorab aber noch ein paar methodische Anmerkungen.

Mit dem Namen ‚Kleist' sind im folgenden zwar Daten und Ereignisse einer Biographie angesprochen. Das Interesse gilt aber letztlich nicht diesen Daten und Ereignissen. Vielmehr gilt es einigen schriftlich artikulierten und dergestalt überlieferten Verschiebungen von Einstellungen und Ausrichtungen: Verschiebungen, die sich in den Briefen abgezeichnet haben und für die hier der Name ‚Kleist' (in systematischer Hinsicht) bloß als Metonymie einsteht. Als Metonymie steht hier der Name ‚Kleist' allerdings nicht nur für die singulären Verschiebungen ein, die sich in den überlieferten Briefen dokumentiert haben. Als Indiz deutet er (die potentiellen Nachbarschaften von Metonymien sind nicht begrenzt) auch auf ein wiederkehrendes (beispielsweise bei Kafka[10] wiederkehrendes) Muster hin, das sich an Schreibpraktiken aufweisen läßt, die man als spezifisch literarische Schreibpraktiken charakterisieren könnte.[11]

---

10 So ist auch bei Kafka (vgl. vor allem Franz Kafka, *Briefe an Felice und andere Korrespondenz aus der Verlobungszeit*, herausgegeben von Erich Heller und Jürgen Born, Frankfurt am Main: S. Fischer 1967, z. B. den Brief vom 15. November 1912, „11 $1/_2$ Uhr abends", S. 95 f.) die Tendenz zu bemerken, daß Briefe zwar an ein Gegenüber gerichtet, in ihrer Richtungnahme aber immer wieder derart abgelenkt sind, daß das Schreiben zur Flexion und Reflexion darin eingehender oder vorweggenommener Umstände wird, die dann (zusammen mit den Urheberansprüchen) nicht mehr einfach mitgeteilte Sachverhalte, sondern deren mediale Transformation bedeuten. In diesem Sinne ist es Bernhard Siegert in seiner Studie *Relais. Geschicke der Literatur als Epoche der Post*, Berlin: Brinkmann & Bose 1993, auch möglich, das Postwesen als Agenten der Literatur zu bestimmen. Zu Kleist vgl. ebd., S. 82-101, zu Kafka vor allem ebd., S. 250-272.

11 Ginge man so weit, (konstruktiv) einen Begriff von ‚Literatur' zu erarbeiten, zu plausibilisieren und zu emphatisieren, der den zurecht etwas in Verruf geratenen Begriff der ‚Intentionalität' unter dem Gesichtspunkt *materialiter* dokumentierter Prozesse samt ihren mittelbaren (historischen und systematischen) Bezugs- und Störfeldern (und also nicht einfach unter dem Gesichtspunkt vermeintlich präsentierbarer Autorintention oder überlieferungsblind postulierbarer Werkintention) reaktualisiert in Anspruch nehmen läßt, so würde man wohl sagen können, daß

Rüdiger Campe hat mit den erst einmal skizzenhaft unterschiedenen Begriffen der ‚Schreibszene' und der ‚Schreib-Szene' auf eine methodische Vorannahme aufmerksam gemacht, die es erlaubt, eine spezifische (im einen Fall – der ‚Schreibszene' – nur nachträglich, wenn überhaupt rekonstruierbare, im anderen Fall – der ‚Schreib-Szene' – bereits beim Schreiben thematisierte oder evozierte) Schreibsituation als ‚Ensemble' aufzufassen, in dem den drei heterogenen Aspekten ‚Instrumentalität, Gestik und Semantik' eine jeweils unterschiedliche (und beschreibbare) Valenz zukommt.[12] Hier steht zur Frage, ob dieses ‚Ensemble' nicht (vornehmlich für Briefe, aber im Prinzip auch für andere Dokumente und Gattungen) um den Aspekt einer ‚Logik der Adressierung' zu ergänzen wäre (sofern man diesen Aspekt nicht unter einen oder mehrere der drei zuerst genannten Aspekte subsumieren möchte). – Geht man davon aus, daß Schreibprozesse besonders dann thematisch (und somit, emphatisch, zu einer ‚Schreib-Szene') werden, wenn sich im ‚Ensemble' von ‚Instrumentalität, Gestik und Semantik'[13] des Schreibens entsprechende (instrumentelle, gestische oder semantische) Widerstände[14] (real empfundener

---

die Frage nach der Adressierung auch dem Versuch einer Bestimmung von – dann vielleicht eben *spezifisch* literarischen – Schreibweisen präzise Konturen verleihen könnte. Es wäre zumindest ein Ansatz, um produktionsästhetische Fragestellungen (so wie sie etwa in der *critique génétique* formuliert werden; vgl. hierzu allgemein Grésillon, „Über die allmähliche Verfertigung von Texten beim Schreiben", Anm. 4, und dies., *Literarische Handschriften. Einführung in die „critique génétique"*, 1994, aus dem Französischen übersetzt von Frank Rother und Wolfgang Günther, redaktionell überarbeitet von Almuth Grésillon, Bern u. a.: Peter Lang 1999) aus einem methodisch situierbaren Vorschlag heraus anzugehen, der sich auch gegenüber Theorien der ‚Dialogizität' beziehungsweise ‚Responsivität' offen zeigt.

12 Vgl. Rüdiger Campe, „Die Schreibszene, Schreiben", in: Hans Ulrich Gumbrecht, K. Ludwig Pfeiffer (Hrsg.), *Paradoxien, Dissonanzen, Zusammenbrüche. Situationen offener Epistemologie*, Frankfurt am Main: Suhrkamp 1991, S. 759-772. Die Unterscheidung zwischen „Schreibszene" und „Schreib-Szene" wird von Campe getroffen (ebd., S. 760), aber noch nicht explizit ausformuliert. Eine explizite Unterscheidung in den oben genannte Sinne trifft Martin Stingelin im Aufsatz „Vom Eigensinn der Schreibwerkzeuge", in: Johannes Fehr und Walter Grond (Hrsg.), *Schreiben am Netz. Literatur im digitalen Zeitalter*, Innsbruck: Haymon 2003, Bd. 1, Labor – Salon – Symposium, S. 134-148, Endnote 9, ebd., S. 145.

13 Die drei Aspekte heißen bei Campe a) „Instrumentalität" (bzw. „Technologie"), b) „Geste" und c) „Sprache" (bzw. „Semantik"); vgl. Campe „Die Schreibszene, Schreiben" (Anm. 12), S. 760 und S. 767.

14 Zum Moment des Widerstands in instrumenteller Hinsicht und zu den Möglichkeiten einer aus diesem Moment gewonnenen Reflexionsfigur zur Analyse von Schreibprozessen vgl. Martin Stingelin „‚UNSER SCHREIBZEUG ARBEITET MIT AN UNSEREN GEDANKEN'. Die poetologische Reflexion der Schreibwerkzeuge bei Georg Christoph Lichtenberg und Friedrich Nietzsche", in: *Lichtenberg-Jahrbuch* 1999, herausgegeben im Auftrag der Lichtenberg-Gesellschaft von Wolfgang Promies und Ulrich Joost, Saarbrücken: Saarbrücker Druckerei und Verlag 2000, S. 81-98. Der Begriff des ‚Widerstands' kann für eine Konzeptualisierung von Schreibprozessen (und -regressen) weiter (als etwa im Sinne Sigmund Freuds oder Friedrich Nietzsches) gefaßt werden und alle Momente umfassen, in denen Schreiben nicht einfach mehr ‚Schreiben *über* etwas (anderes)' oder ‚Etwas Schreiben' ist, sondern, *aufgehalten* durch Resistenzen in den genannten Aspekten, zum intransitiven ‚Schreiben' wird, zum Schreiben also, das nicht einfach zu einer Sache hindurchgeht, sondern zu seiner eigenen Sache wird. Zum Verb ‚schreiben' im intransitiven Gebrauch vgl. Roland Barthes, „Écrire, verbe intransitif?" (1970), in: ders., *Le bruissement de la langue. Essais critiques IV*, Paris: Éditions du Seuil 1984, S. 21-31. Zu den

oder fingierter Art)[15] bemerkbar machen, dann liegt es nahe, einen solchen Konnex auch für die ‚Logik der Adressierung' anzunehmen.

Zwei Beispiele: In einer Reihe von Briefen Kleists liegt die Aufmerksamkeit nur deshalb auf dem Akt und den Umständen des Schreibens, weil die durch Adressierungen geregelten Prozesse der Korrespondenz (sei's aus Gründen der Post, sei's aus anderen Gründen) sich verzögern, ins Leere laufen oder sich einfach anders als erwartet gestalten und somit der an diesen Prozessen teilhabende Akt des Schreibens (vornehmlich als problematisches Projekt) selbst zum Gegenstand von Aussagen wird.[16] So etwa in Kleists Brief an seine Verlobte Wilhelmine von Zenge vom 21. August 1800: „Wie leicht können Briefe auf der Post liegen bleiben, oder sonst verloren gehen; wer wollte da gleich sich ängstigen?

Schwierigkeiten und Möglichkeiten, eine solche ‚écriture' (ein solches Schreiben/eine solche Schrift) begrifflich zu fassen vgl. Giorgio Agamben, „Pardes. Die Schrift der Potenz", aus dem Italienischen und Französischen übersetzt von Giorgio Giacomazzi, in: Michael Wetzel und Jean-Michel Rabaté (Hrsg.), *Ethik der Gabe. Denken nach Jacques Derrida*, Berlin: Akademie Verlag 1993, S. 3-17.

15 Daß Widerstände fingiert (erfunden) sein können, deutet darauf hin, daß auch ‚Schreib-Szenen' fingiert sein können und sich im Modus der Fiktion wiederum, z. B. in literarischen Werken, inszenieren lassen. Ohne auf die Annahme (ja auf die Fiktion) einer Realität frei von Fiktionen rekurrieren zu müssen, macht es jedoch *methodisch* einen Unterschied, ob man eine ‚Schreib-Szene', in ihrer thematischen oder strukturalen Dimension, auf ihren *Bezug* zu jener ‚Schreibszene' hin untersucht, aus der sie in einem produktionsästhetischen Sinne (im Umkreis der Niederschrift) ihrerseits hervorgegangen ist, oder ob man dies nicht tut. Oft ist es kaum möglich, diesen Bezug, der in einem eng und streng gefaßten Begriff der ‚Schreib-Szene' impliziert ist, zu untersuchen, weil nicht immer entsprechende Dokumente (Manuskripte, Schreibmaterialien oder stichhaltige Hinweise) überliefert sind, die diesen Bezug überhaupt erst untersuchen *lassen*. Das *Verschwinden* der Bezugsmöglichkeit gehört jedoch ebenfalls in den Aufmerksamkeitsbereich einer Methode, die der *Frage* nach dieser Bezugsmöglichkeit stattgibt, um ‚Schreib-Szenen' auf ihre historischen und systematischen Bedingungen (und also auch Möglichkeiten) hin untersuchbar werden zu lassen. Möglich, daß das Verschwinden der Bezugsmöglichkeit (zumal dann, wenn es von einem Autor forciert wird) die Herausbildung einer Autonomieästhetik befördert (vgl. hierzu den Beitrag von Jürgen Link „Der Vorhang. Das Symptom einer generativ-poetischen Aporie in der goethezeitlichen Schreiburszene" in diesem Sammelband), während das Ausstellen der Bezugsmöglichkeit der Herausbildung einer solchen Ästhetik entgegenarbeitet.

16 Selbstverständlich können die Gründe auch woanders liegen. Gegenstand der folgenden Erörterung werden jedoch die Prozeduren der Adressierung sein. Nimmt man die anderen der genannten Aspekte einer ‚Schreib-Szene' ebenfalls in den Blick, dann sind auch für Kleists Schreiben, so wie es in den Briefen Gestalt annahm, noch weitere Umstände zu nennen, die weiter untersucht werden könnten: politische Verhältnisse, erzieherische Vorstellungen, Datierungsstrategien, postalische Gegebenheiten, wechselnde Orte (vor allem auf Reisen), Blattgrößen, Tintenarten, Beschreibungsdichten, Stileigentümlichkeiten, Lektürevorlagen, andere Stoffe, verlegerische Maßnahmen, Geldprobleme, Zensur-Beeinträchtigungen – kurz, alle weiteren Faktoren, die den Akt des Schreibens begleiten, ihn ermöglichen oder erschweren. Allein auf der Ebene der Semantik (und in diesem Sinne traditionell) argumentiert Jost Hermand, „Kleists Schreibintentionen", in: Dirk Grathoff (Hrsg.), *Heinrich von Kleist. Studien zu Werk und Wirkung*, Opladen: Westdeutscher Verlag 1988, S. 40-55. Die umfassendste Einführung in Kleists frühe „Schreibweisen" in den Briefen gibt Gabriele Kapp, „*Des Gedankens Senkblei"*. *Studien zur Sprachauffassung Heinrich von Kleists 1799-1806*, Stuttgart, Weimar: J. B. Metzler 2000, S. 63-286, hier S. 96. Vgl. in diesem Zusammenhang auch Thomas Wichmann, *Heinrich von Kleist*, Stuttgart: J. B. Metzler 1988, S. 19-62.

Geschrieben habe ich gewiß, wenn Du auch durch Zufall nicht eben sogleich den Brief erhalten solltest. Damit wir aber immer beurtheilen können, ob unsere Briefe ihr Ziel erreicht haben, so wollen wir beide uns in jedem Schreiben wechselseitig wiederholen, wie viele Briefe wir schon selbst geschrieben u. empfangen haben."[17] Ähnliches gilt für Adressierungen, die man als ‚Adressierungen eines bestimmten Ideals' bezeichnen könnte, etwa Kleists Wunschvorstellung, einen Brief zu schreiben, der „Freude machen würde".[18] Eine Wunschvorstellung, deren fragliche Umsetzbarkeit Kleist in seinem ebenfalls an die Verlobte geschriebenen Brief vom 21. Mai 1801 derart thematisiert, daß der davon zunächst betroffene Akt des Schreibens ebenfalls zum Gegenstand von Aussagen wird: „Ich habe selbst mein eignes Tagebuch vernachläßigt, weil mich vor allem Schreiben ekelt."[19]

In beiden Fällen eröffnet die Frage nach der Adressierung eine Perspektive auf die spezifische ‚Schreib-Szene'. Darüber hinaus aber kann diese Frage auch der Analyse solcher Sachverhalte zugute kommen, die in ihrer poetologischen Relevanz nicht auf Schreibsituationen und ihre möglichen Thematisierungen beschränkt bleiben: die Art etwa, wie auf Textträgern Leser- oder Publikumsrollen zugewiesen (oder nicht zugewiesen) werden, oder die Art, wie auf solchen Trägern Worte andere Worte (oder etwas anderes als Worte) adressieren (oder eine Adressierbarkeit abwegig erscheinen lassen), oder nicht zuletzt die Art, wie solche Träger (Medien in diesem Sinne) ihrerseits in (andere) Prozesse der Adressierung involviert sind, mit denen etwa ihre Überlieferung, ihre editorische Aufbereitung und Vervielfältigung sowie ihre Verteilung und Auslegung institutionell geregelt werden. – Dann gewinnt auch der mögliche Antwortbereich für die entsprechend ausgerichtete Frage Kontur, in welchem gegebenenfalls kommunizierenden Verbund unterschiedliche Ausprägungen der eben genannten Arten von Adressierung mit einmaligen (einmalig vergangenen) oder wiederholten (wiederholt vergangenen) Schreibverfahren und -umständen stehen, auf die diese Ausprägungen mehr oder weniger verstellt zurückweisen. Daß es nicht in der Verfügungsgewalt eines Autors liegt, diesen möglichen Antwortbereich zu beherrschen, daß es ihm aber möglich ist, ihn seinerseits so zu bespielen, daß er zum Gegenstand literarischer Strategie wird, mag im folgenden insofern deutlich werden, als er im Falle von Kleist tatsächlich auch Zone expliziter poetologischer Bestimmungen ist.

---

17 *BKA* IV/1, S. 188. Das Wort „Schreiben" steht in der Handschrift leicht oberhalb des zuerst geschriebenen und dann durchgestrichenen Wortes „Briefe". Das Wort „Brief" sollte an dieser Stelle wohl zur Vermeidung von Wiederholung nicht ein viertes Mal stehenbleiben. Die Streichung und die ihr gegebene Überschrift „Schreiben" kann aber aus einer *heutigen* Perspektive auch emblematisch für Kleists Projekt angesehen werden, sein Schreiben in den Briefen zwar zu erproben und zu pflegen, längerfristig aber zugunsten einer offeneren Adressierung (einer Durchstreichung des Konzepts „Brief") neu auszurichten.
18 *BKA* IV/2, S. 18.
19 Ebd.

Adressenwechsel 1:
jemandem / sich / potentiell vielen schreiben

Die privaten Briefe, die sich von der regen Korrespondenz Kleists erhalten haben, folgen einer erst seit der Mitte des 18. Jahrhunderts geläufigen Praxis der freien Nachahmung einer Gesprächssituation. Konzeptionell vorbereitet wurde diese Praxis bekanntlich durch Christian Fürchtegott Gellert, der mit seinen *Gedanken von einem guten deutschen Briefe* (1742) und seiner Sammlung *Briefe, nebst einer praktischen Abhandlung von dem guten Geschmacke in Briefen* (1751) die natürliche, ungezwungene Situation des Gesprächs als Modell für das Verfassen von Briefen zu propagieren suchte.[20] Er tat dies im Sinne einer klaren Absage an die in früheren Briefstellern formulierte Idealvorstellung, Briefe nach vorgegebenen Mustern (für Stil, Aufbau und Sachbezogenheit) zu verfertigen.

Es ist hier nicht der Ort, um auf Kleists Briefstil im einzelnen, auf die Unterschiede und Gemeinsamkeiten zu zeitgenössischen Praktiken und Modellen oder auf die diesem Stil zugrundeliegenden oft peinlichen, beiderlei Seiten zur Verzweiflung bringenden Bevormundungs-, Erziehungs-, Hinhalte- und Verschleierungstaktiken ausführlich einzugehen.[21] Hier soll es zunächst einmal nur darauf ankommen, daß Kleist das Modell des Gesprächs zwar übernimmt, im Zuge seiner Korrespondenz mit Wilhelmine von Zenge aber beginnt, seine Briefe im wesentlichen zur Projektionsfläche eines Selbstgesprächs – oder genauer:

---

20 Vgl. Christian Fürchtegott Gellert, *Roman, Briefsteller* (*Leben der Schwedischen Gräfin von G***; Gedanken von einem guten deutschen Briefe; Briefe, nebst einer praktischen Abhandlung von dem guten Geschmacke in Briefen*), in: ders., *Gesammelte Schriften. Kritische, kommentierte Ausgabe,* herausgegeben von Bernd Witte und Werner Jung, Elke Kasper, John F. Reynolds und Sibylle Späth, Berlin, New York: Walter de Gruyter 1989, Bd. IV, vor allem S. 97-104 und S. 105-152. Kleist kannte Teile des Werks von Gellert, vor allem jedoch wohl das dichterische; vgl. hierzu den Brief vom 11. September 1800 an Wilhelmine von Zenge (*BKA* IV/1, S. 277) und „Ein Satz aus der höheren Kritik" in den *Berliner Abendblättern* vom 2. Januar 1811 (*BKA* II/8, *Berliner Abendblätter* II, S. 11). Es gehört zu den Grundaporien der Gellertschen Auffassung, wie Briefe geschrieben sein sollten, daß Mündlichkeit zwar leitend sein soll, gleichzeitig aber auf ein Medium verwiesen ist, das die Künstlichkeit des Unterfangens nicht verbergen kann. Vgl. hierzu Marianne Schuller, „Dialogisches Schreiben. Zum literarischen Umfeld Rahel Levin Varnhagens", in: dies., *Im Unterschied. Lesen / Korrespondieren / Adressieren,* Frankfurt am Main: verlag neue kritik 1990, S. 127-142, und Bosse, „Der Autor als abwesender Redner" (Anm. 4), S. 283 f. Diese Aporie wurde von den „jüngeren Autoren, Schiller, Körner und ihresgleichen" (ebd.) bereits erkannt. Für Kleist ist davon auszugehen, daß er das Gellertsche Modell zwar übernahm, doch nur, um die mit ihm verbundenen Aporien produktiv werden zu lassen.

21 Das ist eine Arbeit, die in vielerlei Hinsicht von Hans-Jürgen Schrader bereits geleistet wurde; vgl. Hans-Jürgen Schrader, „Unsägliche Liebesbriefe. Heinrich von Kleist an Wilhelmine von Zenge", in: *Kleist-Jahrbuch* 1981/82, S. 86-96, und ausführlicher ders., „‚Denke du wärest in das Schiff meines Glückes gestiegen'. Widerrufene Rollenentwürfe in Kleists Briefen an die Braut", in: *Kleist-Jahrbuch* 1983, S. 122-179. Vgl. auch Peter Staengle, „‚noch ein Blättchen Papier für Dich'. Zu Heinrich v. Kleists Brief an Wilhelmine v. Zenge vom 20./21. August 1800, in: *Modern Language Notes* 117/3 (2002), S. 576-583. Der Briefwechsel zwischen Wilhelmine von Zenge und Kleist ist nur sehr ungleichmäßig überliefert. Von den ohnehin nur wenigen überlieferten Briefen der Verlobten hat sich nur gerade *ein* Brief an Kleist (vom 10. April 1802; vgl. Kleist, *Sämtliche Briefe,* Anm. 9) erhalten, während umgekehrt rund fünfunddreißig Briefe von Kleist an sie überliefert sind.

eines Gesprächsansatzes, der auf die mögliche Eigenwilligkeit, Interventions-
möglichkeit des Gegenübers keinerlei Rücksicht nimmt – umzufunktionieren.
Diese Tendenz ist in den wenigen erhalten gebliebenen Briefen *vor* 1800 (zum
Beispiel an seine Schwester Ulrike von Kleist) noch nicht zu bemerken.

Daß Kleist seine Briefe an die Verlobte als Gespräche auffaßt, belegen Stellen,
an denen er mit ihr zu „reden"[22] vorgibt oder schreibt, er „plaudre"[23] jetzt mit
ihr. Oft bemerkt er auch, daß die Briefe nur als „Stellvertreter"[24], als Ersatz für
die mündliche „Unterhaltung" zu verstehen seien.[25] Daß diese Briefe aber zunehmend weniger auf ein gegenseitiges Gespräch hin angelegt sind, kommt
ebenso deutlich zum Ausdruck. Im brieflichen Bildungsprogramm, das bereits
mit den ersten überlieferten, noch über die Straße gerichten Briefen an Wilhelmine von Zenge (ab Mai 1800) dokumentiert ist, scheint es Kleist vor allem darum
zu gehen, seine eigene Rolle als tugendhaften Lehrmeister zu bekräftigen und bestätigt zu sehen. Dies wird besonders deutlich in Kleists Brief vom 22. März 1801,
in dem das narzißtische Potenzial seiner fast einjährigen Anstrengungen unter
dem Deckmantel des Lobs (und der darin gehüllten Erleichterung über das vor-
hergehende Ausbleiben von Klagen) mitgeteilt werden will. Selbst Carl von
Zenge, der Bruder der Verlobten, bei dem Kleist einen an ihn adressierten Brief
von ihr vorfindet und öffnet, sollte dieses Potential erkennen dürfen:

> „Als ich zu Carln in das Zimmer trat, fragte ich nach Briefen von Dir, u. als er mir
> den Deinigen gab, brach ich ihn nicht ganz ohne Besorgniß auf, indem ich fürch-
> tete, er mögte voll Klagen und Scheltwörter über mein langes Stillschweigen sein.
> Aber Du hast mir einen Brief geschrieben, den ich in aller Hinsicht fast den lieb-
> sten nennen mögte – Es war mir fast als müßte ich stolz darauf sein; denn, sagte ich
> zu mir selbst, wenn W. Gefühl sich so verfeinert, ihr Verstand sich so berichtigt,
> ihre Sprache sich so veredelt hat, wer ist daran – – wem hat sie es zu – – – Kurz, ich
> konnte mir den Genuß nicht verweigern, den Brief, sobald ich ihn gelesen hatte,
> Carln zu überreichen, welches ich noch nie getan habe – Ich küsse die Hand, die
> ihn schrieb, und das Herz, das ihn dictirte."[26]

Noch sprechender für die Diagnose, Kleist funktioniere seine Briefe zu etwas
anderem als einem gegenseitigen Gespräch um, ist sein früh eingestandener
Plan, die Briefe als Material für künftige Projekte nutzbar zu machen. Am 21.
August 1800 schreibt Kleist an seine Verlobte:

> „Ich führe ein Tagebuch, in welchem ich meinen Plan täglich ausbilde u. verbessre.
> Da müßte ich mich denn zuweilen wiederholen, wenn ich die Geschichte des Tages

---

22 Brief an Wilhelmine von Zenge vom 13. November 1800, *BKA* IV/1, S. 371.
23 Brief an Wilhelmine von Zenge vom 1. September 1800, ebd., S. 224.
24 Brief an Wilhelmine von Zenge vom 10. Oktober 1800, ebd., S. 339.
25 „Sorge u. Mühe muß Dir dieser Briefwechsel nie machen, der [mir] nur die Stelle eines Vergnü-
   gens, nämlich uns mündlich zu unterhalten, ersetzen soll." Brief an Wilhelmine von Zenge vom
   21. Januar 1800, ebd., S. 456.
26 Ebd., S. 498.

darin aufzeichnen sollte, die ich Dir schon mitgetheilt habe. Ich werde also dieses ein für allemal darin auslassen, und die Lücken einst aus meinen Briefen an Dich ergänzen. Denn das Ganze hoffe ich wird Dir einst sehr interessant sein. Du mußt aber nun auch diese Briefe recht sorgsam aufheben; wirst Du? Oder war schon dieses Gesuch überflüssig? Liebes Mädchen, ich küsse Dich."[27]

In einem anderen Brief an Wilhelmine von Zenge, nach einer ausufernden Stadtbeschreibung, bemerkt Kleist: „Verzeihe mir diese Umständlichkeit. Ich denke einst diese Papiere für mich zu nützen."[28] Die Briefe werden zu Bestandteilen eines Speicher- und Verwaltungsprogramms für Ideen, das Kleist „Ideenmagazin"[29] nennt. Dieses „Ideenmagazin" – es wird darauf zurückzukommen sein – ist zugleich der virtuelle Bezugspunkt für Kleists Vorhaben, sich fürs „schriftstellerische Fach" zu bilden. Dieses Vorhaben gewinnt erstmals im Brief vom 13. November 1800 Kontur:

„Ich will von mir mit Dir reden, als spräche ich mit mir selbst [!]. Gesetzt Du fändest die Rede eitel, was schadet es? Du bist nichts anders als ich, u. vor Dir will ich nicht besser erscheinen, als vor mir selbst, auch Schwächen will ich vor Dir nicht verstecken. Also aufrichtig u. ohne allen Rückhalt.
Ich bilde mir ein, daß ich Fähigkeiten habe, seltnere Fähigkeiten, meine ich – Ich glaube es, weil mir keine Wissenschaft zu schwer wird; weil ich rasch darin vorrücke, weil ich manches schon aus eigener Erfindung hinzugethan habe – u. am Ende glaube ich es auch darum, weil alle Leute es mir sagen. Also kurz, ich glaube es. Da stünde mir nun für die Zukunft das ganze schriftstellerische Fach offen. Darin fühle ich, daß ich sehr gern arbeiten würde. – O da ist die Aussicht auf Erwerb äußerst vielseitig. Ich könnte nach Paris gehen u. die neueste Philosophie in dieses neugierige Land verpflanzen – doch das siehst Du Alles so vollständig nicht ein, als ich. Da müßtest Du schon meiner bloßen Versicherung glauben u. ich versichere Dir hiermit, daß wenn Du mir nur ein Paar Jahre, höchstens sechs, Spielraum giebst, ich dann gewiß Gelegenheit finden werde, mir Geld zu erwerben."[30]

---

27 Ebd., S. 188. In der Transkiption und der Handschrift (vgl. das entsprechende Faksimile ebd., S. 189) steht anstelle des hier wiedergegebenen Pronomens „ich" – in der Wendung „in welchem ich" – die Präposition „in", die hier emendiert wurde.

28 Brief an Wilhelmine von Zenge vom 11. September 1800, ebd., S. 278.

29 Brief an Wilhelmine von Zenge vom 13. November 1800, ebd., S. 397.

30 BKA IV/1, S. 371. Der letzte Satz zeigt an, daß der Schriftstellerberuf auch zeitlichen Aufschub für eine Reihe von Entscheidungen (namentlich für die Entscheidung, ein Amt anzunehmen) gewähren konnte, weil sich die Tätigkeit des Schriftstellers in höherem Ausmaß als andere über einen Verzug zwischen Arbeit und Ertrag definiert, – ein Verzug, der in der bloßen Artikulation eines Wunsches seinen Anfang nehmen kann. Während es hier noch „höchstens sechs" Jahre sind, die Wilhelmine von Zenge warten soll, sind es eine Seite später, im selben Brief, schon zehn: „Wilhelmine, warte zehen Jahre u. Du wirst mich nicht ohne Stolz umarmen." Ebd., S. 372. Sechs Jahre später sieht es dann tatsächlich so aus: „Wär ich zu etwas Anderem brauchbar, so würde ich es von Herzen gern ergreifen: ich dichte bloß, weil ich es nicht lassen kann. […] Ich will mich jetzt durch meine dramatische[n] Arbeiten ernähren". Brief an Johann Jakob August Otto Rühle von Lilienstern vom 31. August 1806, BKA IV/2, S. 422.

Die zunehmende Selbstadressierung[31] verläuft also parallel zum Wunsch, sich auf das „schriftstellerische Fach" – die „Schriftstellerei",[32] wie es später heißen wird – vorzubereiten. Doch was heißt das? Die Semantik des Wortes ‚Schriftsteller' beginnt im 18. Jahrhundert erst, sich von der älteren Bedeutung ‚jemand, der für jemand anderes vornehmlich rechtliche Schriften verfaßt' zu lösen. Sie beginnt erst, sich gegenüber dem Bereich selbständiger literarischer (buchstäblicher) – und insofern auch dichterischer – Tätigkeit zu öffnen und in diesem Sinne gebräuchlich zu werden.[33] In Kleists Briefen schwankt die Bedeutung: Zwar ist mit der „Schriftstellerei" primär und zunächst das Vorhaben angezeigt, sich als Verfasser populärwissenschaftlicher Schriften zu betätigen. Zugleich aber verschafft der mögliche Bedeutungsspielraum des Wortes „Schriftstellerei" die nötige terminologische Lizenz für das vorerst noch unausgesprochene Vorhaben, sich tatsächlich als ‚Dichter' zu betätigen.

Parallel zur zunehmenden Selbstadressierung verläuft nämlich auch Kleists Versuch, (performativ) einer Fähigkeit Ausdruck zu verleihen, die er wiederum zeitgleich in einem Brief (konstativ und scheinbar neutral) als das „Talent der Dichter" zu bestimmen sucht. In seinem Brief vom 20. September 1800 an Wilhelmine von Zenge führt Kleist aus, daß dieses „Talent" für ihn darin bestehe,

---

31 Zur begrifflichen Klärung: ‚Selbstadressierung' meint hier denjenigen Akt sprachlicher Adressierung, der in Aussagen, Fragen oder Befehlen derart am Werk ist, daß er zunächst und zugleich und nach Maßgabe eines – im Falle von Kleist besonders deutlich – *mit*artikulierten Ideals auf den Adressanten *zurück*wirkt. Das passiert zwar mit jeder sprachlichen Artikulation. Hier aber soll die *spezifische* Logik dieser vorweggenommenen Zu(rück)kunft, ihre Forcierung und ihre spätere Änderung in Kleists brieflichen Entwürfen untersucht werden. Diese Änderung wird darauf hindeuten, daß ebensosehr, wie jede sprachliche Artikulation ihren Adressanten mitadressiert (in Zeiten von Email eine Selbstverständlichkeit), die Adressierung *potentiell* immer *auch* an jemand anderen noch als den Schreiber oder den Sprecher oder das entweder konkrete oder vorgestellte Gegenüber ergeht. Sie ergeht immer auch an einen Dritten/eine Dritte/ein Drittes noch. Dieser/diese/dieses Dritte zeigt den Möglichkeitsspielraum für all diejenigen Figuren (zum Beispiel künftige Leser) an, die sich vom künftig vergangenen Artikulierten ansprechen lassen. Der Ort dieses Möglichkeitsspielraums *verschiebt* sich mit jeder Änderung in der Produktion und Verteilung entsprechender Trägermedien. Im Falle der Briefe Kleists verlaufen diese Änderungen von der Niederschrift zum Versand über das installierte Speicher- und Verwaltungsprogramm zur tatsächlichen Archivierung (oder Nicht-Archivierung bestimmter Briefe) und weiter noch zu den Prozeduren späterer Reproduktion. (Letztere konnten zwar nicht mehr in der Verfügungsgewalt des Schreibers liegen, immerhin jedoch wurden sie mit der Niederschrift und dem Versand bereits *riskiert*.) Historisch und topologisch ist dieser Ort also variabel. Um 1800 war dieser Ort für den Bereich des Briefwesens noch nicht vollständig ins Private gedrängt. Das gilt auch für Kleists Briefe. Die zahlreichen Heimlichkeiten in seinen Briefen erklären sich bereits daraus, daß eine Fremdlektüre als wahrscheinlich gelten konnte. Zu den Konsequenzen, die sich aus der singulären Figurenkonstellation in Kleists Briefen für eine Bestimmung der in diesen Briefen artikulierten Erotik ziehen lassen, vgl. Britta Hermann, „Erotische (T)Räume in den Briefen Heinrich von Kleists", in: *Erotik und Sexualität im Werk Heinrich von Kleists*, Heilbronn: Kleist-Archiv Sembdner 2000, S. 9-23.

32 (Letzter erhaltener) Brief an Wilhelmine von Zenge vom 20. Mai 1802, *BKA* IV/2, S. 219.

33 Das *Grimmsche Wörterbuch* vermerkt unter dem Lemma SCHRIFTSTELLER: „die anwendung des wortes in dem uns gebräuchlichen sinne, dasz ein mann bezeichnet wird, der berufsmäszig eine litterarische thätigkeit ausübt, wird erst im 18. jh. üblich."

daß die „Dichter [...] auch an dem Gemeinsten, das uns umgiebt", noch das
„Interessante [...] heraus finden" können, „denn an jeden Gegenstand, sei er
auch noch so scheinbar geringfügig", ließen „sich interessante Gedanken anknüpfen".[34] Nichts anderes tut Kleist, wenn er – mit wechselndem Geschick –
in seinen Briefen über Seiten hinweg „scheinbar" Geringfügiges durch Verglei-
che (oder Assoziationen) reflexiv (oder seriell) zu steigern (oder zu rekontex-
tualisieren) sucht. Es wird im folgenden zu zeigen sein, daß eben im Prozeß des
‚Anknüpfens' jener (mehr oder weniger) interessanten „Gedanken", die Kleist
in seinen Briefen aufeinander und auf Worte zu beziehen sucht, zwei Tendenzen auseinandergeraten, ein zweiter Adressenwechsel sich andeutet, nun nicht
in personaler Hinsicht, sondern hinsichtlich der Art der Verknüpfung von Worten und Worten – und Worten und Gedanken.

Doch erst noch ein paar zusammenfassende und weiterleitende Überlegungen zum ersten Adressenwechsel: Mit dem im Mai 1800 einsetzenden brieflichen-
chen Bildungsprogramm wurde Wilhelmine von Zenge, bildlich ausgedrückt,
zur Spiegelhalterin für Kleist. Ihre brieflich vorgezeichnete (und heute nachles-
bare) Funktion bestand vor allem darin, den beginnenden Prozeß einer Autoreflexion zu rahmen.[35] Bildung wurde so zur Selbstbildung, Schreiben zum
Ersatzgespräch – Ersatzgespräch zum Selbstgespräch, Briefversand (vornehmlich auf Reisen) zur antizipierend archivarischen Maßnahme (zwecks zentraler
Sammlung der in den Briefen enthaltenen Schilderungen und Gedanken fürs
„Ideenmagazin"). Die diese Operationen regulierende Konstruktion einer mehr
oder weniger indirekten Selbstadressierung war jedoch nicht von Dauer. Sie fiel
genau in dem Moment in sich zusammen, in dem sich (im Mai 1802, nach mo-
natelanger Krise) die Verlobung mit Wilhelmine von Zenge auflöste – und
nichts mehr übrigblieb vom Rahmenwerk: Es war genau die Zeit, in der Kleist
auf seiner Aareinsel bei Thun ins Offene zu deklamieren begann.[36]

---

34 *BKA* IV/1, S. 327 f.

35 Dieser Prozeß steht durchaus im Zusammenhang mit der zu dieser Zeit sich formierenden und
differenzierenden Subjektphilosophie und ihrem Reflexionsprimat, das Kleist produktiv forciert, um es – bewußt oder unbewußt – auf seine Grenzen hin auszulegen. Konfrontiert man
Karl Heinz Bohrers These von der „Entstehung ästhetischer Subjektivität" (im methodisch an-
genommenen Unterschied zu einer im engeren Sinne philosophischen Subjektivität) im „Brief-
korpus" deutschsprachiger Schriftsteller „zwischen 1790 und 1810" (vgl. Karl Heinz Bohrer,
Der romantische Brief. Die Entstehung ästhetischer Subjektivität, München und Wien: Carl
Hanser 1987, S. 7) mit Lektüre der in diesem Korpus dokumentierten ‚Schreib-Szenen',
dann dürfte deutlich werden, daß die Briefe als Medien entsprechender Selbstartikulationen
immer wieder Bestandteil, Projektionsfläche und Experimentierfeld der artikulierten Reflexion
sind. Sie sind es jedoch derart, daß der Bezug zur Schreibsituation (der in Briefen tendenziell ar-
tikulierter als in andern Medien und Gattungen ist) nicht einfach nur thematisch ins Spiel
kommt, sondern die Aufmerksamkeit genau auf jene materialen und medialen Bedingungen
lenkt, aus denen so etwas wie eine Subjektphilosophie ihrerseits überhaupt erst (diskursiv) hervorgehen konnte.

36 Diese Simultaneität verträgt sich nicht ohne weiteres mit der von Bernhard Siegert in *Relais*
(Anm. 10) prononcierten These, wonach Kleists Schreiben bereits mit dem postalischen Erzie-
hungsprogramm seiner Verlobten gegenüber zu Literatur werde (vgl. ebd., S. 82-101). Die in
Siegerts Modell (vgl. ebd., S. 86) theoretisch vorgesehene „Störgröße" („Körper") kommt, wenn

Spekulation: Die von Kleist auf seiner Insel forcierte Offenheit der Adressierung konnte (strukturell gedacht) nicht nur in hervorragender Weise den Unort (die Utopie)[37] möglicher, auch künftiger Adressaten anzeigen. Durch die Vielfalt möglicher Adressaten (auch möglicher Spiegelhalter und Spiegelhalterinnen) und die dadurch *unmöglich* gewordene *einfältige* Autoreflexion konnte diese Offenheit (wiederum strukturell gedacht) auch leichter von einer Vielzahl potentieller *Adressanten* in Anspruch genommen werden: Adressanten, die *erfunden* werden konnten, Adressanten, die nicht nur kurzfristig (durch mündliche Aussprache) hörbar, sondern längerfristig (in Dramen und Erzählungen) auch lesbar werden konnten, – sofern ihrer Niederschrift (oder ihrer späteren schriftlichen Aufbewahrung) nichts im Wege stand.

Adressenwechsel 2:
idealisch / seriell schreiben

Die Erörterung des ersten Adressenwechsels setzte bei den impliziten oder expliziten Selbstadressierungen an, für die Kleists Briefe an die Verlobte (vom Mai 1800 bis zur Auflösung des Verhältnisses zwei Jahre später im Mai 1802) das Medium waren. Der zweite Adressenwechsel betrifft erst einmal denselben Zeitraum, spielt sich aber nicht am Rand, sondern innerhalb der medialen Rahmung, im Verhältnis von Worten (und Worten) und Gedanken untereinander ab. Er geschieht auch nicht in einer tendenziell linearen Abfolge, sondern zeichnet sich in den Briefen aus diesem Zeitraum erst einmal nur in der Konkurrenz zweier Modelle sprachlichen Ausdrucks ab. Das eine Modell wird in der sehr gemäßigten Form pragmatischer Prosa weiterhin eher in den Briefen aufzufinden sein, das andere eher in der im engeren Sinne literarischen, d. h. zur Veröffentlichung bestimmten Arbeit.[38]

Für diesen zweiten Adressenwechsel sind zwei Ereignisse von Bedeutung, die noch nicht erwähnt wurden. Das eine: die Reise nach Würzburg im November

---

man diese Größe mit dem Moment des Widerstands assoziiert, genau in dem Moment zur Geltung, in dem Wilhelmine von Zenge ihrer Funktion Kleist gegenüber *nicht* mehr entspricht, – und das Vakuum erst Literatur (in einem nicht mehr allein medienhistorisch oder diskursiv bestimmten Sinne) entstehen läßt.

37 Angesprochen ist jene Gegend, die Wieland an Kleist – als dieser bei ihm zu „Tische" saß und „an einem andern Ort und mit einem ganz andern Gegenstand beschäftigt" schien – zu ermessen suchte (siehe Anm. 3 und zudem Anm. 31).

38 Aufgrund der nur fragmentarischen Überlieferung der Briefe (siehe Anm. 9) sind hier präzise Aussagen kaum möglich. In den Briefen, die *nach* dem Bruch mit Wilhelmine von Zenge entstanden sind und sich erhalten haben, stellt sich jedoch eine Pragmatik und ein (über weite Strecken ruhiger) Ton ein, die zuvor noch nicht nachweisbar waren. Zum Beispiel im Brief an Ulrike von Kleist vom 25. Oktober 1807: „Dein Unlust am Schreiben, meine theuerste Ulrike, theile ich nicht mehr mit dir, seitdem es mir vergönnt ist, dich von frohen Dingen unterhalten zu können. Es geht mir in jedem Sinne so, wie ich es wünsche". Kleist, *Sämtliche Briefe* (Anm. 9), S. 399. Denkbar ist, daß sich in Kleists Schreiben so etwas wie eine Arbeitsteilung vollzog: einerseits das literarische Schreiben, andererseits das briefliche und geschäftliche Schreiben, das später (etwa zu Zeiten des *Phöbus'* und der *Berliner Abendblätter*) auch redaktionelles Schreiben sein konnte – und schließlich weiterhin das private.

1800.[39] Das andere: die sogenannte Kant-Krise, beginnend im März 1801. Bedeutend sind hier diese Ereignisse jedoch erneut nicht etwa deshalb, weil sie offenkundig das Interesse für biographische Mythenbildungen bedienen, sondern weil sie sich strukturell, fürs Schreibverfahren als relevant erweisen. Die zugehörigen Briefdokumente nämlich kündigen den hier zur Diskussion stehenden Adressenwechsel im Schreibverfahren an, präfigurieren ihn.

Kleist Brief vom 16. November 1800 an Wilhelmine von Zenge – geschrieben nur drei Tage nachdem er erstmals den Wunsch äußert, sich nun auf das „schriftstellerische Fach" einzulassen – soll hier der Bestimmung dieses Wechsels als primäre Vorlage dienen. Es ist einer jener Briefe, in denen Kleists Versuch, seine Verlobte zu bilden, parallel zum Versuch läuft, diese Bildung mit einem eigenen Nutzen zu verbinden.[40] An einer Reihe von Beispielen nach dem Modell des Vergleichs mit der „Natur" soll in diesem Brief, den Kleist in Würzburg schreibt, deutlich werden, „daß nichts in der ganzen Natur unbedeutend u. gleichgültig u. jede Erscheinung der Aufmerksamkeit eines denkenden Menschen würdig"[41] sei. Kleist nimmt hier also das Motiv aus seinem Brief vom 20. September 1800 an Wilhelmine von Zenge wieder auf, daß „auch an dem Gemeinsten, das uns umgibt", noch das „Interessante" herausgefunden werden könne und sich „an jeden Gegenstand, sei er auch noch so scheinbar geringfügig, [...] interessante Gedanken anknüpfen"[42] lassen. Angesprochen ist das „Talent der Dichter". Eben der Gesichtspunkt des ‚Anknüpfens' ist es nun aber auch, der in diesem Brief vom November, der zu den bekanntesten von Kleist gehört, eine implizite Spannung zu analysieren hilft, die in den Bereich des zweiten Adressenwechsels fällt. Der Brief fährt folgendermaßen fort:

> „Von Dir werde ich freilich nicht verlangen, daß Du durch Deine Beobachtungen die Wissenschaften mit Wahrheiten bereicherst, aber Deinen Verstand kannst Du damit bereichern u. tausendfältig durch aufmerksame Wahrnehmung aller Erscheinungen üben. Das ist es, liebes Mädchen, wozu ich Dir in diesem Bogen die Anleitung geben will.

---

39 Diese Reise nach Würzburg hat zu unzähligen Spekulationen Anlaß gegeben, die durch eine ‚gezielt geheimnisvoll' zu nennende Anspiel- und Verschweigetaktik in Kleists Briefen in ihren phantastischen Zügen noch befördert wurden; vgl. Staengle, *Heinrich von Kleist* (Anm. 6), S. 39-43. Die Wendungen im Brief vom 16. November 1800 an Wilhelmine von Zenge (wenn Kleist vom „wichtigsten Tage" seines „Lebens" spricht und davon, daß er „dachte", er müsse „vielleicht von Allem scheiden", was ihm „theuer" war, vgl. *BKA* IV/1, S. 385) lassen jedenfalls die These plausibel erscheinen, er habe sich in Würzburg einer heiklen medizinischen Operation unterzogen; vgl. ebd., S. 41 f., zudem Dirk Grathoff, „Heinrich von Kleists Würzburger Reise – eine erweiterte Rekonstruktion", in: *Kleist-Jahrbuch* 1997, S. 38-56, sowie Günter Hess, „Kleist in Würzburg. Die Verwandlung von ‚Schauplatz' und ‚Bildersprache'", in: ebd., S. 21-37 (zu Kleists Schreiben zu dieser Zeit unter motivgeschichtlicher Perspektive bes. S. 27-30).

40 Hans Joachim Kreutzer nennt diesen Vorgang „Selbsterprobung auf Eignung zum Schriftsteller"; Hans Joachim Kreutzer, „Heinrich von Kleist", in: *Literatur Lexikon*, herausgegeben von Walther Killy, Bd. 6, Gütersloh und München: Bertelsmann Lexikon Verlag 1990, S. 354-379, hier S. 355.

41 *BKA* IV/1, S. 385.

42 Ebd., S. 327 f.

Mir leuchtet es immer mehr u. mehr ein, daß die Bücher schlechte Sittenlehrer sind. Was wahr ist sagen sie uns wohl, auch wohl was <u>gut</u> ist, aber es dringt in die Seele nicht ein. Einen Lehrer giebt es, der ist vortrefflich, wenn wir ihn verstehen; es ist <u>die Natur</u>.

Ich will Dir das nicht durch ein langes Geschwätz beweisen, sondern lieber durch Beispiele zeigen, die wohl immer, besonders bei Weibern, die beßte Wirkung thun mögten.

Ich gieng an jenem Abend vor dem wichtigsten Tage meines Lebens in Würzburg spatzieren. Als die Sonne herabsank war es mir als ob mein Glück untergienge. Mich schauerte wenn ich dachte, daß ich vielleicht <u>von Allem</u> scheiden müßte, von Allem, was mir theuer ist.

Da gieng ich, in mich gekehrt, durch das gewölbte Thor, sinnend zurück in die Stadt. Warum, dachte ich, sinkt wohl das Gewölbe nicht ein, da es doch <u>keine</u> Stütze hat? Es steht, antwortete ich, <u>weil alle Steine auf einmal einstürzen wollen</u> – u. ich zog aus diesem Gedanken einen unbeschreiblich erquickenden Trost, der mir bis zu dem entscheidenden Augenblicke immer mit der Hoffnung zur Seite stand, daß auch ich mich halten würde, wenn Alles mich sinken läßt.

Das, mein liebes Minchen, würde mir kein Buch gesagt haben, u. das nenne ich recht eigentlich <u>lernen von der Natur</u>.

Einen ähnlichen Trost hatte ich schon auf der Hinreise nach W. Ich stand nämlich mit dem Rücken gegen die Sonne u. blickte lange in einen lebhaften Regenbogen. So fällt doch, dachte ich, immer ein Strahl von Glück auf unser Leben, und wer der Sonne selbst den Rücken kehrt u. in die trübe Wetterwolke schaut, dem wirft ihr schönres Bild der Regenbogen zu.

In jener herrlichen Nacht, als ich von Leipzig nach Dreßden reisete, dachte ich mit wehmüthiger Freude: am Tage sehn wir wohl die schöne Erde, doch wenn es Nacht ist sehn wir in die Sterne.

O es giebt Augenblicke, wo uns solche Winke der Natur, wie die freundliche Rede eines Lehrers, entzücken können."[43]

Es folgen, mit dem Datum des nächsten und übernächsten Tags versehen, weitere briefliche Aufzeichnungen, die alle im selben Umschlag zur Post gehen werden. Seitenlang reihen sich Beispiele, die nach dem Modell des „Gleichnisses" die Aufmerksamkeit jeweils auf die Fragen lenken sollen: „worauf deutet das hin?" und „womit hat das eine Ähnlichkeit?"[44] Und gegen Ende

---

43 *BKA* IV/1, S. 385 f. In der Handschrift steht unter der Stelle „mich halten" die gestrichene Wendung „nicht sinken", so daß die Wendung „mich halten" schriftbildlich selber zum gewölbten Übergang wird.

44 Ebd., S. 386. Die beiden Fragen sind in der Handschrift (vgl. ebd., S. 367) unterstrichen. Der entsprechende Absatz lautet im Zusammenhang: „Bemühe Dich also von jetzt an, recht aufmerksam zu sein, auf <u>alle</u> Erscheinungen, die Dich umgeben. <u>Keine</u> ist unwichtig, <u>jede</u>, auch die scheinbar-unbedeutendste, enthält doch etwas, das merkwürdig ist, wenn wir es nur wahrzunehmen wissen. Aber bestrebe Dich, nicht bloß die Erscheinungen <u>wahrzunehmen</u>, sondern auch <u>etwas von ihnen zu lernen</u>. Frage bei jeder Erscheinung entweder: „<u>worauf deutet das hin?</u>" und dann wird die Antwort Dich mit irgend einer nützlichen Lehre bereichern; oder frage wenigstens, wenn das nicht geht: „<u>womit hat das eine Ähnlichkeit?</u>, und dann wird das Auffinden des Gleichnisses wenigstens Deinen Verstand schärfen."

des Briefs wird auch das den Beispielen zugrunde liegende Projekt noch einmal erläutert:

> „Du weißt daß ich mich jetzt für das schriftstellerische Fach bilde. Ich selbst habe
> mir schon ein kleines Ideenmagazin angelegt, das ich Dir wohl einmal mittheilen
> und Deiner Beurtheilung unterwerfen mögte. Ich vergrößere es täglich. Wenn Du
> auch einen kleinen Beitrag dazu liefertest, so könntest Du den Stolz haben, zu
> einem künftigen Erwerb auch etwas beizutragen. – Verstehst Du mich? –"[45]

Die Sätze (oben auf der Seite) sind begleitet von einer Skizze des Torbogens
(unten auf der Seite):

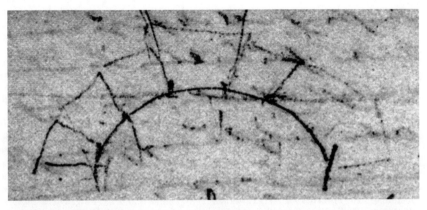

Auf engstem Raum, in nur einem Umschlag, kommen hier die wesentlichen
Punkte und Operationen zur Sprache (und ins Bild), die es erlauben, die ange-
sprochene Konkurrenz zweier Schreibmodelle konzentriert zu analysieren. Einerseits nämlich ist das Schreiben auf ein Ideal hin orientiert, nach dessen Maßgabe (im Modell des Vergleichs und des Beispiels) unterschiedliche Sachverhalte
auf einen gemeinsamen Nenner (ein Signifikat) gebracht werden sollten. So ist
etwa „Glück" der Bezugspunkt für eine ganze Reihe von Erwägungen, die in
den eben zitierten Sätzen zur Sprache kommen. Die Suggestion eines stabilen
Signifikats in der Funktion eines *tertium comparationis* ist zugleich das Prinzip,
auf dem Kleists Bildungsprogramm (und dessen Universalisierbarkeit) beruht.
Die Suggestion der Vergleichbarkeit erlaubt ihm auch, „Natur" (als Signifikat)
so zu setzen und für sich in Anspruch zu nehmen, daß er sich selbst als Sprach-
rohr dieser „Natur" (und somit sich selbst wiederum als legitimen, mehr als
„Bücher" zu verstehen gebenden „Lehrer") ausgeben kann.

Zugleich aber wird diese Logik der Inanspruchnahme eines behaupteten gemeinsamen Nenners beiläufig konterkariert durch ein anderes Modell mit einer
anderen Tendenz: jene zur Serialisierung von Figuren, in der Signifikate nicht

---

45 Ebd., S. 397.

als verdeckte Gesetzgeber, sondern als Effekte zur Eröffnung und Gestaltung von Spielräumen zur Geltung kommen. Während das eine Modell ‚metaphorisch' genannt werden kann, weil die davon betroffenen Verhältnisse von Worten nach Maßgabe eines gemeinsamen Signifikats geordnet sind, kann das andere Modell ‚metonymisch' genannt werden, weil sich die davon betroffenen Verhältnisse von Worten vor allem über ihre Nachbarschaft[46] (die zwischen Worten spielende Affektion)[47] definieren.

Der maßgebliche Ort dieses anderen Modells ist nicht mehr „die freundliche Rede" der „Natur", auch nicht die Theaterbühne,[48] sondern das Stück Papier. So

---

46 Das Modell korrespondiert mit einem von Herder in die Diskussion gebrachten Lösungsvorschlag zur „Wiedererlangung des Lebens" (Bosse, „Der Autor als abwesender Redner", Anm. 4, S. 286) im schriftlichen Ausdruck. Die Lösung ist das „Ensemble. Für das Ereignis der Stimme und der Gebärden entschädigt die Verkettung der Schriftzeichen, Zwischenräume und Nachbarschaft, ‚nicht in einzelnen Worten, sondern in jedem Teile, im Fortgange derselben und im Ganzen'. Die einzelne Stelle darf nicht für sich gelesen und unmittelbar auf ihr Signifikat, den Gedanken, bezogen werden – sie muß im Kontext gelesen werden, mit dem zusammen sich jeweils ein Ganzes bildet. Da das Ganze erst in dem Zusammenspiel von Text und Kontext integriert wird, ist es in sich unfest, mehrdeutig, iterierbar, eben ein Ensemble." Ebd., S. 286 f. Beläßt man das Argument beim „Kontext", ohne es vorschnell auf ein „Ganzes" zurückzubeziehen, dann trifft es auch auf Dominanten zu, die in Kleists Texten auszumachen sind. Dominanten, die es erlauben, die ‚Modernität' Kleists am Verfahren der Texte zu plausibilisieren. Die Radikalisierungen und Strapazierungen der Tendenzen, die in eher metaphorisch orientierten Schreibverfahren gegenüber eher metonymisch orientierten auszumachen sind, führen schematisch gesprochen zu den Unterscheidungen, die Roman Jakobson zwischen symbolistischen und realistischen Formen für die Kunst der Moderne trifft. Vgl. hierzu Roman Jakobson, „Randbemerkungen zur Prosa des Dichters Pasternak" (1935), in: ders., *Poetik. Ausgewählte Aufsätze 1921-1971*, herausgegeben von Elmar Holenstein und Tarcisius Schelbert, Frankfurt am Main: Suhrkamp ³1993, S. 192-211. Das metonymische Verfahren im Sinne Jakobsons ist jedoch von jenem in Kleists Texten zu unterscheiden: Nicht einfach die Nachbarschaft mutmaßlich realer Sachverhalte außerhalb des Textes wird an den eben diskutierten Stellen akzentuiert, sondern die Nachbarschaft dessen, was, indem es gemeinsam auf dem Papier steht, den Bogen sowohl ins interne Wortgefüge als auch ins entsprechende Außen zu schlagen erlaubt.

47 Gemeint ist das Verhältnis von „Affekt und Ausdruck", das nun eins ist, das auch den Bereich zwischen Worten zu bestimmen erlaubt. Zur zeitgenössischen Diskussion dieses Verhältnisses vgl. Rüdiger Campe, *Affekt und Ausdruck. Zur Umwandlung der literarischen Rede im 17. und 18. Jahrhundert*, Tübingen: Niemeyer 1990. Thomas Schestag nennt die sprachliche Affektion mit Kleist (und im Hinblick wiederum auf die Briefe Kleists) „Pest"; vgl. Thomas Schestag, „Brockes. Freundschaft und Pest bei Heinrich von Kleist", erscheint demnächst in einem von Marianne Schuller und Nikolaus Müller-Schöll herausgegeben Sammelband *Kleist lesen* im transcript-Verlag, Bielefeld. In diesen Zusammenhang gehört auch Kleists irreführende Furcht, eine innere Unbestimmtheit in eine äußere Bestimmtheit (auf dem Blatt Papier) zu verwandeln. Vgl. hierzu Kleists Brief an Wilhelmine von Zenge vom 3. Juni 1801: „Sei zufrieden mit diesen wenigen Zügen aus meinem Innern. Es ist darin so wenig bestimmt, daß ich mich fürchten muß etwas aufzuschreiben, weil es dadurch in gewisser Art bestimmt <u>wird</u>. Errathe daraus was Du willst". *BKA* IV/2, S. 28.

48 Die Unaufführbarkeit von Kleists Dramen, die durch Goethes Urteil gegenüber dem Stück *Der zerbrochene Krug* – dieses Stück gehöre „auch wieder dem unsichtbaren Theater" an (vgl. hierzu Meyer-Kalkus, „Heinrich von Kleist und Heinrich August Kerndörffer", Anm. 4, S. 56 f.) – prominent wurde, ist auch als Konsequenz einer Auffassung zu lesen, die gegen eine bestimmte Auslegung des Aristotelischen Mimesis-Konzepts gerichtet ist und die Kleist im Artikel „Unwahrscheinliche Wahrhaftigkeiten" der *Berliner Abendblätter* vom 10. Januar 1811 (*BKA* II/8,

gerät der Brief-„Bogen" seriell in eine Nähe zum „Thor"-Bogen in Würzburg, zur „in" sich gekehrten Haltung Kleists, als er dieses Gewölbe durchquert, aber auch (den Rücken zur Sonne gekehrt) in eine Nähe zum „Regenbogen" und schließlich zur Skizze des Torbogens am Schluß des Briefes. Diese Serie findet eine Fortsetzung in den Aufnahmen des Torbogenbildes in Kleists späterer literarischer Produktion. Der Brief präfiguriert hier also, unterderhand, ein Figureninventar, das Kleist in sein „Ideenmagazin"[49] aufgenommen zu haben scheint, um es später in unterschiedlichen Kontexten wieder reaktualisieren zu können. Das Torbogenbild taucht Jahre später wieder auf, wenn an Penthesilea im gleichnamigen Drama (1808) – noch lange bevor sie ihren (Pfeil-)„Bogen fallen"[50] lassen wird – die Aufforderung ergeht: „Sinke nicht, [...] / Steh, stehe fest, wie das Gewölbe steht, / Weil seiner Blöcke jeder stürzen will!"[51] oder wenn in der Erzählung *Das Erdbeben in Chili* (1807) die „zufällige Wölbung"[52] zweier einstürzender (und dabei sich gegenseitig stützender Gebäude) zur Rettung wird.[53]

Berliner Abendblätter II, S. 42-46) darlegt. Vgl. hierzu auch Kleists Brief an Goethe vom 24. Januar 1808, den Brief an Marie von Kleist im Spätherbst 1807 und jenen an Marie von Kleist im Mai 1811 sowie auch den im Brief vom 14. Februar 1808 an Heinrich Joseph von Collin formulierten Wunsch, im *Phöbus* sollen auch „dramatische Arbeiten, die unter der Feder sind" (Heinrich von Kleist, *Sämtliche Briefe*, Anm. 9, S. 496) gedruckt werden, der auf eine eigene Valenz der Schriftlichkeit von Dramen hindeutet.

49 Das „Ideenmagazin" ist zugleich das Modell einer anderen Serialisierung, auf die hier wenigstens hingewiesen sein soll, weil sie der bislang hervorgehobenen Bogen-Serie aus einer anderen Richtung entgegenkommt. So vergleicht Kleist in zwei Briefen die zugeschnitte „Natur" einer *bestimmten* Umgebung (im einen Fall Basel, im andern Fall Thun) mit dem *wiederholten* Bild einer „80jährige[n] Frau", die „in ihrer Jugend [wohl] schön gewesen sein mag." Brief vom 16. Dezember 1801 an die Schwester Ulrike, *BKA* IV/2, S. 157, und Brief an Zschocke vom 1. Februar 1802, *BKA* IV/2, S. 180. Oder er nimmt das in drei Briefen *wiederholte* Bild eines Flusses, der zunächst „pfeilschnell" strömt, um dann (an einem Hügel) eine Krümmung zu nehmen, und verwendet es zur Beschreibung von (geographisch) ganz und gar *unterschiedlichen* Flüssen. Vgl. hierzu den Brief vom 11. Oktober 1800 an Wilhelmine von Zenge, den Brief an Karoline von Schlieben vom 18. Juli 1801 und den Brief vom 28. Juli 1801 an Adolphie von Werdeck, sowie den luziden Kommentar dieser Stellen in Siegert, *Relais* (Anm. 10), S. 92-101. Sowohl im Falle des Naturvergleichs mit der „80jährige[n] Frau" als auch im Falle des Flußbildes wird Referentialität suggeriert. Entsprechende Signifikate werden dadurch zu Effekten, in denen sich die jeweils vorgegebene Singularität der Referenzerscheinungen aufhebt. Vgl. zu diesem Zusammenhang allgemein Gilles Deleuze, *Differenz und Wiederholung* (1968), aus dem Französischen übersetzt von Joseph Vogl, München: Wilhelm Fink ²1997.

50 *BKA* I/5, *Penthesilea*, S. 170, Regieanweisung („ein Schauer schüttelt sie zusammen; sie läßt den Bogen fallen"), Vierundzwanzigster Auftritt.

51 Ebd., S. 80. Prothoe gegenüber Penthesilea, Neunter Auftritt.

52 *BKA* II/3, *Das Erdbeben in Chili*, S. 11.

53 Es gehört zu Serien, daß sie im Prinzip nicht abschließbar sind. Deshalb ist die Wiederkehr des Torbogenbilds auch nicht abschließend zu diskutieren. Erwähnt sei jedoch wenigstens noch eine Stelle aus Kleists Brief vom 24. November 1806 an seine Schwester Marie: „Ich [...] empfand die Wahrheit des Dalembertschen Grundsatzes, daß zwei Übel, zusammengenommen, zu einer Tröstung werden können; denn Eines zerstreute mich vom Andern." *BKA* IV/2, S. 436. Vgl. hierzu auch die Stelle oben auf dem Blatt (dem Bogen) desselben Briefes mit der Frage, ob die Schwester denn „so viele Schrecknisse, gleichzeitig auf Sie einstürzend," hat „ertragen können". Der Dalembertsche Grundsatz verweist zugleich auf eine historische und auf eine systematische Dimension des Torbogenbilds. Deren epistemologische und poetologische Bedeutung wiederum

Bei all dem gewinnt das Torbogenbild seine Kohärenz selbst aus Verhältnissen der Nachbarschaft. Die merkwürdige Stabilität des Bogens verdankt sich ja nicht einem externen Stützgerüst (einem *tertium*), sondern resultiert aus nachbarschaftlichem Zusammenhalt. Die Steine stützen einander – im Sturz – durch gegenseitige Berührung. Für Kleist selbst kam das Bild nicht nur in seiner späteren literarischen Arbeit zum Tragen. Es zeichnet auch bereits den Ausweg aus seiner ein halbes Jahr später einsetzenden sogenannten ‚Kant-Krise‘ vor.[54] Am 28. März 1801 schreibt Kleist an Wilhelmine von Zenge: „Liebe Wilhelmine, ich bin durch mich selbst in einen Irrthum gefallen, ich kann mich auch nur durch mich selbst wieder heben."[55]

Diese Krise verdient, hier insofern erwähnt zu werden, als der mit ihr verbundene und in den Briefen dokumentierte Abschied von einem objektiven Bildungsideal (ein Abschied, dem die Philosophie Kants, ohne ihm entsprechen zu müssen, als Vorwand dienen konnte) die formalen Bedingungen dafür angeben konnte, das Bildungsideal entweder überhaupt *ad acta* zu legen oder aber radikal zu transformieren. In systematischer Hinsicht konnte daher die Krise (im Verbund mit dem Torbogenbild) auch ein Schreiben motivieren, das nicht mehr vor dem Problem stand, ein vorgegeben geglaubtes Ideal – „Ich trage eine innere Vorschrift in meiner Brust"[56] – aufs Papier bringen zu müssen. Sie erlaubte Kleist auch (wie der Spannungsbogen vom Brief-„Bogen" über den „Thor"-Bogen zum „Regenbogen" antizipierend zu bedenken geben kann), mit jenen Figuren zu arbeiten, die auf dem Papier entstehen und auch dann noch (sofern das Papier aufbewahrt wird) stehen bleiben, wenn ihre direkten Veranlassungen räumlich oder zeitlich Abstand gewinnen.[57] Auch erleichterte sie ihm wohl den

---

wird von Werner Hamacher in „Das Beben der Darstellung. Kleists *Erdbeben in Chili*" (1985), in: ders., *Entferntes Verstehen. Studien zu Philosphie und Literatur von Kant bis Celan*, Frankfurt am Main: Suhrkamp 1998, S. 235-279, umrissen.

54 Vgl. hierzu den Brief vom 22. März 1801 mit dem anekdotisch gewordenen Satz: „Wenn alle Menschen statt der Augen grüne Gläser hätten, so würden sie urtheilen müssen, die Gegenstände, welche sie dadurch erblicken, sind grün". *BKA* IV/1, S. 505. Am Tag darauf, im Brief an seine Schwester Ulrike, schreibt Kleist: „Es scheint, als ob ich eines von den Opfern der Thorheit werden würde, deren die Kantische Philosophie so viele auf das [sic!] Gewissen hat." Ebd., S. 512. Noch drei Monate später sieht Kleist sich „verwirrt durch die Sätze einer traurigen Philosophie". Brief an Wilhelmine von Zenge vom 21. Juli 1801, *BKA* IV/2, S. 60.

55 *BKA* IV/1, S. 518.

56 Brief vom 10. Oktober 1801 an Wilhelmine von Zenge, *BKA* IV/2, S. 115.

57 Hierin liegt einer der wesentlichen Unterschiede zur Rede: Das Schreiben auf dem Papier eröffnet auch die Möglichkeit, Motive zu exponieren, die untereinander in einem *dauernden* Bezug stehen. Dadurch werden Revisionen, Resonanzen, Spannungsbögen, Verbindungen, Präfigurationen und Konstellationen artikulier- und *nach*weisbar, die in der Rede nicht zu halten sind. Das Schreiben eröffnet gegenüber der Rede – und besonders auch gegenüber der allmählichen „Verfertigung der Gedanken" darin (siehe hierzu Anm. 4) – ganz andere Zeit-(Spiel-)Räume, die auch der Adressierbarkeit (und darin: Gestaltbarkeit des Verhältnisses) von Worten und Worten sowie Worten und Gedanken untereinander anders stattgeben: im motivierten (seriell zu denkenden) Vor- und Aufschub. Die interne Kultivierung solcher Verhältnisse hat Kleist schreibend – und heimlich – vollzogen. In seinem Brief vom 10. Oktober 1801 an Wilhelmine von Zenge erscheint sein Schreiben selbst unter dem Zeichen eines Gewölbes, das nun wiederum

Wechsel vom populärwissenschaftlich-pädagogisch orientierten „schriftstellerische[n] Fach" zum ‚dichterischen'. Das Modell des Torbogens konnte zudem
längerfristig jene externe Stütze ersetzen, die ihm mit Wilhelmine von Zenge
(nochmals bildlich ausgedrückt, als Spiegelhalterin) verloren ging. Auch beför-
derte dieses Modell wohl den Umschlag von der Annahme, von *einer* Lehrer-
stimme der „Natur" ausgehen zu müssen, hin zum Projekt, einer Vielzahl von
(vielleicht unterschiedliche Lehren[58] verbreitenden) Stimmen (in den projek-
tierten Dramen) stattzugeben: beim Deklamieren und auf dem Papier.[59]

Gleichwohl ist das mit der Kant-Krise vorbildlich gewordene Modell des Torbogens eins, das im Prinzip erst retrospektiv – wenn erst einmal (wiederum bildlich ausgedrückt) mehrere Steine beisammen sind und diese sich (wie die
Erzählung *Das Erdbeben in Chili* lehrt) *zufällig* zu einer Wölbung fügen – zum
Tragen kommen kann. Es gibt also ein entscheidendes Moment von Kontingenz,
das einen prospektiv planenden Umgang mit diesem Modell verhindert. Vielleicht
ist es diesem Umstand geschuldet, daß Kleist erst mit einer zeitlichen Verzöge-
rung auf die brieflich bereits präfigurierten Schreibmuster zurückgreifen konnte.

In den Briefen selbst kehrt das Motiv vom Torbogen – unerwartet – auch
klanglich wieder. Am 23. Dezember 1801 schreibt Kleist in seinem Brief an Friedrich Lose: „Es ist mein thörigt überspanntes Gemüth, das sich nie an dem, was
ist, sondern nur an dem, was nicht ist, erfreuen kann."[60] Die Freude an dem, was
nicht ist, aber sprachlich sein kann, wurde in den folgenden zehn Jahren zum
Motiv von Kleists Schreiben. Sie bereitete das Feld für eine Redefinition der
Fähigkeit, die nach Kleist den „Dichter" ausmacht. Während diese Fähigkeit in
seinem Brief vom 20. September 1800 noch darin bestehen sollte, „an jeden Gegenstand, sei er auch noch so scheinbar geringfügig, [...] interessante Gedanken
anknüpfen" zu können, sieht Kleist knapp fünf Jahre später, wie er in seinem
Brief an Ernst von Pfuel zwischen Ende Juli und August 1805 schreibt, „die

---

metaphorisch als Geburtsstätte seiner Dichtung ausgewiesen wird: „ich begreife nicht, wie ein
Dichter das Kind seiner Liebe einem so rohen Haufen, wie die Menschen sind, übergeben kann.
[...] Dich wollte ich wohl in das Gewölbe führen, wo ich mein Kind, wie eine vestalische Prie-
sterinn das ihrige heimlich aufbewahre bei dem Schein der Lampe." *BKA* IV/2, S. 116.

58 Diese Partitur von Lehrstimmen wäre in Kleists Erzählungen und Stücken (sowie in den Briefen) zum einen so zu verstehen, daß sie historisch und systematisch unterschiedliche Lehren (die
wiederum auf ihre Provenienz hin untersucht werden könnten) miteinander konfrontiert. Zum
anderen wäre diese Partitur so zu verstehen, daß sie die Fragilität dieser jeweiligen Lehren aus-
stellt, indem sie (zum Beispiel wiederum) ihre Verkünder zu Zerreißproben (Rollenwechseln,
Spaltungen der Persönlichkeit, Betrügereien, Forcierungen) disponiert.

59 Dieser Vielzahl von Stimmen entspricht zuweilen das Motiv der ‚Zerstreuung', so wie es bei
Kleist in unzähligen Zusammenhängen und Variationen begegnet. Hier sei nur die dem hier un-
tersuchten Zusammenhang bildnächste Zerstreuung zitiert: „In meiner Seele sieht es aus, wie in
einem Schreibtische eines Philosophen, der ein neues System ersann, u. einzelne Hauptgedan-
ken auf zerstreute Papiere niederschrieb." Brief an Wilhelmine von Zenge vom 10. Oktober
1800, *BKA* IV/1, S. 339. Das sprachphilosophische Pendant dazu findet sich im Brief vom 5. Februar 1801 an die Schwester Ulrike; vgl. *BKA* IV/1, S. 485.

60 *BKA* IV/2, S. 160. Zur „Thorheit" vgl. auch den Brief an seine Schwester Ulrike vom 23. März
1801 (Zitat in Anm. 54).

ganze Finesse, die den Dichter ausmacht," darin, daß dieser „auch das sagen" könne, „was er <u>nicht</u> sagt."[61] Die *Möglichkeit* des Sagens auch in dem, was *nicht* (explizit) gesagt ist, steht jedoch nicht in Widerspruch zur ersten Definition. Sie zeigt vielmehr die äußersten Konsequenzen aus dem an, was sich brieflich aufgrund der ersten Definition schon bewähren konnte: Die Möglichkeit, aufgrund von Serialisierungen Signifikate entstehen zu *lassen*, die nicht unbedingt beabsichtigt gewesen sein müssen.[62]

Der „Dichter" kann sich daher in dem, was er schreibt, auch verabschieden, weil er die ihn nunmehr allein auszeichnende Fähigkeit – als Möglichkeit – auch dort deponieren kann, wo er etwas hinterläßt, das ihn überlebt. Drei Monate vor seinem Freitod am 21. November 1811 mit Henriette Vogel am Kleinen Wannsee bei Potsdam schreibt Kleist an seine Schwester Marie: „Wirklich in einem so besondern Fall ist noch vielleicht kein Dichter gewesen. So geschäftig, dem weißen Papier gegen über meine Einbildung ist, und so bestimmt in Umriß und Farbe die Gestalten sind, die sie alsdann hervorbringt, so schwer, ja ordentlich schmerzhaft ist es mir mir das, was wirklich ist, vorzustellen."[63]

---

61 *BKA* IV/2, S. 374. Hier bezogen auf den Freund, ehemaligen Armeekameraden und Mitmusikanten Johann Jakob August Otto Rühle von Lilienstern.

62 Das entspricht auch Kleists eigener Lektürepraxis, so wie sie etwa in seinem Brief an die Schwester Ulrike vom 18. März 1802 zum Ausdruck kommt: „In Deinem Briefe ist so unendlich viel u. mancherlei zu lesen, ob es gleich darin nicht geschrieben steht", ebd., S. 201. Vgl. zu dieser Praxis auch „Ein Satz aus der höheren Kritik" in den *Berliner Abendblättern* vom 2. Januar 1811 (*BKA* II/8, *Berliner Abendblätter* II, S. 10 f.) und „Schreiben aus Berlin" in jenen vom 28. Oktober 1810 (ebd., *Berliner Abendblätter* I, S. 65 f.). Umgekehrt entspricht die Zulassung von unvorhersehbaren Signifikaten auch einer Praxis der Auslassung, die Kleist in seiner literarischen Produktion (etwa in der *Marquise von O....*) erkennen läßt. Diese Praxis ist mit dem Leerstellentheorem, sofern es allein aus einer Theoretisierung der *Rezeption* gedacht ist – vgl. hierzu grundlegend Wolfgang Iser, „Die Appellstruktur der Texte", in: Rainer Warning (Hrsg.), *Rezeptionsästhetik*, München: Wilhelm Fink ⁴1994, S. 228-252 –, nur unzureichend beschreibbar.

63 Kleist, *Sämtliche Briefe* (Anm. 9), S. 496.

REIMAR KLEIN

„Unverstanden in der weiten Schöpfung"
Wilhelm Müllers schreibende Wanderer

I

Wo Geschriebenes ist, ist der Schrecken nicht weit. Am Jüngsten Tag wird ein *liber scriptus* hervorgeholt, in dem alles steht, was zur Verurteilung der Welt nötig ist. In den säkularen Kontext des Terrors der Französischen Revolution gehört die Figur des Schreibers. „[Jules Michelet] hat die Erfahrung mit dem Terror in einen großen, auch für das ganze zwanzigste Jahrhundert gültigen Satz zusammengefaßt: ‚Le vrai roi moderne: le scribe.' Immer ist da ein Schreiber, ein Sekretär auch des Ungeheuerlichen, der die Verdächtigungen notiert, die Akten führt, die Todesurteile ausfertigt. [...] Er redet mit höflicher, leiser Stimme, läßt sich nie zum verbalen Exzeß hinreißen."[1] Für die Deutschen, namentlich für die Dichter und Kinder, haftete das Bedrohliche schon an den Schreibwerkzeugen. Das „Schnarren und Spritzen der Feder" hat dem nachtwandlerisch aus seinem poetischen Naturtalent schöpfenden Goethe so manches „kleine Produkt in der Geburt erstickt".[2] Und es ist ein „Magister Tinte", der Felix und Christlieb, die Naturkinder E. T. A. Hoffmanns, das Fürchten lehrt, indem er ihnen „die Wissenschaften"[3] bringt und die Erfahrungen austreibt. In Heinrich Hoffmanns *Struwwelpeter* wird schließlich eine ganze kleine Bande vom großen Nikolas zur Strafe „bis übern Kopf ins Tintenfaß"[4] getunkt. Selbst an das Papier heften sich düstere Visionen, seine Reinheit und Unschuld scheinen dahin. Ein fataler Zettel ist es, den der Kleistsche Michael Kohlhaas, zum Tode verurteilt, verschlingt, um Rache zu üben an seinem Verfolger. Dieser kann nun über das seinem Hause drohende Verhängnis nirgends mehr Aufschluß gewinnen. Doch ist mit dieser Geste auch Luther gemeint: Sie persifliert und pervertiert die Kommunion, die er Kohlhaas verweigert hatte, setzt Unversöhnlichkeit an die Stelle von Versöhnung. Eine noch drastischere Wendung gibt Kleist diesem Motiv im *Findling*. Wenn dort ein rasender, von Kirche und

---

1 Henning Ritter, „Der unbewegte Beweger. Robespierre oder Die Geburt der modernen Politik aus der Tugend", in: *Frankfurter Allgemeine Zeitung*, 23. Juli 1994.

2 Johann Wolfgang von Goethe, *Dichtung und Wahrheit*, in: *Goethes Werke. Hamburger Ausgabe in 14 Bänden*, herausgegeben von Erich Trunz, München: Deutscher Taschenbuch Verlag 1982, Bd. 10, S. 80-81.

3 Ernst Theodor Amadeus Hoffmann, *Die Serapions-Brüder II („ Das fremde Kind")*, Frankfurt am Main: Insel 1983, S. 633.

4 Dr. Heinrich Hoffmann, *Der Struwwelpeter („ Die Geschichte von den schwarzen Buben")*, Esslingen: Esslinger Verlag J. F. Schreiber 1992, S. 10.

Regierung um sein Recht geprellter Piachi seinem eigenhändig ermordeten Adoptivsohn „das Dekret in den Mund stopft",[5] mit dem er aus seinem Haus vertrieben werden soll, dann ist das nur ein kleiner Vorgeschmack von der Rache, mit der er ihn bis in den „untersten Grund der Hölle"[6] verfolgen will. Kann man dem tintenklecksenden Säkulum mit seinen falschen Versöhnungsangeboten eine schärfere Abfuhr erteilen als durch solchen Schriftverzehr, solche Papyrophagie?

„Alles will ich nun verlernen, / Was mich lehrte das Papier. / Schwarze steife, stumme Lettern, / Sagt, was wollt ihr noch von mir?" Mit diesem Vorsatz tritt Wilhelm Müller in die „grüne Wanderschule"[7] ein, in deren Lehrprogramm eine Reise nach Italien nicht fehlen darf. Sie beginnt 1817, dauert ein dreiviertel Jahr und findet ihren Niederschlag in der *Sammlung vertrauter Briefe*, die Müller 1820 unter dem Titel *Rom, Römer und Römerinnen* in Berlin erscheinen läßt. So wie Goethe am nachantiken Italien achtlos vorüberging, so hat Müller keinen Blick für das klassische: Er sucht die Gegenwart der Volkspoesie, „wo die Natur und das Leben dichtet […] [und] man den papiernen Plunder nicht vermißt".[8] Der Umgang mit ihr gibt ihm Gelegenheit, die Positionen seiner Schriftskepsis schriftstellerisch auszubauen. Moderat bleibt diese, wenn es um das schriftlich Tradierte geht. Eine substantielle Dichotomie zwischen lebendigem Wort und totem Buchstaben kommt für Müller hier nicht in Betracht. Mag auch „das heilige geflügelte Wort […] bei der immer steigenden Schreiberei und Druckerei" ernstlich bedroht sein; mag „ein gedrucktes Volkslied […] [zum] Leichenstein des erstorbenen Gesanges"[9] werden, es bedarf doch nur eines lebendigen Sängers, eines „Seelenweckers", damit „das gefesselte Wort aus dem Reich des Todes heraufgeführt wird an das himmlische Licht".[10] Als Beispiel für die Inkompatibilität von Schrift und Poesie führt Müller dagegen die Kunst der italienischen Improvisatoren an, die ihm in drei verschiedenen Spielarten entgegentreten. Da gibt es einerseits den *poeta doctus*, der in allen klassischen Sprachen und Autoren bewandert und mnemotechnisch derart geschult ist, daß er auf eine bedeutende Anzahl mythologischer Themen, Szenen und Topoi zurückgreifen, sie mit Hilfe der Phantasie den jeweils gestellten Aufgaben anpassen und in effektvoller Deklamation darbieten kann. Ein solches Virtuosentum entbehrt für Müller jedoch des Haltes, er attestiert ihm „gänzliche Mittelpunktslosigkeit und Blindheit des Gefühls und Urtheils".[11] Mit größerer Sympathie betrachtet er den ent-

---

5 Heinrich von Kleist, *Der Findling*, in: ders., *Sämtliche Werke und Briefe*, Bd. 3, herausgegeben von Klaus Müller-Salget, Frankfurt am Main: Deutscher Klassiker Verlag 1990, S. 265-283, hier S. 281.
6 Kleist, *Findling* (Anm. 5), S. 281.
7 Wilhelm Müller, *Frühlingskranz („Der Peripatetiker")*, in: ders., *Die Winterreise*, herausgegeben von Hans-Rüdiger Schwab, Frankfurt am Main und Leipzig: Insel 1994. S. 74.
8 Wilhelm Müller, *Rom, Römer und Römerinnen*, Berlin: Duncker und Humblot 1820, S. 233.
9 Ebd., S. 247.
10 Ebd., S. 248.
11 Ebd., S. 219.

gegengesetzten Typus, jene volkstümlichen Sänger und Improvisatoren, die einem Publikum auf der Straße alle Wünsche nach etwas Lustigem oder Traurigem oder einfach nach Versen mit vorgegebenen Reimen unverzüglich erfüllen. Zwischen den akademisch-reproduzierenden und den populär-spontanen Improvisatoren bleibt aber Raum für eine dritte Kategorie, die Müllers ganze Aufmerksamkeit fesselt, weil es ihr gelingt, der Poesie das „Joch der Schrift"[12] abzustreifen, ohne sie dafür dem Mechanischen oder dem Willkürlichen preiszugeben. Es sind jene Stegreifdichter, die im Theater ihre Kunst demonstrieren, indem sie *ad hoc* ein Thema poetisch gestalten, das sie wie ein Los einer Urne entnehmen, in die das Publikum beim Eintritt ins Theater seine Themenwünsche geworfen hatte. Ihr Geist sei in der Lage, „der Weihe der Muse zu jeder Zeit [zu] gebieten [...], daß sie ihn mit ihrer vollen Gewalt ergreife und entflamme, so daß er, wie besessen, halb unbewußt, zu ihrem Organ umgeschaffen werde, das von göttlichem Hauche getrieben, sich seines überschwellenden Reichtums nicht im langsamen Gange der Feder entladen kann, sondern ihn im geflügelten Schwunge des Wortes und des Gesanges ausströmt".[13] Während der Darbietung verzehrt das poetische Feuer den Improvisator dergestalt, daß am Ende von ihm nur eine ausgebrannte Hülle auf der Bühne zurückbleibt. Ausgeschlossen, daß seine Energien zur Schrift erstarren, der Kontrast zwischen Geist und Feder ist nicht zu schlichten. Das läßt sich Müller von einem seiner Stegreifdichter selber bestätigen: „Ich frug ihn einstmals, ob er denn nicht zuweilen Verse aufschriebe. Ich habe es öfters versucht, antwortete er, und kleine Stücke auch wohl zustande gebracht, aber sie mißfielen mir so, wenn ich sie schwarz auf weiß vor mir sahe, daß ich sie augenblicklich wieder zerriß. Wenn ich aber größere Gedichte niederschreiben will, so verwirren sich mir die Gedanken, die der Feder voreilen wollen und von ihr zurückgeholt werden, so sehr, daß der Kopf mir am Ende zu schwindeln anfängt. Außerdem ist es ein alter Aberglaube der Improvisatoren, daß wir unserer Gabe verlustig werden, sobald wir anfangen zu schreiben."[14]

Die Flamme der Improvisation, die für den Italienreisenden Natursprache und Kunstsprache verschmolzen hatte, konnte in seiner nördlichen Heimat keine ausreichende Nahrung finden. Aus dem römischen Theater in den Berliner Salon verpflanzt, brannte sie bescheiden in den geselligen Liederspielen fort, deren Mitwirkende sich hinter der Maske ständischer Rollenlieder verbargen. Der Zyklus der *Schönen Müllerin* ist aus einem solchen Spiel entstanden, dem Müller das Gesellige genommen hat, indem er es auf ein „Monodram"[15] reduzierte. Der bänkelsängerische *Prolog* weckt durch seinen ironischen Ton noch Erwartungen auf etwas Belustigendes: „Ich lad euch, schöne Damen, kluge Herrn, / Und die ihr hört und schaut was Gutes gern, / Zu einem funkelnagelneuen Spiel / Im allerfunkelnagelneusten Stil; / Schlicht ausgedrechselt, kunst-

12 Ebd., S. 235.
13 Ebd., S. 234.
14 Ebd., S. 241-242.
15 Wilhelm Müller, *Die schöne Müllerin*, in: ders., *Die Winterreise* (Anm. 7), S. 12.

los zugestutzt, / Mit edler deutscher Roheit aufgeputzt".[16] Auch das melodramatische Geschehen, das der Zyklus dann entfaltet – enttäuscht von der untreuen Müllerin, findet der „treue Müller"[17] Ruhe und Frieden nur auf dem Grunde des Baches – ist nicht frei von ironischen Akzenten. Ernst wird es in diesen Gedichten erst in einer tieferen Schicht, dort, wo mit dem Ende des „treuen Sinns"[18] das Ende einer verläßlichen Deutung der Welt gemeint ist. Indem sich diese als fremd und undurchdringlich darstellt, erscheint der Müller als ein auf sich selbst zurückgeworfener Improvisator: Kein Thema wird ihm vorgegeben und seine Lieder bleiben ohne Resonanz. Das unterscheidet überhaupt die Müllerschen Wanderer von denjenigen Goethes: Sie stehen nicht in einem „Geleit";[19] der Schritt, mit dem sie dem „Sittenleben" den Rücken kehren, versetzt sie in ein „Naturleben",[20] das ihnen mit verstörender Zweideutigkeit entgegentritt. Darüber erlahmen ihre Kräfte, statt sich zu regenerieren; nicht Frische und Phantasie, sondern Leere und Verstummen zeichnen sie aus, alles Spontane versandet in Monotonie. Die Müllersche Desillusionsromantik hat ihren Ernst dort, wo sie die sinnstiftende Wechselbeziehung zwischen Lebendigem und Totem – Grundlage aller romantischen Hermeneutik – suspendiert. Was als bedeutsames Zeichen gefunden, gesucht oder gesetzt wird, verfällt einem Sog ins Bodenlose, dem das gesprochene Wort so wenig Einhalt gebieten kann wie das geschriebene.

Die Deutungsnot des Müllers ist von Anbeginn evident. Seine Wanderschaft, deren Lust darin besteht, daß sie Teil einer rastlosen Weltbewegung ist,[21] kann, im Unterschied zu dieser, der Frage nach Sinn und Ziel nicht ausweichen. Die Antwort liefert der „rauschende Freund",[22] das Bächlein, das den Müller begleitet, während dieser ihm mit „ganz berausch[em] [...] Sinn"[23] folgt. Klarere Hinweise sind bei Lebzeiten nicht zu erhalten. Was immer der Müller dem „Rauschen der Bedeutsamkeit"[24] an Winken, Worten und Zeichen abgewinnt, stets versinkt es wieder in der strudelnden und sprudelnden Indifferenz des Baches. Eindeutig ist nur die Richtung, in die er weist: „Hinunter und immer weiter".[25] Bei einer Mühle, bachabwärts, angelangt, will der Müller vom Bach die Bestätigung, daß dies das vorbestimmte Ziel sei: „War es also gemeint? [...] So lautet der Sinn. / Gelt, hab ich's verstanden?" Und um diese Deutung zu verfechten, wagt er sogar

---

16 Ebd., S. 11.
17 Ebd., S. 40.
18 Ebd., S. 17 („Am Feierabend").
19 Max Kommerell, „Die Dichtung in freien Rhythmen und der Gott der Dichter", in: ders., Gedanken über Gedichte, Frankfurt am Main: Vittorio Klostermann 1985, S. 430-503, hier S. 440.
20 Max Kommerell, „Goethes Balladen", in: ders., Gedanken über Gedichte (Anm. 19), S. 310-429, hier S. 419.
21 Vgl. Müller, Müllerin (Anm. 15), S. 13-14 („Wanderschaft").
22 Ebd., S. 16 („Danksagung an den Bach").
23 Ebd., S. 14 („Wohin?").
24 Jochen Hörisch, „Fremd bin ich eingezogen. Die Erfahrung des Fremden und die fremde Erfahrung in der ‚Winterreise'", in: Athenäum. Jahrbuch für Romantik 1 (1991), S. 41-67, hier S. 59.
25 Müller, Müllerin (Anm. 15), S. 14 („Wohin?").

eine Hypothese, die die Naturgesetze auf den Kopf stellt: „Hat *sie* [die schöne Müllerin] dich geschickt?"[26] Doch was der Bach meint, gibt er nur als Imperativ preis: „Geselle, Geselle, mir nach!"[27] Ihm folgen bedeutet: nicht weiter fragen – und das wird dem Gesellen schließlich auch klar: „Nun wie's auch mag sein, / Ich gebe mich drein".[28] Doch in dem resignativen Verzicht auf Begründung und unterscheidbare Bedeutung verkappt sich, was die Müllersche ‚Sehnsucht ins Ungebundene' heißen könnte. Sie wird von dem Bächlein genährt, welches sich eben darin als Psychagoge erweist, daß es den Wanderer durch die Klippen der Zeichen und Bedeutungen zu einer Ruhe geleitet, die ihn von allen Zeichen entbindet. Will man von einem Geleit hier noch reden, so ist es ins Negative verkehrt: kein unbemerkt waltender Sinn, sondern erfahrener Bedeutungsverlust.

Gegen diesen unheimlich-unbewußten Sog macht sich im Müller einen Moment lang ein gesunder Widerstand geltend; denn er will Ruhe finden in den Armen der Müllerin, nicht im Wiegen und Wogen des Baches. Und in nichts anderem als seinem „treuen Sinn" sieht er die Berechtigung zu diesem Wunsch. So kommt es zu einem Aufbegehren, als das Bächlein erneut im Schweigen verharrt und nicht einmal mit „*ein[em]* Wörtchen",[29] einem Ja oder Nein, die Frage beantworten will, ob der Müller seinem Herzen Glauben schenken darf. Angesichts der Stummheit seines unergründlichen Freundes rafft sich der Müller aus seiner elegischen Haltung auf und will ein Zeichen setzen – statt nach Zeichen immer nur zu suchen. Ja, unendlich viele Zeichen sollen es sein, durch die verschiedensten Schreibakte überall fixiert: auf Zettel geschrieben, in Rinden geschnitten, in Steine gegraben, auf Beete ausgesät, eine wahre Dissemination. Sie alle, einschließlich eines zum Sprechen abgerichteten jungen Stars, sollen nur eines sagen: „Dein ist mein Herz, und soll es ewig bleiben."[30] Dieser Aufmarsch von Signifikanten erscheint wie ein Handstreich, der von außen noch einmal die ganze Schöpfung in Sprache und Schrift verwandeln soll, wie es der Romantik einst vorgeschwebt hatte.

Das Unternehmen scheitert jedoch. Die Zeichen bleiben bloße Zeichen, „flüchtig hingemacht", möchte man sie mit Daniel Paul Schreber nennen.[31] Der subjektiven Willkür entsprungen, sind sie ein Mittel, etwas Mittelbares, aber nicht die Chiffre, das sprachliche Wesen der Schöpfung. Das wird sogleich deutlich. Kaum ist nämlich das Ziel erreicht und die Müllerin sein geworden, streift der Müller der Natur das Zeichennetz wieder ab und gebiet ihr zu schweigen. Mit einem einzigen Wort fordert er die Souveränität der Rede zurück: An die Stelle

---

26 Ebd., S. 16 („Danksagung an den Bach"; kursiv bei Müller).
27 Ebd., S. 25 („Tränenregen").
28 Ebd., S. 16 („Danksagung an den Bach").
29 Ebd., S. 18 („Der Neugierige"; kursiv bei Müller).
30 Ebd., S. 21 („Ungeduld").
31 Schreber benutzt diesen Ausdruck, um Gestalten zu bezeichnen, die „durch göttliche Wunder auf kurze Zeit hingeworfen wurden, um sich dann wieder aufzulösen oder zu verschwinden". Daniel Paul Schreber, *Denkwürdigkeiten eines Nervenkranken* (1903), Wiesbaden: Focus-Verlag 1972, S. 10.

des zentrifugalen „Dein" tritt das zentripetale „Mein". Doch unverzüglich zeigt sich die Kehrseite dieser Subjektzentrierung: „Ach, so muß ich ganz allein, / Mit dem seligen Worte *mein*, / Unverstanden in der weiten Schöpfung sein!"[32] Der Müller soll aber noch andere, weniger sublime Schmerzen kennenlernen als die eines Glücks, in das die Schöpfung nicht einstimmen kann, weil „kein Klang auf Erden es in sich faßt".[33] Sie verschaffen sich Einlaß durch eine sprachliche Lücke: In der Pendelbewegung zwischen „dein" und „mein" fehlte die dritte Person, „sein". Zwischen der flächendeckenden Schrift und der einsamen Stimme tut sich ein Raum auf für die Präsenz eines Dritten, nämlich des Jägers, der, selber stumm, die ganze Welt mit *seinem* Zeichen, der grünen Farbe, überzieht. Dagegen kann der Müller nur zweierlei aufbieten: verzweifelte Mimesis („In Grün will ich mich kleiden, / In grüne Tränenweiden, / Mein Schatz hat's Grün so gern.")[34] oder verzweifelte Abwehr („Ich möchte die grünen Blätter all / Pflücken von jedem Zweig, / Ich möchte die grünen Gräser all / Weinen ganz totenbleich.")[35] Ein Ende des Schwankens ist nicht in Sicht, der beständige Wechsel zwischen Beredtheit und Verstummen, Bedeutungsfülle und Bedeutungsleere, freundlichen und feindlichen Zeichen ist die Signatur des Lebens selber. Und wenn der Tod einen Ausweg bietet, so ist ihm doch das romantische Versöhnungspathos abhanden gekommen. Unverstanden bleibt der Müller auch dann noch, wenn ihn der Bach in die Tiefe lockt. Auf seine letzte, ratlose Frage: „Ach Bächlein, aber weißt du, / Wie Liebe tut?",[36] bleibt wiederum die Antwort aus.

II

Am Ende des 19. Jahrhunderts hat dieser Müllersche Wanderer Eingang gefunden in die Welt der gründerzeitlichen Sekurität. Theodor Fontane hat ihm in seinem Altersroman *Frau Jenny Treibel* ein kleines ironisches Denkmal gesetzt. Bei einer Gesellschaft in der Villa des Kommerzienrates Treibel gelangen zwei Lieder aus der Schubertschen Vertonung der *Schönen Müllerin* zum Vortrag. Es sind eben die, die von der Vergeblichkeit des Schreibens und Sprechens handeln, vom „Dein", das der Müller der ganzen Natur einschreiben möchte, und vom „Mein", das in einer verständnislosen Schöpfung keinen Widerhall findet. Die Beschneidung der kosmischen Wanderer-Phantasien aufs bürgerliche Interieur wird durch den Unwillen der Hausherrin gegen die „indiskreten Stimmen im Garten"[37] pointiert, die die Darbietung begleiten. Die Fontanesche Ironie geht aber noch

---

32 Müller, *Müllerin* (Anm. 15), S. 25 („Mein!"; kursiv bei Müller).
33 Ebd., S. 26 („Pause").
34 Ebd., S. 31 („Die liebe Farbe").
35 Ebd., S. 32 („Die böse Farbe").
36 Müller, *Müllerin* (Anm. 15), S. 37 („Der Müller und der Bach").
37 Theodor Fontane, *Frau Jenny Treibel*, in: ders., *Sämtliche Romane, Erzählungen, Gedichte, Nachgelassenes*, Darmstadt: Wissenschaftliche Buchgesellschaft 2002, Bd. 4, S. 297-478, hier S. 337.

einen Schritt weiter. Er läßt ein Gesangstück folgen, das seinerseits eine Schreib-
szene schildert: das Briefduett aus der *Hochzeit des Figaro*. Die *Canzonetta su l'a-
ria*, die Susanna nach dem Diktat der Gräfin zu Papier bringt, soll den treulosen
Grafen in den Garten und dort in die Falle eines Stelldicheins mit vertauschten
Personen locken. Die List der Frauen baut auf die Stimme der Natur, und von
ihr allein redet das Briefchen: „Welch sanfter Wind / Wird heut abend wehen /
Unter den Pinien des Wäldchens."[38] Das Duett schließt mit der gegenseitigen
Versicherung, daß der Graf den „Rest" ganz gewiß verstehen werde. Zitiert wird
damit ein Schreibakt anderer Art, diesseits der – durch gründerzeitlichen Fest-
lärm zum Schweigen gebrachten – Opposition von romantischer Entgrenzung
und bürgerlicher Enge. Er ermöglicht ein Wechselspiel, in dem die Botschaft des
Zettels als die des Windes einherkommt und die Botschaft des Windes als die des
Zettels. Daß das Spiel im Sinne der Schreiberinnen aufgeht, liegt an dem „Rest",
den der Graf zunächst gerade nicht begreift, d. h. an dem treuen Sinn seiner Gemahlin, der sich hinter den Schriftzügen des nicht minder treuen Mädchens verbirgt. Er zeigt ihm den Weg zur Versöhnung, für feindliche Zeichen ist hier kein
Raum.

Auch ein anderer Müllerscher Wanderer, der aller Rollencharakteristik ledige
Protagonist des Zyklus *Die Winterreise*, hat dank der Schubertschen Komposition seinen Weg in die große Romanprosa gefunden. Am Ende des *Zauberbergs*
von Thomas Mann macht Hans Castorp mit ihm Bekanntschaft, denn er findet
unter den Schallplatten des Sanatoriums eine Aufnahme des „allvertrauten"[39]
Lindenbaums: „Das Lied bedeutete ihm viel, eine ganze Welt, und zwar eine
Welt, die er wohl lieben mußte".[40] Daß damit nicht, wie bei den Bürgern Fonta-
nes, eine poetisch garnierte Innenwelt gemeint ist, zeigt sich auf der letzten Seite
des Romans, wo dem Soldaten Hans Castorp der *Lindenbaum* als Wander- und
Abschiedslied beim Marsch übers Schlachtfeld dient. Lange bleibt der Blick auf
diese Figur gerichtet: „Da ist unser Bekannter, da ist Hans Castorp! […] Er glüht
durchnäßt, wie alle. Er läuft mit ackerschweren Füßen, das Spießgewehr in hän-
gender Faust. Seht, er tritt einem ausgefallenen Kameraden auf die Hand, – tritt
diese Hand mit seinem Nagelstiefel tief in den schlammigen, mit Splitterzweigen
bedeckten Grund hinein. […] Was denn, er singt! Wie man in stierer, gedanken-
loser Erregung vor sich hinsingt, ohne es zu wissen, so nutzt er seinen abgerisse-
nen Atem, um halb – laut für sich zu singen: ‚Ich schnitt in seine Rinde / So
manches liebe Wort –'. […] Er […] taumelt hinkend weiter mit erdschweren
Füßen, bewußtlos singend: ‚Und sei-ne Zweige rau-schten, / Als rie-fen sie mir
zu –'."[41] Hier bricht Castorp ab, dieser unbedeutende Held, der durch seine Begegnung mit Eros und Thanatos zu einiger Bedeutung gelangt war und nun dem

---

38 Wolfgang Amadeus Mozart/Lorenzo Da Ponte, *Die Hochzeit des Figaro*, Dritter Akt, Zehnte
   Szene.
39 Thomas Mann, *Der Zauberberg*, Berlin: Fischer 1930, S. 852.
40 Ebd., S. 854.
41 Ebd., S. 936-937.

Nihilismus des „maschinisierten Sterben[s]"[42] ausgeliefert ist. Die „nackt[en] und entzweigt[en] Baumstöcke [im] zerwühlt[en] Ackerland"[43] können weder rauschen noch rufen, die Luft ist vielmehr erfüllt vom Heulen der Geschosse. Und doch singt Castorp, „bewußtlos", das Lied, das ihm so „viel bedeutete". Was bedeutet solche Bedeutung inmitten des Kahlschlags allen Sinnes?

Umständlich hat sich Thomas Mann um eine Antwort auf diese Frage bemüht und dem harmlosen Liedchen eine Sympathie mit dem Tod angelastet. Nun ist die Winterreise reich an Todessehnsuchtsliedern, und manch eines gibt dem Thema viel prägnantere Konturen.[44] Daß Hans Castorps Wahl auf das „Zauberlied"[45] vom Lindenbaum fällt, muß mit den Schriftzeichen in seiner Rinde zusammenhängen. Sie, die „liebe[n] Wort[e]", sind nicht nur „todesträchtig",[46] sondern auch eine Präfiguration des „neue[n] Wort[s] der Liebe", wie es zum ersten Mal dem im Schnee fast begrabenen Wanderer Castorp als der wahre Gegenzauber gegen den Tod zugefallen war. Sowohl Fontane als auch Thomas Mann haben sich auf Müllers Leit- und Leidensmotiv des Schreibens verstanden. Fontane antwortet ironisch, indem er das Lied von dem schmerzlichen Bruch zwischen Schrift und Welt den saturierten Bürgern in den Mund legt, die die Welt ihren Zeichen unterworfen haben. Thomas Mann hingegen verwandelt die Schriftzeichen Müllers in ein eigenes Leitmotiv, das den Horizont einer Selbstüberwindung des Todes eröffnet.

III

Schon das Eingangsgedicht der Winterreise präsentiert den Wanderer unter dem Doppelaspekt eines Zeichensuchers und eines Zeichensetzers. Zu nächtlicher Stunde aufbrechend, das Haus und die Worte des Mädchens (Worte „von Liebe") hinter sich lassend, findet er eine dunkle, „in Schnee gehüllt[e]"[47] Welt ohne Weg und Steg vor. Weder sein „Gefährte", der „Mondenschatten",[48] noch die im Schnee erkennbaren Spuren des Wildes können ihm die Richtung weisen. Da wendet er sich noch einmal zurück – das wird er im Laufe des Zyklus immer wieder tun, so daß der Eindruck entsteht, er käme gar nicht vom Fleck[49] –, um seinen Abschiedsgruß ans Tor zu schreiben: „Gute Nacht".[50] Die Schreibtechnik

---

42 Hörisch, *Fremd* (Anm. 24), S. 59.
43 Mann, *Zauberberg* (Anm. 39), S. 934.
44 Z. B. „Der greise Kopf", „Die Krähe", „Der Wegweiser", „Das Wirtshaus".
45 Mann, *Zauberberg* (Anm. 39), S. 856.
46 Ebd., S. 855.
47 Müller, *Die Winterreise*, in: ders., *Die Winterreise* (Anm. 7), S. 43 („Gute Nacht").
48 Ebd.
49 Heinrich Bosse und Harald Neumeyer sprechen von einem durch „unablässiges Besingen" perpetuierten Aufbruch. Heinrich Bosse und Harald Neumeyer, *„Da blüht der Winter schön". Musensohn und Wanderlied um 1800*, Freiburg im Breisgau: Rombach 1995, S. 132.
50 Müller, *Winterreise* (Anm. 47), S. 44 („Gute Nacht").

bleibt unklar (nimmt er Kreide wie die Heiligen Drei Könige oder hinterläßt er die Worte im Schnee, der auch das Tor eingehüllt hat?), aber die Geste ist aufschlußreich: „nur im Gehen [...] noch".[51] Sie rückt die Schrift in die Nähe der Spuren, die das Wild „im Gehen" zurückließ, rückt also den Schreibenden aus dem Kreis der Menschen hinaus. Doch Schreiben ist Menschensache, ein finaler Akt: „Damit du mögest sehen, / Ich hab an dich gedacht."[52] Das Gegenüber, nach dem die Schrift verlangt, soll gerade nicht vorübergehen, sondern verharren und den Gedanken, von dem sie spricht, zum Eingedenken werden lassen. Der Wanderer aber wird, bis zum Ende, kein Gegenüber mehr finden; wenn er schließlich wieder das Wort an einen Menschen richtet, dann nur um von aller Schrift Abschied zu nehmen.

Nach einem „Angedenken"[53] sucht bald auch der Wanderer selbst, allerdings vergeblich. In der einst gemeinsam erlebten, jetzt erstarrten und verhüllten Welt sind alle Spuren und Zeugen verschwunden. Gerade die Kälte jedoch – Müllers Symbol für die Unmöglichkeit eines symbolischen Zugriffs auf die äußere Welt – sorgt im Inneren dafür, daß das Andenken konserviert wird: „Mein Herz ist wie erfroren, / Kalt starrt ihr Bild darin: / Schmilzt je das Herz mir wieder, / Fließt auch ihr Bild dahin."[54] *Ein* Zeichen hat sich freilich aus den früheren Tagen erhalten: „So manches liebe Wort"[55] in der Rinde des Lindenbaums. An ihm führt der Weg vorbei, doch der Wanderer scheut sich, die Worte noch einmal zu lesen: „Da hab ich noch im Dunkel / Die Augen zugemacht." Das hilft aber nichts, denn der Baum ruft ihm nach: „Komm her zu mir, Geselle, / Hier findst du deine Ruh!" – eine Einladung, von der dieser nichts wissen will: „Die kalten Winde bliesen / Mir grad ins Angesicht, / Der Hut flog mir vom Kopfe, / Ich wendete mich nicht."[56] Wie für den Müller die „liebe Farbe" zur „bösen Farbe" wurde und doch dieselbe blieb, so sind für den Wanderer die „liebe[n] Wort[e]" zu bösen geworden, obwohl oder gerade weil sie unverändert in die Rinde eingeschrieben sind. Jetzt stehen sie da als der erste in der langen Reihe der Wegweiser in den Tod: ein Vorläufer jener Kränze auf einem „Totenacker", die den Wanderer ins „kühle Wirtshaus" einladen werden, wo er allerdings, weil „die Kammern all besetzt"[57] sind, die gesuchte Ruhe nicht findet. Beim Lindenbaum jedoch, zu Beginn seiner Reise, erfüllt ihn die Verheißung der Ruhe im Tod noch mit Grauen und treibt ihn in die Flucht. Doch er entkommt ihr nicht, der Ruf des Lindenbaums hat sich in ihm eingenistet: „Nun bin ich manche Stunde / Entfernt von jenem Ort, / Und immer hör ich's rauschen: / Du fändest Ruhe dort!"[58] Alle weiteren Todeschiffren – der Reif im Haar, die

---

51 Ebd.
52 Ebd.
53 Ebd., S. 46 („Erstarrung").
54 Ebd.
55 Ebd., S. 47 („Der Lindenbaum").
56 Ebd.
57 Ebd., S. 56 („Das Wirtshaus").
58 Ebd., S. 47 („Der Lindenbaum").

Krähe, das fallende Blatt, das Irrlicht, die untergehende Sonne – geben diesem Ruf Widerhall und empfangen von ihm ihren Sinn.

Der folgende Schreibakt ist eine Art Exorzismus. Schon äußerlich hat er etwas Gewaltsames: Mit einem „spitzen Stein" werden die Zeichen in die Eisdecke des Flusses „[ge]grab[en]". Daß diese eine „Rinde"[59] genannt wird, gibt der Schreibszene den Charakter einer Wiederholung: Der Wanderer versucht, sich durch eine neue Schrift der alten zu erwehren. Dazu müssen die „lieben Worte", die ihn seit seinem Vorbeistürmen am Lindenbaum als böse Stimme begleiten, aus ihm wieder hinausgeschrieben, in Zeichen fixiert werden. Es gilt aber das Übel mit der Wurzel auszureißen: Um den Bann der Worte zu brechen, muß ihre Urheberin selbst in Schrift gebannt werden. Also gräbt der Wanderer den Namen seiner „Liebsten" ins Eis des Flusses; zwei Daten: „Den Tag des ersten Grußes, / Den Tag, an dem ich ging", fügt er hinzu und rundet das ganze mit einem Symbol ab: „Um Nam' und Zahlen windet / Sich ein zerbrochner Ring."[60] Das Ergebnis ist ein „Schrift-Bild […] der Melancholie",[61] ein Epitaph, der das Leben der „Liebsten" in die Zeitspanne zwischen Ankunft und Abreise des Wanderers zwängt. Sogleich aber wird die Vergeblichkeit dieser Grablegung klar; denn so fest und dick das Eis auch sein mag, es wird sich der Kräfte, die unter ihm lebendig sind, so wenig erwehren können wie das erstarrte Herz seines inneren Dranges: „Mein Herz, in diesem Bache / Erkennst du nun dein Bild? / Ob's unter seiner Rinde / wohl auch so reißend schwillt?"[62]

So bleibt das Schreiben, auch als Eingraben ins harte Eis, illusorisch; jederzeit kann das Herz seine Sprache aus diesem Grab zurückgewinnen, kann der Taumel der lieben und bösen Worte wieder einsetzen, die Bedrohung sich erneuern. Was ist dann zu tun, wenn abermals die inneren und äußeren Stimmen erwachen? Auf diese Frage antwortet das vorletzte Gedicht, es rät zur Abtötung aller Empfindung, zur Anästhesie. „Wenn mein Herz im Busen spricht, / Sing ich hell und munter. // Höre nicht, was es mir sagt, / Habe keine Ohren. / Fühle nicht, was es mir klagt, / Klagen ist für Toren. // Lustig in die Welt hinein / Gegen Wind und Wetter! / Will kein Gott auf Erden sein, / Sind wir selber Götter."[63] Das macht stutzig: Ein – erstes und einziges – „Wir" nach all der Egozentrik? Und sogar „Götter" in einem Zyklus, der jeden Transzendenzbezug vermeidet? Des Rätsels Lösung liegt in der Rätselfigur des Leiermanns, von dem das Schlußgedicht spricht. Wieder geht es um Abschied und Aufbruch, doch diesmal wird auch die Schrift selber zurückgelassen, nichts bleibt von ihr übrig als eine leer in sich kreisende Bewegung: als solle mit dieser Geste der „zerbrochne […] Ring" aus der vorherigen Schreibszene wieder geschlossen werden: „Drüben hinterm Dorfe / Steht ein Leiermann, / Und mit starren Fingern / dreht er, was er kann. // Barfuß

---

59 Ebd., S. 49-50 („Auf dem Flusse").
60 Ebd., S. 50 („Auf dem Flusse").
61 Bosse/Neumeyer, *Winter* (Anm. 49), S. 138-139.
62 Müller, *Winterreise* (Anm. 47), S. 50 („Auf dem Flusse").
63 Ebd., S. 61 („Mut!").

auf dem Eise / Schwankt er hin und her; / Und sein kleiner Teller / Bleibt ihm immer leer. // Keiner mag ihn hören, / Keiner sieht ihn an; / Und die Hunde brummen / Um den alten Mann."[64] Die Töne seiner Leier tragen, anders als das Rufen und Rauschen der Linde, keine Bedeutung mehr, nur die brummenden Hunde stimmen in sie ein, halb drohend, halb komplizenhaft. Und die leerlaufende Drehbewegung findet nirgendwo mehr eine Verankerung, weder in einem materiellen Substrat noch in einer subjektiven Intention. Das Ende des Schreibens koinzidiert mit der Selbstaufgabe des Subjekts: „Und er läßt es gehen / Alles, wie es will, / Dreht, und seine Leier / Steht ihm nimmer still."[65] „Es" und „Alles" bilden die Eingangsschwelle in das Niemandsland der Bedeutung: Keine Demarkationslinien sind mehr erkennbar, jede Spannung ist getilgt, nichts verbindet die Verse mehr als ein planes, immer wiederkehrendes „und".[66] Doch am Ende steht eine Frage: „Wunderlicher Alter, / Soll ich mit dir gehn? / Willst zu meinen Liedern / Deine Leier drehn?"[67] Die Figuren, die sich da „hinterm Dorfe" zusammenfinden – ein Ausgestoßener und ein Bettler, beide reduziert auf das nackte Leben –, würde das Märchen als Lumpengesindel bezeichnen. Sie verbinden sich aber zu einem alten Gott in neuer Gestalt: Orpheus hat seine Lyra mit einer Drehleiher vertauscht, und da er verstummt ist, muß ihm der Wanderer mit seinen Liedern aushelfen.[68]

---

64 Ebd., S. 62 („Der Leiermann").
65 Ebd.
66 Dieser erstorbenen Landschaft entspricht in der Schubertschen Vertonung des Gedichts ein Niemandsland der Tonalität.
67 Müller, *Winterreise* (Anm. 47), S. 62 („Der Leiermann").
68 „[Es] wird klar, daß der ‚Leiermann'-Orpheus zu eben jenen Göttern gehört, von denen das vorangegangene Gedicht gesprochen hat: ‚Will kein Gott auf Erden sein, / Sind wir selber Götter.'" Christiane Wittkop, *Polyphonie und Kohärenz*, Stuttgart: M und P, Verlag für Wissenschaft und Forschung 1994, S. 151.

MARIANNE SCHULLER

„...da wars immer als wär einer hinter mir der mirs einflüstre..."
Schreibszenen in Bettine von Arnims Günderode-Buch

Das Buch *Die Günderode* der Bettine von Arnim erscheint 1840. Der Untertitel
„Briefe aus den Jahren 1804-1806" macht auf das Moment einer Verspätung aufmerksam: Zwischen der Publikation und dem als authentisch annoncierten Material liegt ein Zeitraum von mehr als dreißig Jahren. Inzwischen ist Bettine von
Arnim berühmt. Die 1835 geglückte Veröffentlichung ihres Goethe-Buches *Briefwechsel mit einem Kinde* hat ihr das Statut einer anerkannten Schriftstellerin ein-
gebracht. Das spätere *Günderode*-Buch, das um die Fragen von Autorschaft,
Dichtung und Werk kreist, kann als eine Rückbesinnung auf den Prozeß gelesen
werden, der Bettine zur Schriftstellerin hat werden lassen. Unter dieser Perspektive spielt die von Bettine wiederholt inszenierte Auseinandersetzung mit dem
Akt des Schreibens und der Struktur der Schrift[1] eine entscheidende Rolle.

Dem Brief-Buch zufolge erscheint die Dichterin und Freundin[2] Karoline von
Günderode als Gegenpol Bettines. Während diese sich als Kobold[3] und wildes
Kind stilisiert, das seine Texte in den Wind schreibt,[4] erscheint die Günderode[5]
als Repräsentantin eines reflektierten klassizistischen Kunst- und Werk-Ideals,
die sich durch Bettines *taktlosen* Stil[6] gestört sieht. „Glaubst Du denn", so heißt

---

1 Vgl. zu den Polen *Schreibakt* und *Schriftstruktur* Rüdiger Campe, „Die Schreibszene, Schrei-
ben", in: Hans Ulrich Gumbrecht und K. Ludwig Pfeiffer (Hrsg.), *Paradoxien, Dissonanzen,
Zusammenbrüche. Situationen offener Epistemologie,* Frankfurt am Main: Suhrkamp 1991,
S. 759-772, hier S. 762.

2 Zum Struktur gebenden Motiv der Freundschaft vgl. Marie-Claire Hoock-Demarle, „Zwischen
Wirklichkeit und Fiktion. Karoline von Günderode und Bettina von Arnim – eine weibliche
Freundschaft um 1800 und ihre literarische Verarbeitung", in: *Querelles. Jahrbuch für Frauen-
forschung* 3 (1998), S. 169-183.

3 „Günderode, ich wollt Du wärst ein regierender Herr und ich Dein Kobold, das wär meine Sach,
da weiß ich gewiß daß ich gescheut würde vor lauter Lebensflamme." Bettine von Arnim, *Die
Günderode* (1840), in: dies., *Werke und Briefe in drei Bänden,* herausgegeben von Walter Schmitz
und Sibylle von Steinsdorff, Frankfurt am Main: Deutscher Klassiker-Verlag 1986, Bd. 1, herausgegeben von Walter Schmitz, S. 295-746, hier S. 350.

4 „[E]ins will ich Dir sagen von meinen Briefen, ich lese sie nicht wieder – ich muß sie dahinflat-
tern lassen wie Töne die der Wind mitnimmt, ich schreib sie hin, verstehs wie Du willst". B. v.
Arnim, *Günderode* (Anm. 3), S. 664). Vgl. zum Motiv ‚In den Wind schreiben' Friedrich Kittler, „In den Wind schreibend, Bettina", in: ders., *Dichter – Mutter – Kind,* München: Wilhelm
Fink 1991, S. 219-255.

5 So die Schreibung des Namens durch Bettine von Arnim; der wirkliche Name wird *Günderrode*
geschrieben. Im folgenden wird, je nach Kontext, von beiden Schreibungen Gebrauch gemacht.

6 „Du führst eine Sprache, die man Styl nennen könnte, wenn sie nicht gegen allen herkömmlichen

es einmal, „daß ich ruhig bin, wenn Du so mit mir sprichst, von einem zum andern springst, daß ich Dich jeden Augenblick aus dem Auge verliere. Du hebst mich aus den Angeln mit Deinen Wunderlichkeiten!"[7]

Dieser polaren Anordnung entsprechen die der Günderode geltenden Topoi vom Seher,[8] vom Priester und vom Meister, während Bettine der unwissende Schüler ist, der nicht dichten kann.[9] In endlosen Variationen durchziehen Formulierungen wie die folgenden den Text: „Ich kann nicht dichten wie Du Günderode, aber ich kann sprechen mit der Natur",[10] oder: „[I]ch kann keine Fragmente schreiben, ich kann nur an Dich schreiben […]. Zeit und Ewigkeit, das ist mir alles so weitläufig".[11]

Diese polare Anordnung kann als eine Anspielung gelesen werden: als Anspielung auf Schillers 1795 veröffentlichte Schrift *Über naive und sentimentalische Dichtung*. Danach figuriert die philosophisch-ästhetisch gebildete, zutiefst melancholische, stets bei ihrem Nachnamen genannte Dichterin Günderode das Sentimentalische und das wilde, in den Wind schreibende, bildungsunwillige, stets bei ihrem Vornamen genannte Kind Bettine das Naive.[12]

Der Interpretation Peter Szondis[13] zufolge hatte Schiller den Versuch unternommen, das Naive als nachträgliches Reflexionsprodukt des Sentimentalischen zu bestimmen, um es als Signatur einer modernen Ästhetik auszuzeichnen. In einer Anmerkung heißt es entsprechend bei Schiller:

„Das Gegenteil der naiven Empfindung ist nämlich der reflektierende Verstand, und die sentimentalische Stimmung ist das Resultat des Bestrebens, *auch unter den Bedingungen der Reflexion* die naive Empfindung, dem Inhalt nach, wiederherzustellen. Dieß würde durch das erfüllte Ideal geschehen, in welchem die Kunst der Natur wieder begegnet."[14]

Takt wär. Poesie ist immer echter Styl, da sie nur in harmonischen Wellen dem Geist entströmt, was dessen unwürdig ist, dürfte gar nicht gedacht werden", B. v. Arnim, *Günderode* (Anm. 3), S. 394.

7 Ebd., S. 413.
8 Vgl. ebd., S. 386.
9 Vgl. ebd., S. 309.
10 Ebd., S 331.
11 Ebd., S. 317; vgl. auch S. 331, 458, 633, 669.
12 Bettine spricht einmal ausdrücklich davon, als ‚naiv' angesehen zu werden: „Die Gesellschaft wunderte sich über meine *naive Art*, damit meinen sie *Unart*, ich merkte es; sie halten mich für einen halben Wilden". B. v. Arnim, *Günderode* (Anm. 3), S. 340. – Der Bezug zu Schillers geschichtsphilosophischer Ästhetik ist ausführlich bei Hedwig Pompe dargelegt; vgl. Hedwig Pompe, *Der Wille zum Glück. Bettine von Arnims Poetik der Naivität im Briefroman „Die Günderode"*, Bielefeld: Aisthesis 1999, hier S. 21-62.
13 Peter Szondi, „Das Naive ist das Sentimentalische. Zur Begriffsdialektik in Schillers Abhandlung" (1972), in: ders., *Lektüren und Lektionen. Versuche über Literatur, Literaturtheorie und Literatursoziologie*, Frankfurt am Main: Suhrkamp 1973, S. 47-99.
14 Friedrich Schiller, *Über naive und sentimentalische Dichtung* (1795), in: ders., *Sämtliche Werke*, herausgegeben von Gerhard Fricke und Herbert G. Göpfert, München: Hanser 1967, Bd. 3, S. 694-780, hier S. 752.

Wenn das Naive, der durch Szondi kanonisierten Lesart zufolge, das Sentimentalische ist, so läßt sich im Zuge der Anspielung an Schillers Ästhetik das
Günderode-Buch als Bildungsroman des modernen Künstlers mit Namen Bettine von Arnim verorten. Die späte Fiktionalisierung des Briefmaterials[15] wäre
ein Zeichen dafür, daß hier nicht mehr die ‚natürliche‘, sondern die moderne
Naive spricht: die Schriftstellerin, die unter den durch die Günderode figurier-
ten Bedingungen des Sentimentalischen ihre schon von Kant inaugurierte moderne Naivität ausgebildet hat. So heißt es in der *Kritik der Urteilskraft*: „Eine
Kunst, naiv zu sein, ist [...] ein Widerspruch; allein die Naivität einer erdichte-
ten Person vorzustellen, ist wohl möglich, und schöne obzwar auch seltene
Kunst."[16]
 Eine solche Lesart verkennt jedoch den zutiefst ironischen Gestus, der den
Bezug zu Schillers geschichtsphilosophischer Ästhetik auszeichnet. Deutlich
gibt sich die Ironie in komischen Sequenzen zu erkennen, so etwa, wenn Bettine schreibt:

> „Heute Nachmittag brachte der Büri der Großmama ein Buch für mich – Schillers
> Ästhetik – ich sollts lesen meinen Geist zu bilden; ich war ganz erschrocken wie er
> mirs in die Hand gab als könnts mir schaden, ich schleuderts von mir. – meinen
> Geist bilden! – ich hab keinen Geist, – ich will keinen eignen Geist; – am Ende
> könnt ich den heiligen Geist nicht mehr verstehen".[17]

Über die komischen Attacken hinaus aber vollzieht sich zugleich eine strukturelle Verschiebung gegenüber dem angespielten ästhetischen Paradigma. Während Schillers geschichtsphilosophisches Konzept von einer dualen „Begriffsdialektik" (Szondi) getragen ist, schreibt sich der Dialog des *Günderode*-Buches
von einer die Dualität unterbrechenden und ermöglichenden *Instanz des Dritten* her. Diese dritte Instanz wird vom Sokratischen Dämon figuriert. Über
diese Figur des *Daimonion* öffnet sich das Brief-Buch auf eine Frage hin, die in
Schillers geschichtsphilosophischer Ästhetik keinen Ort hat und haben kann:
auf die Frage des Schreibens und der Schrift. Genauer: Die Frage der Schrift
wird stellbar, weil sie bei Schiller nicht auftaucht. Unter dieser Perspektive stellt
das *Günderode*-Buch die Wiederkehr einer Geschichte der Vergessenheit der
Schrift dar.
 Die Frage der Schrift und des Schreibens jedoch wird auf doppelte Weise mit
der Frage des Sprechens und der Stimme verschränkt: Einmal Sokrates, der sich
bekanntlich durch Reden und nicht durch Schreiben auszeichnet; zum andern
über das Genre Brief, das seit dem 18. Jahrhundert als Ersatz des mündlichen

---

15 Vgl. hierzu B. v. Arnim, *Günderode* (Anm. 3), S. 1102 ff. (Kommentar).
16 Immanuel Kant, *Die Kritik der Urteilskraft* (1790, 1793), in: ders., *Werke in zehn Bänden*, herausgegeben von Wilhelm Weischedel, Bd. 8, S. 441. Vgl. hierzu ausführlicher Pompe, *Wille zum
  Glück* (Anm. 12), S. 58.
17 B. v. Arnim, *Günderode* (Anm. 3), S. 468.

Gesprächs imaginiert und theoretisiert worden ist.[18] Diese komplexe Frage artikuliert sich vornehmlich in den Schreibszenen, die durch das *Günderode*-Buch mäandern.

Wie Sokrates das Daimonion ein Sprechen des Anderen nennt, ein Sprechen, das er im Dialog mit dem anderen aufsucht und zu bewähren sucht, so zeigt sich auch Bettine im Akt des Sprechens vom Anderen angerufen: „[D]a wars immer als wär einer hinter mir der mirs einflüstre, Du fragst, was ich mich denn umdreh so oft? – ich sagte hinter mir tanzt's – denn ich wollt nicht sagen: *sprichts,* denn es war mehr so getanzt, und flüchtig geschwungen im Kreis".[19] Wenn Sokrates im *Phaidros* sagt, daß er „aus fremden Strömen durch Zuhören angefüllt worden [sei] wie ein Gefäß", das er schon wieder vergessen habe,[20] so dramatisieren die Schreibszenen des *Günderode*-Buchs eine Empfänglichkeit für das Sprechen des Anderen, das sie der Vergessenheit halluzinativ zu entreißen suchen.

Bettine, die Platon wahrscheinlich 1807 in der 1804 erschienenen Übersetzung Schleiermachers gelesen hat,[21] schreibt im Hinblick auf den Sokratischen Dämon:

> „Es ist ja wahr, Du und ich sind bis jetzt noch die zwei einzigen die mit einander denken, wir haben noch keinen Dritten gefunden der mit uns denken wollt; oder dem wir vertraut hätten was wir denken, Du nicht und ich nicht; […] – Der Dämon des Socrates wo ist der geblieben? – Ich glaub jeder Mensch könnte einen Dämon haben der mit ihm sprechen würde […]. So lang ich vom Socrates weiß, geh ich dem Gedanken nach, wie Er einen Dämon zu haben".[22]

Und weiter heißt es:

> „Ich hab ihn nicht, ich denk mir ihn aber, und trag ihm alles vor in meinen Nachtgedanken, und manchmal schreib ich an Dich als wärst Du sein Bote, und er würde durch Dich alles erfahren von mir. […] – Was Du mir sagst scheint mir auch vom Dämon durch Dich gemeldet, Du kleidest seine Weisheit in Balsam hauchende Redeblüten".[23]

Mit dem Dämon kommt ein Sprechen-Lassen des ‚Anderen' zum Zuge, welches das Schreiben inspiriert oder gar diktiert. Bei aller aufgerufenen Münd-

---

18 Vgl. Christian Fürchtegott Gellert, *Briefe, nebst einer Praktischen Abhandlung von dem guten Geschmacke in Briefen,* Leipzig: Wendler 1751; zum *Brief* im Spannungsfeld von Gespräch, Schrift und Druck grundsätzlich Barbara Hahn, *„Antworten Sie mir". Rahel Levin Varnhagens Briefwechsel,* Basel, Frankfurt am Main: Stroemfeld 1980.
19 B. v. Arnim, *Günderode* (Anm. 3), S. 410.
20 Platon, *Phaidros,* in: ders., *Sämtliche Werke,* nach der Übersetzung von Friedrich Schleiermacher mit der Stephanus-Numerierung herausgegeben von Walter F. Otto, Ernesto Grassi und Gert Plamböck, Hamburg: Rowohlt 1958, Bd. 4, S. 7-60, hier S. 11, 235c/d.
21 Vgl. B. v. Arnim, *Günderode* (Anm. 3), S. 1135 (Kommentar).
22 Ebd., S. 341.
23 Ebd., S. 342.

lichkeit also zeichnet sich eine Verschränkung von Sprechen/Stimme und Schreiben/Schrift ab. Deutlicher: Mit dem Dämon etabliert sich ein Verhältnis zwischen Stimme und Schrift. Dieses Verhältnis ist wiederum als ein sokratisches zu kennzeichnen. Denn nach Sokrates wiederholt die Stimme die delphische Inschrift, die durch die mündlichen Orakel des Apollon immer wieder gelesen wird: *Erkenne dich selbst*.[24] Sokrates' Hören erscheint nun als ein Gehorsam gegenüber dem *gramma* von Delphi, das die „innere Stimme" durchkreuzt. Anders gesagt: Der mündliche Dialog, die Aufnahme der Rede des „anderen" ist Gehorsam dem *gramma* gegenüber. Im *Phaidros* heißt es entsprechend: „Ich vermag noch nicht gemäß dem delphischen Spruch mich selbst zu erkennen."[25]

Nach dieser durch Hans Naumann inspirierten Lesart[26] müßte der Dialog des Sokrates mit dem „anderen" nicht nur unendlich weiter gehen, sondern alles deutet darauf hin, daß der Begriff des Daimonion den Begriff des *gramma* impliziert. Das Daimonion als Stimme stellt sich ein als göttliche Stimme wie als Traumstimme, die dem Musenanruf vergleichbar ist. „Es ist mir oft derselbe Traum vorgekommen in dem nun vergangenen Leben, der mir bald in dieser, bald in jener Gestalt erscheinend immer dasselbe sagte: O Sokrates, sprach er, mach und treibe Musik."[27]

In dem Maße, wie die Stimme des Anderen die *Inscriptio* wiederholt, umspielt, verschiebt und aufschiebt, also fragmentiert, wird auch die Vorstellung einer reinen Schrift, des reinen *gramma*, in eine Ambivalenz gezogen. Diese *sokratische* Ambivalenz gegenüber der reinen Schrift teilt sich (in) dem *Günderode*-Buch mit: Es gibt eine Art Bedenklichkeit der Schrift zu lesen, sofern diese der Stimme des Daimonion nicht standhält. Diese Bedenklichkeit verstärkt sich in dem Maße, wie die Schreibszenen dem an Mündlichkeit ausgerichteten Genre *Brief* eingefügt sind. So sehr die fingierten Szenen des Schreibaktes in Wind und Wetter eine Naturalisierung bzw. Naivität des Schreibens suggerieren, so sind sie zugleich als Dramatisierung der Schriftstruktur zu lesen. Danach konstituiert sich Schrift nie anders als im fragmentierenden Aufschub der unerreichbaren Stimme unter dem Namen Dämon. In Bettines Rede von der Musik artikuliert sich dieses Strukturmoment der Schrift im Sinne der *différance*. Als kehrte die Sokrates zur Musik auffordernde Traumstimme wieder, wird Musik in Bettines Schreiben verführerisch, weil sie nicht nur Präsenz und Zusammenhang, sondern die Präsenz und Zusammenhang der Töne stiftende Unterbrechung zum Zuge kommen läßt:

> „Glaubs, Musik wirkt, begeistert, entzückt, nicht dadurch, daß wir sie hören, sondern durch die Macht der übergangnen dazwischenliegenden Harmonien, *diese*

---

24 Hier folge ich einem unveröffentlichten Manuskript von Hans Naumann, *Das Daimonion in Sokrates als „Stimme"*, Hamburg 1988.

25 Platon, *Phaidros* (Anm. 20), 229 e.

26 Naumann, *Daimonion in Sokrates* (Anm. 24).

27 Platon, *Phaidon*, in: ders., *Sämtliche Werke* (Anm. 20), Bd. 3, S. 7-66, 60 e.

halten den hörbaren körperlichen Geist der Musik durch ihre unhörbare geistige Macht verbunden mit sich. – *Das* ist das ungeheure Einwirken auf uns, daß wir durchs Gehörte gereizt werden zum Ungehörten".[28]

Dieser aufschiebende Fragmentarismus der Schrift im Zeichen des Sokratischen Dämons als *Stimme des Anderen* trägt die Freundschaft, die Liebe und den Brief, sofern dieser sich an den anderen adressiert. Zugleich wird dieses Schriftkonzept zum Moment der Unterscheidung, welche die Briefe und die Dichtung der Günderode von der literarischen Produktion Bettines trennt. Während Bettine die dämonische Unreinheit der Schrift umwirbt, gerät nach der fiktionalisierenden Bearbeitung der Briefe die Günderode auf die Seite des Konzepts der Reinheit der Schrift. Und dieses steht im Zeichen des Todes und des Toten. Wenn von Anfang an auf der Ebene der Motivik wie der Bilderwelt der Tod und das Tote aufscheinen, so ist damit nicht nur auf den frühen Selbstmord, sondern auch auf die Schrift der Günderode verwiesen: Sie erscheint im Kontext des *Günderode*-Buches, dem (bearbeitete) Gedichte der unter dem Pseudonym Tian schreibenden Dichterin eingefügt sind, vom Tod gezeichnet. So schimmert in einer Briefsequenz, die an den Ort erinnert, an dem die Günderode sich mit einem Dolchstich ins Herz das Leben genommen hat, eine Deutung ihrer Dichtung als Schwanengesang durch:

„[S]o seh ich Dich dahin wandeln, am Hain vorüber wo ich heimatlich bin; nicht anders als ein Sperling, vom dichten Laub versteckt den Schwan einsam rudern sieht auf ruhigen Wassern, und sieht heimlich wie er den Hals beugt mit reiner Flut sich überspülend, und wie er Kreise zieht, heilige Zeichen seiner Absonderung von dem Unreinen, Ungemeßnen, Ungeistigen! – und diese stille Hieroglyphen sind Deine Gedichte, die bald in den Wellen der Zeiten einschmelzen [...]. Ja ich seh Dich Schwan, ruhig Zwiesprache haltend mit den flüsternden Schilfen am Gestade, und dem lauen Wind Deine ahnungsvolle Seufzer hingebend, und ihnen nachsehend wie er hinzieht weit, weit über den Wassern – und kein Bote kommt zurück ob er je landete."[29]

Findet sich hier eine durchgehende Todessymbolik, die emblematisch das Leben und die Dichtung der Günderrode signiert, so wird diese auch das Verhältnis von Schrift und Gedächtnis grundieren. Es ist zum einen Bettine, welche die Freundin zu einem die abgelebten Momente aufbewahrenden Gedächtnisort stilisiert: „Und jetzt geh ich, Dir hab ich alles eingeprägt, das ist nicht ausgeplaudert, mich lockts, damit es nicht vergessen sein soll, daß ich Dirs vertraut hab."[30] In ihrer Antwort macht sich Günderode ihrerseits zur Schreibfläche, die Bettines eingekerbte Schrift bewahrt: „[I]ch bin zufrieden unterdes, daß Du mich zum Hüter Deiner verborgnen Wohnung bestellt hast und mich zum

---

28 B. v. Arnim, *Günderode* (Anm. 3), S. 399.
29 Ebd., S. 621.
30 Ebd., S. 416. – Vgl. zur Funktion Gedächtnis auch Pompe, *Wille zum Glück* (Anm.12), S. 92.

Kerbholz Deiner heimlichen Seligkeiten machst.; ich möchte Dir immer still halten, so anmutig fühle ich mich bemalt und beschrieben von Deinen Erlebnissen [...], ich werd gewiß still halten und still schweigen."[31] Wird also Günderode von Bettine als Gedächtnisort angerufen, stellt sich dann Günderode selbst als ein durch Bettines Schrift signierter Körper dar, so wird die Funktion der Schrift als Archiv mit Tod, bzw. Totem assoziiert. In einem Brief Günderodes heißt es:

> „Auch die wahrsten Briefe sind meiner Ansicht nach nur Leichen, sie bezeichnen ein ihnen einwohnend gewesenes Leben, und ob sie gleich dem Lebendigen ähnlich sehen, so ist doch der Moment ihres Lebens schon dahin; deswegen kommt es mir vor wenn ich lese was ich vor einiger Zeit geschrieben habe, als sähe ich mich im Sarg liegen, und meine beiden Ichs starren sich ganz verwundert an."[32]

Nach der Lektüre des *Günderode*-Buches ist es die von Bettine verworfene oder überwundene Reinheit der Schrift, welche diese zum Ort einer mortifizierenden „katastrophischen Aufbewahrung"[33] macht, zu einem Grab, dem nicht zu entkommen ist. Demgegenüber versucht Bettine nicht, das Tote der Schrift zu leugnen, sondern es selbst der Vergänglichkeit auszusetzen. So etwa, wenn sie den kalten Schnee – Topos des Todes wie Bild der Schreibfläche – als Ort der *inscriptio* des Namens der Günderode, die als Tote imaginiert und verklärt wird, aufruft: „[U]nd dann hab ich Deinen Namen eingezeichnet in den Schnee; und dann den Namen des Königs der Juden, der kindlich zu Gott ruft: *Vater!* hab ich Dir als Wächter hinzugeschrieben und dies Zeichen von Dir im kalten Schnee".[34]

Das der toten Freundin zum Gedächtnis geschriebene Brief-Buch erweist sich nicht zuletzt als eine Auseinandersetzung mit unterschiedlichen Schreib- und Schriftkonzepten. Folgt die Lektüre dieser Spur, so erscheint der Text nicht in der Linie, sondern als Unterbrechung einer durch Schiller vorgegebenen philosophischen Ästhetik. In dem Maße, wie die Schrift unter der Frage der Struktur ins Spiel kommt, tut sich eine andere Fährte auf: Als Fragmentierung der Stimme des Anderen wird mit der Schrift nicht das tote Archiv, vielmehr ein uneinholbares fremdes Lebendiges aufgesucht.

---

31 B. v. Arnim, *Günderode* (Anm. 3), S. 421 f.
32 Ebd., S. 682.
33 Campe, *Schreibszene* (Anm.1), S. 763, im Hinblick auf eine Schreibszene, die einer ,Vorfassung' des Hölderlinschen Briefromans *Hyperion* eingelassen ist.
34 B. v. Arnim, *Günderode* (Anm. 3), S. 664.

Roland Reuß

Handschrift in Druckschrift
Zur Diskussion des Verhältnisses von Kalligraphie und Typographie bei Paul Renner, Gerrit Noordzij und Stanley Morison

Die folgenden, zugegeben bruchstückhaften Notizen beschäftigen sich mit Überlegungen und – im Falle der „Futura" Paul Renners – auch Produkten, deren geheimes Zentrum das gespannte Verhältnis von Handschrift und Druckschrift (und dahinter die Frage nach dem Schreiben überhaupt) ausmacht. Dieses Verhältnis kann – schon aus historischen Gründen – nicht als eines des Gleichgewichts begriffen werden, und so sehr sich, trivialerweise, Handschriften verstehen und beschreiben lassen, ohne irgendwelche Spezifika von Druckschriften berühren zu müssen, so wenig wird man doch ohne weiteres das Gegenteil behaupten wollen; ein Befund, der auf den ersten Blick vielleicht nicht sonderlich auffällig ist, das zugrundeliegende Ableitungsverhältnis indes recht gut vor Augen führt.

I

Bereits früh in der Geschichte des Buchdrucks hat man das Verhältnis zur Handschrift explizit zu klären versucht, und ich möchte eingangs bei einigen abgelegeneren Dokumenten verweilen, die für diese Ausgangslage von Interesse sind. Dabei muß man sich in Erinnerung rufen, daß die frühen Drucke gerade nicht damit beeindrucken konnten, ihren spezifischen Druckcharakter hervorzukehren. Sie sollten aussehen wie ,manu facto‘, denn nur so hatten sie zunächst eine Chance, die Konkurrenz mit den industriell geführten Skriptorien aufzunehmen, die am Anfang dessen, was man Medienwechsel zu nennen sich angewöhnt hat, den Markt beherrschten.

In dem ersten erhaltenen Kolophon überhaupt – es findet sich am Ende des von Johannes Fust und Peter Schöffer zum 14. August 1457 publizierten Mainzer *Psalteriums* – heißt es: „Das vorliegende Buch der Psalmen, geschmückt mit schönen Kapitalien (*venustate capitalium decoratus*) und hinreichend ausgestattet bzw. unterteilt mit Rubriken (*rubricationibusque sufficienter distinctus*), ist auf diese Weise hergestellt (*sic effigiatus*) durch die kunstvolle Erfindung des Druckens und der Buchstabenverfertigung (*adinventione artificiosa imprimendi ac caracterizandi*) ohne jede Verwendung (eigentlich: ohne jedes Herauspflügen) des Schreibrohrs (*absque calami exaracione*)."[1]

An dieser Bestimmung, die programmatisch und gleichsam als Gründungsurkunde das Eigentümliche der Druckkunst zu benennen sucht, möchte ich zwei Momente hervorheben, die für meinen Gedankengang von Bedeutung sind. Einmal fällt auf, daß die Autoren des Mainzers Kolophons ostentativ vermeiden, das Wort ‚Schreiben' zu verwenden. Statt dessen wird mit der Rede vom Herauspflügen (‚exarare') eine Metapher verwendet, die seltsam schräg zu der Nennung des Schreibgeräts ‚calamus' steht. Gewöhnlich ist es nämlich der ‚stilus', der im Zusammenhang mit dem Verb ‚exarare' auftaucht[2] und diese Metapher sinnfällig macht: Die mit Wachs überzogene Schreibtafel, die vom ‚stilus' durchfurcht wird, weist in der Tat Ähnlichkeiten mit einem Feld auf, das beackert wird und sich durch den Wechsel von Aufgeworfenem und Vertieftem, Materialanhäufung und Materialhinwegnahme, Konkavem und Konvexem auszeichnet. Nicht so die Vorstellung des Schreibrohrs und in ihrer Nachfolge die der Feder, die beide assoziiert sind mit Flüssigkeit und Leichtigkeit und gerade nicht mit der gewaltsamen Überwindung eines Widerstands, wie es das Pflugbild und – in der Verlängerung der Vergleichsachse – ein Ausdruck wie ‚Druckerpresse' mit sich führt.

Der Druck erscheint – und damit bin ich beim zweiten, für die weitere Geschichte leitenden Charakteristikum des Mainzer Kolophons – vornehmlich privativ bestimmt. Er ist Produktion von Schrift, aber sozusagen nicht als Schreiben, sondern eben „absque calami exaracione". Dieses „absque" des Jahres 1457 läßt sich als textuelles Symptom für den Phantomschmerz der Druckschrift lesen, nachdem die Verbindung zur flüssigen Hand abgetrennt wurde.

Nichts ist es also in dieser Zeit mit der geläufigen und neutralen Rede vom „Druck mit beweglichen Lettern", die uns heute so geläufig ist. Statt dessen betonen die wichtigsten Zeugen des folgenden Jahrhunderts immer wieder ausschließlich den privativen Charakter der druckenden Tätigkeit. 1471 introduziert William Caxton[3] im Nachwort zum dritten, abschließenden Buch seiner eigenen Übersetzung *The Recuyell of the Histories of Troye*[4] das Druckerzeugnis seinen englischen Lesern mit dem großen Stolz eines Mannes, der nicht nur den Inhalt seiner französischen Vorlage in eine englische Reinschrift übertra-

---

1   Ich habe mir erlaubt, die lateinischen Abbreviaturen in meiner Zitation aufzulösen. Zum genauen Wortlaut vgl. *Catalogue of Books Printed in the XVth Century Now in the British Museum, Parts I-VIII. Lithographic Reprint*, London 1963, I 18. Zum allgemeinen Zusammenhang vgl. Lotte Hellinga, „Analytical Bibliography and the study of early printed books with a case-study of the Mainz Catholicon", in: *Gutenberg Jahrbuch* 1989, S. 47-96, bes. S. 62-65.

2   P. G. W. Glare (Hrsg.), *Oxford Latin Dictionary*, Oxford: Clarendon Press 1982, s. v. exaro, S. 632. Vgl. Wilhelm Wattenbach, *Das Schriftwesen im Mittelalter*, Leipzig ³1896, S. 263: „Von der Wachstafelschrift wird *exarare* hergenommen sein".

3   Er erlernte das Druckerhandwerk in Köln und war der erste englische Drucker.

4   Es handelt sich hierbei um die Übersetzung von Raoul Lefevres 1464 im Französischen vorgelegter Sammlung des Trojanischen Sagenkreises.

gen, sondern zu deren Vervielfältigung gleich auch eine neue Technik eingeführt hat. Dabei legt Caxton den Akzent sprechenderweise darauf, daß die neue Kunst es ihm erlaubt habe, die zunehmende körperliche Schwäche des Alters zu kompensieren. Der Übergang der reinschriftlichen Übersetzung in den Druck wird von ihm dabei so beschrieben, daß der kompensatorische Charakter des Buchdrucks scharf hervortritt: „And for as moche as in the wrytyng of the same my penne is worn / myn hande wery & not stedfast [zitterig] myn eyen dimed with ouermoche lokyng on the whit paper / and my corage not so prone and redy to laboure as hit hath ben / and that age crepeth on me dayly and febleth all the bodye / and also be cause I haue promysid to dyuerce gentilmen and to my frendes to adresse to hem as hastely as I myght this sayd book / Therfore I haue practysed & lerned at my grete charge and dispense to ordeyne this said book in prynte after the maner & forme as ye may here see / and is not wreton with penne and ynke as other bokes ben".[5] Vor dem Hintergrund der Bresthaftigkeit des Körpers wird fließendes Schreiben „with penne and ynke" geradezu zum Zeichen von Jugendlichkeit, das „not" des Drucks, von dem man nicht so recht weiß, ob es nicht auch noch die Rede vom Schreiben selbst trifft, erscheint dem Alternden als willkommene Prothese.

Auch der dritte Zeuge für den von mir konstatierten privativen Zusammenhang von Hand- und Druckschrift, einer der berühmtesten Schreibmeister seiner Zeit, Giovanbattista Palatino – er publizierte 1545 in Rom sein Schreiblehrbuch *Libro ... nelqual s'insegna a Scriver* als (Holzschnitt-)Druck – bestimmt den neuen Modus der Schrift ausschließlich negativ gegenüber dem *manu scriptum*. Sein Lehrbuch selbst[6] verdoppelt die Grundspannung noch einmal paradoxal insofern, als hier unter der Herrschaft des Drucks eine Anleitung zum schönen Schreiben mit der Hand gegeben werden soll. Nachdem Palatino im Vorwort, das, die Schreibkunst im allgemeinen lobend, den Zweck und die näheren Umstände seiner Unternehmung angibt, zunächst die Erfolgsgeschichte der Beschreibstoffe über die Etappen Palmenblätter („foglie delle palme"), Baumrinden („corteccie de gli arbori"), Wachstäfelchen („tauole di cera") bis hin zu den eben mit seinem Buch verwendeten schönen Papieren („a queste belle carte") skizziert hat, läßt er, mit für seinen Druck überaus ungewöhnlichem Großbuchstaben, die „Stampa" auftreten, deren Begriff er, wie selbstverständlich, mit „ch'altro non e, che un scriuer senza penna" angibt.[7] Der Druck ist dem Kalligraphen Palatino nichts anderes als Schreiben ohne Feder.

Damit sind wir bei der klassischen, wenngleich alles andere als zureichenden Formulierung des Sachverhalts, wie sie sich in pointierter Form 1567 in einem Druckwerk der berühmtesten Presse ihrer Zeit, der Christopher Plantins in Antwerpen, findet. Im von ihm selbst gedichteten Vorwort zu den anonym und

---

5 Rudolf Hittmair, *Aus Caxtons Vorreden und Nachworten*, Leipzig 1934, S. 8.
6 Von ihm liegt ein guter Nachdruck vor: Oscar Ogg (Hrsg.), *Three Classics of Italian Calligraphy. An Unabridged Reissue of the Writing Books of Arrighi, Tagliente and Palatino*, Chicago 1953.
7 Ebd., S. 128.

zweisprachig (französisch-flämisch) publizierten *Dialogues Françoises pour les Jeunes Enfans*, einem Lehrbuch, dessen Abschluß ein Dialog[8] über das Verhältnis von „L'Écriture et L'Imprimerie" bildet,[9] reimt Plantin auf „Qui m'a nourri en liant des volumes" den Vers „De les écrire à la presse sans plumes".[10] Das „senza" des Kalligraphen, der ein Lehrbuch über das Schönschreiben der Druckerpresse übergibt, und das „sans" des berühmten Druckers, der damit u. a. einen Dialog über das Verhältnis des Schönschreibens zum Drucken bevorwortet, kommen in der ausschließlich privativen Bestimmung des Drucks überein.

Was die Schrift im Druck sozusagen für sich selbst ist, ist damit freilich nicht einmal ansatzweise bestimmt. Insbesondere steht in Frage, ob sie überhaupt Resultat eines Schreibens in dem uns geläufigen Sinne ist – eine Frage, die sich übrigens auch auf die Eingaben an einer Tastatur erstreckt, die man für gewöhnlich ,Tippen', nicht ,Schreiben' nennt. Die Skepsis hierüber mag der Wahrnehmung nach vor allem daher rühren, daß man einem gedruckten Buch in der Regel den Prozeß seines Hergestelltseins nicht mehr ansehen kann; seine Produktion geht ohne erkennbaren Rest im Produkt auf. Nicht so bei der Handschrift. An Ligaturen, an Luftlinien, an Eigenarten wie der subtilen Modifikation der Zeichenabstände am Zeilenende, nicht zuletzt an dem ominösen *je ne sais quois* des Duktus ist noch eine – wenn das Wort hier am Platze ist – *markante* Spur der Körperbewegung ab- und mitlesbar, die die einzelnen Schriftzeichen an den Prozeß ihrer Entstehung zurückbindet.

II

Es ist vielleicht nicht ganz so überraschend, wenn man die geschilderte Problematik auch innerhalb der typographischen Diskussion der Gegenwart wiederfindet. Das von Anfang an ungeklärte Grundverhältnis des Schreibens zur Druckschrift wirkt untergründig als Provokation fort und fordert zu Stellungnahmen auf. Dabei spielt eine entscheidende Rolle, daß selbst dann, wenn man einmal die Verbindung der Buchstaben zu einem Band außer acht läßt, das Pro-

---

8 Von diesem dritten Teil existiert eine neuere Ausgabe mit einem Faksimile des Schlußdialogs: Ray Nash (Hrsg.), *Calligraphy & Printing in the sixteenth century. Dialogue attributed to Christopher Plantin in French and Flemish facsimile*, edited, with English translation and notes by Ray Nash, foreword by Stanley Morison, Antwerpen [2]1964, 1940.

9 Die Kalligraphie kommt, wie Morison zurecht anmerkt, in diesem Dialog nicht gut davon: „It must be admitted […] that the section on handwriting is disappointing" (ebd., S. 13) – eine Unverhältnismäßigkeit, die man der berufsbedingten Voreingenommenheit des Druckers zuschreiben mag.

10 *La premiere, et la seconde partie des dialogues François, pour les jeunes enfans*, Antwerpen 1567, S. 11. Die Passage lautet im Zusammenhang: „Cela voyant, i'ay le mestier eleu, / Qui m'a nourri en liant des volumes / L'estoc receu puis apres m'a èmeu / De les écrire à la presse sans plumes." Herrn H. D. L. Vervliet danke ich für die Unterstützung, die er mir bei der Beschaffung dieser äußerst seltenen Quelle gegeben hat. Von Plantins Druckwerk existieren meines Wissens nur zwei Exemplare, die beide im Antwerpener Museum Plantin-Moretus erhalten sind.

blem bereits in den einzelnen Lettern vorstellig wird. Auch in deren Gestalt lassen sich nämlich Residuen der Handbewegung wahrnehmen – mal manifest, mal subliminal, mal beabsichtigt, mal der Not folgend. Vergrößert man Buchstaben wie das kleine r und a der Monotype Bembo und stellt ihnen die entsprechenden Buchstaben der Helvetica gegenüber, so erkennt man an dem ersten Paar nicht nur gleich den Verweis auf das herstellende Werkzeug, sondern auch die Simulation der Handbewegung:

ra ra

Im Fall der Bembo ist der Versuch, die Verwendung der Breitfeder in die Gestalt der Buchstaben zu integrieren, offensichtlich, ja fast schon übertrieben (etwa an der Fahne des r). Doch selbst die in mehrfacher Hinsicht entgegengesetzte Helvetica weist in der Kehlung des r und dem unteren Bauchansatz des a noch Charakteristika auf, die aus der Schwellung des Federstrichs herzuleiten sind. Die Fragen, die sich hieraus ergeben, sind, ob diese Charakteristika als Vorzüge oder als Mängel der Gestaltung anzusehen sind und ob sie dementsprechend zu befördern oder zu tilgen sind. Tritt man noch einen Schritt zurück, erkennt man dahinter die ästhetische Grundsatzfrage, ob sie scheinhaft täuschend die Kluft zwischen Mensch und Apparat, lebendiger Hand und toter Presse, verdecken oder tatsächlich schließen. Die drei Stellungen zu dieser Problemlage, die ich im folgenden beschreiben will, verhalten sich zu diesen Fragen systematisch, d. h. sie machen einen gegliederten Zusammenhang aus.

III

Der radikalste Versuch, die Druckschrift von ihrem Rückbezug zu jeder Art von Handschriftlichkeit und Schreiben abzutrennen, war Paul Renners Entwurf und Realisation der Futura. Renner, 1878 geboren und aus dem Werkbund, einer 1907 gegründeten Gruppe von Industriellen, Künstlern und Politikern, die sich – angeregt von der Arts & Crafts-Bewegung William Morris' – um eine Verbesserung des Industriedesigns bemühte, hervorgegangen,[11] verfolgte mit dem Entwurf seiner Schrift verschiedene Ziele. Zunächst war die Entscheidung für eine Grotesk, d. h. eine serifenlose Schrift, eine Entscheidung gegen die Manierismen und Geschmacklosigkeiten der Schriftgestaltung des 19. und beginnenden 20. Jahrhunderts. An die Stelle der subjektiven Exzesse, die diese Schriften aus-

---

11 Zu Renner vgl. Christopher Burke, *Paul Renner. The Art of Typography*, London: Hyphen Press 1998.

zeichneten, versuchte Renner eine Idee von Schrift zu realisieren, die jedes subjektive Moment aus der Konstruktion verbannte. Renner, so Gustav Stresow in seinem 1995 erschienenen Aufsatz über die Futura, „verzichtete auf die Erinnerung an die Hand des Steinmetzen, des Schreibers und des Kupferstechers".[12] Sein Plan sah vor, eine Schrift zu entwickeln, die, in den Proportionen klassisch, nämlich an die römischen Versalien (etwa der Trajansäule) angelehnt, auf den elementarsten geometrischen Formen basierte: „aufgebaut aus Kreis, Dreieck und Geviert".[13] Diese Konzeption einer „funktionellen Typographie", erstmals programmatisch entwickelt 1922 in seinem Buch *Typographie als Kunst* – gesetzt übrigens witzigerweise in einer Breitkopf-Fraktur –, war für die im Sommer 1924 begonnene Arbeit an der Futura maßgeblich. In seinem 1925 im ersten Heft der Zeitschrift *Bücherstube* publizierten Aufsatz „Neue Ziele des Schriftschaffens" konnte Renner noch konkreter werden, sowohl was die Ablehnung der Spuren von Körperbewegung als auch was die Konsequenzen für die Hierarchie der Einzelbuchstaben anlangt: „Dagegen wird sich wohl die unpersönliche Härte, zu der die maschinelle Technik heute ohne Schwierigkeiten befähigt, einen neuen, abstrakten, auf alles Anthropomorphische verzichtenden Antiquatypus schaffen. Wir sehen die Anfänge dazu jetzt schon in den mit Unrecht so genannten Grotesk-Schriften. – Und vielleicht wird eines Tages auch der Versuch gelingen, Groß- und Kleinbuchstaben auf ein und dasselbe formale Prinzip zurückzuführen. Von dieser Möglichkeit hoffe ich in einigen Monaten sprechen zu können, wenn meine erste eigene Schrift vorliegen wird."[14]

Die eigentliche Herausforderung dieser Schrift lag in der durchgreifenden Neukonstruktion der Kleinbuchstaben, die von Renners ersten Entwürfen an vollständig dem Konstruktionsprinzip der Versalien untergeordnet wurden. Das klassische Verhältnis zwischen Majuskeln und Minuskeln skizzierte Renner in dem bereits zitierten *Bücherstube*-Aufsatz als problematisch und letztlich unvermittelbar: „In den römischen Versalien haben wir ein Nebeneinander der denkbar einfachsten und gegensätzlichsten Formen: Kreis, Dreieck, Quadrat. Jede Form ruht, in ihren eigenen Grenzen isoliert, in sich selbst. [...] Es gibt keine Führung von einem Buchstaben zum andern. Das Beschwingte, den Elan bekommt die Schrift nur durch die leichte Faßlichkeit, durch die kristallene Klarheit der Formen. Ihr Leben ist sozusagen geistigen Ursprungs. Ganz anders die Kleinbuchstaben! Hier ist wirklich Bewegung; Ausdrucksbewegung, wenn man will, Duktus. Eine Form führt zur andern. Die Veränderung des Schriftbildes ist in den schreibflüchtigen, aufgeregten Schriftzügen der älteren und jüngeren römischen Kursive erfolgt. Auch die künstlerischen Gestaltungen dieser veränderten Zeichen in Unziale, Halbunziale und Karolingischer

---

12 Gustav Stresow, „Paul Renner und die Konzeption der Futura", in: *Buchhandelsgeschichte* 2/1995 (*Suppl. Börsenblatt für den Deutschen Buchhandel*, Nr. 51, 27. Juni 1995), B41-B51, hier B41.
13 Paul Renner, *Typographie als Kunst*, München 1922, S. 39.
14 Paul Renner, „Neue Ziele des Schriftschaffens", in: *Die Bücherstube* 4 (1925), S. 18-28, hier S. 22 f.

Minuskel haben bei aller Formenklarheit das dynamische Vorwärtsdrängen beibehalten. Von der karolingischen stammt unmittelbar die humanistische
Minuskel ab: das Vorbild der lateinischen Kleinbuchstaben. Zwischen den Versalien und den Kleinbuchstaben der Antiqua liegen also nicht nur anderthalb
Jahrtausende; sie repräsentieren auch zwei grundverschiedene Formgesetze und
zwei ebenso verschiedene Anschauungen des Menschen über sein Verhältnis
zum Nächsten und zum Welt-Ganzen."[15]

Die ersten Proben dieses Versuches einer Schrift, die alles Dynamische, auch
nur von fern an Körperbewegung – also Schreiben – Gemahnende zu eliminie-
ren suchte,[16] erschienen im Juni/Juli 1925.[17] Besondere Aufmerksamkeit verdienen die in ihnen erstmals präsentierten Buchstaben a, g, m, n und r, weil in
ihnen die Kühnheit der Rennerschen Überarbeitung (man könnte auch sagen:
ihre Gewaltsamkeit) am reinsten zutagetritt:

Die Zusammenarbeit mit der Bauerschen Gießerei bei der industriellen Herstellung der Futura führte Renner dann aber rasch zu Modifikationen seiner ursprünglichen Konzeption, und es gehört zur Größe Renners, im Blick auf die
Lesbarkeit der Schrift, die Erkennbarkeit der Wortgestalten, nicht dogmatisch geblieben, sondern von dem Prinzipiellen seines Ansatzes abgewichen zu sein. Die
wachsende Einsicht, daß eine rein geometrische Konstruktion dem menschlichen
Auge nicht genügen würde, war, wie er 1930 bekannte, das eine: „Die fülligste
rundung ist nicht, wie man meinen könnte, der mit dem zirkel konstruierte kreis,
oder der von zwei konzentrischen kreisen eingeschlossene schwarze ring. Der
künstlerische wert einer schrift hat sich allein vor dem menschlichen auge zu bewähren, also in der sphäre der anschauung und nicht in der sphäre mathemati-
scher begriffe. [...] Wer also eine elementare konstruktive schrift für das auge
schaffen will, kann mit elementaren geometrischen konstruktionen nicht aus-
kommen."[18] Das andere war – und bereits die Schriftmuster, die 1927 die Bauer-

---

15 Ebd., S. 18 f.
16 Sprechend ist die Bemerkung Renners im Brief an Konrad Bauer vom 14. März 1940, wo er, angesprochen auf das Verhältnis der Futura zu Edward Johnsons für die Londoner Untergrund-
bahn geschaffenen Grotesk, schreibt: „Wenn jemals eine Schrift wie diese *nach* der Futura im
deutschen Sprachraum herausgekommen wäre, so wäre ich nie auf den Gedanken gekommen,
diese Schrift sei eine Nachahmung der Futura ... Diese Schrift ist eben ganz und gar aus der
Handschrift entwickelt." Stresow, „Paul Renner und die Konzeption der Futura" (Anm. 12), B47.
17 Vgl. die Abbildungen ebd., B45.
18 Paul Renner, „Das Formproblem der Druckschrift", in: *Imprimatur* 1 (1930), S. 27-33, hier S. 32.

sche Gießerei verließen, stellten das unter Beweis –, daß sich die Tilgung jeglicher Dynamik aus den Kleinbuchstaben nicht wirklich durchhalten ließ, wollte man die Leserlichkeit der Schrift sicherstellen. Wie um den Übergang zu markieren, enthielt das erste Schriftmuster 1927 die eigenwilligen m, n, g und a nur noch als Sonderfiguren und stattdessen konventionellere Charaktere im Standardzeichensatz. Nur das kleine r, zusammengesetzt aus Kreis und senkrechter Linie, blieb 1927 noch alternativlos für die Standardschrift; es wurde dann aber gleich im zweiten Schriftmusterbuch von 1928 durch ein übergänglicheres r ersetzt.[19]

Es liegt nahe, diese Revisionen als Einwirkung der Geschäftsinteressen seitens der Gießerei zu erklären. Ohne Zweifel haben ökonomisch-strategische Überlegungen in der Diskussion mit den Bauerschen Werkstätten eine Rolle gespielt; Renner selbst hat jedoch in seinem wohl instruktivsten Buch zur Schriftgestaltung, der 1939 in der revidierten Futura gesetzten *Kunst der Typographie*, leicht resignierend, einen anderen Grund genannt: Die auf Handschriftliches verweisenden Bezüge ließen sich bei bestimmten Buchstaben schlechterdings nicht austreiben. Das lesende Auge verlangt, wie rudimentär auch immer, die Wahrnehmung von Körper und Bewegung: „Es gibt Drucktypen, die das Handschriftliche kaum verhüllt zeigen; bei anderen ist es verborgener; aber auch bei ihnen ist es immer vorhanden. Die römischen Kapitalbuchstaben zeigen auf den ersten Blick die Formensprache einer in Stein gemeißelten, die klassizistische Antiqua die einer in Kupfer gestochenen Schrift, aber eine gewisse Rechtsläufigkeit bleibt doch unverkennbar. Die Futura hat einmal den Versuch gemacht, drei ausgesprochen rechtsläufige Gemeine, die nach dem Normalgießzettel mehr als ein Fünftel der ganzen Kleinbuchstabenmenge ausmachen, durch die unbewegten Formen n, m und r zu ersetzen; aber sie haben sich nicht eingeführt. Es scheint, daß die nach rechts drängenden Formen der n, m und r jeder europäischen Schrift unentbehrlich sind."[20]

IV

Es ist kein schärferer Gegensatz zu Renners Konzeption einer Schrift ohne Schreiben denkbar als die Position, die seit Beginn der siebziger Jahre von Gerrit Noordzij eingenommen worden ist. Noordzij, 1931 geboren und von 1960 bis 1990 Lehrer für Schreiben und Schriftgestaltung an der Königlichen Akademie der Künste in Den Haag, hat in einer Reihe kleinerer Aufzeichnungen und Polemiken, die im Jahre 2000 unter dem Titel *Letterletter. An inconsistent collection of tentative theories that do not claim any other authority than that of common sense* gesammelt herausgekommen sind,[21] und in einer schmalen, hochkonzen-

---

19 Vgl. die Abbildungen und die Erläuterungen bei Burke, *Paul Renner* (Anm. 11), S. 102.

20 Paul Renner, *Die Kunst der Typographie*, Berlin 1939, S. 62.

21 Gerrit Noordzij, *Letterletter. An inconsistent collection of tentative theories do not claim any other authority than that of common sense*, Vancouver: Hartley & Marks 2000. Die kleinen Texte sind zwischen 1984 und 1996 entstanden und im *ATypI-Bulletin* erschienen.

trierten Broschüre *The stroke of the pen. Fundamental aspects of western writing*[22] seine Vorstellungen von Schrift und Schreiben dargelegt. Sein Denken umfaßt die Grundlagen der Kalligraphie einerseits und die digitale Herstellung von Schriften andererseits, wobei sich Noordzij, streitfreudig seit je, von Anfang an darüber im klaren war, mit seinen Anschauungen bei der Zunft anzustoßen. Im Vorwort von *Letterletter* formuliert er provokant: „*Letterletter* is intended as a lethal attack on anything that has been said or written about the subject of writing so far, because only such attacks could force the establishment to get moving again."[23]

Worin liegt nun das Neue der Noordzijschen Konzeption von Schreiben? Zunächst darin, daß er Typographie explizit als Schreiben deklariert. Seine von ihm selbst immer wieder zitierte Bestimmung der Typographie lautet: „typography which is to be understood as writing with prefabricated characters".[24] Und d. h. für Noorzij: „There is no essential difference between typography and handwriting".[25]

Aus diesen Grundannahmen, die zu Beginn der sechziger Jahre schockierend wirkten, sich mittlerweile jedoch in der typographischen Szene großer Beliebtheit erfreuen, hat Noordzij sowohl eine Geschichte der westlichen Schrift entwickelt als auch Kriterien an die Hand gegeben, die es – jedenfalls, wenn man seine Prämissen teilt – erlauben, vorliegende Druckschriften oder Entwürfe zu solchen ästhetisch zu beurteilen. Sie sind gelungen, wenn man zeigen kann, daß ihre Konstruktion letztlich auf einer kontrollierten Bewegung der Hand, dem Strich, basiert; sie sind mißlungen, wenn sie davon willkürlich abweichen. Die Arbeit des Typographen am Bildschirm macht davon keine Ausnahme. Sie hängt an Erfahrungen, die mit und an der Bewegung der Hand gewonnen werden: „It might be disappointing that a theory of writing seems to depend on an analysis of shapes which requires some experience in the technique of handwriting. We have been promised that handwriting and geometry would no longer be needed in these wonderful modern times of CRT-screens and computers. The screen, however, only responds to crisp geometric instructions which now moreover turn out to be closely related to manual skill."[26]

Es wäre reizvoll, die Geschichte nachzuerzählen, die Noordzij vor diesem Hintergrund in seiner Analyse des Strichs und dessen vier Grundmomenten, Kontinuum und Bruch, Expansion und Translation, entfaltet und anhand derer er eine spekulative Geschichte der westlichen Zivilisation entwirft, doch möchte ich mich hier auf die Diskussion dessen beschränken, was er „Schreiben" nennt. Noordzijs Kritik an der *common sense*-Vorstellung, die Semantik von „Writing" sei koextensiv mit der von „Handwriting" und deshalb sei Typographie gerade

---

22 Gerrit Noordzij, *The stroke of the pen. Fundamental aspects of western writing*, Den Haag 1982.
23 Noordzij, *Letterletter* (Anm. 21), S. xi.
24 Ebd., S. 3.
25 Ebd., S. 6.
26 Ebd.

kein Schreiben,[27] hat, wie wir gesehen haben, zwei Seiten: Einmal wird der Begriff des Schreibens stark erweitert; zum anderen wird – und das ist die genaue Gegenbewegung – das Schreiben der Hand zum Maßstab für die Beurteilung für die Zweckmäßigkeit und Schönheit von Schrift jeglicher Provenienz gemacht.

Tritt man einen Schritt zurück, erkennt man, daß beide Bewegungen insofern gekoppelt sind, als erst die ungeheure semantische Ausweitung des Begriffs „writing" es erlaubt, die Arbeit der Hand als alles beherrschendes Kriterium und zugleich als erstes und letztes Beschreibungsinstrument einzuführen. Man kann indes Zweifel haben, ob damit der Eigentümlichkeit der Druckschrift tatsächlich entsprochen wird und hier nicht vielmehr eine psychologisch verständliche, theoretisch aber schwer zu untermauernde Reaktion auf die Entfremdung der Schrift vom Schreiben vorliegt. Mir steht Noordzijs Entwurf der Typographie (‚Schreiben mit präfabrizierten Lettern') als ein grandioser, mir durchaus sympathischer, aber letztlich gescheiterter Versuch vor Augen, die Ablösung und Kälte der druckschriftlichen Entäußerung – gesteigert noch in der Welt digitaler Schriften – zurückzuholen in den Bereich der Manufaktur und der Bewegung menschlicher Körper.

V

Kann man Paul Renner als den Strawinsky, Gerrit Noordzij als den Mahler der typographischen Kultur des 20. Jahrhunderts ansehen, so bietet es sich an, Stanley Morison den Platz des gelehrten Kritikers anzubieten, der in seinem umfangreichen wissenschaftlichen und journalistischen Werk den beiden in Renner und Noordzij manifesten Polen gleichermaßen Gerechtigkeit widerfahren ließ. Geboren 1889 und gestorben 1967, war Morison vielleicht der größte – *sensu stricto* – Schriftgelehrte des 20. Jahrhunderts, mit Sicherheit der einflußreichste. Seine Studien beschäftigten sich gleichermaßen mit kalligraphischen wie typographischen Gegenständen, immer bemüht, Übereinstimmungen wie Differenzen beider Schriftausprägungen festzuhalten.[28] Man könnte versucht sein, die Weigerung, beide in unserem Kulturkreis dominanten Existenzformen von Schrift aufeinander zurückzuführen, daraus herzuleiten, daß Morison anders als Renner und Noordzij nicht im engeren Sinn im Schriftdesign handwerklich tätig war. Seine zentrale Rolle bei der Entwicklung der Times Roman[29] und

---

27 Vgl. die Notizen in: *The real meaning of writing,* publiziert im Internet <*http://www.letterror.com/noordzij/meaning/index.html*>. Hier, wie oft bei Noordzij, leidet die Stringenz des Gedankens an der ausschweifenden Assoziationslust des Autors.

28 Einer der frühesten Artikel, die das Werk von Stanley Morison insgesamt in den Blick nehmen, faßt die Spannweite der Morisonschen Interessen bereits in seinem Titel zutreffend zusammen: A. F. Johnson, „The Typographic and Calligraphic Studies of Stanley Morison", in: *Signature* 4 (1936), S. 33-46.

29 Morison war typographischer Berater der „London Times" von 1929-44 und maßgeblich an der Einführung der neuen Schrift beteiligt.

seine maßgeblichen Anstöße für den Neuschnitt historischer Schriften durch die englische Monotype Corporation (etwa der Plantin, Poliphilus, Janson) lassen eine solche Vermutung indes eher zweifelhaft erscheinen.[30] Der reduktionistischen Verlockung nicht zu folgen, verbot sich für Morison sowohl aus historischen wie auch aus methodischen Gründen.

Am stärksten verdichtet ist die – in unzähligen Publikationen ausgearbeitete – Position Morisons in dem 1937 auf Englisch erschienenen Vortrag „The Art of Printing". In diesem kompendiösen Text, der 1948 vom später berühmt gewordenen Paläographen Bernhard Bischoff unter dem Titel „Schrift, Inschrift, Druck" ins Deutsche übertragen wurde,[31] wendet sich Morison in der Hauptsache gegen jene, die den Druck nur als eine Nachahmung des Schreibens bestimmen. Morison hat den Verdacht, daß diese Sicht auf der fälschlicherweise als selbstverständlich angesehenen Annahme fußt, der Druck beruhe überhaupt auf Schreiben. Morison führt gegen diese Unterstellung ins Feld, daß die Gestalt der Drucklettern weniger von der Feder abhängig war als vielmehr vom Meißel. Für ihn war nach Durchsicht der historischen Quellen, die er – wie vielleicht kein anderer Forscher vor ihm – ausgiebig konsultierte, ausgemacht, „daß gewisse gotische Druckschriften Handwerkern in Metall und Stein mehr und Schreibern weniger verdanken, als wir gegenwärtig zuzugeben geneigt sind. […] Stecher, die für Drucker arbeiteten, [hatten] es nicht nötig […], Vorbilder für ihre Punzen gerade bei Schreibern zu suchen."[32] Insofern gehört der Druck für Morison nicht zur Schreibkunst, sondern „zur Stecherkunst".[33] Daß der Anschein der Nähe zur Handschrift überhaupt sich historisch als so wirkungsmächtig erweisen konnte, führt Morison darauf zurück, daß in den ersten Drucken in der Tat explizit Nachahmung der äußeren Erscheinung von Manuskripten intendiert war: „Nachahmung von Handschriften ist entschuldbar in der Frühzeit des Drucks, weil damals unvermeidlich. Aber während man den Druckern des fünfzehnten Jahrhunderts verzeihen kann, daß sie absichtlich die ihrem Publikum vertrauten Handschriften nachgebildet haben, muß solche Nachsicht den Druckern des sechzehnten Jahrhunderts versagt bleiben, die sich an die damals moderne prunkhaft verzierte Schrift etwa eines Leonhard Wagner von Augsburg hielten."[34]

Ob die hierin liegende Kritik berechtigt ist, soll hier offenbleiben – bezeichnenderweise hat sie Gerrit Noordzij Jahre später seinerseits einer schneidenden Kritik unterworfen; wichtig ist indes, daß an ihr sichtbar wird, wie sehr es Morison darauf ankam, die (wenn man so sagen kann) Gleichursprünglichkeit von Handschrift und Druck zu untermauern. Sein Fazit bei der Betrachtung der

---

30 Noordzij beutet von Zeit zu Zeit in seinen Polemiken gegenüber Morison dieses Ressentiment aus.

31 Stanley Morison, *Schrift, Inschrift, Druck* (1937), aus dem Englischen übersetzt von Bernhard Bischoff, Hamburg: Hauswedell 1948.

32 Ebd., S. 11.

33 Ebd.

34 Ebd., S. 11 f.

Frühdrucke war, daß ihre Gestaltung vornehmlich von der Technik des Holz-
schnitts her begriffen werden muß: „Wir haben gesehen, wieviel der Druck im
Hinblick auf seine Form dem Holzschnitt verdankt. Auch im Hinblick auf das
Verfahren kann man unmöglich die Verbindung von Druck und Holzschnitt
außer acht lassen. Der Drucker von Büchern mag gelegentlich dem Schreiber
gefolgt sein. Aber daran kann kein Zweifel bestehen, daß er dem Drucker von
Bildern gefolgt ist; oder, um es einfacher zu sagen: der Drucker von Texten ist
dem Drucker von Bilddrucken gefolgt."[35] Für die Moderne ist der Holzschnitt
zwar nicht mehr ‚Leittechnik', das heißt aber nicht, daß die paradigmatische
Rolle des Stichs für den Druck obsolet geworden ist: „Textsatz, der bequemes
fortlaufendes Lesen ermöglichen soll, [muß] gestochen und nicht geschrieben
sein […], um ‚vertraut' zu wirken".[36]

Damit schließt sich der Kreis meiner *tour de force*. Denn es ist leicht zu sehen,
daß man damit wieder bei der Bestimmung des Fust/Schöfferschen Kolophons
ist: Der Druck erscheint auch hier als „adinventione artificiosa imprimendi ac caracterizandi absque calami exaracione". Schreibe ich, wenn ich dieses letzte, eben
auf der Kathodenröhre sichtbar werdende Fragezeichen in die Tastatur tippe?

---

35 Ebd., S. 16.
36 Ebd., S. 21

Zu den Autorinnen und Autoren

Heinrich Bosse, geb. 1937; Studium der Germanistik, Geschichte und Anglistik in Göttingen, Berlin, Kiel und Exeter; Promotion 1986; Lektor in Turku/Finnland und Montreal/Kanada; bis zu seiner Emeritierung Akademischer Rat am Deutschen Seminar der Universität Freiburg im Breisgau; Publikationen u.a. *Autorschaft ist Werkherrschaft. Über die Entstehung des Urheberrechts aus dem Geist der Goethezeit*, Paderborn u. a. 1981; *Das Hineinspringen in die Totschlägerreihe. Nicolas Borns Roman „Die Fälschung"* (zusammen mit Ulrich A. Lampen), München 1991, und *„Da blüht der Winter schön". Musensohn und Wanderlied um 1800* (zusammen mit Harald Neumeyer), Freiburg im Breisgau 1995; vgl. auch Roland Borgards und Johannes Friedrich Lehmann (Hrsg.), *Diskrete Gebote – Geschichten der Macht um 1800. Festschrift für Heinrich Bosse*, Würzburg 2002.

Rüdiger Campe, geb. 1953 in Hagen/Westf; Studium der Germanistik, Latinistik und Philosophie in Bochum, Freiburg im Breisgau und Paris; Professor und Chair am Department of German der Johns Hopkins University, Baltimore (USA); Publikationen: *Affekt und Ausdruck. Zur Umwandlung der literarischen Rede im 17. und 18. Jhd.*, Tübingen 1990; *Spiel der Wahrscheinlichkeit. Literatur und Berechnung zwischen Pascal und Kleist*, Göttingen 2002; Hrsg. mit Manfred Schneider, *Geschichten der Physiognomik*, Freiburg 1996; Hrsg. der German issues der MLN 1990 zum Thema „Barock" (mit W. Hamacher und R. Nägele) und 2003 zum Thema „Literatur und Wissenschaftsgeschichte"; Aufsätze zur Geschichte und Theorie des literarischen Wissens; zu Rhetorik, Medien und Ästhetik; zum Theater des Barock; zum modernen Roman.

Davide Giuriato, geb. 1972; Studium der Germanistik und Italianistik in Basel und Freiburg im Breisgau; Stipendiat des Graduiertenkollegs „Textkritik als Grundlage historischer Wissenschaften" (Universität München); seit 2001 Wissenschaftlicher Mitarbeiter beim SNF-Projekt „Zur Genealogie des Schreibens. Die Literaturgeschichte der Schreibszene von der Frühen Neuzeit bis zur Gegenwart" (Universität Basel); laufende Promotionsarbeit zur Problematik autobiographischen Schreibens bei Walter Benjamin; Übersetzungen aus dem Italienischen (Giorgio Agamben); Aufsätze zu Kleist, Nietzsche, Kafka, Benjamin.

Wolfram Groddeck, geb. 1949; Studium in Basel und Berlin; 1986 Habilitation in Deutscher Philologie; 1986-1997 Dozent für Neuere Deutsche Literaturwissenschaft; seit 1997 Lehrstuhl für Editionswissenschaft, Textkritik und Rhetorik an der Universität Basel; 1997, 2000, 2001 und 2002 Visiting Professor an der Johns Hopkins University in Baltimore, USA; Publikationen: *Friedrich Nietzsche, „Dionysos-Dithyramben".* *Bedeutung und Entstehung von Nietzsches letztem Werk,* 2 Bde., Berlin 1991; *Reden über Rhetorik. Zu einer Stilistik des Lesens,* Frankfurt am Main und Basel 1995; (Hrsg.) Rainer Maria Rilke, *Duineser Elegien; Sonette an Orpheus,* kritische Ausgabe, Stuttgart 1997; (Hrsg.) *Rainer Maria Rilke, Gedichte und Interpretationen,* Stuttgart 1999; (Hrsg.) *Textkritik / Editing Literature. MLN,* German Issue, April 2002, Vol. 117, No. 3; (Mithrsg.) *Frankfurter Hölderlin-Ausgabe,* Bde. 2, 3, 6 und 14, Frankfurt am Main 1976-1979; (Mithrsg.) *Schnittpunkte. Parallelen. Literatur und Literaturwissenschaft im „Schreibraum Basel",* Basel 1995; (Mithrsg.) *TEXT. Kritische Beiträge.* 1995 ff. (bisher 8 Hefte); Aufsätze u. a. zu Hölderlin, Kleist, Heine, Nietzsche, Rilke, Robert Walser und zur Gegenwartsliteratur; zu Problemen der Rhetorik, der Literaturtheorie und der Editionswissenschaft.

Reimar Klein, geb. 1942 in Halle/Saale; Studium der Philosophie in Frankfurt am Main; Professor für Übersetzung aus dem Italienischen ins Deutsche und Deutsche Literatur an der Universität Triest; Publikationen: *Dialettica e storia,* Mailand 1984; *L'immagine dell'artista,* Mailand 1984; (Hrsg.) *Il testo autobiografico nel Novecento,* Mailand 1993; Aufsätze zu Adorno, Agamben, Benjamin, Colli, Goethe, Heine, Keller, Kleist, Thomas Mann, Novalis, Pasolini u. a.; Übersetzungen aus dem Italienischen (Roberto Calasso, Giorgio Colli, Pier Paolo Pasolini u. a.).

Jürgen Link, geb. 1940; u. a. Studium der deutschsprachigen und romanischen Literaturen in Göttingen, Caen und München; Promotion 1967 (*Artistische Form und ästhetischer Sinn in Platens Lyrik,* München 1971); Habilitation 1975 (Korpus über strukturale Symboltheorie: u. a. *Die Struktur des literarischen Symbols,* München 1975; *Die Struktur des Symbols in der Sprache des Journalismus,* München 1978); seit 1980 Professor für Neuere deutsche Literaturwissenschaft in Bochum, seit 1993 in Dortmund; Herausgeber: A. v. Platen, *Lyrik,* München 1982; *kultuRRevolution, Zeitschrift für angewandte Diskurstheorie,* Essen 1982 ff.; (mit Wulf Wülfing) *Bewegung und Stillstand in Metaphern und Mythen,* Stuttgart 1984; *Nationale Mythen und Symbole,* Stuttgart 1991; (mit Ute Gerhard u. a.) *Infografiken, Medien, Normalisierung,* Heidelberg 2001; *(Nicht) normale Fahrten,* Heidelberg 2003; weitere Publikationen u. a.: *Literaturwissenschaftliche Grundbegriffe,* München 1974 (7 Aufl.); *Elementare Literatur und generative Diskursanalyse,* München 1983; *Versuch über den Normalismus. Wie Normalität produziert wird,* Opladen 1996 (2. Aufl.), *Hölderlin-Rousseau: Inventive Rückkehr,* Opladen und Wiesbaden 1999; zahlreiche weitere Publikationen zur neueren Literaturgeschichte, zur Theorie und Geschichte der Kollektivsymbolik (in Massenmedien und Literatur), zur strukturalfunktionalen Literatur- und Kulturtheorie sowie zur systematischen und historischen Diskurs- und Interdiskurstheorie; Übersetzungen aus dem Französischen (Castel, Lantz, Le Rider, Rancière).

Cori Mackrodt, geb. 1969 in Karlsruhe; Studium der Germanistik, Romanistik und Kulturanthropologie in Freiburg im Breisgau, Karlsruhe und Frankfurt am Main; von 1998 bis 2001 Stipendiatin im Graduiertenkolleg „Zeiterfahrung und ästhetische Wahrnehmung" (Johann Wolfgang Goethe-Universität, Frankfurt am Main); Aufsätze zu editionsphilogischen Problemen bei Friedrich Hölderlin; freie Vortragstätigkeit sowie Mitarbeiterin bei Ausstellungsprojekten in Wiesbaden.

Alfred Messerli, geb. 1953; Studium der Germanistik, Sozialgeschichte und Europäischen Volksliteratur an der Universität Zürich und Bremen; Promotion 1988 an der Universität Zürich (*Elemente einer Pragmatik des Kinderliedes und des Kinderreimes*, Aarau 1991); 1999 Habilitation für Europäische Volksliteratur (*Lesen und Schreiben 1700 bis 1900. Untersuchung zur Durchsetzung der Literalität in der Schweiz*, Tübingen 2002); Mitherausgeber der historisch-kritischen Ausgabe der Schriften Ulrich Bräkers (bisher erschienen: Bde. 1–4, München 1998–2000); Herausgeber (zusammen mit Roger Chartier) *Lesen und Schreiben in Europa 1500-1900* (Basel 2000); seit 1998 Maître assistant am *Institut européen*, Universität Genf.

Roland Reuß, geb. 1958; Studium der Germanistik, Geschichte, Philosophie und Musikwissenschaft in Heidelberg; Promotion 1990 (*„.../Die eigene Rede des andern". Zu Hölderlins „Andenken" und „Mnemosyne"*, Basel und Frankfurt am Main); 1994 Mitbegründer des Instituts für Textkritik e.V., Heidelberg; seit 2003 Privatdozent an der Universität Heidelberg; Herausgeber: (zusammen mit Peter Staengle) *Brandenburger Kleist-Ausgabe* (seit 1988); *Historisch-Kritische Franz Kafka-Ausgabe* (seit 1997); (zusammen mit Wolfram Groddeck und Walter Morgenthaler) *TEXT. Kritische Beiträge* (Basel und Frankfurt am Main, seit 1995); Buchveröffentlichungen: *Kleist-Material. Katalog und Dokumentation des Georg Minde-Pouet Nachlasses in der Amerika-Gedenkbibliothek* (Basel und Frankfurt am Main 1997); *Im Zeithof. Celan-Provokationen* (Basel und Frankfurt am Main 2001); *Wie zu edieren sei. Der Briefwechsel zwischen Jacob Grimm, Wilhelm Grimm, Achim v. Arnim und Friedrich Carl v. Savigny aus dem Jahr 1811* (TEXT 7, Sonderheft 2002); zahlreiche weitere Publikationen zur Theorie der Edition, Hölderlin, Kafka, Kleist, Romantik, Celan, Digitale Medien.

Marianne Schuller; Studium der Medizin; Studium der Literaturwissenschaft, Kunstgeschichte und Philosophie in Heidelberg und Berlin (Freie Universität); Assistentin für Literaturwissenschaft an der Ruhr-Universität Bochum; Professorin an der Universität Marburg; Dramaturgin am Deutschen Schauspielhaus in Hamburg und am Bremer Theater am Goetheplatz; seit 1985 Professorin für Literaturwissenschaft an der Universität Hamburg; Stiftungsprofessuren in den USA; Arbeitsschwerpunkte: Literatur und Wissenschaften vom Menschen (Medizin, Psychiatrie, Psychoanalyse); Gender-Studies; Theater; zahlreiche Aufsätze im Bereich der Forschungsschwerpunkte und im ,klassischen' Feld der Literaturwissenschaft; letzte Buchveröffentlichungen: *Moderne. Verluste. Literarischer Prozeß und Wissen*, Frankfurt am Main 1997; *Singularitäten. Literatur – Wissenschaft – Verantwortung* (zusammen mit Elisabeth Strowick), Freiburg im Breisgau 2001; *Gender Revisited* (zusammen mit Ines Kappert), Stuttgart und Leipzig 2002; *Mikrologien. Philosophische und literarische Strukturen des Kleinen* (zusammen mit Gunnar Schmidt), Bielefeld 2003; *Kleist lesen* (zusammen mit Nikolaus Müller-Schöll), Bielefeld 2003.

Ralf Simon, geb. 1961; Studium der Germanistik und Philosophie in Bonn; Promotion 1989 (*Einführung in die strukturalistische Poetik des mittelalterlichen Romans*, Würzburg 1990); Habilitation 1996 (*Das Gedächtnis der Interpretation. Gedächtnistheorie als Fundament für Hermeneutik, Ästhetik und Interpretation bei Johann Gottfried Herder*, Hamburg 1998); Heisenberg-Stipendiat; 2000 Ruf an die Universität Basel (Neuere deutsche Literaturwissenschaft); Arbeiten zu Herder, Jean Paul, Lessing, Goethe, Romantik, Realismus, Brecht, George, Literaturtheorie, Komödie, ,um 1800', Gedächtnis u. a.

Martin Stingelin, geb. 1963 in Binningen bei Basel; Studium der Germanistik und der Geschichtswissenschaften in Basel und Essen; Professor für Neuere deutsche Literaturwissenchaft am Deutschen Seminar der Universität Basel (SNF-Förderungsprofessur); Herausgeber der IX. Abteilung der *Kritischen Gesamtausgabe der Werke* von Friedrich Nietzsche (zusammen mit Marie-Luise Haase), „Der handschriftliche Nachlaß ab Frühjahr 1885 in differenzierter Transkription"; Publikationen: *„Unsere ganze Philosophie ist Berichtigung des Sprachgebrauchs". Friedrich Nietzsches Lichtenberg-Rezeption im Spannungsfeld zwischen Sprachkritik (Rhetorik) und historischer Kritik (Genealogie)*, München 1996; *Das Netzwerk von Deleuze. Immanenz im Internet und auf Video*, Berlin 2000; Aufsätze zur Literaturtheorie, zur Literatur- im Verhältnis zur Rechts- und Psychiatriegeschichte, zu Dürrenmatt, Freud, Glauser, Goethe, Kraus, Laederach, Lichtenberg, Nietzsche, Schreber, Wölfli u. a.; Übersetzungen aus dem Englischen (Salman Rushdie, Thomas Pynchon) und Französischen (Mikkel Borch-Jacobsen, Georges Didi-Huberman, Michel Foucault).

Michael Stolz, geb. 1960 in München; Studium der Germanistik und Romanistik in München, Poitiers und Bern; Forschungsaufenthalte in Oxford und Wien; Professor für Ältere deutsche Literaturwissenchaft am Deutschen Seminar der Universität Basel (SNF-Förderungsprofessur); Leiter des Basler Parzival-Projekts (digitale Ausgabe von Wolframs ,Parzival'); Publikationen: *,Tum'-Studien. Zur dichterischen Gestaltung im Marienpreis Heinrichs von Mügeln*, Tübingen und Basel 1996; *Die St. Galler Nibelungenhandschrift: Parzival, Nibelungenlied und Klage, Karl, Willehalm. Faksimile des Codex 857 der Stiftsbibliothek St. Gallen und zugehöriger Fragmente. CD-Rom mit einem Begleitheft*, hrsg. von der Stiftsbibliothek St. Gallen und dem Basler Parzival-Projekt. Konzept und Einführung von Michael Stolz, Baar 2003; *Artes-liberales-Zyklen. Formationen des Wissens im Mittelalter*, 2 Bde., Tübingen und Basel 2004; Aufsätze zur althochdeutschen Literatur, zur mittelalterlichen Reiseliteratur, Spruchdichtung und Gedächtniskultur, zu Text-Bild-Beziehungen und zur Editionsphilologie.

Uwe Wirth, geb. 1963; Studium der Germanistik, Linguistik, Philosophie und Geschichte in Heidelberg, Frankfurt am Main und Berkeley; Wissenschaftlicher Mitarbeiter am „Institut für Deutsche Sprache und Literatur" der Johann Wolfgang Goethe-Universität, Frankfurt am Main, und Koordinator des Graduiertenprogramms „Buch- und Medienpraxis"; Herausgeber der Abteilung 4, Gedichte 1831-1842, der Frankfurter Brentano-Ausgabe (zusammen mit Sabine Claudia Gruber); Publikationen: *Diskursive Dummheit. Abduktion und Komik als Grenzphänomene des Verstehens*, Heidelberg 1999; (Hrsg.) *Die Welt als Zeichen und Hypothese. Perspektiven der Peirceschen Semiotik*, Frankfurt 2000; (Hrsg.) *Performanz. Zwischen Sprachphilosophie und Kulturwissenschaft*, Frankfurt 2002; Habilitation zum Thema *Autorschaft als Herausgeberschaft. Herausgeberfiktionen in der Literatur der Goethezeit.*

Sandro Zanetti, geb. 1974 in Basel; Studium der Germanistik, Geschichte und Philosophie in Basel, Freiburg im Breisgau und Tübingen; 1999-2001 Stipendiat des Graduiertenkollegs „Zeiterfahrung und ästhetische Wahrnehmung" an der Johann Wolfgang Goethe-Universität, Frankfurt am Main; seither Wissenschaftlicher Mitarbeiter im SNF-Projekt „Zur Genealogie des Schreibens. Die Literaturgeschichte der Schreibszene von der Frühen Neuzeit bis zur Gegenwart" an der Universität Basel; Dissertationsprojekt zum Problem der Zeit in der Dichtung Paul Celans; Aufsätze zu Antonioni, Celan, Duchamp, Nietzsche und Rilke.

Namenregister